좌파가 미래를 설계하는 방법

문화과학 이론신서 73

좌파가 미래를 설계하는 방법

지은이 | 이동연·고정갑희·박영균 외

초판인쇄 | 2016년 2월 15일
초판발행 | 2016년 2월 20일

펴낸이 | 손자희
펴낸곳 | 문화과학사

출판등록 | 제1-1902 (1995. 6. 12)
주소 | 03707 서울시 서대문구 성산로13길 22(연희동)
전화 | 02-335-0461
팩스 | 02-334-0461
이메일 | transics@chol.com
홈페이지 | http://cultural.jinbo.net

값 23,000원
ISBN 978-89-97305-11-7   93300

문화과학 이론신서 73

좌파가 미래를 설계하는 방법

이동연 · 고정갑희 · 박영균 외

문화과학사

발간의 말
—'좌파가 미래를 설계하는 방법'에 대하여

『좌파가 미래를 설계하는 방법』은 강내희 교수의 정년퇴임을 기념하여 그와 함께 공부하고 토론하고 운동했던 제자, 후배, 학문 동지들이 함께 참여해서 만든 책이다. 13명의 필자들은 대학뿐 아니라, 교육운동, 문화운동, 사회운동 분야에서 활발하게 활동하고 있는 지식인-운동가들이다. 그의 정년퇴임을 축하하기 위해 이 책에 모인 필자들의 면면만 보아도 그가 '대학 강단'이란 좁고 답답한 울타리를 넘어 이론-현장, 학술-운동의 장에서 얼마나 폭넓게 활동했는지를 단번에 알 수 있다.

좌파에게 과연 미래가 있을까? 1990년대 한국 좌파이론의 전화에 있어 중요한 이론적 틀을 제공했던 루이 알튀세르의 자서전 『미래는 오래 지속된다』의 마지막 문장은 이렇게 끝을 맺는다. "삶이란 그 모든 비극에도 불구하고 여전히 아름다울 수 있다. 나는 지금 예순 일곱 살이다. 그러나 마침내 지금, 나 자신으로서 사랑받지 못했기 때문에 청춘이 없었던 나로서는 그 어느 때보다도 지금, 곧 인생이 끝나게 되겠지만, 젊게 느껴진다. 그렇다. 미래는 오래 지속된다." 말년에 극심한 우울증에 시달리다 결국 아내를 죽이고 정신병원에 입원한 뒤, 퇴원 후 극히 제한적인 활동을 하다 심장마비로 생을 마감한 알튀세르의 자서전의 마지막 구절은 좌파이론가의 삶에 대한 자기 고백의 이면을 엿볼 수 있다. 물론 알튀세르가 좌파의 미래의 모든 좌표를 대변할 순 없겠지만, "나 자신으로서 사랑받지 못한" 청춘, 그렇지만 그 어느 때보다 지금 "젊게 느껴진다"는 그의 고백으로부터, 좌파라는 '생명-주체'의 불행한 시절, 혹은 좌파의 굴곡진 이론적 고난들이 오히려 미래를 위해 지금이 더 젊게 느껴질 수 있는 원천이라는 사유는 끄집어낼 수 있지 않을까 싶다. 좌파의 미래는 오래 지속되어야 하기 때문이다.

신자유주의 지배체제의 전 지구화, 이윤율 하락과 금융파생상품의 요동, 부채의 가중에 따른 자본주의의 근본적 위기국면, 봉건적 전제군주 사회로의 역주행, 혐오와 분노로 가득 찬 이데올로기 적대 사회에서 좌파의 미래를 상상한다는 것은 불가능한 일일지도 모른다. 그러나 이러한 경제, 정치, 사회의 장에서 벌어지는 총체적 위기 상황이 좌파의 소멸을 가져오는 조건이기보다는 오히려 좌파의 새로운 실천적 계기를 열게 해 줄 반전의 계기로 견인될 수 있을 것이다. 좌파의 미래라는 문제설정은 좌파를 위한 미래라기보다는 좌파로 인한 변혁의 미래일 것이며, 대문자 변혁주체의 미래라기보다는 실질적 변혁주체로서 좌파들의 미래가 될 것이다.

좌파의 미래를 설계한다는 것은 사실 사회변혁을 위한 총체적인 이념을 설정하고, 거대한 유토피아적 전망을 세우며, 특정하고 단일한 목적을 향해 한 길로 달려가는 것을 생각하게 된다. 그러나 그러한 도식적, 인식론적 수준의 설계는 지금 가능하지도 않을 뿐더러 바람직하지도 않다. 정작 좌파가 누구이며, 무엇을 할 수 있는지에 대한 자기 질문을 하지 않은 채 좌파를 관념적으로 전제하고, 그것을 관념적 우파와 대립시켜 어떤 실천의 내용과 방법을 미리 결정해 놓는다. 그래서 그런 도식과 인습에 식상한 사람들은 좌파가 변혁을 위해 미래를 설계한다는 것 자체를 부정하거나, 미래의 진보적 그림을 그리는 것 자체를 불가능한 것으로 보려 든다.

누구에게나, 어느 사회나 자신의 미래가 있듯이 좌파에게도 미래가 있다.

다만 그 상상을 현실화하는 설계와 방법에 있어 이견과 차이만이 있을 뿐이다. 그 좌파가 과연 누구이고 무엇을 하는 사람인가에 따라 설계의 방법이 다르겠지만, 한 가지 확실한 것은 좌파의 분열, 좌파의 위기, 좌파의 종말이라는 어떤 수식어에도 불구하고 지배계급, 지배체제에 맞서 더 나은 삶, 더 나은 사회를 위해 투쟁했던 변혁 주체들의 연대는 단 한 번도 중단된 적이 없었다는 점이다. 다만 그 역사적 유산들을 거울삼아 지금 우리가 위기의 국면을 극복하고 더 나은 삶을 위해 어떤 방법으로 좌파의 미래, 아니 한국 사회 변혁의 미래를 설계할 것인가에 대한 구체적인 프로그램을 제시해야 하는 과제를 안고 있는 것이다.

미래를 설계하는 방법을 찾는다는 것은 생각보다 많이 어려운 일이다. 미래의 좌표를 잃지 않으면서 다양한 경로를 맵핑하고 서로 연결하는 것뿐 아니라 새로운 지도독법도 익혀야 하고, 오랜 여정에 지치지 않고 견딜 수 있는 내구력도 키워야 하기 때문이다. 그 설계의 방법을 찾고자 정치, 경제, 사회, 인문, 문화 분야의 필자들이 각자의 위치에서, 그러나 좌파임을 잊지 않고 모두가 함께 기꺼이 살아갈 수 있는 미래를 구상해 보고자 하였다. 그 세상은 좌파만의 미래가 아니고, 모두의 미래가 되어야 할 것이다. 우리 열세 사람의 저자들은 이 뜻을 때로는 정교하게, 때로는 대범하게 각자의 글에 담았다.

이 책은 크게 3부로 구성되어 있다. 1부는 <사회변혁의 정치경제적 이행>이란 제목으로 주로 사회변혁을 위한 이행의 다양한 지점들을 검토하고 있다. 먼저 박영균은 「문제는 정치다」라는 제하의 글에서 변혁이론이 1980년대의 사회과학에서 1990년대 중반 이후 정치철학으로 이행하는 점을 주목한다. 그러면서도 "오늘날 우리가 '좌파의 미래'를 말하기 위해서는 지난 20여 년 간 집중시켜 온 '정치철학'의 장 내부에서 이루어지는 '철학의 실천'만을 주장할 것이 아니라 '정치철학적 실천'에도 불구하고 더욱 축소되어

가고 있는 '좌파의 정치적 영향력', '정치적 장에서 물리적 힘의 약화'에 대해 사고할 필요가 있"음을 주장한다. 즉 좌파의 실제적인 정치적 힘을 키우기 위한 정치철학의 실천이 필요하다는 것이다. 그는 좌파의 정치적 실천의 강화를 위해 "'정치의 실패'가 보여주는 부르주아 정치의 한계를 '소유권'의 해체 전략과 함께 사유하면서 양자를 동시에 지양하는 이중의 노동해방 전략"과 "이중의 노동해방 전략을 대안적 정치권력의 구성적 차원에서 '대의제'를 넘어서 대중의 자기 통치라는 '자치의 원리'로 발전"시킬 것을 요청한다.

천보선은 「변혁적 주체형성 문제와 맑시즘 교육론의 재구성」이란 글에서 변혁적 주체형성을 위해 맑스주의 교육론의 중요성을 강조한다. 맑스, 그람시, 비고츠키의 저서를 분석하면서 교육이 변혁이론에 기여하는 역할을 넘어서, 변혁이론으로서 교육론의 구성을 적극적으로 모색하고자 한다. 특히 '인간발달의 보편적, 개별적 과정'에 초점을 두어 진행한 비고츠키의 연구에 주목하면서 그의 논의를 통해 개인적 과정과 집단적 과정의 통합과 제도권 밖의 성인교육을 통한 변혁적 주체형성의 과제를 맑스주의 교육론의 재구성의 대안으로 삼고 있다.

한편 고정갑희의 「경제의 전환: 가부장체제적 경제에서 적녹보라적 경제로」는 경제를 근본적으로 전환시키기 위해서는 문제설정을 자본주의체제에서 가부장체제로 바꾸어야 한다고 강조한다. "제국주의적 가치, 계급성종체계적 가치, 산업화–서구화–남성화된 가치 개념들과 경합하거나 대안이 될 가치개념이 필요"함을 역설하면서, 필자는 이 개념을 '적녹보라적 가치'로 잠정적으로 제안한다. 현재의 경제를 가부장체제와 연동하여 보면서 이를 극복하려면 "적녹보라 패러다임에 입각한 가치를 고려하고, 적녹보라 경제를 상상"할 것을 제안한다. 이 책의 2부 첫 글인 심광현의 글과 함께 읽으면 좋을 듯싶다.

정성진의 「참여계획경제 대안의 쟁점과 과제」는 "2008년 글로벌 경제위기 이후 국내외에서 진행된 참여계획경제론 관련 논의들을 개관하고, 무엇이 주된 쟁점인지, 향후 과제는 무엇인지를 검토"하고자 한다. 참여계획경제에 대한 그간의 다양한 논쟁들을 꼼꼼하게 검토하면서 그는 "참여계획경제론은 맑스 공산주의의 핵심인 '자유로운 개인들의 연합'의 조절 메커니즘을 구체화하고 제도화한 성과"지만, "이를 완결된 닫힌 모델로 정식화·절대화하는 것은 맑스의 공산주의 이념과 부합되지 않는다"는 우려의 목소리를 분명히 한다. 대신 그는 "한편에서는 참여계획경제의 경계를 맑스의 '초기 공산주의' 국면에 한정하면서도, 다른 한편에서는 '초기 공산주의' 국면에서 이미 현재화되기 시작한 노동의 폐지 경향을 확장하는 것을 통해, 연속혁명적으로 '발전한 공산주의'로 나아가는 것"을 궁극적인 대안으로 제시한다.

1부의 마지막 글인 홍석만의 「자본주의 위기와 민주적 사회화」는 전 세계를 지배한 신자유주의 질서의 중대한 변화의 징조로 부채 전쟁의 메커니즘을 들고 있다. 20조가 넘는 전 세계 금융자산과 1천 200조에 달하는 파생 금융상품의 거래는 "전 세계 곳곳에서 금융 불안과 거품을 양산하고 있다." 홍석만은 이런 부채 경제의 전쟁에서 "은행의 국유화·사회화와 함께 신용 제도의 사회적 통제를 확대"하는 것을 대안으로 제시한다.

2부 <자본주의 비판과 좌파의 상상력>에서는 자본주의 체제의 위기를 진단하고, 그것을 견뎌내고, 새롭게 극복하기 위한 좌파들의 다양한 상상도를 발견할 수 있다. 2부의 필자들은 대부분 인문학-미학 전공자들이지만, 자신의 분과학문에 얽매이지 않고 비판적이고 폭넓은 진보 지식 역량으로 좌파의 상상력과 실천을 극대화하고자 한다. 먼저 심광현의 「21세기 진보전략의 밑그림: 다중스케일 분석의 관점에서 본 생산양식과 주체양식의 변증법」은 자본주의 체제를 극복하려는 반자본주의 세력들 간의 대립을 협력으로 전환하는 문제가 21세기 진보가 해결해야 할 가장 중요한 과제라고 본다. 심광현은 진보세력 간 협력의 구체적인 해법을 <다중스케일 접근법>으로 풀고자 한다. "다중스케일 접근법이란 서로 스케일이 다른 거시적인 분석과 미시적인 분석을 양자택일 하는 대신 양자 간의 상호작용적인 관계 분석에 초점을 두는 접근 방법"으로 최근 부상하고 있는 '적-녹-보라 연대'의 실천 과제를 이 방법론으로 매우 정교하게 설명하고자 한다. "비환원주의적인 관점에서 개인과 사회의 다층적 순환구조를 전체적으로 고찰하여 기존의 전략들의 상이한 수준들을 규명하고 이들을 적재적소에 위치시키고 연결하여 생산양식의 변화와 주체양식의 변화를 '일치시키는 과정'을 가시화" 하려는 것이 이 글이 궁극적으로 말하고자 하는 진보전략이다.

한편 이도흠은 「자본주의 체제의 붕괴 가능성에 대한 탐색」이란 글에서 자본주의 붕괴의 필연성을 다섯 가지 측면에서 분석하고 있다. "이윤율의 경향적 저하, 디지털혁명과 공유경제, 재생에너지 혁명, 코뮌 건설, 대중의 저항"을 자본주의 붕괴를 짐작할 수 있는 조건들로 판단하고 있다. 자본주의 는 확고부동하게 우리를 지배하며 번영을 누리고 있지만 이러한 다섯 가지 요인으로 인해 자본주의는 머지않아 붕괴할 것이라는 게 이 글의 주장이다.

국문학자이자 문학평론가인 이명원과 오창은은 문학의 내부와 외부를 넘나드는 사유를 통해 진보적 미래를 상상케 해준다. 이명원의 「인문학의 이율배반—제도인문학과 비제도인문학을 동시에 넘어서기」는 인문학의 좁은 활동 영역을 스스로 넘어서면서 다양한 분야에서 활동했던 자신의 경험을 통해 인문학자란 누구인지를 질문하고 있다. 본인이 스스로 참여한 '강단인문학' '대안인문학', '희망의 인문학' '대중인문학' '지식협동조합'의 실천 사례를 설명하면서 "'인문학주의'의 유심론적 경향을 극복하기 위해서는 21세기의 새로운 정치경제학에 대한 유물론적 사유를 빠르고 넓게 촉진하는 작업이 필요하다"고 역설한다.

오창은의 「시와 혁명: 김수영과 김남주, 혁명을 꿈꾼 시인들」은 대표적인 혁명시인 김수영과 김남주의 생애와 시를 분석하면서 혁명을 망각하고 있는 최근 시 문단의 탈정치적 경향들을 비판한다. 김수영과 김남주의 혁명시의 차이를 "자율과 자치"로 설명하면서 오창은은 "자율과 자치를 위해서는 타인에 의존함으로써 자신의 불완전성이 보완될 수 있다는 사실을 아는 것이 중요하다. 서로 의존하면서도 서로를 억압하지 않는 것, 그러한 자율과 자치의 혁명 이미지를 만드는 것은 미래 세대 시인의 역할'임을 강조한다.

3부 <문화연구와 문화운동의 새로운 설계>는 문화연구와 문화운동의 담론 안에서 상상할 수 있는 좌파의 새로운 미래를 생각하게 해준다. 먼저 임춘성의 「포스트사회주의 중국의 비판적 사상의 흐름과 문화연구」는 중국의 포스트사회주의 담론 구성을 위해 다양한 지적 실천을 하는 중국 현지 지식인들을 소개한다. 이 글은 리쩌허우의 사상사론을 그 시원으로 설정하고, 첸리췬의 마오쩌둥 사상 연구, 왕후이의 사상사론, 쑨거의 동아시아론을 비롯해서, 비판적 문화연구를 제창하고 수행하고 있는 리퉈, 다이진화, 왕샤오밍의 논의를 추적하면서 중국의 '신좌파와 자유주의 논쟁'이 한국의 좌파 담론의 논쟁에 있어서도 의미 있는 단서를 제공해 줄 수 있음을 알려준다.

서동진의 「역사유물론과 문화연구 (1)―'시대구분'이라는 방법」과 이동연의 「문화연구의 이론적 전화와 '주체'의 문제」는 함께 비교하면서 읽어볼 만한 글이다. 먼저 서동진의 글은 역사유물론의 '시대구분'이란 관점으로 역사적 문화연구를 바라보는 틀을 제공하고 있다. 주로 에티엔 발리바르와 프레드릭 제임슨의 논의를 언급하면서 그가 생각하는 역사유물론의 관점에서 시대구분은 "말 그대로 연속적인 역사적인 시간을 각각의 단계로 분할하는 '분류의 방법'이 아니다." 문화의 자기동일성에 대한 비판, 역사적 대상으로 문화가 규정되는 것에 대한 비판의 관점으로 시대구분을 제시한다. 서동진은 이는 문화라는 대상을 이중화하는 것이라고 말한다. 역사유물론적 시대구분은 "주어진 객관적 대상으로서 문화적 실천, 의미, 제도, 양식 등을 인식하고자 애쓰지만 동시에 그것이 주어진 객관적 현실을 전유하고 매개하려는 시도로서 파악함으로써 문화를 대상이자 주체로서, 물질적인 것이면서 동시에 상징적인 것으로서 인식할 수 있도록 한다"라는 지적이 이를 뒷받침

한다. 시대구분의 역사유물론적 인식을 통해 문화의 대상과 분석을 이중화하고, 자율성과 타율성의 상호작용을 이해하며, 문화의 자기동일성을 부정하는 것이 서동진이 주장하고자 하는 기본 관점이다.

이에 비해 이동연은 역사적 문화연구의 핵심적인 토픽이라 할 수 있는 '이데올로기 비판'과 '정체성의 정치학'이 최근 문화연구의 이론지형에서 '정동의 정치학'과 '주체성의 정치학'으로 이행하는 과정에 주목한다. 이 글은 주로 문화연구에서 정치경제 담론이 주는 의미를 설명하고 푸코의 이론을 통해 '주체성의 정치학'의 이론적 재구성을 모색하고자 한다. 그리고 마지막으로 주체성의 정치학에서 미진한 주체의 저항적 계기들을 정치철학의 주체이론으로 메우고자 한다.

이 책의 마지막 글인 이원재의 「예술행동을 둘러싼 사회적 실천과 연대」는 "예술행동 또는 행동주의 예술이 최근 한국의 사회운동 현장 곳곳에서 다양하게 확산"되는 상황에 주목하며 대추리, 용산, 희망버스, 콜트·콜텍, 세월호 사건에 개입하는 예술행동의 의미들을 분석한다. 그가 보기에 "민주화 운동의 역사 속에서 예술운동의 중요한 가치이자 원리로서 다양한 현장 예술, 노동자 문화의 궤적을 만들어왔던 행동주의 미학이 예술행동으로 거듭나고 있다." 기존의 재현으로서의 예술실천이 아닌 예술행동의 사회적 관계맺기의 미학적 의미를 생산하기 위해서는 좀 더 급진적이고 좀 더 주체적이고, 좀 더 연대하는 예술행동을 제안한다.

수록된 13편의 글들이 '좌파의 미래'라는 주제 아래 한 권의 책으로 묶일 수 있었던 것은 전적으로 강내희 교수의 이론적-현장적 실천의 산물이다. 말하자면 그는 이 책에 직접 글을 쓰진 않았으나, 여기에 실린 글들은 사실상 그가 말하고자 한 것과 크게 다르지 않다는 점에서 이 책은 정년퇴임을 기념하는 통상적 헌정의 책이기도 하면서 강내희 교수가 하고 싶은 말을 대신해서 쓴 대변서라도 해도 좋을 듯싶다.

무엇보다 같이 참여해 글을 쓰신 저자분들께 깊은 고마움을 표한다. 그리고 개인적으로는 선생의 제자로서 정년퇴임을 축하하는 단행본 기획을 처음부터 끝까지 할 수 있어 영광이다. 1987년 민주화 열기가 뜨거울 때, 나는 하루가 멀다 하고 계속되는 시위에 참여하면서도 선생의 연구실에서 작은 책상을 하나 얻어 읽고 싶은 책을 읽을 수 있었던 운이 좋았던 학생이었다. 그 후에도 『문화/과학』 편집위원, 문화연대 창립 발기인으로 참여하는 운을 덤으로 얻었다. 강내희 선생은 내가 공부할 수 있는 길을 열어 주었고, 세상과 연구자를 대하는 태도를 알게 해 주었고, 학문적 동지들과 함께 연대할 수 있는 지혜와 끈기를 배우게 해 준 내 평생의 스승이다.

2016년 2월 14일
글쓴이 모두를 대신하여 제자 이동연

차례

1부

사회변혁의 정치경제적 이행

문제는 정치다!

박영균

1. 사회과학에서 철학으로: 정치철학적 실천?

1990년대 현실사회주의권의 해체와 몰락 이후, 한국의 급진적 지식인들은 80년대를 지배해 왔던 '사회과학'으로부터 물러나 '철학'으로, 그 방향을 급속히 전환시켜 왔다. 그것은 '철학'으로부터 시작하여 '사회과학'으로 나아갔던 80년대의 길을 거꾸로 뒤집어 놓은 것처럼 보인다. 1980년대에 한국의 급진적 지식인들에게 초미의 관심사가 되었던 것은 사회구성체론과 변혁론으로, 이것을 주도했던 것은 사회과학이었다. NL 대 PD(산사연, 창비, 벼리논쟁), ND 대 PD(『노동해방문학』 대 『현실과 과학』), 그리고 PD 내부(종속심화 대 약화, 반파쇼 대 반독점 등)에서 전개되었던 논쟁은 '정치경제학'과 '정치학'에 의해 주도되었으며 '철학'은 '과학'에 의해 역으로 규정되었다.

그 당시에는 '맑스주의 철학' 그 자체에 대해 문제를 제기하고 이데올로기와 과학 사이에서 철학의 위치를 규명하고자 했던 대표적인 철학자 알튀세르조차 맑스주의 '철학의 위치와 역할을 다루고 있다는 점에서가 아니라 '생산력에 대한 생산관계의 우위'라는 테제를 제출함으로써 기존의 진화론적이고 단계론적인 역사유물론에 근거한 방법론을 벗어나 한국에서도 국가독점자본주의가 성립가능하다는 점을 방법론적으로 제시하고 있다는 점에서 수용되었다. 따라서 1980년대만 하더라도 한국의 급진적 지식인들의 지적 열망을 추동하고 있던 것은 한국사회를 바꾸고자 했던 '물리적 실천'에 대한 관심이었다.

그러나 1990년대 중반 이후 한국의 사회구성체론과 변혁론은, 그것을 주도했던 사람들에게서조차 외면의 대상이 되었다. 사람들은 그것에 대해 더 이상 관심을 두지 않았다. 그들은 더 이상 맑스주의라는 과학 그 자체를 신뢰하지 않았다. 맑스주의 철학은 더 이상 자명한 원리를 담고 있는 세계관도, 과학적인 방법론도 될 수 없었다. 애초 이데올로기 비판과 해체로부터 시작하여 '과학'을 내세우면서 유토피아적 열정을 '정치'와 결합시켰던 맑스주의는 동서냉전체제 속에서 '국가통치이데올로기'로 전락하였다. 이것은 제국주의에 굴복했던 제2 인터내셔널의 후예들인 서구의 사회민주주의만이 아니라 현실사회주의권 또한 마찬가지였다.

바로 이런 점에서 1990년대 중반 이후 급속하게 이루어졌던 '사회과학'으로부터 '철학'으로의 전환에는 80년대 한국의 진보운동에 대한 성찰만이 아니라 맑스주의 그 자체에 대한 성찰이 담겨 있었다. 한국의 급진적 지식인들은 더 이상 맑스주의 철학을 자명한 것으로 받아들이지 않았고 그것에 대해 더 근본적인 질문을 던졌다. 게다가 더 나아가 그들은 80년대 운동의 프레임조차 푸코의 '지식-권력' 이론을 따라 담론(discourse) 분석이라는 자기 해체의 틀 속으로 밀어 넣었다. 물론 이런 '언어적 전회'는 90년대 중반 진행되었던 리오타르의 거대서사 비판과 현대를 만들어온 정신인 현대성(modernity)에 대한 문제제기와 결합되어 있었다.

그로부터 20여 년이 흐른 지금까지 한국의 급진적 지식인들은 여전히

'철학' 내부에서 다양한 방식의 출구를 모색하고 있다. 물론 그 출구가 '언어-문화'에서 '존재-윤리'를 거쳐 다시 '정치'로 귀착되고 있지만 그것이 여전히 '철학'이라는 틀 내에 존재하고 있다는 것은 명백해 보인다.[1] 오늘날 사람들은 누구나 정치에 대해 말한다. 하지만 그들은 성급하게 단정하고 실천하기보다는 주어진 문제를, 오늘날의 정치를 더 철저하고 근본적으로 '사유하라'고 권고하고 있다. 따라서 '정치'라는 기표는 동일하지만 80년대에 급진적 지식인들이 다루었던 '정치'와 오늘날 우리가 다루고 있는 '정치'는 다르다.

80년대에 급진적 지식인들이 관심을 가졌던 정치는 주어진 현실을 바꿀 수 있는 힘을 조직하는 것으로서, '물질적인 힘'을 만들어 가는 정치였다면 오늘날 급진적 지식인들이 다루고 있는 정치는 현행하는 정치적인 행위 그 자체에 대해 질문을 던지고 그런 정치에서 작동하는 우리의 관념과 가치의 틀 자체를 바꾸고자 하는 '사유' 대상으로서 정치이다. 따라서 80년대의 지적 흐름은 주어진 사회를 파악하고 바꾸어 가는 데 필요한 지식들을 다루는 사회과학에 집중되어 있었다면 90년대 중반 이후의 지적 흐름은 주어진 현실을 바꾸려는 실천적 의지보다는 권력을 사유하는 우리의 방식이나 욕망, 의지들에 대한 사유라는 '정치철학'에 집중되어 있었다. 물론 이것은 우리의 사유를 근본적으로(radical) 바꾸어 놓았다.

하지만 그렇기 때문에 권력을 사유하는 우리의 인식이나 가치의 지평은 이전보다 훨씬 더 세련되고 깊어진 반면 우리가 사유하고 있는 정치가 실질적으로 작동해야 하는 한국의 현실과 우리의 결합력은 급속히 해체되어 왔다. 한국의 좌파가 가진 정치적 영향력 또한 지난 시기 동안 확대되기는 커녕 점점 더 축소되어 가고 있다. 그렇다면 오늘날 우리가 '좌파의 미래'를

1_ "우리 시대의 철학의 특징은 존재에 관한 질문으로의 회귀라고 말할 수 있다. …궁극적으로 볼 때, 우리의 세기는 존재론적이라고 자리매김될 것이다. 이러한 존재론으로의 회귀가 우리의 시대의 또 다른 한 축을 이루는 '언어적 전회'보다 훨씬 더 본질적임은 물론이다"(알랭 바디우, 『들뢰즈—존재의 함성』, 박정태 옮김, 이학사, 2001, 65).

말하기 위해서는 지난 20여 년 간 집중시켜 온 '정치철학'의 장 내부에서 이루어지는 '철학의 실천'만을 주장할 것이 아니라 '정치철학적 실천'에도 불구하고 더욱 축소되어가고 있는 '좌파의 정치적 영향력', '정치적 장에서 물리적 힘의 약화'에 대해 사고할 필요가 있다.

2. 이론과 실천의 분리: 정치철학의 급진성 vs 좌파의 정치적 무능력

오늘날 우리가 겪고 있는 정치철학적 사유와 정치적 현실 간의 거리는 '정치철학의 급진성 대 좌파의 정치적 무능력'으로 나타나고 있다. 지난 20여 년 간 둘 사이의 거리는 좁혀지기보다는 오히려 점점 더 멀어지고 있다. 90년대 중반 이후 한국의 급진적 좌파들이 주목하는 현대정치철학 대부분은 무엇보다도 '대의제'에 대한 발본적인 비판 및 일상적인 도덕 수준으로 체화되어 있는 권력에 대한 극복, 또는 정치학과 윤리학의 결합에 주력해 왔다. 게다가 이들은 기본적으로 오늘날의 민주주의가 대표-재현 (representation) 체계라는 점에서 대의제를 비판하고 의회-선거제도에 대한 근본적인 불신을 가지고 있다.

대표적으로 네그리와 바디우는 서로 대립적이지만 대의제에 대한 근본적 거부라는 점에서 동일한 입장을 취한다. 네그리는 근대의 정치학이 주권 개념을 신이라는 초월자로부터 인간 자신의 내부로 옮겨 놓았음에도 불구하고 이를 다시 '초월성'과 '대표성'이라는 매개형식을 거쳐 외부화 했다고 비판하면서 이들이 "민주주의적인, 다원적인, 혹은 인민적인 정치 형태들을 선언할지라도, 실제로 근대 주권은 하나의 정치적 모습, 즉 단일한 초월적 권력만을 지닌다"고 말한다.[2] 또한, 바디우도 국가, 즉 'states'는 부분집합으로 셈하는 재현의 체계라고 규정하면서 '정치'란 국가의 재현체제로부터 벗어나면서 끊임없이 국가에 대립하는 것이며 '혁명적 정치'는 '반(反)국가의 정치'라고 말하고 있다.[3]

따라서 그들이 주장하는 정치는 과거에 존재하는 정치와 다르며 그들이 상상하는 민주주의는 '1인 1표'로 환원되는 대의제적 민주주의, 절차적 민주주의를 넘어서 있다. 게다가 그들의 대의제 민주주의에 대한 비판은 기본적으로 맑스가 꿈꾸었던 프롤레타리아독재를 '코뮌'과 관련하여 비국가-국가소멸이라는 관점에서 다시 사유하도록 만든다. 하지만 그럼에도 불구하고 이들 정치철학은 실천적으로 '집합적 권력의지'를 조직하거나 현실을 바꿀 수 있는 '물리적 힘'을 구축하는 데는 오히려 장애요소가 되기 십상이며 오히려 관념화되는 경향 또한 가지고 있다. 단적으로 랑시에르는 제비뽑기를 제안하고 알랭 바디우는 자신이 투표를 한 번도 하지 않았다는 것을 자랑스럽게 말하고 있다.

이에 오늘날 우리가 가진 정치철학적 사유와 정치적 현실 간의 거리는 더욱더 커지고 있으며 이런 괴리는 '정치철학의 관념적 급진성' 대 '좌파의 정치적 무능력'으로 나타나고 있다. 예를 들어 한국의 대표적인 정치학자들은 한국 정치의 가장 고질적인 문제로 보수독점의 정치구조, 또는 오늘날 '새누리당 대 민주당'으로 표현되는 보수정당독점체제를 제시하면서 이를 해체해야 한다고 주장해 왔다.[4] 그러나 87년 민주화 이후 한국의 정치는 보수정당독점체제로부터 한 발짝도 벗어나지 못하고 있다. 물론 여기에는 다양한 이유들이 있다. 남북분단이라는 특수한 국제적 환경에 의한 적대성

2_ 안토니오 네그리 · 마이클 하트, 『제국』, 윤수종 옮김, 이학사, 2002, 131.

3_ 박영균, 「알랭 바디우, 후사건적 주체와 둘의 철학」, 『진보평론』 59호, 2014년 봄 참조.

4_ "나는 한국 민주주의의 가장 큰 문제는 매우 협애한 이념적 대표체제, 사실상 보수와 극우만을 대표하는 정치적 대표체제에 있다고 본다. 내용적으로 보수독점의 정치구조는 민주화 이후에 변화되기보다 오히려 더욱 강화되었다. …민주화 이후 한국사회가 내용적으로나 질적으로 더욱 퇴보하게 된 원인을 들라면 나는 민주화 이후 15년이 흘렀음에도 불구하고 여전히 냉전반공주의가 지배적인 이념으로 지속되고 매우 협애한 이념적 대표체제에서 보수독점의 정치구조가 지속되고 있기 때문이라고 말하고자 한다"(최장집, 『민주화 이후의 민주주의: 한국 민주주의의 보수적 기원과 위기』, 후마니타스, 2005, 23).

의 재생산구조, 지역주의 분할 및 세대 갈등 등 여러 가지 요인들이 복합적으로 작동하고 있다.

하지만 보다 근본적인 이유는 한국의 좌파정치세력이 보수정당독점체제에 파열음을 내는 제3의 정당으로 성장하지 못했기 때문이다. 물론 어떤 사람들은 과거에 원내 10석을 확보한 통합진보당이 있었다고 말하면서 파쇼적인 탄압에 의한 해체가 한국 좌파정치세력의 성장을 방해하는 근본적인 요인이라고 말할지 모른다. 하지만 원내 10석을 보유한 정당이 내란음모죄로 재판에 회부되고 헌법재판소에 의해서 강제 해산되었음에도 불구하고 이에 대한 저항조차 제대로 하지 못했다는 사실 자체가 한국 좌파정치가 현재 가지고 있는 정치적 영향력의 현주소를 보여주는 것이라고 할 수 있다.

통합진보당이 해산되었을 때, 좌파들은 반민주적 폭거이자 독재의 부활이라고 반발했지만 한국의 정치집단 중 그것에 귀를 기울이거나 두려워하는 집단은 거의 없었다. 그렇다면 왜 그들은 한국 좌파들의 비판에 귀기우리지 않은 것일까? 그것은 그들이 들을 필요를 느끼지 않았기 때문이다. 더 쉽게 말해서 무시해도 상관없기 때문이다. 왜 들을 필요가 없는 것일까? 좌파의 비판은 무기력하기 때문이다. 그것은 힘을 가지고 있지 않다. 한국의 좌파들은 비판이라는 무기를 사용하고 있지만 그 '비판'은 허공을 울리는 말소리일 뿐 총이나 칼을 가지고 하는 "무기의 비판"이 아니다.

"비판의 무기는" "무기의 비판을 대신할 수 없다. 물질적 힘은 물질적 힘에 의해 전복되어야 한다." 그렇다면 비판의 무기는 아무런 쓸모가 없는 것일까? 그것은 아니다. 맑스는 "이론 또한 대중을 사로잡자마자 물질적 힘으로 된다."고 말한다.[5] 따라서 비판은 '비판 그 자체'를 목적으로 하는 것이 아니다. 그것은 현실을 바꾸는 것, 즉 '무기의 비판'을 목적으로 하고

5_ 칼 맑스 「헤겔 법철학의 비판을 위하여」, 『칼 맑스·프리드리히 엥겔스 저작선집 1』, 최인호 옮김, 박종철출판사, 1995, 9.

있다. 하지만 현재 한국 좌파들의 '정치철학'은 '무기의 비판'을 목적으로 하기보다는 '비판의 무기' 그 자체에 골몰하고 있다. 철학의 실천은 '이념의 학'으로서, 철학 내부에 충실한 자기만족적이면서도 폐쇄적인 관념을 생산하는 경향을 가지고 있다. 철학은 '비판의 무기' 그 자체에서 자기만족을 느낀다.

"현재의 투쟁 속에서 단지 독일적 세계에 대한 철학의 비판적 투쟁만을" 보는 당파의 근본적인 결함은 "철학을 지양하지 않고서 철학을 실현할 수 있다"고 믿는 데 있다. 하지만 철학적 비판이 완수되기 위해서는 철학의 내부에 머물러서는 안 된다. 그것은 무엇보다도 먼저 "철학의 부정을 요구"하며 "실천"이라는 "오직 단 하나의 수단만이 존재하는 과제들로" 나아가야 한다.[6] 그러므로 "비판은 해부용 칼이 아니라 하나의 무기이다. …비판은 더 이상 자기 목적으로서 나타나지 않고, 수단으로서 나타날 뿐이다."[7] 맑스가 '비판의 무기'라는 '철학의 실천'으로부터 '무기의 비판'이라는 '실천의 철학'으로 나아가는 것은 바로 이 지점이다.

하지만 이런 전화는 이전에 '철학의 실천'이 '관념적 자족성'의 환상을 낳았듯이 그와 반대로 '실천의 철학'은 철학 그 자체를 실천의 수단으로 만들어 버리는 역의 편향을 생산했다.[8] 맑스는 다음과 같이 선언한다. "철학이 프롤레타리아트 속에서 그 물질적 무기를 발견하듯이 프롤레타리아트는 철학 속에서 자신의 정신적 무기를 발견한다. …프롤레타리아트의 지양 없이 철학은 자기를 실현할 수 없으며 철학의 실현 없이 프롤레타리아트는 자신을 지양할 수 없다."[9] 따라서 철학은 프롤레타리아트의 당파적

6_ 같은 책, 8-9.

7_ 같은 책, 8-9.

8_ 80년대 가장 인기 있었던 맑스의 경구는 포이에르바하에 관한 테제 11번이었다. "철학자들은 세계를 단지 다양하게 해석해 왔을 뿐이다. 그러나 중요한 것은 세계를 변혁하는 것이다"(칼 맑스 「포이에르바하에 관한 테제들」, 『칼 맑스·프리드리히 엥겔스 저작선집 1』, 189).

9_ 같은 책, 15.

실천에 종속되어 있으며 이에 복무해야 한다.

80년대 한국의 좌파 지식인들은 이 길을 따랐다. 그들은 맑스주의라는 이념을 노동운동과의 결합을 통해 물질적인 힘을 가진 무기로 전화시키고자 노력했으며 그 스스로를 노동해방을 위한 희생자, 역사적 순교자임을 자랑스럽게 받아들였다. 그러나 80년대의 맑스주의는 90년대 현실사회주의권의 몰락과 함께 철저하게 실패했다. 그것은 단순히 현실사회주의권이 몰락했기 때문이 아니다. 그것이 철저하게 실패했던 것은 80년대의 맑스주의 자체가 근본적인 결함을 가지고 있었기 때문이다. 대표적으로 맑스주의의 오래된 테제인 '과학적 사회주의와 노동운동의 결합'이 그러했다.

'과학적 사회주의와 노동운동의 결합'은 기본적으로 청년 맑스가 걸었던 이데올로기 비판을 '무기의 비판'으로 전화시키는 '실천의 철학', 즉 맑스주의 철학과 프롤레타리아트의 결합에 근거하고 있었다. 하지만 그와 같은 결합은 철학이 프롤레타리아트와의 결합을 통해서 자기를 실현하고 사라지듯이 과학적 사회주의는 또한 노동운동과의 결합만을 자신의 과제로 남겨 놓았다는 전제에 근거하고 있다. 여기서 '과학적 사회주의' 또는 '맑스주의 철학' 그 자체는 이미 올바른 것으로 우리에게 주어져 있다는 것이 된다. 그것은 옳다. 따라서 문제는 그것을 현실에 구현하는 것이며 오직 '결합'만이 우리에게 주어진 과제가 된다.

바로 이런 점에서 맑스주의에서 '철학의 수단화 또는 종말'은 맑스주의 '철학'이 단순히 사회과학에 보조적이었음을 의미하지 않는다. 오히려 그것은 맑스주의 '철학'이나 이론적으로 정립된 과학적 사회주의가 '물음의 대상', '학적 연구의 대상'이 되지 못했다는 것, 즉 '이성의 화신'으로 승화된 당의 무오류성이라는 신화 위에 기초하고 있었다는 것을 의미한다. 따라서 90년대 이후 본격화된 해체의 과정은 '철학의 종말' 또는 '완성'이라는 테제를 전면적으로 문제 삼은, 알튀세르 이래로 그 자신의 도그마를 해체하고 성찰하는 과정이기도 했다.

하지만 그 대신에 한국의 좌파들은 '이론적 실천의 장'에 집중하면서 '물리적 실천의 장'으로부터 물러나는 대가를 지불해야 했다. 오늘날 우리가 겪고 있는 정신과 현실 사이의 괴리, 정치철학의 급진성 대 좌파의 정치적 무기력, 현실정치의 낙후성 등은 바로 이런 이론과 실천의 분리가 낳은 산물이라고 할 수 있다. 그렇다면 오늘날 우리가 다시 문제 삼아야 할 것은 80년대에 화두가 되었던 '이론과 실천의 결합'이라는 테제 그 자체를 오늘날의 현실 속에서 다시 모색하는 것, 그리하여 물리적 힘의 조직화로서 정치적 실천을 시작함으로써 '관념적 급진성'을 정치적 현실로 바꾸어가는 것이다.

3. 정치적 실천:
대중의 지배로서 민주주의와 물리적 힘의 조직화

철학의 실천은 정치에 대한 '사유의 실천'으로, '주어진 대상', '현실 그 자체'를 직접적으로 다루지 않는다. 그것은 이데올로기 안에 갇혀 있는 우리의 인식을 해방시키고 세계를 향한 우리의 '봄(seeing)'을 개방하며 과학의 길을 열어준다. 하지만 그렇기 때문에 그것은 우리에게 주어진 대상과 현실 그 자체를 직접적으로 다루지 않는다. 맑스가 『독일이데올로기』를 쓸 때까지 걸었던 길은 바로 이것이었다. 그것은 알튀세르가 말했듯이 역사유물론이라는 과학의 길을 여는, 이데올로기 비판으로서 '철학의 실천'이라고 할 수 있다.

하지만 알튀세르가 생각하듯이 맑스가 '철학의 실천'을 이데올로기/과학과의 관계에서만 다룬 것은 아니다. 맑스는 물리적 힘을 창출하는 '정치'와 관련해서도 '철학의 실천'을 다루었다. 오늘날 정치철학의 과잉이 낳는 문제는 바로 이와 같은 '철학의 실천'이 반드시 '실천의 철학'으로 전화를 필요로 함에도 불구하고 그것을 지체시킨다는 점이다. 물리적 힘을 창출하는 것으로서 정치로의 전환은 그 동안 '정치철학'적으로 이루어진 철학의 실천이 낳은 성과가 없었기 때문이 아니다. 오히려 그 반대다.

맑스가 과학의 길을 여는 '철학의 실천'으로부터 물리적 힘의 조직이라는 '실천의 철학'으로 나아간 것처럼 우리 또한 지난 20여 년 동안 80년대의 '정치적 실천'이 가지고 있었던 문제들을 발본적으로 사유함으로써 새로운 '정치적 실천'을 향한 길을 열어놓았다. 하지만 도래해야 할 것이 도래하지 않을 때, 과거의 성과는 과잉이 되고, 부패의 덩어리가 된다. 맑스는 헤겔 좌·우파가 헤겔의 시체 위에 기생하는 자들이라고 평가하면서 그 당시를 '에피고넨(난장이)의 시대'라고 규정했다. 오늘날 한국의 정치철학적 논의들 또한 물리직 힘을 조직하는 '징치'로 나아가지 못하면서 부패의 악취를 풍기고 있다.

특히, 그들 중에 일부는 자신의 정치적 무능력을 관념적 급진성으로, 현실정치에 대한 '냉소주의'로 바꾸어 놓고 있다. 그렇다면 오늘날 우리가 긴급하게 시작해야 하는 것은 지난 20여 년 동안 극복하고자 했던 80년대를 다시 불러들이는 것이다. 그것은 80년대를 극복하고자 했던 지난 20여 년 간의 경향에 대한 '막대 구부리기'라고 할 수 있다. 하지만 그렇다고 해서 오늘날 다시 불러들인 '80년대'가 과거와 같은 것은 아니다. 그것은 지난 20여 년 동안 극복되어야 할 대상으로, 그 자신의 오류를 성찰하는 과정을 거쳐 다시 탄생한 80년대일 수밖에 없기 때문이다.

80년대 이론과 실천의 결합은 속류유물론에 의해 '과학적 사회주의와 노동운동의 결합' 그리고 '철학의 종말 또는 당파적 실천의 수단'으로 귀결되었다. 그리고 그것은 '변증법적 유물론과 역사유물론'이라는 스탈린적 정식화에 의해 생산되는 맑스주의로, "맑스-레닌주의 당의 세계관"이자 자연과 사회 현상을 올바르게 인식할 수 있는 방법과 원칙들을 담고 있는 것으로 정식화되었다.[10] 그러나 90년대 이후 현대 정치철학의 모색들은 더 이상 노동운동 또는 경제적 모순이라는 하나의 층위에서 출발하지 않는다. 오히려 그들은 경제결정론적이거나 계급환원론적인 것들에 대한 비판 및 해체를 지속적으로 추구해 왔다.

알튀세르는 일원론적인 모순론을 중층적인 과잉결정의 모순론으로 바꾸어 놓았으며, 그 이후 들뢰즈를 비롯한 현대 프랑스철학은 '모순의 철학'을 '차이의 철학'으로 바꾸어 놓았다. 물론 이것이 과연 타당한가의 문제는 아직도 논의의 대상이 되고 있다. 하지만 그럼에도 불구하고 이들 논의가 열어 놓고 있는 것은 오늘날 대의제적 민주주의 그 자체를 극복하지 않고서는 해방이 가능하지 않으며 투쟁이 노/자 모순으로 환원될 수 없다는 점이다. 따라서 오늘날 반복되어야 할 정치적 실천은 경제적인 층위에서 이루어지는 노/자 간의 계급투쟁이나 국가에 대한 도구론에 근거하는 것은 불가능하다.

오히려 그것은 다층적이고 문화적인 차이들에 대한 접합이라는 관점, 대의제를 포함한 국가권력 그 자체에 대한 극복과 더불어 모색되어야 한다. 아마도 라클라우-무페가 제기했던 '헤게모니' 개념이 '담론'에 대한 과도한 강조에도 불구하고 의미를 가지고 있는 것은 바로 이 때문일 것이다.[11] 라클라우와 무페는 민주주의를 '텅 빈 기표'로 정의하고 민주주의 그

10_ "변증법적 유물론은 맑스-레닌주의 당의 세계관이다. 그것은 자연현상에 대한 그 접근방법, 그 현상을 연구하고 이해하는 그 방법이 변증법적인 반면 자연현상에 대한 그 변역, 이러한 현상에 대한 인식이 유물론적이기 때문에 변증법적 유물론이라 불린다. 사적 유물론은 사회생활의 연구에 대한 변증법적 유물론의 원칙들의 확장, 사회생활의 현상들, 사회와 그 역사의 연구에 대한 변증법적 유물론의 원칙들의 적용이다"(J. V. 스탈린, 「변증법적 유물론과 사적 유물론」, 『스탈린선집 2』, 서중건 옮김, 전진, 1990, 124).

11_ 라클라우와 무페의 논의는 1980년대 후반, 1990년대 초 현실사회주의권의 몰락과 더불어 수입되면서 그 합리적 핵심에 대한 논의가 제대로 이루어지지 못한 채, 성급하게 단죄되어 버렸다. 이들 논의에 대한 비판은 다음과 같이 정리될 수 있다. "그들의 논의는 '경제적 사회구성체'를 이데올로기적 사회구성체로 전치해버린 문제, 경제주의와 환원주의에 대한 성찰적 반성에서 '담화 환원주의'적 경향을 드러낸 점, 총체화에 대한 비판에서 탈총체화의 경향을 드러낸 점, 다양한 사회적 주체의 인정에서 주체성의 구조적 근거 자체를 방기한 점, 필연성에 대한 비판에서 우연성의 논리로 환원한 점 등의 새로운 문제점을 드러내고

자체를 '담론적'이지만 헤게모니 투쟁이 이루어지는 장으로 규정한다. 또한, 그들은 오늘날 세계가 보다 다원화된 '차이들'의 세계임을 인정한다.

하지만 그렇다고 해서 그들이 이 차이들의 세계에 필요한 것은 오늘날 유행하는 문화상대주의적인 '관용'이라고 말하고 있는 것은 아니다. 그들은 '차이들의 세계'가 적대를 사라지게 만든다고 보지 않는다. 오히려 그들은 '적대'의 문제의식을 놓치지 않으며 오히려 다원적 민주주의의 토양 위에서 작동가능한 헤게모니투쟁을 모색하고 있다. 오늘날 많은 사람들은 지구화가 다양한 인종과 문화, 종교적인 갈등들을 만들어 낼 것이기 때문에 지구화하는 세계에서 진정으로 필요한 것은 '차이들'에 대한 관용과 문화상대주의적 관점이라고 말한다. 하지만 이것은 오늘날 문화로 정치를 대체하는 '탈정치', 심지어 '반정치'를 부추기는 것이다.

라클라우는 다음과 같이 말하고 있다. "우리는 합의와 만장일치가 가능하다는 가상이 '반정치'에 호소하는 것만큼이나 민주주의에 치명적임을 인정해야 하며, 따라서 이런 생각을 단념해야 한다. 정치 전선의 부재는 정치적 성숙의 기호이기는커녕 민주주의를 위험을 빠뜨릴 수 있는 공허함의 징후다. 그런 공허함은 새로운 반민주주의적인 정치적 정체성들을 접합하려는 극우파에 점령 지반을 제공하기 때문이다."[12] 그런데 1990년대 현실사회주의권의 몰락 이후 승리한 서방의 자본주의는 민주주의 그 자체를 자유주의로 일면화하고 있다. 그들은 민주주의는 오직 문화상대적이고 가치 다원적인 다원주의 위에서만 작동할 수 있다고 주장하고 있다.

하지만 이와 같은 문화상대주의 또는 가치 다원주의는 자유주의라는

있다"(조희연, 「한국적 '급진민주주의론'의 개념적·이론적 재구축을 위한 일 연구」, 『민주주의의 급진화』, 데모스 미디어, 2011, 86). 하지만 그럼에도 불구하고 이들의 논의에는 오늘날 긴급하고도 중요하게 다루어져야 할 주제들에 대한 새로운 인식론적 전환들을 포함하고 있으며 조희연 또한 이런 점에 주목하고 있다.

12_ 샹탈 무페, 『정치적인 것의 귀환』, 이보경 옮김, 후마니타스, 2007, 17.

특정한 이념의 산물일 뿐, 민주주의 그 자체가 추구하는 것은 아니다. 민주주의는 대중에 의한 대중의 통치로서, 대중의 힘을 통해서 자기 자신의 통치원리를 생산할 뿐, 자유주의와 같은 특정한 원리를 작동의 근거로 가지고 있는 것이 아니다. 이것은 어원적으로도 민주정이 군주정이나 과두정과 다르다는 점에서 드러난다. 군주정이나 과두정은 'monarchy'이나 'oligarchy'처럼 '시원, 원칙, 원질'을 뜻하는 '아르케(arche)'와 결합되어 있다. 즉, 군주정이나 과두정은 특정한 원칙이나 근거 위에서 통치가 이루어진다는 것을 의미한다.

하지만 민주정은 'Democracy', 즉 '대중(demos)에 의한 지배(kratia)'라는, '힘', '지배'를 의미하는 '크리티아(kratia)'만을 가지고 있을 뿐이다. 그것은 군주정이나 과두정처럼 '아르케를 가지고 있지 않다. 따라서 민주주의는 군주정이나 과두정처럼 어떤 주어진 원칙, 근거로부터 출발하는 것이 아니라 오히려 그 원칙과 근거조차 대중의 힘을 통해서 창조해 가는 통치형태라고 할 수 있다. 바로 이런 점에서 민주주의에서 진정으로 정치적인 문제는 '대중적 힘'을 '조직화'하고 '물리적 힘'으로 바꾸어 내는 것이다.

그람시는 자신을 레닌주의자로 정의하면서 마키아벨리를 '국민국가의 이론가'로 재해석하고 헤게모니를 창출할 수 있는 '현대군주'로서 정당을 만들기 위해 노력했다. "현대 세계에서의 새로운 군주론의 주인공은 개인적인 영웅일 수는 없으며 오직 정치정당, 즉 새로운 형의 국가를 세우는 것을 목표로 하는, 그 시대나 그 나라의 내부관계에 바탕을 둔 구체적인 정당일 수밖에 없다."13 하지만 그것은 "있는 것에만 관심을 두"는 것이 아니라 "있어야 할 것"을 창출하는 "창조자요 선도자"이다.14 그러나 오늘날 한국에서의 좌파 정치는 '있어야 할 것'을 창조하는 정치, 물리적인 힘을 창조하는 정치로 나아가지 못하고 있다.

13_ 안토니오 그람시, 『옥중수고 1』, 이상훈 옮김, 거름, 1993, 145.
14_ 같은 책, 174.

4. 있어야 할 것의 정치:
정치의 질료와 왜곡된 정치현실

오늘날 한국의 좌파들은 한편으로 정치적 현실주의를 외치며 '있는 것'에 투항하거나 아니면 다른 한편으로 근본적인 이념형, 예를 들어 자유와 평등 등의 가치 실현으로서의 정치를 반복하면서 물리적 힘을 생산하는 정치적 실천으로 나아가지 못하고 있다. 이념이 없는 정치는 오로지 권력만을 좇기 때문에 '맹목적'이다. 하지만 힘을 조직하지 못하는 이념 또한 작동 불가능한 것이기 때문에 '공허'하다. 좌파들은 '있어야 할 것'을 창출하는 정치의 실천으로 나아가야 한다. 하지만 어디에서 시작할 것인가? 이와 관련하여 그람시는 이미 다음과 같이 말한 바 있다.

"적극적인 정치가는 창조자요 선도자이지만, 그러나 그는 무로부터 창조하는 것도 아니며 자기 자신의 욕망과 꿈이라는 혼탁한 공허 속에서 움직이는 것도 아니다. 그는 유효한 현실을 자신의 기반으로 한다. …그는 여전히 유효한 현실이라는 지형 위에서 움직이고 있는 것이지만, 그러나 그것은 그 유효한 현실을 지배하고 초월하기 위해서다. 따라서 이때의 '있어야 할 것'은 구체적인 것이며, 사실상 유일한 현실적이고 역사적인 현실 해석이며, 또 그것만이 만들어지는 역사요 만들어지는 철학이며 또 그것만이 정치다."[15]

또한, 알튀세르는 이런 정치의 "질료"가 바로 "이탈리아의 극단적인 비참함과 빈곤, 인민들의 바람과 합의, 개인들의 역능"이라고 말하고 있다.[16] 하지만 오늘날 한국에서 정치의 질료가 되는 '극단적인 비참함과 빈곤', '인민들의 바람과 합의', '개인들의 역능'은 있는 그대로 드러나고 있지 않다. 대중들의 극단적인 비참함과 빈곤은 오히려 타자에 대한 공격

15_ 같은 책, 175.
16_ 루이 알튀세르, 『마키아벨리의 가면』, 오덕근·김정한 옮김, 이후, 2001, 103.

을 부추기고 증오와 원한의 정치학을 작동시키는 토양이 되고 있다.[17] 그리고 그것이 대중들의 보수-반동화를 이끌고 있다. 이것은 '민주주의' 라는 가치를 지키기 위해 투쟁해 온 1980년대의 관점에서 본다면 매우 역설적이다.

1980년대 당시에는 직선제와 같은 민주화가 이루어지면 보다 더 민중적 이고 덜 억압적인 권력이 가능해질 것이라고 믿었다. 하지만 오늘날 민주 화가 가져온 결과는 더 반민중적이고 더 억압적인 권력에 대한 대중들의 지지로 귀결되고 있다. 그렇다면 오늘날 한국의 좌파정치가 출발해야 할 지점은 '극단적인 비참함과 빈곤'에 대한 폭로가 아니다. 그것은 불충분할 뿐만 아니라 퇴행적이다. 보다 중요한 것은 대중들의 보수-반동화를 유발 하는 '왜곡된 정치현실' 그 자체를 극복하는 것이다. 그러나 그렇게 하기 위해서는 대중의 비참한 삶뿐만 아니라 현실에서 왜곡되는 그들의 욕망구 조도 보아야 한다.

오늘날 대중의 삶은 무한경쟁에 내몰리고 있으며 그럴수록 그들의 삶은 더 각박해지고 있다. 대중들도 자신들이 삶이 피폐해지고 있다는 것을 안 다. 하지만 그럴수록 대중들은 살아남기 위한 경쟁에 매달린다. 따라서 대 중의 삶이 더 피폐해진다고 그것이 대중적 저항을 불러오는 것은 아니다. 대중들에게 다른 삶의 가능성이 주어지지 않는 한, 대중들은 '살아남기'를 선택할 수밖에 없기 때문이다. 게다가 오늘날 대중들이 당면하고 있는 생 존의 문제는 개인이 어쩔 수 없는 구조 결정적 문제라고 할 수 있다. 왜냐 하면 오늘날 생존의 문제는 정보화-자동화에 따른 생산력의 발전이 유발 하는 인구과잉에 따른 것이기 때문이다.

과잉인구의 창출은 맬서스가 보았듯이 절대적인 인구의 총수가 증가하

17_ 이미 들뢰즈는 스피노자의 사유를 빌려 다음과 말한 바 있다. "슬픈 영혼들이 상납하고 선전하기 위해서 폭군을 필요로 하는 것과 꼭 마찬가지로, 폭군은 성공하기 위해서 영혼들 의 슬픔을 필요로 한다. 어쨌든 이들을 통일시키는 것은 삶에 대한 증오이며 삶에 대한 원한이다"(질 들뢰즈, 『스피노자의 철학』, 박기순 옮김, 민음사, 2004, 43).

기 때문에 발생하는 것이 아니다. 예를 들어 과거 10명이 10시간을 걸려 생산하던 것이 10명이서 5시간 동안 생산할 수 있게 되면 자본주의는 이윤의 극대화를 위해 노동시간을 10시간으로 하는 대신에 고용 인력을 5명으로 줄인다. 따라서 5명의 인구는 사회적으로 불필요한 '잉여인간'이 되며 실업은 증가할 수밖에 없다. 오늘날 한국사회에서 전체 청년인구는 감소함에도 불구하고 청년실업률이 증가하는 것도 바로 이와 같은 자동화-정보화에 따른 생산력의 증가와 과잉인구의 창출이 낳은 것이다.

그렇다면 길이 없는 것일까? 아니다. 생산력이 발전한 만큼 노동시간을 단축하면 된다. 하지만 이것은 결코 합리적 토론을 통해서 해결될 수 있는 사안이 아니다. 기업의 입장에서 노동시간 단축은 이윤의 대폭적인 감소를 의미한다. 또한, 그것은 몇몇 선한 자본가가 자발적으로 선택할 수 있는 문제도 아니다. 왜냐하면 선한 자본가가 있어서 노동시간 단축을 선택하더라도 그렇지 않은 기업과의 경쟁에서 패배할 수밖에 없기 때문이다. 따라서 노동시간 단축문제는 개인이 아니라 자본가와 노동자라는 계급간의 이해가 충돌하는 문제로서, 민주주의적인 대화와 토론의 문제로 해결될 수 있는 것이 아니라 오직 양자 간의 힘의 충돌을 통해서만 해결될 수 있는 문제이다.

하지만 87년 민주화 이후, 이런 대중의 문제를 해결해 줄 수 있는 정치, 말이 아니라 실제로 그것을 만들어 가는 힘을 가진 정치는 작동하지 않았다. 따라서 최근 한국사회에서 나타나고 있는 일련의 현상들, 박정희 신드롬을 비롯한 '대타자로의 투항'은 좌파든 우파든 '정치의 실패'가 낳은 결과라고 할 수 있다. 즉, ① 기술발전과 사회적 협업의 확대에 따른 생산력의 발전이 ② 자본의 시녀로 전락한 신자유주의 국가의 공적 통합 기능의 해체라는 정치적 환경 속에서 오히려 노동배제와 잉여인구의 대량생산으로 귀결되면서 ③ 대중의 공분과 '정치에 대한 혐오'를 타자에 대한 적대성으로 바꾸어 놓고 있는 것이다.[18]

그러므로 오늘날 한국에서 작동하는 '증오의 정치학'에서 '정치의 실패'는 뒤집혀져 있다. '증오의 정치학'은 과잉인구의 생산과 무한경쟁이 낳는 생존의 불안과 공포를 해결하지 못하는 정치의 실패를 '타자'에 대한 공격 또는 자신에 대한 비하로 전치시키면서 오히려 대타자의 권력을 강화하는 기제로 전화되고 있다. 1990년대 중반 이후 진행되었던 '군가산점'과 '성평등'을 둘러싼 남/여(성)의 대립 및 이주노동자들에 대한 인종적 공격 등은 모두 다 이와 같은 작동메커니즘을 보여주고 있다.

또한 산업화세대와 민주화세대라는 '세대담론'도 마찬가지이다. 이들 세대담론은 한국자본주의의 첫 번째 희생자였던 노년층을 산업화의 역군으로 상징화함으로써 정보화혁명에 의해 밀려날 수밖에 없는 자신들의 처지에 대한 한탄에서 나오는 분노를 자라나는 청년 세대에 대한 공격으로 전화시키고 자신을 희생자로 만들었던 박정희 유신권력의 망령을 불러오는 기제로 작동하고 있다. 하지만 이런 전도된 세계의 정치시스템은 수구보수라고 하는 세력에게만 작동하는 것이 아니다. 소위 민주화 세력이라고 하는 야당 또한 예외가 아니다.

노무현 전 대통령이 당선된 2002년 대선부터 가시화되기 시작한 40대를 기점으로 한 세대 간 당파적 양극화는 그 이후 더욱더 확대되어 가고 있다. 2012년 대선에서 50대와 60대 이상은 2002년 대선 때 이회창 후보를 지지한 비율보다 7.3%, 16.2% 더 높은 비율로 박근혜 후보를 지지한 반면 20대, 30대, 40대는 2012년 대선에서 2002년 당시 노무현 후보보다 8.0%, 8.3%, 11.3% 더 높은 비율로 문재인 후보를 지지했다. 하지만 이렇게 당파적으로 양극화되면서 정작 은폐되고 있는 것은 새누리당 대 민주당이라는 두 당파 모두가 책임져야 할 '정치의 실패'이다.

새누리당은 '반북'을 정점으로 하여 세대갈등과 지역갈등을 접합시킴으

18_ 박영균, 「반지성주의와 파시즘의 정치학을 넘어 진보의 정치로」, 『진보평론』 57호, 2013년 가을, 86.

로써 증오의 정치학을 작동시킨다면 민주당은 노무현의 죽음 또는 새누리당에 대한 반감에 기초한 반동적인 정치를 작동시키고 있다. 따라서 양당파 간의 투쟁은 기본적으로 '반(anti)'이라는 부정적 정서에 기초하여 대중을 전취하고 보수독점의 지배체제를 생산한다는 점에서 상호 적대적으로 의존하고 있다. 또한, 그렇기 때문에 한국에서 보수독점의 정당시스템은 필연적으로 '정치권에 대한 대중적 환멸' 또는 대중들의 '정치적 무관심'을 확산시키는 경향이 있다. 노무현 정권 말기에 치러졌던 2007년 대선에서 이명박 후보가 당선될 수 있었던 것은 이명박 후보에 대한 대중들의 지지가 높았기 때문이 아니다.

2007년 대선은 87년 대통령 직선제 이후 가장 낮은 투표율을 기록했다. 노무현 정권을 지지했던 사람들이 노무현 정권에 대해 실망하고 지지를 철회하면서 선거에 참여하지 않았던 것이다. 따라서 이명박 후보의 당선은 '민의'에 의한 결과가 아니고 대안적인 정치세력이 없는 상황에서 대중들의 민의가 왜곡된 결과로 나타난 것이었다. 즉, 노무현 정권 이후 자신의 민의를 대변할 정치세력이 없었던 것이다. 그렇다면 한국의 좌파들이 시작해야 할 정치는 바로 이와 같은 '정치의 실패'에서 시작하는 정치이다.

기본적으로 '좌파의 정치'는 자본주의라는 생산관계와 동형적으로 구축된 부르주아 민주주의의 유기적 결합이 내적 분열에 의해 어긋나거나 파괴되는 지점에서 시작된다. 따라서 좌파정치는 기존의 부르주아 정치가 창조해낸 부르주아 민주주의의 장 내부에 존재하지 않는다. 오히려 그것은 부르주아 정치의 한계 지점에서 새롭게 창조되어야 한다. 하지만 오늘날 한국의 좌파들은 '정치의 실패'가 새누리당 또는 민주당과 같은 특정 당파의 정치적 실책이나 정책의 실패가 아니라 부르주아 정치의 한계지점에서 나타나고 있다는 점, 그리하여 그 한계가 자본주의와 대의제적 재현구조로서 국가권력 양자의 지양을 동시에 함축하고 있다는 점을 간과하고 있다.

5. 정치의 실패:
부르주아 정치의 한계와 좌파 정치의 출발지점

오늘날 '정치의 실패'는 한편으로 근대적인 '노동패러다임의 종말'과, 다른 한편으로는 대의제라는 재현체제의 위기와 깊은 관련을 맺고 있다. 대의제 민주주의의 기본적인 형태인 1인 1표라는 보통선거권은 상품-화폐라는 자본주의에서의 존재양식과 동형적이다. 왜냐하면 상품이 화폐라는 전제 군주를 매개로 하여 상호 동등한 양적 평등과 계약의 자유를 실현하고 있듯이 근대의 대의제적 민주주의 또한 독립적 개체들의 주권을 대표자를 통해서 재현하고 있기 때문이다. 따라서 부르주아 정치의 실패는 자본주의의 한계와 연동되어 있다. 그리고 이런 부르주아 정치와 경제의 한계가 연결되는 결절점에 '소유권'의 위기가 자리를 잡고 있다.

근대 부르주아 정치는 '노동이 가치를 생산하기 때문에 그에 대한 소유는 정당하다'는 노동가치론에 근거하여 근대적 소유권을 정당화하고 이런 '소유권의 보호'라는 차원에서 국가권력과 대의제적 통치 시스템에 정당성을 부여했다. 대의제 민주주의의 기본원칙을 정립했던 존 로크는, 원래 만인의 공유물이었던 대지와 자연을 특정한 개인의 소유로 만드는 것은 그가 소유한 인신을 사용하여 노동을 투입하고 "자연보다 더 많은 그 무엇을 그것들에 덧붙인다"는 점에 있다고 하면서[19] 시민정부의 목적은 "그들의 재산에 대한 보존"이며 정부에 부여한 의무도 "모든 사람에게 재산을 보장"하는 것이라고[20] 주장하였다.

하지만 현대자본주의는 바로 이와 같은 논리적 정당성을 해체하고 있다. 맑스는 이미 자본주의가 발전시키는 '생산의 사회화'가 '자기노동'에 의한 가치생산보다 '사회적 협력'에 의한 가치생산을 더 압도적인 것으로 바

19_ 존 로크, 『통치론』, 강정인·문지영 옮김, 까치, 1996, 35.
20_ 같은 책, 120-23.

꾸어 놓는다고 말한 바 있다. 그런데 오늘날 전자네트워크와 같은 정보화, 그리고 인류의 지적 능력을 집약시킨 자동화된 기계의 등장은 이런 생산의 사회화를 훨씬 벗어나 있다. 사실, 정보화-자동화와 같은 생산의 사회화 및 기계화는 '자기노동'의 경계를 해체할 뿐만 아니라 생산과정으로부터 노동 자체를 배제하는 경향을 가지고 있기 때문에 자기노동에 대한 소유권 또한 모호하게 만든다.

오늘날 생산의 사회화는 '공장 안'이 아니라 '공장 밖'으로까지 확장되고 있다. 이것은 단순히 자기노동의 경계만 해체하는 것이 아니라 자본-임노동에 의한 가치생산체계 자체를 해체한다. 여기서는 자본에 의해 고용된 노동자가 아닌 사람들도 직접적으로 가치생산에 참여하고 있다. 따라서 이것은 자본주의 생산양식을 벗어나 있다. 자본주의 생산양식은 생산수단을 가지고 있지 않은 노동자가 가치를 생산하기 위해서는 자본-임노동이라는 교환체계로 들어가야 한다. 그런데 오늘날 생산은 자본-임노동이라는 교환체계 밖에서도 가치를 생산한다. 따라서 자본의 외부가 현실적으로 자본주의 발전 자체에 의해 태내로부터 성장하고 있다.

예를 들어 페이스북이라는 기술적 환경을 만든 사람은 주커버그이지만 페이스북의 가치를 생산하는 것은 주커버그가 아니다. 주커버그가 페이스북을 만들었지만 아무도 그것을 사용하지 않는다면 그것은 가치를 가질 수 없다. 따라서 페이스북의 가치를 생산하고 있는 것은 주커버그가 아니라 페이스북을 사용하고 있는 5억 명의 유저들이다. 하지만 페이스북의 가치를 독점하는 것은 주커버그 개인이다. 주커버그는 30세가 되기도 전에 약 30조의 재산을 가진 세계에서 8번째 부자가 되었다. 이것은 논리적으로 모순적이다. 왜냐하면 근대적인 노동가치론을 따르면 주커버그가 생산하지 않은 가치를 모두 다 독점하고 있는 것이기 때문이다.

그렇다면 왜 사람들은 평상시에 이를 문제 삼지 않고 있는 것일까? 그것은 바로 오늘날 지적 소유권이라는 법적 장치가 페이스북의 기술적 환경을 처음 구축한 사람에 대한 독점적 권리를 보장해주고 있기 때문이다. 따라서 오늘날 작동하는 소유권은 애초 자본주의 생산양식이 작동하는 '경제적인 강제'를 따라 이루어지고 있는 것이 아니다. 맑스는 자본주의를 '경제외적 강제' 없이 작동하는 생산양식으로 규정하고 이런 가치증식시스템을 기존의 약탈이나 수탈과 구분하여 '착취'라는 개념으로 설명하였다. 하지만 오늘날 작동하는 있는 가치증식시스템은 '착취'만으로 작동하지 않는다. 물론 자본주의가 작동하는 데, 순전히 경제적인 강제로만 작동한 적은 없었다.

하지만 오늘날 자본주의에서 작동하는 '경제외적 강제'는 과거와 같이 '경제적 강제'를 보완하는 보충물이 아니라 오히려 '경제적 강제' 그 자체를 가능케 하는 필수품이 되어가고 있다. 따라서 안토니오 네그리나 데이비드 하비는 오늘날 자본주의가 더 이상 노동가치론을 따라 작동하는 '착취'의 시스템이 아니라 다른 사람이 생산한 가치를 '수탈'해가는 시스템이라고 주장하고 있다.[21] 바로 이런 점에서 오늘날 '정치의 실패'는 단순한 실패가 아니다. 그것은 '자본주의 생산양식'의 자기모순에 의해 생산되는 자본의 자기부정과 결합된 '부르주아 정치의 한계'가 발현된 것이다.

부르주아의 정치는 전체 인민을 국가 내로 포섭하고자 하지만 이미 경제적 토대에서 나타나고 있는 시스템의 내적 균열을 강제적으로 봉합하고 있는 역할을 벗어날 수 없다. 하지만 이제까지 좌파들은 정보화-자동화에 의해 무너지고 있는 노동가치론의 해체 위에서 '있어야 할 것'의 세계를 만들어 가는 정치를 실천하는 대신에 이미 낡은 산업노동의 모델을 따라 노동이 신성하다는 구호를 외치면서 자본과 임노동의 부등가교환 및 부의

21_ 네그리는 "한편으로 자본주의적 착취관계는 공장에 한정되지 않고 사회 전체 지형을 점하는 경향을 보이면서…다른 한편으로 사회적 관계는 사회적 생산과 경제적 생산을 서로 외재적일 수 없게 만들면서 완전히 생산관계에"(안토니오 네그리 · 마이클 하트, 앞의 책, 280) 스며들고 있기 때문에 오늘날 착취는 "공통된 것의 강탈"(안토니오 네그리, 『다중』, 조정환 · 정남영 · 서창현 옮김, 세종서적, 2008, 191)이라고 말하고 있다.

불평등에 대한 비판만을 늘어놓고 있다. 하지만 그들이 믿고 따르고 있는 맑스는『정치경제학비판요강』에서 다음과 같이 말하고 있다.

"직접적인 형태의 노동이 부의 위대한 원천이기를 중지하자마자, 노동 시간이 부의 척도이고 따라서 교환가치가 사용가치의 [척도]이기를 중지해야 한다. 교환가치에 입각한 생산은 붕괴하고 직접적인 물질적 생산과정 자체는 곤궁성과 대립성의 형태를 벗는다. 개성의 자유로운 발전, 따라서 잉여노동을 정립하기 위한 필요노동시간의 단축이 아니라 사회의 필요노동시간의 최소한으로의 단축 일체, 그리고 여기에는 모든 개인들을 위해 자유롭게 된 시간과 창출된 수단에 의한 개인들의 예술적·과학적 교양 등이 조응한다."22

여기서 맑스가 말하는 '해방'은 자본에 의한 노동의 지배, 노동의 소외로부터 해방이라는 '노동의 해방'을 의미하지 않는다. 그에게 해방은 사람들이 삶을 살기 위해서는 고역이지만 어쩔 수 없이 해야 하는 노동시간을 단축시킴으로써 개인이 자유롭게 쓸 수 있는 시간, 즉 '가처분시간'을 확보하고 노동 그 자체로부터 해방되는 '노동으로부터의 해방'이라고 할 수 있다.23 이것은 맑스가 "노동시간의 절약"은 "생산력의 발전과 동일하다"고 말하면서 중요한 것은 "**향유의 억지**가 아니라…향유수단의 발전"이며 "노동시간의 절약은 자유시간의 증대"라고 말한 점에서도 드러나고 있다.24

그러므로 오늘날 한국 좌파의 정치는 첫째, '정치의 실패'가 보여주는 부르주아 정치의 한계를 '소유권'의 해체 전략과 함께 사유하면서 양자를 동시에 지양하는 이중의 노동해방 전략으로 발전시켜 가야 한다. 오늘날

22_ 칼 마르크스, 『정치경제학 비판 요강 Ⅱ』, 김호균 옮김, 백의, 2000, 381.

23_ 맑스는 생산력 발전이 가져오는 양가적 결과에 주목하였다. "자본은 자신의 부가 직접적으로 잉여노동시간을 전취하는 데 있기 때문에, 자신의 목적이 사용가치가 아니라 직접적으로 가치"이며 그렇기 때문에 "한편으로는 가처분 시간을 창출하고, 다른 한편으로는 이를 잉여노동으로 전환"시킨다(같은 책, 383-84).

24_ 같은 책, 388.

자본으로부터 배제된 잉여인간과 빈곤문제는 고용창출이라는 차원에서만 접근될 수 있는 것이 아니라 '자본 없이 살기'라는 생산-소비의 코뮌적 차원에서도 접근될 필요가 있다. 게다가 오늘날 생산은 공장을 벗어나 사회 전체로 확장되었기 때문에 그가 비록 실업자라고 하더라도 그가 사회적 총가치의 생산에 기여하지 않는 것은 아니다. 따라서 실업급여를 포함한 복지는 '차별복지'처럼 가진 자들의 부를 나누어주는 시혜적 차원이 아니라 '사회적 임금'이라는 당연한 권리의 차원에서 제도화 되어야 한다.

바로 이런 점에서 '자본 없이 살기'와 '사회적 임금권'과 같은 개념들은 근대적인 '소유권'의 한계를 넘는 '인권'의 차원으로 법제도적 차원의 '권리' 개념을 이동시킬 뿐만 아니라 자본-임노동의 교환체계로 들어가지 않은 사람들조차 가치의 생산과 소비에 참여시킴으로써 이중의 노동해방전략을 가동시킬 수 있는 토대로 삼아야 한다. 이중의 노동해방전략은 '생산영역'에서 노동의 소외를 극복하는 노동의 자기 가치화, 또는 생산에 대한 사회적 통제라는 '노동의 해방' 전략을 한편으로 하면서 다른 한편으로 '사회적 필요노동시간의 단축'을 통한 '가처분 시간'의 확보와 공동체적인 삶의 문화를 확장해 가는 문화사회의 건설이라는, '노동으로부터의 해방' 전략이라고 할 수 있다.

둘째, 바로 이와 같은 이중의 노동해방 전략을 대안적 정치권력의 구성적 차원에서 '대의제'를 넘어서 대중의 자기 통치라는 '자치의 원리'로 발전시켜 나갈 필요가 있다. 오늘날 정치철학적 사유들은 비국가-국가소멸이라는 관점에서 민주주의를 다시 사유하도록 만든다. 하지만 그럼에도 불구하고 이들 정치철학적 실천들은 종종 실천적으로 '집합적 권력의지'를 조직하거나 현실을 바꿀 수 있는 '물리적 힘'을 구축하는 데 오히려 장애요소가 되기도 한다. 이것은 그들이 현실 정치가 작동하는 대의제를 부정하거나 심지어 냉소적으로 바라보는 경향을 가지고 있기 때문이다.

그러나 대의제에 대해 매우 비판적이었던 혁명가 레닌조차 1905년 혁명의 부산물이었지만 이후 반동적인 정치의 수단이 되었던 젬스트보의회에서 철수를 주장하는 '소환파'나 '청산파'에 대항하여 의회에서의 활동을 지속적으로 옹호했다. 이것은 대의제적인 정치의 장에 대중이 존재하기 때문이다. 바로 이런 점에서 셋째로, 의회-제도적 투쟁과 코뮌적 전망을 결합시키면서도 특정한 정세에서 대중들을 하나의 전선으로 결집시키는 헤게모니전략이 필요하다. 정치적 실천의 올바름은 그것이 현장이냐 의회냐, 제도 안이냐 밖이냐에 의해 결정되는 것이 아니다. 그것은 오직 대중이 투쟁하는 곳에 의해서 결정될 뿐이다.[25]

알튀세르는 "마키아벨리가 자신의 텍스트를 위해 고정시킨 장소, 그의 관점의 장소"는 "군주가 아니라" "인민"이라고 말하면서 "인민의 관점을 제외하고서는 통치자들에 대한 어떤 지식도 있을 수 없다"고 말한 바 있다. 이것은 곧 '인민'의 욕망과 의지가 존재하는 곳이 곧 정치의 장소라는 것을 의미한다. 따라서 정치에는 어떤 고정된 장소가 존재하지 않는다. 그것은 정세적이다. 하지만 오늘날 특정 국면을 주도하거나 지배하는 주요모순은 '경제적 요인'이나 '계급차별'과 같은 어떤 하나의 요인이 아니다. 그것은 시시각각 변화한다. 따라서 좌파의 정치는 투쟁을 결집시키는 사회적 의제 또한 노동 중심이 아니라 특정 국면을 주도하는 요인들, 성적이고 인종적인 차별 및 생태적 문제들을 포함하여 정세적으로 결정되어야 한다.

건국대학교, 철학

25_ 루이 알튀세르, 『마키아벨리의 가면』, 53-54.

변혁적 주체형성 문제와
맑시즘 교육론의 재구성

천보선

인간은 문화역사를 만들어 가면서도 그 속에서 다시 규정당하는 문화역사적 존재이다. 그렇다면 '계급지배로 인한 적대적 사회관계와 파편화된 인간 존재를 낳는 자본주의 사회 속에 살면서도 자본주의를 넘어서는 새로운 사회를 건설, 영위할 수 있는 변혁적인 문화역사적 주체형성은 어떻게 가능한가?' 이는 우리 앞에 대두한 긴박한 질문이자, 새로운 실천을 요구하는 문제이다.

'변혁적 주체형성', 이는 실천적, 이론적으로 쉽지 않은 난제이다. 자본주의 사회적 관계와 존재에 묶여 있으면서도 그를 넘어서는 다른 감성과 의식을 형성하고 실천을 행하는 것이 어떻게 가능하며, 또한 그러한 주체는 어떤 과정을 통해 형성되는가? 물론 그런 사람들은 역사적으로 존재해 왔으며 지금도 존재한다. 그렇지만 우리가 관심을 두는 문제는 특별한 어떤 사람이 아니라 사회변혁을 지향하는 보다 광범한 주체들이 어떻게 형성되는가 하는 문제다. 이 문제에 대해 사람들은 저마다의 경험과 인식 속에서 다양한 계기와 과정을 이야기한다. 어떤 이들은 강렬한 실천적 경험을 말하기도 하고, 어떤 사람들은 비자본주의적 관계의 실천을 이야기하기도 한다. 혹은 혁명적 시기가 도래하면 순식간에 변혁적 주체들이 등장할 것이라는 기대를 피력하기도 한다. 그러나 실천적으로나 이론적으로나 그 어떤 것이 적확한 것인지는 알 수 없는 답답한 상황이다.

또 변혁적 주체를 어떻게 볼 것인가라는 문제도 있다. 역사적 경험을 돌이켜 본다면 한때 변혁적 주체로 여겨졌던 이들 중 상당수가 나중에는 결코 변혁적이지 않은 것으로 드러났다. 많은 나라에서 혁명 과정에 참여했던 수많은 사람들이 그러했고, 1980년대 이후 한국사회에서 그러하다. 변혁적 주체란 과연 어떤 존재인가? 또한 변혁적 '주체'에서 주체를 개별 주체로 볼 것인지, 집단적 주체로 볼 것인지 라는 문제도 있다. 둘은 연관되지만 동일하다고 할 수는 없다. 사회변혁과 관련하여 결국 초점이 되는 것은 변혁적 개별 주체들의 연결과 총체로서 문화역사적인 집단적 주체이다. 그러나 변혁적 주체의 집단적 형성 과정에 대해서는 더더욱 논의가 부재한 실정이다.

주체형성 문제와 가장 관련이 깊은 실천 양식이 교육이라고 할 때 이 문제는 또 맑시즘 교육론의 가장 근본적 주제라고 볼 수 있다. 물론 변혁 주체의 형성이 교육만을 통해 이루어지는 것은 아닐 것이다. 주체형성은 사회적 관계의 그물망을 기초로 전개되는 정치적, 경제적, 이데올로기적, 문화적인 다양한 과정을 통해 이루어진다. 그러나 교육은 그 중에서도 가장 기본적인 과정이자 실천임에 분명하다. 교육을 넘어선 총체적인 논의는 또 다른 주제이며 여기서는 '교육을 통한 변혁주체 형성'에 한정하여 논의를 전개하고자 한다.

변혁적 주체형성의 문제를 놓고 볼 때 막상 맑시즘 내에서 이 문제에 대해 체계적이고 풍부한 논의는 제대로 이루어지지 않고 있다. 어쩌면 사실상 거의 전무하지 않을까 싶다. '교육을 통해 변혁적 주체를 어떻게 형성

할 것인가'라는 논의보다는 '(지배적) 교육 속에서 어떻게 비주체화 되는가'
에 대한 논의가 주로 이루어졌다. 본래 이 두 가지 논의는 서로 연결되어야
하는 논의이다. 지배구조를 재생산하고 정당화하는 기존의 교육을 극복하
고, 변혁적 주체형성에 기여하는 새로운 교육으로 나아가지는 실천적 과제
로 통합되기 때문이다. 그러나 좌파 혹은 맑시즘 진영에서 '변혁적 주체를
형성할 수 있는 교육' 혹은 '교육을 통한 변혁적 주체형성' 문제에 대한 논
의는 매우 협소하다. 아마도 많은 부분에서는 변혁적 의의를 지닌 새롭고
진정한 교육은 사회변혁 이후에나 가능하다는 식의 생각이 널리 퍼져 있는
것으로 보인다. 교육은 현재 '파괴'의 대상일 뿐 '건설'의 대상은 아닌 것이
다(어쩌면 이런 단계론적 사고는 비단 교육 영역에서만 그런 것은 아닌
것으로도 보인다). 물론 이러한 단계론적 사고의 주 대상은 교육일반이라
기보다는 학교교육이다. 하지만 학교교육을 넘어선 교육일반 역시 협소하
기는 마찬가지이며 '교육을 통한 변혁적 주체형성'이라는 문제는 집중적
논의의 대상으로 거의 다루어지지 않고 있는 실정이다.

왜 이렇게 되었을까? 여러 요인이 있겠지만 '맑시즘 교육론' 자체의 부재
혹은 소실 때문이라고 생각된다. 다소 놀라운 표현이라 생각될 수도 있지
만 '교육을 통한 변혁적 주체형성에 대한 논의'만이 아니라 '교육실천 일반
에 대한 맑시즘적 관점에서의 체계적 논의' 역시 부재한다고 할 수 있다.
그 동안 맑시즘 진영에서 주로 다루어진 주제들은 자본주의 사회에서 학교
혹은 교육일반이 지배구조의 재생산에 어떻게 결부되는가에 초점이 맞추
어졌고 맑시즘적 관점에서의 '과학적 교육실천'에 대한 논의는 거의 존재
하지 않았다. 자본주의 지배 아래 놓여온 서구 맑시즘만이 아니라 동구
역시 마찬가지였다. 현실사회주의에서 맑시즘의 구호 아래 전개된 동구의
교육론은 실제로는 맑시즘과는 거리가 먼 도구주의적 교육관으로 흘렀다.
스탈린주의와 서구 맑시즘은 서로를 비판하였지만 묘하게도 교육을 지배
의 도구로 보는 것에서만큼은 일치했다고 할 수 있다.

물론 맑시즘 내에서 처음부터 '교육을 통한 변혁적 주체형성'에 관한 논의가 부재했던 것은 아니다. 맑스는 '교육을 통한 주체형성'과 '교육의 변혁적 의의'를 강조하였으며, 1930년대 그람시와 비고츠키는 이 문제에 대해 집중적으로 논의를 전개한 바 있다. 하지만 이후 동구와 서구 모두에서 이 주제는 논의 영역에서 사라져 버렸다. 이러한 상황에서 변혁적인 문화역사적 주체형성의 문제를 맑시즘 교육론의 핵심 의제로 자리매김해야 할 필요가 있다. 그것은 맑시즘 교육론을 재구성하면서 새롭게 정립하는 문제이기도 하고, 나아가 맑시즘 자체의 재정립에도 기여할 수 있을 것이다. 그리고 무엇보다 그 동안 양적, 질적으로 성장해온 한국 교육운동에 변혁적 방향성을 부여하고, 변혁적 성인교육 영역을 창출하는 실천으로 연결될 수 있기 때문이다.

이 글은 다음과 같은 순서로 서술하고자 한다. 우선 교육과 사회변혁, 변혁적 문화역사적 주체형성에 대한 맑스의 논의를 살펴보겠다. 이를 통해 우리는 변혁적 주체형성의 문제가 맑시즘 초기부터 설정된 문제의식이자 의제임을 확인할 수 있을 것이다. 다음으로 1920년대 말~1930년대 초 사이에 변혁적 주체형성 문제를 다룬 그람시와 비고츠키의 논의를 살펴보겠다. 그리고 변혁적 주체형성과 관련된 논의의 현재적 토대를 살펴보고 나름의 논의 방향을 제출하고자 한다.

1. 교육과 사회변혁, 변혁주체 형성에 대한 맑스의 문제의식

1) 교육과 변혁적 주체형성에 대한 기본 견해

맑스는 체계적인 교육론을 펼친 것은 아니지만 저작 곳곳에서 교육에 대한 자신의 견해를 언급하고 있다. 사회변혁과 교육과의 관계에 대한 맑스의 언급들을 살펴보면 다음과 같다.

"너무도 많은 경우에, 노동자는 자신의 아이들의 진정한 이해관계나 인간의 발전을 위한 정상적인 조건을 이해하기에는 너무도 무지하다. 그러나 노동자계급에서 좀 더 계몽된 부분은 자라나는 노동자 세대의 육성에 자기 계급의 미래, 따라서 인류의 미래가 전적으로 달려 있다는 것을 완벽하게 이해하고 있다."[1]

"생산적 노동과 수업을 일찍 결합하는 것이 오늘날의 사회를 진화시키는 가장 유력한 수단의 하나."[2]

"이와 같은 혁명의 효소(예: 공업학교, 농업학교, 직업학교, 기술교육. 이것의 목표는 종래의 분업을 철폐하는 것이다)는 자본주의적 생산형태와 그것에 상응하는 노동자의 경제적 상태와 전적으로 모순된다는 것도 의심의 여지가 없다."[3]

맑스는 '교육에 노동자계급과 인류의 미래가 달려 있다'라고 하면서 소년 시대부터 생산노동과 교육을 결합하는 것이 '사회변혁의 가장 유력한 수단'이라고 말한다. 노동과 교육이 결합된 직업학교들을 의심없이 '혁명의 효소'로 간주하고 있다. 이처럼 맑스는 교육에 상당히 중요한 변혁적 의의를 부여하고 있다. 교육의 변혁적 의의를 강조하는 맑스의 논의에는 이미 '교육을 통해 변혁적인 주체형성이 가능하다' 그리고 '(교육을 통한) 변혁적 주체형성이 사회변혁을 담보하게 된다'라는 전제가 담겨있는 것으로 볼 수 있다. 즉 '교육을 통한 변혁주체 형성'을 전제로 변혁적 의의를

1_ 칼 맑스 「임시중앙평의회대의원들을 위한 개별문제들에 대한 지시들」, 『칼 맑스·프리드리히 엥겔스 저작 선집 3』, 최인호 옮김, 박종철출판사, 1995, 135.
2_ 칼 맑스 「고타강령초안비판」, 『칼 맑스·프리드리히 엥겔스 저작 선집 4』, 최인호 옮김, 박종철출판사, 1995, 389.
3_ 칼 맑스 『자본론 I[하]』, 김수행 역, 비봉출판사, 2001, 645.

부여하고 있는 것이다.

그러나 교육을 통해 어떻게 변혁적 주체를 형성할 수 있는지에 대해 진전된 맑스의 언급을 찾기는 쉽지 않다. 다만 간략한 언급 속에서 맑스는 진정한 사회변혁을 담지할 수 있는 주체 개념으로 '전면적으로 발달한 인간'을 제시하고, 그를 위한 방법으로 노동과 교육의 결합을 강조한다.

> "일정한 연령 이상의 모든 아동들에게 생산적 노동을 학업 및 체육과 결합시키게 될 것인데, 이것은 생산의 능률을 올리기 위한 방법일 뿐 아니라 전면적으로 발달한 인간을 생산하기 위한 유일한 방법이기도 하다."[4]

'생산노동과 교육의 결합'을 통한 전면적 인간 발달'이라는 맑스의 주체형성 도식은 다소 단순하다고 할 수 있지만 교육을 통한 변혁적 주체형성의 필요성과 기본 원리를 밝힌 것이라 볼 수 있다. 맑스의 문제의식은 이후 그람시와 비고츠키를 통해 확장되고, 과학적 분석과 설명의 주제로 발전하게 된다.

2) 자본주의 사회와 교육의 변화

맑스가 교육을 통한 변혁주체 형성에 대한 기본적 문제의식을 피력하긴 했지만, 노동과 교육의 결합이라는 새로운 형태의 교육을 그냥 실행하기만 하면 되는 단순한 문제는 아닐 것이다. 특히 자본주의 하에서 교육은 기본적으로 계급관계와 지배이데올로기를 재생산하는 지배의 도구이며, 그것들의 성격을 변화시키고, 거기서 변혁적 의의를 발현하는 것은 매우 어려운 일이기도 하다. 이 문제는 다음과 같은 질문을 제기한다. "자본주의 하에서 변혁적 의의를 지닌 교육으로의 변화란 과연 가능한가?" 맑스는 자본

4_ 같은 책, 648.

주의 하에서 학교교육이 이제 막 발흥하던 시기에 살았으며 이 문제에 대해 다음과 같이 언급하고 있다.

"그들은 무엇보다도 먼저 아동들과 연소 노동자들이 현재 제도의 파괴적인 영향들로부터 보호되어야 한다는 것을 알고 있다. 이것은 사회적 통찰을 사회적 힘으로 전화시킴으로써만 이루어질 수 있으며, 주어진 사정 아래서는 국가의 권력에 의해 시행되는 일반적 법률을 통하는 것 이외에 그렇게 할 방도가 존재하지 않는다. 이러한 법률을 시행하는 가운데 노동자계급이 정부 권력을 강화시키는 것은 아니다. 오히려 현재 자신들에 맞서 행사되고 있는 권력을 그들 자신들의 세력으로 바꾸게 된다. 그들은, 고립된 개인적 노력으로는 아무리 시도해도 헛되이 끝날 일을 전반적인 하나의 행위에 의해 이루게 된다."[5]

맑스는 사회변혁 이전, 즉 자본주의 사회 내에서도 교육변화가 필요하고 가능함을 강조하고 있다. 맑스는 계급지배 속에서 고통받고 왜곡된 성장을 겪는 아동과 청소년들이 우선적으로 그 파괴적 영향으로부터 보호되어야 한다고 말하고 있다. 사회변혁과 관련된 직접적 의미 이전에 아동과 청소년의 인간적 보호를 위해 교육의 변화가 필요하다는 것이다. 그리고 '주어진 사정' 즉 자본주의 사회에서는 '국가의 권력에 의해 시행되는 일반적 법률을 통하는 것 외에 방도가 없다'면서 사실상 변혁 이전에 개량적 개혁을 승인하고 있다. 그는 '국가에 의한 교육'과 '일반 법률에 의한 사회적 개입'은 완전히 다른 것이며[6] '교육에 대한 사회적 개입'이 "교육을 지배계급의 영향으로부터 빼내 오는 것"[7]이라고 보았다. 따라서 이러한 개량이 권력을 강화하는 것이 아니라 노동자들의 힘으로 전화해 나갈 것이라고

5_ 칼 맑스 「임시중앙평의회대의원들을 위한 개별문제들에 대한 지시들」, 136.
6_ 칼 맑스 「고타강령초안비판」, 388.
7_ 칼 맑스 「공산주의당 선언」, 『칼 맑스·프리드리히 엥겔스 저작 선집 1』, 최인호 옮김, 박종철출판사, 1995, 417.

말한다. 맑스는 이러한 과정의 토대가 필연적, 역사적으로 형성된다고 강조한다.

> "부르주아는 프롤레타리아트에게 부르주아지 자신의 교양 요소들, 즉 부르주아지 자신에게 대항하는 무기를 스스로 제공한다."[8]

교육 변화에 대한 이러한 맑스의 견해는 일부의 이해와는 상당히 다른 것이기도 하다. 자본주의 하 공교육은 지배의 도구로서 해방적 기능을 발현하는 것은 가능하지 않으며, 그러한 노력이 변혁적 의의를 지니기 어렵다고 보고 있는 경향과 정면으로 다른 견해를 제출하고 있는 것이다.

3) 교육과 사회변혁/주체형성에 대한 역동적 이해

교육을 통한 주체형성에 대해 맑스는 혁명(권력 획득) 이전/ 혁명의 시기/ 혁명 이후라는 세 국면 모두에 걸쳐 언급한다. 앞서 혁명 이전 시기에 대한 언급을 소개했지만 맑스는 혁명의 시기와 그 이후 시기와 관련해서도 주체형성 문제에 대해 다음과 같이 강조하고 있다.

> "공산주의 의식의 대규모적인 산출 및 그 자체의 관철을 위해서도 오로지 하나의 실천적인 운동, 즉 혁명속에서만 이루어질 수 있는 광범위한 인간 변혁이 필요하다는 것."[9]

> "계급과 계급 대립이 있었던 낡은 부르주아 사회 대신에 각각의 자유로운 발전이 만인의 자유로운 발전의 조건이 되는 하나의 연합체가 나타난다."[10]

8_ 같은 글, 409.
9_ 칼 맑스, 「독일이데올로기」, 『칼 맑스 프리드리히 엥겔스 저작 선집 1』, 220.
10_ 칼 맑스, 「공산주의당 선언」, 421.

"공동체 속에 자신의 소질을 모든 측면에서 완성시킬 방편이 비로소 모든 개인에 대해 존재한다."[11]

맑스는 변혁 이전, 변혁의 과정, 변혁 이후 각각의 국면 모두에서 교육 변화의 의의를 밝히면서 교육과 사회변혁, 교육과 변혁적 주체형성의 관계를 상호 계기적이고 연속적으로 제시하고 있는 것이다.

2. 그람시의 교육론

맑스가 간략하고 다소 추상적인 형태로 언급했던 '교육을 통한 변혁적 주체형성' 문제는 맑스로부터 6~70년이 지난 이후 그람시를 통해 새롭게 전개된다.(러시아 혁명 이후 크룹스카야의 '종합기술교육' 등 교육을 통한 주체형성 논의가 일정하게 있었지만 체계적으로 진행되지 못했고 이후 스탈린주의 하에서 비맑스주의적 교육관으로 변질되었다는 점에서 여기서는 논외로 하고자 한다.) 그람시는 제1차 세계대전 및 러시아 혁명 이후 혁명과 위기가 도래했던 이탈리아라는 역사적 상황 속에서 헤게모니론과 유기적 지식인이라는 개념을 통해 일종의 정치론을 전개한 바 있다. 그런데, 그는 정치와 교육을 매우 밀접한 것으로 보았고, 이와 연관되어 '교육을 통한 변혁적 주체형성' 문제에 대해 집중적인 논의를 전개하였다.

그람시는 맑스가 직관적, 추상적으로 밝힌 교육과 사회변혁, 주체형성 문제에 대해 좀 더 분석적이고 체계적인 논의를 전개한다. 헤게모니론을 통해 토대/상부구조, 주체/변혁에 대한 상호역동적 이해와 분석을 진전시켰고, 교육 변화가 지닌 변혁적, 실천적 의의를 보다 명확히 하였으며 상당

11_ 칼 맑스, 「독일이데올로기」, 246.

한 비중으로 나름의 학교 개혁론을 전개하였다.

1) 그람시가 바라본 교육과 사회 변혁/주체형성

헤게모니론과 유기적 지식인 개념은 그람시가 바라본 교육과 사회변혁의 관계를 이해하는 열쇠이다.

"피치자의 동의—그러나 선거 때에 표현되는 것과 같은 추상적이고도 모호한 동의가 아니라 조직된 동의—를 얻는 통치. 국가는 동의를 지니며 또 요구한다. 그러나 국가는 또한 이 동의를 정치적, 조합적 결사체들을 수단으로 하여 교육하기도 한다. 하지만 이 결사체들은 지배계급의 사적인 주도하에 놓여 있는 사적인 유기체다."[12]

"지배계급이 합의를 상실하는 것, 다시 말하여 더 이상 '지도적'이지 못하고 단지 '지배적'이고 강제적인 힘만을 사용하게 된다는 것은, 거대한 대중이 자신의 전통적인 이데올로기로부터 멀어져서 이전에 믿었던 것을 이제는 더 이상 믿지 않게 되었다는 것을 의미한다. 위기는 바로 낡은 것은 죽어가고 있는데 새 것은 태어날 수 없다는 사실에 있다. 이 공백 기간에 매우 다양한 병적인 징후가 나타나는 것이다."[13]

그람시의 헤게모니 개념은 지배와 변혁의 관계에서 상호전환적인, 매우 역동적인 개념이다. 그람시는 시민사회의 역동적 헤게모니 개념을 통해 토대와 상부구조, 주체와 사회변혁의 상호규정적, 상호전환적 관계를 설명하고 있다. 그는 헤게모니가 지배계급의 전략일 뿐 아니라 변혁의 전략이 된다고 보았으며 헤게모니 형성의 핵심적 요소로서 교육의 중요성을 강조

12_ 안토니오 그람시, 『그람시의 옥중수고 1』, 이상훈 옮김, 거름, 1999, 275.
13_ 같은 책, 294.

하였다. 이때 그람시의 '교육'은 유기적 지식인에 의해 행해지는 비제도적
(성인) 교육과 주로 학교교육을 의미하는 좁은 의미의 교육 두 차원 모두를
포함한다.

> "새로운 지식인의 존재양식은 이제 더 이상 느낌과 열정의 외부적이고 순간적
> 인 전달자에 불과한 웅변 속에 있는 것이 아니고, 단순한 연설자로서가 아니라
> (그러나 동시에 추상적이고도 수학적인 정신보다는 우위에 있는), 건설자, 조직
> 가, '영원한 설복자'로서 실제 생활에 능동적으로 참여하는 데 있다. 이제 사람들
> 은 노동으로서의 기술로부터 과학으로서의 기술로 나아가며, 역사에 대한 인간
> 주의적 구상으로 나아가는데, 바로 이 구상 덕택에 사람들은 더 이상 '특수화되
> 어' 남아 있지 않으며 '지도적'(전문화되고 정치적인)으로 된다."[14]

그람시의 유기적 지식인은 특별한 지식인이 아니라 자신의 생활 영역에
서(계급 속에서) 투쟁과 조직, 교육을 함께 행하는 실천가이다. 그런 의미에
서 교육과 투쟁의 결합 속에서 형성되는 변혁적 주체이다. 그리고 그러한
유기적 지식인의 형성 정도가 변혁의 성패를 좌우한다고 말한다.

> "그리하여 지적 기능의 수행을 위한 전문화된 범주가 역사적으로 형성된다. 그
> 들은 모든 사회집단과의 관련 속에서 형성되나, 특히 더욱 중요하고 지배적인
> 사회집단과 관련될수록 더욱 광범하고 복합적인 형성과정을 겪는다. 지배력을
> 장악하기 위해 나아가는 모든 집단의 가장 중요한 특성 중의 하나는, 전통적
> 지식인을 '이데올로기적'으로 정복하고 융합하기 위해 투쟁하는 점이다. 그러나
> 이러한 융합과 정복은 문제의 그 집단이 자신의 유기적 지식인을 동시적으로
> 형성하는 데 성공할수록 더욱더 빠르고 효율적으로 이루어진다."[15]

14_ 같은 책, 19.
15_ 같은 책, 19.

그람시는 학교를 자본주의에서 지배에 대한 동의 획득을 위한 주요한 장치 중의 하나로 파악하였으며, 또한 그 극복을 위해 학교 개혁이 필수적임을 역설하였다. 그람시가 새로운 교육을 위한 '교육 개혁'이 가능하다고 보았던 근거는 두 가지이다. 첫째, 학교에서 배우게 되는 논리성과 체계적 사고를 통해 '민속'16적 세계관을 극복할 수 있는 토대가 형성된다는 것, 둘째, 학교가 지배계급의 일방적 의도만이 관철되는 공간이 아니라 사회적 관계의 모순이 대립하는 공간이라는 것이었다. 이러한 인식에 기초하여 학교개혁에 관련된 전반적인 교육론을 제출한다.

"학교는 민속과 투쟁하였다."17

"그러한 발견은 세계에 대한 역사적이고 변증법적인 사고의 순차적인 발전에 필요한 토대를 제공."18

"아동의 의식은 '개별적인' 것이 아니라, 그 아동이 살고 있는 시민사회 부문과 아울러 그의 가정과 이웃, 동네 등의 사회적 관계를 반영한다. 아동들 거의 대다수가 지닌 개별적인 의식은, 학교의 교육과정에 나타나 있는 것과 상이하고 적대적인 사회, 문화적 관계를 반영하고 있다."19

2) 그람시의 학교교육론

그람시는 변혁적 주체형성의 토대로서 학교의 변혁적 가능성에 의의를 두면서 나름의 학교개혁론을 전개한다. 주요 내용은 다음과 같다.

16_ 그람시는 일상 속에서 획득하는 전승적, 비과학적 관념들을 민속 또는 상식이라는 말로 표현했으며 지배계급의 세계관을 자연스럽게 획득하게 되는 조건으로 보았다.

17_ 그람시, 앞의 책, 47. 그람시는 옥중수고에서 검열을 피하기 위해 실제의 대상과 다른 명칭들을 사용하였는데 교육과 관련해서도 마찬가지였다. 그는 자신이 추구하는 초등학교 상을 '예전의 초등학교'로 표현하였는데 이 문장은 '학교는 민속과 투쟁하여야 한다'로 이해하는 것이 적절하다.

18_ 같은 책, 48.

19_ 같은 책, 49.

○ 통합학교를 주장. 직업학교와 일반학교의 분리 반대[20]

○ 무상교육 및 교육환경 개선. 공적 권리로서의 교육을 주장[21]

○ 교육 내용과 관련 '시민의 권리와 의무' 등 새로운 세계관의 기초 교육[22]

○ 교사의 역할과 교육방법—교육을 지식주입으로 바라보는 전통적 교육관과 안내자로서의 역할로 제한하는 자유주의적 교육관 모두 반대[23]

그람시의 학교개혁론은 변혁적 주체형성과 관련하여 몇 가지 의미있는 내용을 담고 있다. 첫째, 직업학교와 일반학교 분리를 반대한 것은 학교가 계급 재생산의 기제로 작동하지 말아야 한다는 것과 함께 모든 사람이 보편적 교양을 획득해야 한다는 의미를 담고 있다. 그는 학교를 통한 보편적 교양 교육을 통해 지배이데올로기와 연결되는 '민속'을 극복하고 세계에 대한 역사적이고 변증법적인 사고의 순차적인 발전에 필요한 '토대'를 마련할 수 있다고 보았다. 그러기 위해 '시민의 권리와 의무' 등 보편적 가치를 익히는 인본주의적 교육을 강조하였고, 형식교과의 의의를 설정했으며,

---

20_ "우리는 상이한 유형의 직업학교를 증가시키고 등급화하는 대신 단일 유형의 인격형성적인 학교를 만들어야 한다. 직업을 선택하기 전까지 이러한 유형의 학교에 아동을 취학시켜 사고하고, 연구하고, 통치하고, 나아가 통치하는 사람을 통제할 수 있는 능력을 길러주어야 한다"(같은 책, 55).

21_ "모든 사람의 차별없는 교육." "새로운 세대를 교육하는 것은 더 이상 사적인 일이 아니다. 그것은 이제 공공사업이 된다. 오직 그래야만이 집단이나 계급간의 차별없이 모든 사람이 교육을 받을 수 있기 때문이다"(같은 책, 55).

22_ "학교교육의 중요한 '도구적'개념들—읽기, 쓰기, 셈하기, 지리, 역사— 을 전달하는 것 이외에 특별히 근자에 소홀히 다루어지고 있는 사항, 예컨대 '시민의 권리나 의무'나 새로운 세계관의 기초요소인 국가나 사회 등과 같은 핵심개념을 가르쳐야 한다. 새로운 세계관이란…'민속적'이라 부를 수 있는 관념에 도전하는 그런 것을 의미한다"(같은 책, 43).

23_ "'지도'가 '교육'과 전혀 다르다는 주장은 전적으로 올바른 생각은 아니다. 양자의 차이에 대한 지나친 강조는 관념론적 교육학자들의 치명적인 오류다. 그러한 교육자들의 손에 의해 재조직되는 학교제도에서 우리는 이미 예상한 오류의 결과를 발견할 수 있다. …마찬가지로 지도와 교육간의 자동적인 통일성 또한 존재하지 않는다. 학교에서 지도와 교육간의 연계는 오로지 교사의 살아있는 노동에 의해서만 가능하다. 그러므로 교사는 자신이 대표하고 있는 문화·사회 유형과 학생에 의해 표현되는 문화·사회 유형간의 상반되는 측면을 잘 파악해야 한다"(같은 책, 48).

노동의 중요성을 교육해야 한다고 하였다.

"보통학교의 교육기간은 현재의 초 중등학교와 같아야 한다. …이 단계에서는 학교교육의 중요한 '도구적'개념들…을 전달하는 것 이외에…'시민의 권리나 의무'나 새로운 세계관의 기초요소인 국가나 사회등과 같은 핵심개념을 가르쳐야 한다. 새로운 세계관이란 여러 가지 전통적인 사회 환경에 의해 전승되는 관념, 즉 '민속적'이라 부를 수 있는 관념에 도전하는 그런 것을 의미한다. 가르치는 과정에서 어려운 문제는 이 첫 단계에 불가피한 교조적인 접근방법을 완화시켜 보다 풍부한 교육내용이 되도록 하는 것이다."[24]

3) 유기적 지식인과 노동자계급의 지성화

유기적 지식인에 관한 논의 속에서 그람시는 모든 사람이 지식인이며 노동자계급의 유기적 지식인이 광범하게 창출될 것을 제기한다.

"결국 모든 사람은 그의 직업적인 활동 이외의 부분에서도 어떠한 형태로든지 지적인 활동을 한다. 즉, 그는 '철학자'이며 예술가이고 멋을 아는 사람이며 세계에 대한 특수한 구성에 참여하고 도덕적 행동에 대한 의식적 방침을 견지하며, 따라서 세계에 대한 구상을 유지하거나 그것을 변용시키는 데, 즉 새로운 사고방식을 창출하는 데 기여하고 있다."[25]

"모든 사람은 지식인이지만, 모든 사람이 사회에서 지식인의 기능을 하는 것은 아니라고 말할 수 있다."[26]

24_ 같은 책, 43.
25_ 같은 책, 18.
26_ 같은 책, 18.

노동자계급의 유기적 지식인은 노동자계급 속에서 생활하며 실천 속에서 노동에서 과학으로 그리고 새로운 세계에 대한 구상으로 나아간다고 보았다. 이러한 유기적 지식인 개념은 무엇보다 노동자대중을 수동적인 동원의 대상으로 보지 않았고 사회변화의 주체가 될 수 있다고 보면서, 유기적 지식인을 배출하는 지성화된 노동자계급이 사회변혁을 이루어 나갈 수 있음을 주장하는 것이었다.

노동자계급의 성장은 단순히 경제적 진보라는 자연적 과정의 한 기능에 그치는 것은 아니며 그것은 한 계급이 그들 고유의 자기교육에 얼마만큼 적극적으로 스스로를 헌신할 수 있는가 그 여부에 달려 있다고 보는 것[27]이다. 그리고 이러한 관점에서 그람시는 노동자계급의 지성화를 주장하였다.

> "프롤레타리아는 무지를 용납해서는 안 된다. 카스트적 · 계급적 특권을 용납하지 않는 사회주의 문명은 모든 자기시민들에게 그들의 대표자들을 통제할 수 있는 완전한 능력을 갖출 것을 요구한다. 그래야만 사회주의 문명은 실현될 수 있다. 프롤레타리아에게 있어서 교육의 문제란 곧 해방의 문제이다."[28]

그람시는 유기적 지식인이라는 개념을 통해 '실천적 지식인'을 강조하였고, 또한 '노동계급의 지성화'를 강조하였다. 결국 '노동계급의 실천적 지성화'를 주장한 것이다. 그는 노동계급 전반이 지성적 실천가가 될 때 변혁이 가능하다고 본 것이며 변혁적 주체의 기본적 상으로 지성화된 노동자계급을 설정한 것이다.

그렇지만 한편 그람시는 사회변혁 이전 학교교육은 물론이고 교육일반

27_ W. L. 아담슨, 『헤게모니와 혁명』, 권순홍 옮김, 학민사, 1986, 208.
28_ 제롬 카라벨, 「그람씨와 지식인 문제」, 임영일 편저, 『국가, 계급, 헤게모니』, 풀빛, 1985, 217.

에서 '교육을 통한 변혁적 주체형성' 과제가 온전히 실현될 수 없음을 지적하면서 맑스와 마찬가지로 '교육을 통한 변혁적 주체형성'의 과제가 연속적으로 수행되는 과제임을 분명히 하고 있다.

"국가를 정복하기 전에는 어느 누구도 모든 노동자계급의 의식을 완전히 변화시키자는 제안을 할 수 없다…왜냐하면 이 계급의 생활방식 자체가 변화되었을 때, 즉 노동자계급이 지배계급이 되고 그들이 생산도구, 상업, 국가권력을 마음대로 할 수 있게 되었을 때에야 비로소 전체 노동계급의 의식은 변화되기 때문이다…" 그리고 "경제적, 조합적 단계, 시민사회에서 헤게모니를 둘러싼 투쟁단계, 그리고 국가적 단계에 따라 특정한 지적인 활동이 이루어지며 이 활동은 우리가 자의적으로 만들어내거나 성급하게 앞서갈 수는 없다. 헤게모니를 둘러싼 투쟁단계에서는 정치학이 발전하며 국가적 단계에서는 모든 상부구조들이 국가를 해소시킬 정도까지 발전해야만 한다." 시민사회에서 대안적 잠재력을 구축하기 위해 진보적인 사회세력들이 '단절' 이전부터 모든 노력을 다 해야 하지만, 그전에 문화적 상황은 "낡은 것과 새 것의 가변적 조합이고 사회적 관계의 균형과 일치하는 문화적 관계의 잠정적인 균형일 따름이다. 문화적인 문제는 국가를 건설한 후에야 포괄적으로 제기되며 근본적인 해결로 나아가게 된다."[29]

그람시의 학교개혁론과 유기적 지식인 개념을 결합한다면 그람시는 '개혁된 학교를 통한 변혁적 주체의 토대 형성', '생활 속에서의 유기적 지식인으로 성장'이라는 과정으로, 그리고 사회변혁 이전에는 변혁의 헤게모니를 획득할 수준으로의 변혁적 주체형성→권력 획득 이후 근본적 사회변혁과 주체형성 과정을 설정한 것으로 요약할 수 있다.

29_ 자빈 케비어, 『안토니오그람시의 시민사회』, 이규철 옮김, 백의, 1994, 77.

3. 비고츠키: 체계적 학습을 통한 의식의 고양

맑스가 직관적 차원에서 문제의식을 표현하고 그람시가 집중적 논의를 통해 논의를 보다 체계화 하였다면 주체형성 문제를 주된 연구 과제로 삼고 체계적 분석과 설명을 시도한 이는 비고츠키(1896~1934)이다. 비고츠키는 '지성화를 통한 (모든 사람의) 주체적 인간 발달'을 지향하였는데, 이는 유기적 지식인이라는 개념을 통해 '노동계급의 지성화'를 강조한 그람시의 논의와 유사한 맥락을 지닌다. 둘은 저작 시기도 거의 동일(1920년대 말~30년대 초)하며 역동적인 변증법적 관점과 방법을 지니고 분석 작업을 진행했다는 점, 초점은 다르지만 교육과 인간형성의 문제를 다루었다는 공통점을 지니기도 한다.

1) 인간발달의 보편적 과정에 대한 분석

비고츠키는 스탈린주의의 탄압을 받아 수십 년 간 묻혀 있다가 21세기를 전후해 재조명되기 시작하였다. 그의 연구는 '인간발달의 원천은 사회적 관계'에 있음을 체계적으로 분석함으로써 '인간의 본질은 사회적 관계의 총체'라는 명제를 가장 적절히 설명하고 있다는 평가를 받고 있다. 비고츠키는 동료들과 함께 맑스가 여러 저서에서 인간발달과 교육에 대해 짧막하게 기술한 문장들을 심리학적 연구를 통해 펼쳐내는 작업을 했다. 비고츠키는 인간발달이 사회적 관계 속에서 "기호를 매개로 한 체계적이고 협력적인 상호작용"을 통해 이루어지며, 사회적 상호작용이 인간의 의식을 고양시키는 열쇠임을 밝혀냈다.

비고츠키에 따르면 사회적 관계와 접촉 속에서 인간은 새로운 사고양식을 획득하고 개념적 사고를 통해 세계를 체계적으로 인식하는 주체가 되어간다. 발달 과정에서 인간은 수동적 존재에서 능동적인 주체로 나아간다. 세계를 지각하는 존재에서 능동적으로 인식하는 주체로의 변화가 바로 인간 발달의 핵심이라는 것이다. 인간발달의 기본적 지향은 '(개념적 사고에 기반한) 자유의지를 지닌 능동적 주체'이며 이를 위해 '세계와 자신에 대한 체계적이고 과학적인 인식역량'이 반드시 필요하다고 보았다. 그리고 이 모든 것은 '상호작용' 능력과 변증법적 관계를 이루는데 상호작용 능력을 전제로 고차적 역량의 형성이 가능하며 또한 고차적 역량을 통해 고차적 상호작용이 가능해진다고 보았다.

비고츠키는 맑스의 사회와 인간에 대한 기본관점을 계승하면서 '발생적 방법'이라는 변증법적 유물론의 방법론을 발전시켜 인간발달의 보편적 원리와 과정을 밝히고자 하였으며 인간발달의 기제, 변화의 역동에 대해 체계적으로 설명하고자 한 것으로 현대교육학에 상당한 영향을 미치고 있다.

2) 변혁적 주체형성 문제에 대한 시사점

비고츠키의 연구는 '인간발달의 보편적, 개별적 과정'에 초점을 두어 진행되었다. 그의 궁극적 관심은 사회변혁을 주체적으로 수행하는 변혁적인 역사적 주체형성에 있었는데, 집단적(사회적) 주체형성 과정에 대해서는 미처 연구에 착수하지 못한 채 요절했다. 그러나 개별적 과정과 집단적 과정이 분리되지 않는다는 점에서 그의 연구는 '교육을 통한 변혁적 주체형성' 논의로 상당 부분 연결된다. 비록 집단적 주체형성 문제를 직접 다룬 것은 아니지만 그의 연구는 변혁적 주체형성 과정에 대해 다음의 몇 가지 중요한 실천적 시사점들을 제공한다.

첫째, 자본주의 사회 속에 살면서도 그를 넘어서는 주체형성이 어떻게 가능한가에 대한 기본적 설명을 제공한다. 비고츠키는 '사회화' 즉 사회적으로 규정당하는 과정과 '주체화' 즉 넘어서는 존재가 되는 과정을 대립시키지 않았다. 비고츠키는 사회화와 주체화가 인간 발달의 과정에서 어떻게 하나의 통일적 과정으로 결합하는지 분석하였다. 인간 발달의 원천은 사회에 있지만 인간은 그것을 자신의 것으로 체화하면서 자유롭게 사용할 수 있는 주체로 변모해 나간다. 경로로 볼 때 사회화가 먼저 진행되지만 발달 과정에서 인간은 점차 주체가 되어간다는 것이다. 그러한 발달 과정에서 사회적 모순을 인식할 수 있는 총체적 인식에 이르고 실천적 의지를 형성함으로써 문화역사를 변혁하는 주체가 될 수 있음을 비고츠키는 '발달'에 대한 연구를 통해 설명해 내고 있다.

둘째, 주체형성은 '지난한 실천적 과정'이라는 점을 제기한다. 간혹 인간의 주체성이 인간에 본래부터 내재된 것이라거나, 어느 날 갑자기 발현되는 것이라고 생각하는 경향들이 있다. 그러나 비고츠키에 따르면 인간의 주체성은 생물학적 성숙과 문화적 발달, 경험과 학습, 사회화와 개인화, 말발달과 생각발달이 상호 교차하는 지난한 발달 과정을 통해 비로소 형성되는 고차원적인 역량이다. 변혁적인 주체는 물론이고 인간적 주체성 일반역시 우연적, 자연발생적으로 그리고 단기간에 형성되지 않는다. 따라서 변혁적 주체형성의 과제를 실천적으로 도모하기 위해서는 목적의식적이고 체계적인 일련의 지속적 과정을 설정해야 함을 말하는 것이라 할 수 있다.

셋째, 지성화를 변혁적 주체형성의 기본적 요소로 설정했다는 점이다. 맑스는 '노동과 교육의 결합' 논의를 통해, 그람시는 '유기적 지식인' 개념을 통해 노동계급의 지성화를 강조한 바 있는데, 비고츠키는 세계와 현상을 체계적, 논리적으로 인식할 수 있는 '개념적 사고'가 사회변혁적 인식과 태도의 기초가 된다는 점을 분석적으로 설명해 낸다. 그에 따르면 개념적 사고는 비판적 사고와 성찰 그리고 자유의지, 즉 주체성의 토대가 된다. 따라서 자본주의 사회에 살면서 자본주의를 넘어서는 의식과 실천을 행할 수 있는 변혁적 주체가 형성되기 위해서는 자본주의 사회를 총체적으로 인식하고 비판할 수 있는 개념적 사고 발달이 전제되어야 한다고 본다. 다시 말해 지성화는 변혁성의 토대가 된다. 지성화가 곧바로 변혁성을 담보하는 것은 아니지만 토대로서 필요조건이 된다는 것이다. 지성화가 변혁성의 토대가 된다는 점은 그람시도 강조한 바 있지만 비고츠키는 이를 유물론적 분석을 통해 체계적으로 밝혀냈다는 데 의의가 있다.

그는 계급이라는 개념을 이해할 수 없는 아동들에게 계급의식을 강요한 당시 러시아 교육 현실을 비판했으며 총체적, 변증법적 사고를 발달시킬 수 있는 토대를 교육을 통해 마련해 나가야 한다고 주장했다. 진정한 사회주의적 인간은 이데올로기적 강요가 아닌 교육을 통한 개념적 사고의 발달과 사회적 관계의 사회주의적 실현 속에서 발생하는 인식과 실천의 상호 결합적 과정을 통해 이루어진다고 보았다. 한편 개념적 사고와 관련하여 비고츠키는 형식논리와 변증법적 논리를 구분하면서 변증법적 인식으로 나아갈 때 비로소 진정한 변혁성과 과학적이고 창조적인 실천이 가능하다고 보았다. 그러나 그는 둘을 대비시키면서도 형식논리를 변증법적 논리로 나아가는 토대와 경로로 설정하였다.

개념적 사고를 강조한 비고츠키의 논의는 때때로 엘리트주의의 혐의를 받기도 한다. 그러나 그는 모든 사람이 개념적 사고를 형성할 수 있는 토대와 잠재력을 가지고 있다고 보았으며, 모든 사람이 자신을 둘러싼 사회와 현실을 스스로 인식하고 실천하는 주체적 인간으로 발달해 나가야 한다고 강조한 것이다. 그런 점에서 그의 논의를 엘리트주의로 보는 것은 타당하지 않다.

넷째, 주체적 변혁성은 체계적 학습 없이는 형성될 수 없다는 점이다. 비고츠키는 변혁적 인식과 태도의 토대가 되는 개념적 사고가 발달하기 위해서는 과학적 개념과 일상적 개념을 결합해 나가는 일련의 체계적 학습을 경과해야만 가능한 것임을 자신의 연구를 통해 밝히고 있다. 이 문제는 앞서의 논의와 결합하면서 실천적으로 중대한 문제를 제기한다. '그렇다면 체계적 학습 없이는 주체적 변혁성의 형성, 즉 변혁적 주체형성은 어렵다는 것인가?' 이 문제에 대해 비고츠키는 '그렇다'라고 답하고 있는 것이며, 이는 변혁적 주체형성을 위해서는 체계적이고 지속적인 학습 실천을 필수적으로 수행해야 함을 의미한다. 이 문제는 단지 '교육이 중요하다'거나, '가능하면 학습을 하는 것이 좋다'라는 일반적 경향을 넘어선다. 비고츠키의 연구에 따르면 체계적 학습은 필수적 경로이고, 실천과 결합하는 지속적 과정이다.

다섯째, 노동계급과 민중의 지성화가 변혁 주체의 집단적 형성과 연결된다는 점이다. 비고츠키는 개개인의 지성화가 고차적인 사회적 접촉과 유대를 가능하게 하는 조건이 된다고 강조하였다. 당연한 것이기도 하지만 집단적 주체형성의 중요한 조건을 지적한 것이라 할 수 있다.

비고츠키의 연구와 논의는 일부의 반지성적 경향이나 혁명적 시기가 도래하면 변혁 주체가 저절로 형성될 수 있을 것이라는 낭만적 경향에 대해 정면으로 대비되면서 '교육을 통한 변혁주체 형성'이라는 과제를 불가피하고 의식적인 과제로서 제기하는 것이다. 또한 비고츠키는 인간발달의 보편적 과정에 초점을 두었지만 '노동계급의 지성화'를 강조한 맑스와 그람시의 문제의식을 체계적인 분석과 설명으로 풀어헤치면서 주체형성의 문제를 과학적 연구와 분석의 대상으로 옮겨 놓은 것으로 평가될 수 있다.

4. 변혁적 주체형성에 대한 논의의 현재적 지평과 향후 과제

아쉽게도 그람시와 비고츠키 논의 이후 맑시즘적 관점에서 교육과 변혁주체 형성의 문제를 제대로 다룬 논의는 거의 없는 것으로 보인다. 그야말로 맑시즘의 위기를 잘 엿볼 수 있는 대목이기도 하다. 그러나 이론적 위기 혹은 중단과 별개로 지배도구로서의 학교를 극복하고자 하는 실천적 노력들은 지속되어 왔으며 교육 부문은 신자유주의에 대한 저항운동의 주요한 축이기도 했다. 특히 한국사회에서 1980년대 이후 교육운동은 크게 성장,

발전해 왔다. 이러한 상황에서 교육을 통한 변혁주체 형성이라는 주제를 주요 의제로 설정하는 것은 맑시즘 교육론을 새롭게 재구성하는 것일 뿐 아니라 교육운동의 변혁적 방향 정립에도 필요한 일이다. 이 장에서는 1960년대 이후 형성되어 온 이른바 재생산론 등 비판교육학의 성과와 한계를 간략히 짚어보고 교육을 통한 변혁적 주체형성에 대한 논의 방향과 과제를 제출해 보고자 한다.

1) 비판교육학의 문제점과 성과

1960년대 이후 현재에 이르기까지 재생산이론을 필두로 '좌파'로 분류되는 교육이론들은 교육을 통한 변혁주체 형성에 대해 회의적이었다. '더 넓고 근본적인 사회적 변화가 전제되지 않은 채 의미 있는 교육의 변화는 어렵다'라는 인식을 내포하고 있었다. 재생산론으로 불리는 일련의 분석적 논의들은 대부분 비관적인 관점들을 제시하였는데, 보울스·진티스의 논의는 학교가 계급구조와 쌍을 이루면서 경제적 계급구조를 물질적으로 재생산한다고 하였고, 알튀세르는 이데올로기적 국가장치의 일부이자 자본주의 경제 체제의 상부구조인 학교를 통한 주체의 형성은 자본주의적 생산관계를 내면화한 주체의 재생산으로 귀결된다고 설명했다.

보울스·진티스 이래로 일리치, 알튀세르, 부르디외, 플란차스에 이르기까지 재생산론을 중심으로 한 비판교육학은 '교육의 계급적 성격' 문제를 집중적으로 파고들면서 형성되었고 자본주의 사회에서의 학교교육의 성격 문제에 유의미한 분석을 다수 제출하였다. 자본주의 사회에서 학교가 어떤 성격과 기능을 지니며 그로 인한 사회적, 정치적 영향은 어떠한가 하는 문제를 주로 다루어 온 것이다. 그러나 이들의 논의는 계급적 중립성의 가면을 벗겨내는 데는 효과를 발휘했지만 실천에 있어서는 그리 좋은 영향을 끼치지 못한 것으로 판단된다. 학교교육을 개혁하려는 노력을 쓸모 없는 것으로 간주하도록 만들었고, 체계적인 성인교육에 대한 관심도 감소시켰으며, 변혁적 의의를 지닌 교육은 사회변혁 이후에나 가능하다는 단계론적 인식을 초래하였다. 결과적으로 교육에 매우 중요한 변혁적 의의를 부여했던 맑스의 문제의식은 상실되었고 변혁적 주체형성을 위한 과학적 교육실천에 대한 논의는 실종되고 말았다.

반면 비판교육학 중 저항이론으로 불리는 일단의 교육사회학자들의 이론들은 학교와 교육의 성격을 '재생산'으로 환원시키는 경향에 대해 우려를 표명하였고 다른 측면을 들여다보고자 하였다. 재생산의 측면에서만 보는 것은 현실을 제대로 설명하지 못할 뿐 아니라 비관론의 확대라는 이데올로기적 효과를 발휘하고 이는 패배주의와 개량주의의 온상이 될 수 있다고 비판하였다. 애플 등은 '재생산'의 관점으로만 보는 것은 교육을 통해 일어난 의미 있는 변화들조차 간과하게 되고 교육을 통한 변화의 가능성을 과소평가하게 된다고 지적한다.

"우리는 사회를 경제적 관계에 의해 구성된 것으로 볼 필요는 있지만, 경제적 관계를 사회를 구성하는 유일한 관계로 보지는 말아야 하며 이러한 관점은 변화될 필요가 있다. 만일 "교육은 사회를 바꿀 수 있을까?"라는 질문에 대한 답이 오직 사회의 경제적 관계에 대한 이해에 달린 것이라거나 전적으로 그리고 그러한 관계들을 반영한 것에 불과하다면, 어떠한 의미 있는 변화도 단 한가지의 방법과 하나의 역학에 의해서만 평가될 것이다. 즉, 경제와 계급 관계를 바꾸었는가? 지배-종속의 근간을 이루는 이러한 계급관계는 끊임없이 도전되어야 한다. 하지만, 위의 입장은 다양한 비판적 이론의 전통 내에서 수십 년간 비판받아온 토대/상부구조 이론에서 비롯된 것이라는 점에서만이 아니라, 근본적으로 사회운동을 조직하는 것을 저해하는 결과를 가져올 수 있다는 점에서 문제가 있다."[30]

30_ 마이클 애플, 『교육은 사회를 바꿀 수 있을까?』, 강희룡 외 옮김, 살림터, 2014, 295.

저항이론에서는 학교를 단순한 경제적 반영 이상으로 경제와 국가와 문화가 다양한 방식으로 때로는 갈등하면서 접합하는 장소로 보았다. 또한 교육이 비록 불평등한 경제구조 그 자체를 직접 바꾸는 기제는 아닐지 몰라도 적어도 교육을 통해 사회구성원들이 진보적 지향(이를테면 '평등의식' 등의)을 보편적 가치로 내면화할 수 있다는 것이다. 이는 결국 교육을 통한 '주체형성'의 문제이고 그람시와 비고츠키가 주목한 '변혁적 주체형성의 토대'를 형성할 수 있다는 논의와 연결되는 문제의식이라고 할 수 있다. 그렇지만 저항이론이 재생산론의 일면적 분석을 극복하기는 하였지만 변혁적 주체형성에 대한 체계적이고 집중적인 논의로 발전한 것은 아니었다.

2) 프레이리: 사회변혁을 위한 '해방교육'

1960~70년대 이후 변혁적 주체형성에 대해 집중적으로 고민하고 논의한 이로 프레이리가 있다. 프레이리를 유물변증법에 입각한 맑시스트로 보기는 어렵다. 그러나, 그는 맑시즘의 계급적 관점과 계급해방의 관점을 일정하게 수용하면서 변혁주체 형성의 문제를 정면으로 제기하고 실제로 변혁적 주체형성을 위한 교육실천을 행하였다. 프레이리가 브라질 사회에서 사회적 주체형성과 개인의 발달 두 가지 문제를 통합하여 실천적 교육학으로 구성한 것이 '페다고지'인데 '페다고지'는 당대 브라질 사회의 특수성이 반영된 성인 문해 교육론의 모습을 보이지만 '페다고지'에 내포된 문제의식은 '교육을 통한 인간발달과 사회변혁'이라는 훨씬 더 방대한 문제의식에서 비롯된 것이라 할 수 있다.

프레이리는 인간의 존재론적 사명이란 자기 세계를 새롭게 각성하고 자기 세계를 변혁하는 주체가 되는 것이라고 강조한다. 인간이 관계하고 있는 이 세계를 결코 고립되거나 폐쇄된 질서이거나 인간이 받아들여 적응해야 하는 '주어진' 현실이 아니라, 계속해서 극복해 나가야 할 하나의 '변화의 대상'이라고 여긴다. 그는 다른 사람들과의 의사교환을 할 수 있는 만남을 통해 자기세계를 비판적으로 직시할 수 있으며 그러한 만남을 이루는 적절한 도구들이 마련되면 인간은 점차 자신의 개별적이고 사회적인 현실을 인식하고 그것의 모순들을 이해하면서 그 현실에 대한 자기 자신의 의식을 인식하게 되어 거기에 비판적으로 대처하게 된다고 믿었다.

이러한 인식에 도달하는 과정을 프레이리는 '의식화'라고 지칭했다. 프레이리 논의에서 '의식화'라는 용어는 사회적, 정치적, 경제적 제모순들을 인식하고 현실의 억압 요인들에 항거하는 행동을 취하기 위한 주체의 변화 과정으로, 비고츠키의 '개념적 사고에 기초한 주체성 형성'과 유사하다. 의식화를 가능하게 하는 방도로서 그 역시 '학습'을 강조했는데, 프레이리에게 있어서 학습은 의식의 한 수준에서 다른 수준으로 옮아가는 과정이며 비판적 의식으로 나아가는 운동이었다.[31] 프레이리의 성인 학습 이론은 교화와 조작이라는 비판을 받기도 하였지만 교육의 과정에 학습자를 주체로 참여시키려고 시도하는 그의 '문제제기식 교육'은 '비판적 교육학'의 발전에 강력한 영향력을 발휘하였다. 그러나 프레이리의 논의는 유물론적 분석이 결여됨으로써 도덕적 차원의 논의 경향을 띠었으며 이로 인해 변혁적 주체형성에 대한 과학적 논의의 발전으로 이어지지는 못했다.

3) 교육을 통한 변혁적 주체형성 논의의 현재적 지평과 향후 과제

'교육을 통한 변혁적 주체형성' 문제를 맑시즘 교육론의 주요 의제로 설정하고자 할 때 그것은 재생산론-저항이론-프레이리로 이어지는 현대비판교육학과 그람시-비고츠키 논의와 연구를 토대로 삼으면서 출발할 수밖에 없다고 생각된다. 각각의 논의들은 모두 제한점들이 있지만 맑시즘의 관점과 방법을 중심으로 결합, 재구성한다면 한 차원 진전된 논의 영역의

31_ 존 엘리아스 『프레이리와 교육』, 한국교육연구네트워크 옮김, 살림터, 2014, 224-25.

창출이 가능할 것이다.

우선, 주체형성의 개인적 과정과 집단적 과정으로 분리된 관심과 논의를 결합해야 한다. 비고츠키와 비판교육학은 교육을 통한 주체형성이라는 문제에 대해 체계적 분석을 시도했지만 비고츠키 연구는 개인적 과정 분석에 머물렀고, 비판교육학은 사회구조와 학교의 성격·기능이 주체형성에 미치는 영향 등 주로 사회적(집단적) 과정에 집중되었다. 이 때문에 '주체형성'에 대한 총체적 인식이라는 차원에서 볼 때 비판교육학에는 주체형성의 '개체적 혹은 개인적 과정'에 대한 분석이 부재하고, 비고츠키 논의에는 사회적(집단적) 과정에 대한 분석이 없다. 두 과정은 동일한 과정은 아니지만 주체형성 과정에서 결합된다. 따라서 주체형성 과정을 총체적으로 이해하기 위해서는 두 차원의 분석과 논의가 결합되어야 한다. 이는 단순히 두 차원의 논의를 기계적으로 결합하는 것으로 되는 것은 아니다. 비판교육학의 상당 부분은 구조주의적, 환원주의적 경향이 있으며 이로 인해 구체적 과정 분석이 결여되어 있기도 하다. 두 차원의 논의는 맑시즘의 관점과 방법론 속에서 융합되어야 할 것이다. 그럴 때 학교교육을 통한 변혁적 주체형성의 토대 마련에 대한 보다 총체적, 체계적 논의로 발전할 수 있다.

둘째, 학교 밖 혹은 제도권 밖의 성인교육을 통한 변혁적 주체형성 문제를 과학적, 체계적 논의의 영역으로 설정해야 한다. 성인교육 영역은 변혁적 주체형성이라는 차원에서 볼 때, 학교교육보다 더 직접적이고 관건적이다. 그람시는 유기적 지식인 개념을 통해 광범하고 지속적인 성인교육의 중요성을 강조하였다. 그러나, 성인교육 영역은 거의 다루어지지 않고 있으며 노동조합 등의 대중조직 등에서 오직 감각적, 경험적 수준에서 수행되고 있는 것으로 보인다. 노동대학이나 시민대학 등 보다 목적의식적인 시도들도 있지만 매우 제한적이다. 그 때문에 변혁적 주체형성을 위한 성인교육은 사실상 부재한 상태나 다름없는 상황이다. 대중적 학습 실천은 미미하며 활동가들도 거의 학습하지 않는다. 변혁운동에 투신하기로 한 사람도 끊임없이 자신을 스스로 재구성하지 않는 한 변혁성은 유지되기 쉽지 않다. 변혁적 주체형성이라는 과제를 실현하는 관건은 학교교육보다는 성인교육에 달려 있다고도 할 수 있다. 누구나 학습과 성인교육의 중요성을 모르는 바 아닐 것이지만, 현실적 어려움 속에서 포기되고 있는 영역이 바로 성인교육 영역이다. 그러나 이 어려움에는 교육과 학습 실천에 대한 반지성적 태도, 불가피성에 대한 인식 부족, 실천적 노력의 미비 등 극복 가능한 부분들도 있다. 이러한 상황에서 '변혁적 주체형성을 위한 성인교육' 문제를 과학적 논의와 실천의 대상으로 삼는 것은 새로운 시작이 될 수 있다. 그리고 그와 함께 생애 발달의 관점에서 평생 학습권을 보장하기 위한 제도투쟁도 필요할 것이다. 광범한 성인교육 공간의 공적 창출은 변혁적 주체형성을 위한 필수적 조건이 된다.

의식의 고양을 통한 변혁적 주체형성은 결코 우연적, 일회적 계기나 경험만으로 이루어지지 않는다. 또한 독립된 개인들의 개별적 과정을 통해서만 이루어지는 것도 아니다. 오직 지속적, 체계적으로 전개되는 집단적 실천이 같이 행해져야만 가능하다. 주체형성은 단기간에 쉽사리 이룰 수 있는 과정이 아니다. 주체형성 과정도 사회 변화처럼 일직선의 흐름으로 전개되지 않으며 때로는 서서히 때로는 급격한 혁명적 변화로 나타난다. 조급증이나 패배주의에 빠지지 않으면서도 사회변혁의 실제적 전망을 만들어 가기 위해, 변혁적 주체형성을 위한 과학적 논의와 실천을 새롭게 도모할 필요가 있으며 그를 통해 맑시즘 교육론 역시 새롭게 정립해야 할 것이다.

진보교육연구소

경제의 전환: 가부장체제적 경제에서 적녹보라적 경제로[*]

고정갑희

경제의 전환이 필요하다.

이 글은 지금의 경제는 전환이 필요하며 경제를 '우리'의 것으로 탈환해 오는 것이 필요하다고 보는 관점에서 출발한다. 흔히 지금의 경제를 자본주의적 경제, 신자유주의적 경제라 보고, 상품생산과 임금노동을 중심으로

---

[*] 이 글은 「경제의 전환: 가부장체제적 생산-노동과 적녹보라적 가치 그리고 행동」(제7회 맑스코뮤날레 발표문, 2015)을 토대로 하였다. 그리고 2014~2015년 사이 다양한 자리에서 진전시킨 생각들의 결과물이며 동시에 이전의 작업들을 전제로 하여 썼다. 본 글을 읽기 위한 토대로도 필요한 전제들은 대략 다음과 같다. 자본주의체제로서가 아니라 가부장체제로 체제를 규정할 필요성은 현재 여러 의미로 필요하다. 가부장체제로 문제설정을 해야 자본주의에 대한 해결 방안도 모색해 볼 수 있다. 이 체제론에 대한 운동론을 적녹보라 패러다임으로 제시하는 것 또한 운동 주체의 재구성과 운동의 방향 재구성과 연관된다. 현재 운동은 적녹보라적 전환만이 아니라 지구지역적 전환도 필요하다. 적녹보라는 연대나 동맹이나 연합으로가 아니라 패러다임으로 놓고 가야 한다. 이 전제들은 「가부장체제와 적녹보라 패러다임」(제6회 맑스코뮤날레 집행위원회 엮음, 『세계자본주의의 위기와 좌파의 대안』, 한울아카데미, 2013)이나 「적녹보라 패러다임」(지구지역행동네트워크 웹진 <글로컬 포인트> 창간준비호[2013. 10]와 창간호[2014. 5]) 등과 '적녹보라네트워크를 제안하며' 등에서 이야기된 것이다.

하며 가치는 가격이 된 경제라 정의한다. 필자는 지금의 경제를 자본주의를 포함하는 가부장체제적 경제이고, 계급성종체계[1]에 기반하는 지구지역적 체계라고 본다. 그리고 현재의 생산-노동-경제 체제가 이 지구상 그리고 한국의 사람들과 자연계의 다른 존재들의 삶을 더 나은 방향으로 가도록 하는 것이 아니라 힘들게 하고 있다는 판단 하에 지금과는 다른 생산-노동-경제를 만들어 갈 필요성이 있다고 생각한다. 현재의 경제체제는 착취, 억압, 수탈의 모순적 체계이며 불평등의 체계다. 많은 문제들 중 생산-노동-경제를 다시 보고 새롭게 구축해 가자고 제안하는 이유는 현재의 생산시스템과 노동시스템 그리고 이에 기반한 경제시스템이 바뀌지 않으면 지구상의 존재들이 새로운 삶을 살아가기 힘들 것이라 생각하기 때문이다.

경제의 전환과 탈환을 위해 필수적으로 몇 가지 전제 조건이 필요하다. 첫째, 현재의 생산-노동-경제 체제에 대한 재정의가 필요하다. 현재까지 대부분의 경우 경제체제를 자본주의체제로 정의하고 문제설정하고 있다. 그러나 현재의 경제를 전환하기 위해서는 자본주의체제로 문제설정 하는 것이 한계가 있다고 판단하고 가부장체제로 문제설정 하는 것이 필요하다고 생각한다. 왜냐하면 경제체제를 바로 그 자본주의체제로 보고 모든 이론과 해결책이 제시되어 왔기 때문이고, 자본주의체제가 계급적 체계뿐만이 아니라 성적-종적 체계에 입각한 가부장체제적 생산과 노동 없이는 불가능하다는 판단을 더 밀고 가지 않았기 때문이다. 따라서 가부장적 노동, 생산, 경제, 가치, 시장, 폭력에 대해 좀 더 밀고 나간 이론화가 필요하다. 다시 말해 가부장체제적 생산-노동-경제의 정의와 구체적인 내용들이 필요하다. 이는 운동의 방향과 운동 주체의 구성 혹은 재구성과 연관되

1_ 이 개념을 본격적으로 제시한 글은 「가부장체제적 세계화 시대의 페미니즘과 글로컬 액티비즘」(『한국여성학회 학술대회 자료집』, 2014)에서다. 계급, 성, 종의 생산과 노동 논의를 간간이 하면서 계급성종체계로 정의하기 시작한 것은 적/녹/보라가 각각의 패러다임일 뿐만 아니라 적녹보라가 연결된 패러다임이어야 한다는 생각에서였다.

기 때문이다.

둘째, 가치론의 발굴이 필요하다. 지금까지의 잉여가치, 사용가치로써 어느 정도 설명이 가능할지 판단해야 한다. 가부장체제적 가치, 즉 자본-군사-제국주의적 가치, 계급성종체계적 가치, 산업화-서구화-남성화된 가치 개념들과 경합하거나 대안이 될 가치개념이 필요하다. 필자는 이 개념을 '적녹보라적 가치'로 잠정적으로 제안해 보고자 한다. 자본군사제국주의적 지배 가치, 계급성종적 착취를 가능하게 하는 가치, 문명발전남근 논리중심적 가치가 아닌 '적녹보라적 가치'가 현재 대안사회로 나아가는 길목에서 필요하다고 생각한다.

셋째, 적녹보라 경제에 대한 생각이 필요하다. 이를 위해 맑스주의적 경제, 페미니즘 경제, 생태주의적 경제를 다시 숙고해 볼 필요가 있다. 이 경제가 제기하는 생산과 노동에 대한 생각 역시 살펴볼 필요가 있으며, 상품시장경제가 아닌 공동체경제 혹은 사회주의경제, 성경제, 생태경제를 놓고 상호관계를 생각해 볼 필요가 있다.

이 글은 지금의 경제를 가부장체제와 연동하여 보면서 우선, 이 경제 체제가 갖는 문제를 살피고, 이 경제가 다른 경제로 전환해 가기 위해서 필요하다고 보이는 적녹보라 패러다임에 입각한 가치를 고려하고, 마지막으로 적녹보라 경제를 상상해 보는 것을 내용으로 삼고자 한다. 가부장체제적 경제를 말한다는 것, 가부장체제와 연동하여 생산-노동-경제를 본다는 것은 기존의 경제학이나 경제 논의와는 조금 다른 접근을 하겠다는 것을 의미한다. 가부장체제는 기존의 가부장제 논의를 넘어서 있으며 자본주의 논의도 넘어서 있다. 필자는 가부장체제를 계급성종체계/자본군사제국주의체계/지구지역체계로 정의한다.[2] 가부장체제적 경제란 이 세 가지 체계들과 연결된 경제가 될 것이다. 현재의 경제를 가부장체제적 경제로 본

2_ 고정갑희, 「가부장체제적 세계화 시대의 페미니즘과 글로컬 액티비즘」, 『한국여성학회 학술 대회 자료집』, 2014. 5. 참조.

다는 것은 성종계급체계와 경제를 연동시키고, 자본군사제국주의와 경제를 연동시키며 지구지역체계와 경제를 연동시킨다는 것을 의미한다.

1. 가부장체제적 경제

계급성종체계에 기반한 경제: 상품시장경제는 가부장적 성경제와 종경제[3]이기도 하다.

계급성종체계는 계급모순, 성모순, 종모순이 만들어 내는 체계다. 이는 생산체계 자체가 상품생산-임노동, 성적 생산-성노동, 종적 생산-종노동에 기반한다. 이 세 모순은 서로 연동되어 있다. 계급모순은 적의 문제설정, 성모순은 보라의 문제설정, 종모순 혹은 생태모순은 녹의 문제설정이라 할 수 있다. 가부장체제적 모순이며 이는 적녹보라적 문제설정에 입각한 것이다.

다음의 도표는 계급성종체계를 생산-노동관계로 설명하는 표다. 지금까지 제시되어 온 생산관계는 자본과 노동자의 생산관계이고 이를 계급체계라 할 수 있다. 계급체계는 자본가와 노동자의 생산관계, 생산수단과 노동력이라는 생산양식, 상품생산중심 체계이며 노동으로는 임금노동 중심 체계라 할 수 있다. 시장경제를 중심으로 노동시간의 가치와 잉여가치 그리고 노동자계급의 착취에 기반한다. 그러나 실질적으로 이 계급체계는 노동자계급, 산업사회 노동자계급과 자본가계급의 관계에 입각한 체계를 넘어선다. 남성으로 대표되어 온 노동자계급의 노동력 생산과 재생산을

3_ 종을 생태모순을 집약하는 개념으로 제시하는 것은 관계와 노동을 구체적으로 설명하기 위한 제한된 방안이다. 인·종체계를 포함하여 전체적으로 종적 관계는 동식물을 중심으로 한다. '자연'은 무생물을 포함하는 큰 개념이고 생태 또한 포괄적 개념이어서 당분간 종체계-종관계-종노동의 개념을 쓰고자 한다. 종의 경제와 생태경제의 관계 설정은 추후 더 진행하고자 한다.

<계급/성/종체계와 적/녹/보라>

체계	노동	생산	지불	착취	모순	문제	적/녹/보라 문제설정	이론틀
계급체계	자본-(남여) 임노동	상품 생산	지불	노동 착취	계급 모순	자본 주의	적의 문제설정	맑스 주의
성체계	여/성 노동	인간-쾌 락-가사 생산	부불	성착취	성모순	가부 장제	보라의 문제설정	페미 니즘
종체계	종노동	종생산/ 상품생산	부불	종착취	종모순	인간 중심주의	녹의 문제설정	생태 주의

책임져 온 성적 노동들이 없이는 노동자계급의 존재 자체가 불가능하기 때문이다. 이 시장경제와 생산관계를 받쳐주지만 생산과 노동으로 간주되지 않은 생산과 노동들이 있다. 성과 종의 생산과 노동이 그것이다. 성과 연관된 성적 생산과 노동은 자본과 임노동자의 관계를 받쳐주는 성별-성애화된 노동이다. 자본과 임노동자를 받쳐주는 노동력생산과 노동자재생산을 담당하는 여성노동 혹은 여성계급이 있다. 이 여성노동은 이성애중심제도에 기반하여 자본과 노동에게 '재생산노동'을 제공하며 제2의 '노동'으로 존재한다. 이 여성들의 인간생산, 쾌락생산, 가사생산과 이 생산을 위한 노동, 즉 성적 노동인 임신출산, 매춘, 가사노동은 시장경제의 은폐된 부분들이다. 시장경제는 이러한 은폐에 기반한다. 왜냐하면 성적 생산과 노동이 시장경제의 숨은 핵이기 때문이다.

시장경제와 성적 생산-노동을 연결하여 볼 때 성체계에 토대를 둔 '성경제'가 보이게 된다. 지금까지 페미니즘이 성정치, 성계급, 성계약을 이야기해 온 맥락을 살펴보면 경제적 측면도 같은 결론에 도달하게 된다. 성경제는 뻔히 보이지만 경제 내적인 요소로 명명되지 않고 경제 외적인 요소 혹은 경제 외부로 취급되는 가족의 영역, 사적 영역, 성과 사랑의 영역으로 자리매김 되어 왔던 영역이다. '리비도경제'나 '돌봄경제'만으로는 성경제의 전면을 이야기하기 어렵다. 인간생산과 그 생산적 노동이 빠져 있기 때문이고, 현재로서는 가사노동 자체도 이론화가 제대로 되어 있지 않기 때문이다. 경제학자들은 시장경제가 이 성경제를 은폐하면서 존재하고 있지만, 이 은폐된 영역에 변화가 오면 시장경제 전체가 흔들리게 된다는 것을 아직은 제대로 실감하지 못하고 있다. 그저 저출산의 영역이 경제성장의 저해 요인이 될 수 있다는 정도를 말하고 있는 실정이다. 가부장적 경제는 성적 생산과 노동을 은폐하고 상품생산과 임금노동을 중심으로 하는 시장경제를 부각시켜 왔다.

여성들의 생산을 물적 생산으로 간주하지 않고 자본주의 경제 외부로 놓는 것은 시장경제만이 아니라 주류경제학이나 기존의 맑스 경제학이 해 온 작업이기도 하다. 성적 생산과 성노동[4]들을 가치화하지 않거나 자본주의 경제 외부로 간주한다는 면에서 이것들 모두를 가부장적 경제/학이라 부를 수 있다. 그리고 남성중심의 경제/학이라 부를 수 있다. 여성들을 시장의 영역, 경제의 영역에서 밀어내면서 가족을 정서적 가치를 지닌 영역으로, 상품시장경제를 구원할 수 있는 비상품화의 영역으로, 일상생활세계의 영역으로, 이윤추구에 대항하는 기지로 놓는 일은 여성들의 노동을 보이지 않게 하거나, 노동으로 이름 불러도 경제의 영역으로 인정하지 않는 것으로 이어진다. 이는 원래 '오이코노미아'라는 경제의 뜻을 협의로 제한해 버리는 결과를 낳았다. 일상 영역과 사회경제 영역을 구분한 것 자체가 근대 서구 남성중심의 자본주의 가부장체제가 만들어 낸 이분법이다. 이 이분법을 시장경제, 자본가, 그리고 남성(노동자 포함)과 여성이 모두 자연스럽고 당연한 것으로 간주해 온 역사가 있다. 따라서 이 이분법 자체를 제대로 문제 삼지 않은 경제학은 가부장적 경제학이라 불릴 수 있다.

성적 노동과 생산 내부에도 시장경제와 맺는 관계가 차이가 있다. 매춘

4_ 고정갑희, 『성이론』, 도서출판 여이연, 2011 참조.

노동과 쾌락생산은 지하경제로 들어가 있는 경우가 많다. 그리고 노동자는 있으나 노동은 없는 상황이다. 노동이 없는 영역으로 치부됨으로써 노동자도 없는 그냥 '일하는' 영역이 되어 있다. 매춘이 노동으로 인정되지 않고 있는 상황이고, 화폐를 지불하는 지불노동이지만 주류경제에서는 언급조차 될 수 없는 윤리적 영역의 문제에 속한 것으로 되어 있다. 윤리가 작동하는 방식은 그 사회의 체제와 무관하지 않다. 여성들이 하고 있는 일이 노동으로 간주되지 않는 것은 사회 구조의 문제와 연결되어 있다. 매춘은 실존적으로는 노동(력) 상품이지만 상품화하지 않아야 할 영역으로 간주된다. 그렇기에 생산의 영역으로 간주되지 않는다.

가사노동 또한 노동이라고는 하지만 노동자가 보이지 않는 노동이다. 여성운동 제2물결의 어파로 누구나 가사는 노동이라고 한다. 노동이라고 부를 때는 노동자라는 것을 인정한다는 의미일 것이지만 가사노동에서 노동자는 사회적으로 보이지 않는다. ILO도 노동으로 인정했고 전 지구적으로 가사노동자가 노동운동의 주체로 부상하고 있긴 하지만 여전히 주류 노동운동은 가사노동자를 노동자 주체로 인정하고 있지 않다. 노동자 주체로 인정한다는 것은 상품화된 가사노동(가사도우미노동)만이 아니라 가족관계 내에서 가사노동하는 어머니, 아내, 딸, 때로는 아들 등을 노동자로서 노동운동의 동지로서 인정한다는 것을 의미한다. 현재 돌봄경제라는 말이 부상하고, 돌봄노동, 감정노동이라는 개념들이 등장하는데, 돌봄노동 역시 상품화-시장화된 영역에서만 노동과 노동자가 존재하는 실정이다. 그리고 인간생산 자체는 경제의 영역으로 들어와 있지도 않은 상태이다. 생산과 노동의 영역이 아니고 여전히 사랑의 영역으로 자리매김 되고 있다. 그러나 저출산과 대리모노동으로 이 영역 자체에 대해 새롭게 생각할 것이 요구되는 실정이다.

가부장체제는 종체계에도 기반하고 있다. 종관계-종노동-종장치를 통해 가부장체제가 유지되는 현상을 가부장적 종체계라 할 수 있다. 종체계에 기반한 경제를 종의 경제라 불러보자. 종의 경제는 성의 경제가 시장경제와 맺는 관계와 다르다. 종체계로 제시하는 영역과 연관된 경제는 자원이라는 이름으로 존재한다. 자원이라고 할 때와 생산/노동이라고 할 때는 확연한 차이가 있다. 종체계를 문제 삼는 이유는 특히 동물산업을 염두에 두기 때문이다. 식물종의 경우와는 좀 다른 성격을 지니는 것이 동물산업이다. 자연이나 땅으로 표현되는 존재들과 자본의 관계는 유전자 변형의 영역과는 다른 문제들을 안고 있다.

종적 생산관계는 자본과 노동자 사이의 계급적 생산관계보다 훨씬 더 강한 착취와 수탈을 동반한다. 매매와 계약과 교환의 주체로 인간 종 이외의 타종들은 인정되지 않고, 거래관계 자체가 성립되지 않는다. 종관계에서 생산관계는 권력과 계급 개념을 적용하기조차 어려운 상황이지만 지배와 피지배, 착취/수탈과 피착취가 존재하는 확실한 관계들이다. 종적 생산관계는 성적 관계보다 훨씬 더 확연한 지배와 착취 구조 속에 들어가 있다. 그리고 이에 대해서는 아예 설명할 언어가 존재하지 않는다. 노동자의 노동력 생산과 노동력 상품화, 노동착취, 잉여가치 등을 통한 산업자본의 운동은 맑스주의자들에 의해 설명이 일부 되었다. 그러나 성적 착취와 종적 착취는 공식이 되어 나오지 않았다. 그리고 성적 착취와 종적 착취는 그 성격 자체가 다르다. 성적 착취는 인간이라는 종 사이에서 성적 차이를 활용하는 착취라면, 종적 착취는 인간종과 다른 종들 사이의 관계다. 이렇게 일차적으로 구분하지만 실질적으로는 종의 착취에 성적 착취가 연동되어 있다. 인간은 종들의 성별을 구분하고, 분류하고, 동물 종의 성적 생산을 착취하거나 수탈한다. 그러나 인간 중에서도 종적 산업에 관련된 사람들은 종의 성적 생산과 노동에 개입한다.

다음의 표는 계급성종체계에 기반한 가부장적 경제를 재현한다. 가운데 그림은 산업사회의 공장노동을 보여주는 디에고 리베라의 벽화다. 왼쪽의 그림은 인도사회포럼에서 만난 포스터다. 여성이 남편과 아이들을 짊어진

상태를 보여준다. 여성은 낫을 들고 부엌도구를 들고 있다. 농업생산자로서 여성과 가사노동자로서 여성이 동일한 여성임을 보여주는 그림이다. 오른쪽 사진은 돼지 사육시설에 갇힌 '엄마'돼지를 보여준다. 옴짝달싹도 못하게 해 놓은 상태에 대해 동물복지단체에서 항의하자 시설을 바꾼 것이 이 그림의 왼쪽이다.

이 세 그림은 각각 계급/성/종 체계를 단적으로 보여준다. 각각 따로 그려진 이 내용들이 사실은 구조적으로 연결되어 있다는 것을 말하는 것이 계급성종체계라 할 수 있다. 그리고 이 체계는 가부장적 경제의 면모를 보여준다. 여성노동이 배제된 계급체계와 여/성노동이 모두를 떠받치는 그런 경제, 그리고 동물도 자본을 위해 일하는 경제를 보여준다. 특히 여성(female)동물은 남성동물과는 또 다르게 먹잇감이 되는 것을 넘어서서 동물생산(기존 재생산 개념)이라는 역할을 한다. 자연적인 현상으로 '자연화'된 이 생산은 여성인간이 인간을 생산(재생산)하는 것에도 연결되어 있다. 인간 생산과 동물 생산을 하는 인간종과 동물종의 성적 생산이 자본과 어떤 관계가 있는지를 밝히는 작업과 운동이 진행되어야 할 지점이다. 이미 동물산업을 가능하게 하는 물적 토대를 제공하는 역할을 여성동물이 한다는 것을 익히 알고 있는 자본과 국가는 법으로 개입한다. 미국의 동물산업복합체를 강고히 유지하는 법으로 2006년에 제정된 "동물기업테러법"(1992년의 동물기업보호법이 개정된)은 '동물기업의 경제적 손실을 초래하는 행동을 불법'으로 규정하고 동물권 운동가들을 테러리스트로, 그들의 활동을 테러로 규정하고 이를 원천적으로 봉쇄하려는 시도다. 이 법은 동물산업복합체에 의한 동물살해와 착취가 현 체계의 유지에 얼마나 중요한지 이에 대항하는 세력이 얼마나 이 체제에 치명적인지를 보여준다.

성적, 종적 착취/수탈의 연결지점은 계급적 착취와 연동되어 있다. 종적 착취/수탈 중에서도 성적인 착취가 중첩될 수도 있고, 인간생산만큼이나 종의 생산이 결국 크게 보면 생산체계를 형성하는 것이고, 캐롤 애덤스처럼 육식의 정치, '육식의 성정치'가 성정치와 연동되어 있다고 보는 페미니스트도 있다. 최근 개를 대상으로 한 성매매, 새끼돼지들을 양육하도록 하기 위해 '엄마돼지'를 틀에 가두어 둔 상황 등은 인간종의 자본-성-종적 권력을 철저히 보여 준다. 농사를 짓는 소의 노동, 이동을 위한 말/나귀/낙타의 노동, 종의 임신과 출산과정으로 나타나는 종들의 노동, 닭의 달걀생산노동 등 나열이 불가능할 정도의 종노동을 가능하게 하는 것은 종체계일 것이고 이 체계를 유지하는 장치들일 것이다. 여기에는 인간이 중심이 되는 사유체계들, 인간만이 사유의 능력을 갖추고 언어능력을 갖추고 있다는 것을 믿게 만든 모든 서사장치들, 그리고 자연의 관리자로서 인간의 위치를 가르친 종교장치, 동물산업체들, 인간중심의 의약체계들 등이 포함될 것이다. 그리고 자연이란 이름으로 명명한 것과 사랑이란 이름으로 명명한 생산과 노동이 종노동의 착취와 수탈을 가능하게 한다고 볼 수 있다. 그리고 무엇보다 가부장적 시장이 그 장치를 대표한다고 할 수 있다.

자본군사제국주의 경제: 남성-군사-전쟁 경제

위의 표는 자본주의/제국주의/군사주의를 단적으로 재현하는 그림들이다. 왼쪽은 자본주의 피라미드를 그리고 있고, 가운데는 19세기 후반 영국 제국주의자 세실 로즈에 관한 그림이다. 그리고 세 번째는 피카소가 한국 전쟁을 그린 그림이다. 왼쪽의 자본주의 피라미드는 1911년 세계산업노동자동맹이 발행하는 신문에 실린 삽화 <자본주의체제의 피라미드>다. 이 피라미드는 "우리가 당신들을 지배한다(정치지배)/ 우리가 당신들을 어리석게 만든다(종교지배)/ 우리가 당신들을 겨냥하여 쏜다(군사지배)/ 우리가 당신들을 위해서 먹어준다(계급지배)/ 우리가 당신들을 먹여준다(성/노동지배)/ 우리가 당신들을 위해 노동한다(노동지배)"(괄호 안은 필자의 말)는 내용을 담고 있다. 이 피라미드가 단적으로 나타내 주듯이 자본주의는 전체적으로 남성-자본가-군사-종교 권력이 지배하는 체제다. 맨 아래에는 모두를 먹여 살리는 노동자들이 있고, 차례로 그 위로는 기생계급인 부르주아지, 사람이 아니라 자본을 보호하는 군대, 정해진 운명에 순응하라고 설득하는 성직자들, 지배계급을 위해 기능하는 국가 권력자가 있고, 맨 위에는 이 모두를 지배하는 자본이 있다. 그런데 이 그림과 성체계와 종체계를 연결한다면 현재 자본주의체제 피라미드는 생략하고 있는 부분이 있기 때문에 보완 수정이 필요하다. 아래 노동(자) 그룹이 동일한 노동자들이 아니라는 점이다. 그림을 다시 그려보면 앞에서 세 가지 모순의 관계를 보여준 표가 말해주듯이 성적 노동과 종적 노동이 표시가 되어야 할 것이다.

가운데 그림은 제국주의자 세실 로즈(Cecil Rhodes, 1853~1902)에 관한 만평에서 나온 것이다. 다이아몬드 채굴사업으로 백만장자가 되었고, 다이아몬드와 금 소식이 알려지면서 세계 각지에서 자본가, 노동자, 상인들이 남아프리카로 몰려와 요하네스버그는 대도시가 되었다.

이 시대에 세실 로즈는 영국의 빈곤층을 구원할 수 있는 통로로 '식민주의'를 제안한다. "영국은 국토가 좁아 3,600만 명의 인구 가운데 600만 명만 생활할 수 있을 정도이다. 그래서 우리 영국의 생산품에 자유 개방된 시장이 될 만한 이 지구상의 영토를 조금이라도 장악해야 할 필요가 있다. 나는 영국이 세계 제1의 인종이며, 우리가 사는 세계가 넓으면 넓을수록 인류가 행복해지며 모든 전쟁을 종식시킬 수 있다고 믿고 있다."5 이것이 제국주의

5_ 세실 로즈라는 이 인물은 『유언집』에서 엄청난 제국주의적 욕망을 드러내고 있다. 이 욕망은 자본주의적 욕망과 연결되어 있다. "나는 어제 런던의 이스트 엔드에 가서 실업자 대회를 방청하였다. 그리고 내가 거기에서 빵을 달라고 하는 절규나 다름없는 몇 마디의 거친 연설을 듣고 집으로 돌아왔을 때, 나는 제국주의의 중요성을 더욱 확신하였다. …이 세상에 신이 있다면, 그 신은 아프리카 지도를 되도록 영국의 색으로 칠할 것과, 또한 영어를 말하는 인종의 통일을 촉진하여 그 영향을 될 수 있는 한 세계로 확대하는 것, 이 두 가지 사명을 인정하는 신이라 생각한다. …나의 포부는 사회 문제의 해결이다. 대영제국의 4,000만 인구를 피비린내 나는 내란으로부터 지키기 위해서, 우리 식민 정치가는 과잉 인구를 수용하기 위해 새로운 영토를 개척하고, 또 그들이 공장이나 광산에서 생산하는 상품을 위해 새로운 판로를 만들어 내야만 한다. 결정적인 문제는, 내가 항상 말했던 것이지만, 밥통의 문제이다. 그들이 내란을 원하지 않는다면 그들은 제국주의자가 되어야만 한다." "세계는 거의 모두 분할되었다. 남아있는 지역도 분할되고, 정복되고, 식민지화 되고 있다. 나는 밤하늘에 반짝이는 별에

자 세실 로즈의 철학이었다. 특권을 얻은 로즈는 원정군을 조직, 남아프리카 어느 지역을 차지하고 그의 이름을 따서 지은 '로디지아'(로즈의 나라라는 뜻)를 영국 남아프리카 회사의 토지로 만들었다. 이 그림이 말해주는 것은 영국의 군인으로서 군복을 입은 그가 아프리카 땅 전체(케이프에서 수에즈까지)를 밟고 있다는 점이다. 군사적 이미지는 남성의 이미지이면서 전쟁의 이미지이고 지배의 이미지이며 이 지배는 이 땅의 사람들 그리고 땅과 그 안에 있는 모든 생물, 생태계 전부를 의미한다. 또 다른 그림은 생태계-여성-어린이의 연속체와 남성-전쟁-(성적/군사적)무기의 대립적 폭력구조를 보여준다. 피카소가 한국전쟁을 그린 것이다.

이 세 가지 그림은 공통적으로 자본주의-군사주의-제국주의가 군사주의적으로 연결되어 있다는 점을 보여준다. 그리고 동시에 남성들과 남성성이 지배적이라는 점을 확실히 보여준다. 또한 남성이 땅과 자연을 밟고 있거나, 땅과 자연이 여성과 아동의 신체와 연결되어 나타나거나, 여성이 피라미드의 아래에 있다는 점을 보여준다. 가부장체제를 자본-군사-제국주의 체제적 성격을 띠는 것으로 정의한 근거 또한 이러한 재현의 정치가 보여주는 실질적 경제와 연관된다. 현재로선 자본주의적 체제도 군사주의 체제도 남성중심의 성체계적 성격을 띤다.

"가부장체제는 공간으로 보면 지구적 차원의 체제이며 시간으로 보면 오랜 역사성을 띤다. 가부장체제는 그 역사적 국면으로 보면 근대와 현대에서는 자본주의적 성격을 띠고, 제국주의적 성격을 띠며 군사주의적 성격을 띤다. 가부장체제가 자본주의적 성격을 띤다는 것은 이상할 것이 없다. 근현대의 경제체제 자체가 자본주의적 체제이기 때문에 가부장체제도 근현대에 오면 상당부분 자본주의적 성격을 띠게 된다. 자본주의로부터 피해

대해서, 우리들이 결코 도달할 수 없는 광대한 세계에 대해서 생각하는데, 가능하면 나는 유성조차 삼켜 버리고 싶다. 나는 때때로 이런 생각에 사로잡힌다. 유성이 저렇게도 똑똑히 보이는데도 저렇게 멀리 있는 것을 보면 나는 슬퍼진다"(세실 로즈의 『유언집』, 1902).

있었던 세계 곳곳이 자본의 힘에 굴복하기 시작하였다. 가부장체제는 전지구적 차원에서도 작동하며 따라서 전지구적 자본주의-군사주의-제국주의의 면모를 갖는다."[6]

가부장체제의 내용을 설명하는 한 방법으로 자본화, 식민화, 제국화, 군사화, 성(젠더-섹슈얼리티)화 등의 개념들을 사용해 볼 수 있다. 이들은 모두 연동되어 있다. 임금가부장제, 식민가부장제, 군사가부장제 등의 용어를 사용하여 가부장체제를 설명할 수도 있다. 그리고 가부장적 노동, 계급, 권력, 폭력, 생산 등의 개념들을 사용하여 가부장체제를 설명할 수도 있다. 가부장체제를 자본-군사-제국주의 체제로 정의할 때 이는 이 셋이 연동되어 있음을 나타내기 위함이다. 제국주의란 자본주의가 일국의 경계를 넘어 다른 곳을 식민화하고 그것을 주로 군사주의를 동원하여 진행하는 것을 의미한다. 자본-군사-제국주의는 남성화/남성성과 연관되기도 한다. 지배계급의 남성성은 사나이다움을 전제로 하고, 군사력과 경제력을 통한 지배력을 의미하기도 한다.

자본군사제국주의 체제는 남성성, 사나이다움에 기반한다는 공통점 외에도, 군사주의에 기반하며 전쟁경제에 기반한다는 공통점도 갖는다. 전쟁으로 이익을 챙기는 일들은 군사경제 사이클이라는 개념으로 설명되기도 한다. "전쟁수혜활동(war profiteering)은 다른 경제부문과 마찬가지로 자유시장, 사유화, 규제완화라는 신자유주의 논리에 바탕을 둔 군사경제 사이클(military economy cycle)"[7]이다. 전쟁수혜활동은 무기/방위산업의 범위를 넘어 엄청난 자원이 필요하며 자원 확보를 목적으로 하기도 한다. "경제적 이윤은 전쟁의 일부이며, 전쟁은 또한 이윤을 위해 수행된다"(11). 군사경제 사이클은 무기거래와 무기거래의 전 과정을 관리하는 금융기관, 군수산

6_ 고정갑희, 「군대와 성」, 『여/성이론』 24호, 2011.
7_ 조르디 까르보 루팡게스 「전쟁수혜활동: 신자유주의적 군사주의」, 『전쟁수혜활동에 관한 국제세미나 자료집』, 2015, 11-13.

업, 군수업체 주주가 연동되어 있는 사이클이다(12). 군사경제 사이클은 '국방경제'나 '전쟁경제' 그것도 항구적인 전쟁경제와 연결되어 있다. 그러니까 정치와 경제가 함께 작동하는 영역이다. 이 경제를 통해 이익을 얻는 이들은 다양할 것이다. 군사경제 사이클을 이해하기 위해서는 군사비 지출, 무기산업, 무기수출, 무기금융 등을 분석하는 것이 중요하다. 군사경제 사이클의 적극적 주체로 활동하는 기업 및 개인은 전쟁에서 가장 큰 이윤을 얻는 군산복합체의 구성원이기도 하다(13).

서구 근대의 발전과 개발이 군사화와 연동되어 있다는 것은 자본주의와 군사주의가 연동되어 있다는 것을 보여준다. 라틴아메리카의 광산개발은 그 국가의 발전과 연결된다. 그런데 이 광산의 개발이 지금 이 시점에도 캐나다나 미국이나 유럽국가의 자본들에 의해 이루어진다는 사실은 광산개발이 여전히 제국주의의 연장선에 있다는 것을 드러내 준다. 그리고 신시아 인로가 지적하듯이 성(젠더) 정치학과 군대, 군사화, 나이키공장에서의 바느질 노동, 군사주의 정권, 민족주의 정권이 연결되어 있다. 산업화의 정치와 군사화의 정치가 분리되지 않았다는 점, 즉 군사주의자들은 산업화된다는 점 또한 가부장체제로서 자본군사제국주의 체계를 설명할 때 생각해 볼 지점이다. 신시아 인로와 같은 페미니스트의 호기심은 성(젠더)화된 노동과 자본과 국가안보와 군사주의의 연결고리들을 풀어나가는 데 도움이 된다.8 경찰의 군사화에 대한 논의 또한 운동사회와 연관하여 볼 때, 자본주의와 군사주의의 동맹이라는 측면에서 주목할 지점이다. 한국사회의 도심지 시위에서 자행되는 경찰 진압은 국가권력과 경찰의 군사화를 보여주며, 밀양과 같은 지역에서의 저항에 경찰력이 투입된다는 것은 한전이라는 자본과 국가기구로서 경찰이 연결되어 있음을 드러낸다. 미국에서 '어반실드(Urban Shield)'는 경찰의 군대화의 예를 보여준다. 어반실드는

8_ 신시아 인로, 『군사주의는 어떻게 패션이 되었을까』, 김엘리 · 오미영 역, 바다출판사, 2015 참조

2007년 9월 11부터 개최되는 "경찰의 군대화 박람회"로 "지방정부와 연방정부, 나아가 국제적 차원의 법집행 기관 및 무기제조업체 수백 개가 참여해 군대급 무기를 거래하고 전술을 교류한다"[9](타라 타바시, 19).

세계 방위무역의 규모가 증가했다는 자료는 자본-군사-제국주의 체계가 19세기와 20세기 초의 문제가 아님을 말해 준다. IHS 세계방위무역보고서에 따르면 세계 방위무역 규모는 2013년 568억 달러에서 2014년 644억 달러로 증가했다(재스민 나리오-갈라스, 27). 최대 수출국은 총 수출액의 3분의 1을 차지한 미국이었고, 러시아, 프랑스, 영국, 독일이 뒤를 이었다. 세계 10대 수입국 중 7개국은 인도, 중국, 대만, 호주, 한국, 인도네시아, 파키스탄 등 아시아태평양 국가였다. 5대 수출업체로는 보잉, 록히드마틴, 레이시온(Raytheon), 에어버스그룹, UAC가 이름을 올렸다. 1-3위는 미국 기업이고, 4위와 5위는 프랑스와 러시아에 각각 본부를 두고 있다. 2015년 사우디아라비아가 인도를 대신했다(27). 지난 몇 년간 한국의 방위산업은 국내시장보다 해외수출, 특히 아시아로 눈을 돌렸다. 2002년 1억 4,400만 달러에서 36억 달러 규모로 증가했으며 최근 5년간 연평균 31% 성장했다고 한다(앤드류 파인스타인, 36). 그리고 제주해군기지는 군사적 요충지의 역할을 하기 위해 세워진다.[10] 이 자료는 자본/군사/제국주의가 각각 따로 작동하는 것이 아니라 자본군사제국주의 체계로 붙어서 작동한다는 것을 말해 준다. 그리고 시장경제라는 이름으로 연결되는 이 전쟁경제체계가 성체계와 종체계에 토대를 둔 특수한 남성(성)의 경제라는 점 또한 더 자세히 드러나야 할 지점이라 할 수 있다.

9_ 타라 타바시, 「경찰의 군대화에 맞서는 미국의 저항운동」, 『전쟁수혜활동에 관한 국제세미나 자료집』, 19-25, 43-46.

10_ 이 문단의 인용은 앞에서 인용한 『전쟁수혜활동에 관한 국제세미나 자료집』에 게재된 글들이다. 앤드류 파인스타인, 「국제무기거래의 동향과 도전」, 33-36; 재스민 나리오-갈라스, 「젠더, 방위, 전쟁수혜활동」, 27-29; 정욱식, 「동북아시아의 지정학과 군비경쟁: 제주해군기지를 중심으로」, 37-40 참조.

2. 적녹보라적 경제로: 가부장적 시장경제, 전쟁경제, 남성경제를 넘어

적녹보라가 제안된 이후 몇 가지 입장들이 제시되었다. 적녹보라라는 개념을 반기는 쪽은 연대나 동맹으로 접근하거나, 유보적인 입장을 취하는 쪽은 적녹보라 각각의 진영 사이를 너무 쉽게 연결하려는 것 아니냐는 비판을 제기한다. 그러나 적녹보라와 관련하여 이러한 비판은 한계가 있다. 이 비판은 적녹보라를 진영으로 보기 때문에 나오는 것으로 보인다. 진영으로 보기 때문에 동맹이나 연대 혹은 연합의 문제로 접근하게 된다. 적녹보라를 연대나 동맹으로 제안하지 않고 '패러다임'으로 제안하는 이유도 여기에 있다. 패러다임으로서 적녹보라는 운동진영을 대표하기보다는 운동철학 혹은 행동철학의 성격을 띤다.

적/녹/보라는 각각의 고유한 운동철학을 갖고 움직여 왔다. 맑스주의, 생태주의, 페미니즘을 적/녹/보라의 이론적 틀이라고 말해 본다면 이들은 계급모순, 생태모순, 성모순을 문제로 설정하고 자본주의, 인간중심주의, 남성-이성애중심주의를 문제로 설정하였다. 맑스주의와 생태주의와 페미니즘은 나름의 정의와 가치를 향한 움직임들이었다. 적/녹/보라 각각의 패러다임은 노동해방, (여)성해방, 생태적 전환을 향했으며, 계급적, 성적, 생태적 모순의 지점들을 밝히고 대안을 모색하려 하였다. 새로운 노동의 가치, 여/성적 가치, 생태적 가치를 기반으로 하거나 계급, 성, 종 체계를 넘어 새로운 대안을 모색하려 하였다.

하지만 이 시점에 와서 다시 돌아볼 때, 각각의 모순들은 연동되어 있으며, 기존의 틀로서는 각각이 지향하는 해방의 기획을 만들어 내기 어려울 수도 있다는 판단이 가능하다. 왜냐하면 문제설정 자체가 한계가 있기 때문이거나 그것에 접근하는 이론이 갖는 한계가 있기 때문이다. 계급모순을 핵심모순으로 삼은 입장이 성에 대해 무지하고, 계급을 받쳐주는 성적 노동이나 성적 계급에 대한 인식이 빠진 상태일 때, 환경과 생태가 자본의 문제와 성의 문제가 빠진 상태일 때, 성의 문제설정에 계급과 생태가 빠진 상태일 때 운동이 지향하는 해방과 전환이 힘들다고 판단된다. 그리고 무엇보다도 현재 다양한 정체성 운동들까지 포함하여 운동이 지향하는 대안 사회로 가는 길목에서 공동의 패러다임이 있다면 구조적 모순을 바꿀 가능성이 커진다고 볼 수 있다. 적/녹/보라가 아니라 적녹보라를 패러다임으로 구성하는 일은 구조적 변혁을 위한 것이라 할 수 있다.

계급모순을 문제로 설정하고 자본주의를 문제로 설정한다는 것은 어떤 의미인가? 성모순을 문제로 설정하고 가부장제를 문제로 설정한다는 것은 어떤 의미인가? 환경생태모순을 문제로 설정하고 환경생태파괴를 문제로 설정한다는 것은 어떤 의미인가? 이 의미에 대한 답은 계급/성/생태모순이 각각 따로 떨어진 문제가 아니라는 전제에 있다. 적녹보라가 패러다임으로 작동한다고 할 때, 이 글에서 제기하는 경제의 전환을 향한 운동이 적녹보라 패러다임에 입각한다는 것은 어떤 모습이 될 것인가? 적녹보라 패러다임에 입각한 경제란 무엇을 말하는가? 가부장체제적 경제에 대한 대안으로서 적녹보라 패러다임이 작동할 수 있는 지점은 어디인가?

적녹보라 패러다임에 입각한 경제란 계급성종적 모순에 기반하는 가치가 아닌 가치를 지향하고, 그 가치지향에 기반하는 경제라 할 수 있다. 체제와 가치의 문제를 연동시키면 가부장적 계급성종체계는 자본남성이성애인간중심의 가치체계이다. 이에 대해 적녹보라적 가치는 기존의 계급성종체계적 가치체계를 바꾸려는 시도이며 성과 종체계에 기반한 시장경제가 아니라 새로운 경제를 향하려는 시도라 할 수 있다. 자본군사제국주의적 가부장체제의 가치는 말 그대로 자본중심, 군사주의적, 서구유럽중심의 가치체계이며 그것에 복속하는 경제를 형성한다. 이 가치는 전쟁논리, 국가방어논리, 남성군사화논리 등에 기반하여 경쟁과 전쟁과 지배를 강화하는 전쟁경제 사회를 형성한다. 이에 대해 적녹보라적 가치는 탈자본, 탈군사, 탈식민, 탈지배의 가치와 경제를 지향한다. 계급성종체계적 착취에 기반한 가부장적 시장경제와 자본군사제국주의 체제적 군사전쟁경제에 대한 대안으로 적녹보라적 경제를 생각해 볼 수 있다.

적녹보라적 경제를 향해 나아가는 길목에서 적녹보라 패러다임에 입각한 운동의 전환과 주체의 전환도 필요하다. '그들의' 경제를 '우리의' 경제로 전환하기 위해서, 권리운동이 구조변혁운동을 향해 갈 필요가 있고, 정체성운동에서 출발하더라도 대안사회운동으로의 전환이 필요할 것이다. 노동자계급운동, 여성운동, 성소수자운동, 청소년운동, 장애인운동 등이 대안사회를 향하고 대안적 경제를 향한다면 체제 변혁도 가능할 것이라 생각된다. 대안적 경제란 계급성종적 착취와 수탈이 아닌 경제, 자본군사제국주의적이지 않은 경제를 의미한다면 각각의 운동들이 저녹보라 패러다임을 인식하여 그 대안적 경제를 구축할 수 있을 것이다. 각 운동들이 자신의 운동의 지점에서 <적녹보라>적 패러다임을 적용하여 현재의 자본주의 가부장체제를 문제로 본다면, 그리고 그 중에서 생산-노동-경제를 본다면 <따로-같이>의 운동을 할 수 있고, 운동의 네트워크가 형성될 수 있다. 우리에게는 운동들의 생산노동경제 네트워크가 필요하다. 여기서 운동들이란 현재진행형의 운동만을 의미하지는 않는다. 적녹보라 패러다임에 입각한 새로운 주체들의 등장도 필요하기 때문이다. 그리고 동시에 현재진행형의 운동과 주체들이 적녹보라 패러다임을 염두에 두고 운동을 진행한다면 각자도생에 가까운 운동의 결과가 달라질 수도 있을 것이다.

임노동자, 여성(가사노동자, 섹스노동자, 출산노동자 등), 성적소수자, 장애, 청소년 등 각각의 운동을 하는 활동가들이 현재의 경제체제에 맞장을 뜨고, 그들의 경제가 아니라 우리의 경제로의 전환을 지향하며 움직인다면 각각의 운동들이 서로에게 줄 수 있는 혜안이 있을 것으로 보인다. 그리고 각 운동이 서로에게서 받아낼 중요한 자원이 있을 것으로 보인다. 왜냐하면 각각의 운동들이 초점을 맞추고 있는 지점들이 새로운 생산노동경제에 보탤 것들이 많기 때문이다.

임노동자들의 운동은 한국에서, 그리고 세계적으로도 역사를 만들어 왔다. 그리고 현 자본주의적 가부장체제 하에서 드러나게 고통을 받고 있는 주체이기도 하다. KTX, 이랜드, 기륭, 한진, 재능, 쌍차, 콜트·콜텍과 무수한 기업의 노동자들이 해고복직투쟁을 해 왔거나 하고 있다. 현재는 모든 에너지가 복직투쟁에 모아지는 형태이지만, 운동주체들이 노동의 의미와 방향에 대해서, 노동과 생태적 모순과의 관계, 노동과 성모순과의 관계를 중심 화두로 둔다면 노동조합 중심의 운동 자체도 변화가 있을 것이고, 그것을 넘어서 동지들을 만날 수 있을 것이다. 임노동자들은 현재 경제체제 하에서 임금노동을 하면서 부딪친 현장과 그 현장의 문제점들을 잘 알고 있으며, 자본의 속성을 잘 알고 있기 때문에 이것을 바탕으로 현재의 자본주의적 가부장체제 경제의 문제점을 집어낼 수 있을 것으로 보인다. 그리고 누구보다도 지금의 생산과 노동이 바뀌어야 된다고 생각할 것으로 보인다. 특히 자본과 권력의 결탁을 잘 알고 있으며 이 결탁의 선을 넘기 위해서는 노동의 현장과 삶의 현장이 만나야 한다는 것도 잘 알고 있을 것이다. 문제는 현재 생존을 위한 노동이 자본을 넘어, 생산중심주의를 넘어 성적 경제와 종체계의 폭력적 모순을 같이 고민한다면 현재 해고복직투쟁을 넘어 대안사회의 방향을 모색하는 주체로 자리매김될 것으로 보인다. 임노동이 자본의 권력 하에 있지 않기 위하여 어떻게 다른 노동자들과 새로운 생산과 노동을 모색할 것인지를 그 현장에서 찾아보려 할 수 있을 것이다.

여성들은 자신들의 생산-노동이 제대로 인정되지 않았던 경험과 자신들의 생산-노동이 다른 경제, 가부장체제적인 시장경제와 전쟁경제를 위한 생산과 노동이 아닌 다른 생산-노동으로 전환될 성격일 수도 있다는 것을 감지할 수 있다. 소외와 배제의 경험이 다른 세상을 만들어 낼 수 있는 자원이 될 수 있다. 감정노동이나 돌봄노동 그리고 쾌락생산노동 등이 계급성종 모순에 기반한 시장경제, 전쟁경제, 남성중심경제와는 다른 가치를 가질 수도 있는 노동이고, 자신들의 인간-쾌락-가사 생산 들이 인간사회에 필수적인 생산이며 노동이라는 것을 여성들은 감지한다. 가격으로 가치화가 되어 있는 현재의 시스템 속에서 가치를 새롭게 형성하기 위해서 무엇을 해야 할 것인지, 임노동자들과 어떻게 함께 할 것인지, 비이성애적인 생산과는 어떤 관계를 가질 것인지 새로운 생산노동경제를 위해서 다양한 실험들을 해야 할 필요가 있을 것으로 보인다. 성적 소수자들은 비이성애적인 관계가 자본주의 가부장적 생산과 노동을 어떻게 바꿀 수 있는지, 노동의 현장에서 이성애적 구도가 얼마나 권력으로 작동하는지, 이성애가 현 경제의 토대가 되고 있다는 것을 증명하고, 새로운 경제를 위해서 무엇을 해야 하고 할 수 있는지를 찾아볼 수 있는 주체로 서기 위한 노력이 어떤 형태로 나타날 것인지 함께 논의해 볼 수 있다고 생각한다.

그리고 장애인들은 성장중심적이며 경쟁적인 지금의 생산노동경제가 얼마나 우리의 신체를 효율성을 기준으로 통제하며 신체에 정상성을 부여하는지에 대한 비판적 관점을 이미 제시하고 있다. 효율적인 생산, 효율적인 노동이 신체의 정상성에 대한 잘못된 생각을 만들어 낸다는 것을 증명하고, 장애인의 시각이 어떻게 잘못된 계급성종 모순적인 경쟁체제를 다르게 전환할 수 있는지 공론의 장으로 끌어낼 수 있을 것이다. 정상/비정상적 신체라는 것이 만들어 내는 시간과 공간 개념을 바꿀 수도 있는 주체가 되기 위하여 현재의 생산노동경제를 비판적으로 보는 내용을 함께 만들어 가는 주체라 할 수 있다. 개발과 발전모델이 자본군사제국주의체제와 계급성종체계와 긴밀하게 연동되어 '정상성'을 구축하고 있다는 것을 드러내 줄 수 있을 것이다.

청소년 또한 성인 중심 사회에서 배제되어 온 경험을 통해 비청소년들의 자기중심적인 가치체계와 시장경제와 성경제를 절감하고 있을 것으로 짐작된다. 생산과 노동과 경제가 그들의 것임을 절감할 것이다. 청소년들은 세월호 국면에서도 끊임없이 '아이들'이라고 부르며 배제와 보호를 자임하는 '어른들의' 담론과, 책임은 성인들이 지는 것인 양 하는 연령주의에 지쳐 있을 것이다. 지배가 동반된 소유가 너무나 자연스러우며, 지배가 동반된 노동이 자신들이 아니라 '그들의' 것임을 잘 알기 때문에 현재의 생산노동경제 시스템이 문제가 많다는 것을 절감할 것이라 생각된다. 성적 욕망과 노동에 대한 권리 자체가 성인이 아니라는 이유로 배제된 상황과 보호라는 이름으로 은폐하고 있는 가부장체제적 구조를 밝혀줄 주체로서 청소년/청소녀 활동가들이 할 작업은 현재의 시스템을 바꿀 지렛대가 될 것으로 보인다.

계급과 성의 문제는 장애인에게도 퀴어에게도 여성에게도 청소년에게도 임노동자에게도 환경생태운동가에게도 주요한 문제이며 다른 가치를 갖는 경제를 찾아내는 것이 모두의 몫일 수 있다고 생각한다.

이제 다른 경제, 대안적 경제를 위한 질문들을 생각하는 것으로 글을 끝내고자 한다. 이 글에서 제시하는 가부장체제적 경제가 아니라 적녹보라 패러다임에 입각한 경제를 향해 가자는 제안은 어떻게 하면 함께 잘 살아갈 수 있을까, 공유재를 어떻게 보살필 것인가, 타자화된 존재들을 어떻게 대면할 것인가, 우리는 우리의 소비를 어떻게 조율할 것인가 등 다양한 질문들과도 연결된다. 이 질문들은 다른 경제를 상상하기 위한 질문들일 것이다. 가부장적 계급성종적 모순에 기반한 불평등경제가 아닌 경제, 자본군사제국주의 체계적 전쟁경제, 상품시장경제, 남성중심적 경제가 아닌 적녹보라적 경제의 구체적인 성격은 이 글을 넘어 계속 관심을 갖고 생각해야 할 내용이다. 이 생각에 현재 논의되고 있는 소유경제가 아닌 공유경제, 사유재가 아닌 공공재의 경제, 파괴적인 경제, 거대자본의 경제가 아닌 공동체경제, 생산중심의 경제가 아닌 생명의 경제, 획일적 경제가 아닌 복수경제, 수직적 경제가 아닌 수평적 경제, 신자유주의적이지 않은 경제, 군산복합체와 동물복합체의 경제가 아닌 경제, 전쟁의 경제가 아닌 경제,

사람과 자연이 소외되지 않은 경제들에 대한 관심이 포함되어야 할 것으로 보인다. 그들의 경제가 아닌 '우리들'의 경제로의 전환이 가능하기 위해서 운동 간의 네트워크, 지구지역 간의 네트워크가 활발해 진다면 좋겠다. 그래서 함께 생산노동경제를 전환시키고 계급성종적 착취를 넘어 비착취적이고 상호호혜적인 경제로 향하는 일을 하자고 제안해 본다.

지구지역행동네트워크, 한신대

참여계획경제 대안의 쟁점과 과제

정성진

1. 참여계획경제론의 최근 동향

최근 참여계획경제 모델은 진보좌파의 대안사회경제 모델로 널리 받아들여지고 있다. 특히 2008년 글로벌 경제위기 이후 자본주의 시스템의 총체적 실패가 분명해지면서 비자본주의·탈자본주의 대안에 대한 관심이 고조되고, 이와 함께 참여계획경제론 연구도 더욱 활발하게 전개되고 있다. 참여계획경제론은 21세기 자본주의의 비판과 극복 프로젝트에서 필수적 부분이다. 자본주의가 오늘날처럼 심각한 위기에 처해 있음에도 불구하고 끈질기게 존속하고 있는 이유 중의 하나는 1991년 구소련·동유럽 블록 붕괴 이후 득세한 '자본주의 이외 대안부재' 이데올로기의 위력 때문이다. 오늘날 최강의 지배이데올로기라고 할 수 있는 '자본주의 이외 대안부재' 이데올로기를 분쇄하기 위해서는 탈자본주의·비자본주의 대안사회가 형평, 민주주의, 자율, 연대, 번영, 자기실현 등의 인간적 가치의 기준에서 자본주의에 비해 더 나은 사회일 뿐만 아니라, 실현가능한 사회임을 입증하는 것이 필수적이다. 참여계획경제론은 바로 이를 과제로 한다. 따라서 참여계획경제론처럼 탈자본주의 · 비자본주의 대안사회의 작동원리와 실행가능성을 그 자체로 연구하는 것은, 일부 진보좌파들이 주장하듯, 19세기 공상적 사회주의의 반복이기는커녕, 반자본주의 운동에서 긴급하고 현실적인 프로젝트이다. 이와 관련하여 맑스는 자본주의의 운동법칙만을 자신의 연구대상으로 삼았으며, 자본주의 이후 대안사회에 대해서는 구체적으로 연구하지 않았다는 일부 진보좌파 진영의 통념은 사실과 다르다는 점도 지적되어야 한다.[1] 맑스의 경제학비판이 자본주의의 운동법칙 분석으로 총괄되는 것은 사실이지만, 맑스는 자본주의의 운동법칙을 분석할 때 항상 그것을 그 자체로 분석한 것이 아니라, 항상 그것의 변증법적 지양, 즉 해체라는 관점에서, 다시 말해서 자본주의 이후 대안사회상을 염두에 두면서 분석했다.[2] 오타니[3]가 말했듯이 맑스의 자본주의 이후 대안사회 분석은 별도로 있는 것이 아니라, 자본주의 분석이 동시에 자본주의 이후 대안사회 분석인 것이다.[4]

참여계획경제 모델은 맑스의 사회주의, "자유로운 개인들의 연합"의 구체화 시도임에도 불구하고, 지난 세기 구소련 · 동유럽 블록과 '역사적 맑스주의'에서 그 이론과 실천은 주변화되고 억압되었다. 구소련 · 동유럽 블

1_ 맑스의 대안사회론에 대한 최근의 연구로는 후디스(P. Hudis, *Marx's Concept of the Alternative to Capitalism* [Leiden and Boston: Brill, 2012])를 참조할 수 있다.
2_ 예컨대 맑스는 『정치경제학비판요강』에서 자신의 방법에 대해 다음과 같이 말했다. "올바른 고찰은 생산관계들의 현재 형태의 지양—그러므로 미래의 **전조**, 형성되는 운동이 암시되는 지점들에 도달한다. 한편에서 전(前)부르주아적 국면들이 **단지 역사적인** 전제, 즉 지양된 전제들로 나타난다면, 생산의 현재조건들은 **스스로 지양되는** 것, 따라서 새로운 사회 상태를 위한 **역사적 전제들**을 정립하는 것으로 나타난다"(칼 마르크스, 『정치경제학비판요강』 II, 김호균 옮김, 백의, 2000, 84. 강조는 원문).
3_ 大谷楨之介, 『マルクスのアソシエーション論』, 櫻井書店, 2011.
4_ 이와 관련한 논의는 정성진, 「마르크스 공산주의론의 재조명」, 『마르크스주의 연구』 12권 1호, 2015년 봄을 참조할 수 있다.

록은 "자유로운 개인들의 연합", 아래로부터 노동자 민중의 참여계획경제가 아니라, 위로부터 관료적 명령경제(bureaucratic command economy), 더 정확히 말하면 관료적 국가자본주의이었기 때문에, 1991년 구소련·동유럽 블록의 붕괴는 맑스 자신의 사회주의 이념 및 그 구체화 시도로서 참여계획경제론의 오류를 입증하는 것으로 간주될 수 없다.[5] 실제로 1991년 구소련·동유럽 블록 붕괴 이후 참여계획경제론은 새롭게 주목을 받으면서, 파레콘 모델,[6] 협상조절 모델,[7] 노동시간 계산 모델[8] 등으로 다양하게 발전되어 왔다.[9] 2008년 글로벌 경제위기 이후 비자본주의·탈자본주의 대안에 대한 관심이 고조되는 것을 배경으로 참여계획경제론 연구도 기존 모델의 업데이트와 확장 등을 중심으로 활발하게 이루어지고 있다. 파레콘 모델의 경우 하넬,[10] 협상조절 모델의 경우 드바인,[11] 노동시간 계산 모델의 경우 칵샷·자크리아,[12] 하태규[13] 등이 그것들이다. 이와 함께 최근에는 기존의 참여계획경제 모델들 상호 간의 쟁점 부각, 새로운 사회주의 모델의 제안, 기존 모델과 새로운 모델 간의 논쟁 등도 진행되었다. 2012년 캄벨이 편한 『과학과 사회』(Science and Society) 특집호 지상 심포지엄[14]은 하넬, 드바인, 칵샷 등 기존의 참여계획경제 모델의 대표 논자들을 모두 초청하

5_ 이에 대한 필자의 논의는 정성진, 「'21세기 사회주의'와 참여계획경제의 가능성」, 『진보평론』 30호, 2006년 겨울을 참조할 수 있다.

6_ 마이클 앨버트, 『파레콘』, 김익희 옮김, 북로드, 2000.

7_ P. Devine, *Democracy and Economic Planning* (Boulder, Colo.: Westview Press, 1988).

8_ P. Cockshott and A. Cottrell, *Towards a New Socialism* (Nottingham, U.K.: Spokesman books, 1993).

9_ 정성진, 「'21세기 사회주의'와 참여계획경제의 가능성」 참조

10_ R. Hahnel, *Economic Justice and Democracy: From Competition to Cooperation* (New York: Routledge, 2005); *Of the People, By the People: The Case for a Participatory Economy* (SOAP BOX, 2012).

11_ P. Devine, "Continuing Relevance of Marxism," in S. Moog and R. Stones, eds., *Nature, Social Relations and Human Needs* (New York: Palgrave, 2009).

12_ P. Cockshott and D. Zachriah, *Arguments for Socialism*. http://eprints.gla.ac.uk/58987/2012

13_ 하태규, 「참여계획경제의 대외경제관계」, 경상대학교 대학원 정치경제학과 박사학위논문, 2014.

14_ A. Campbell, ed., "Special Issue: Designing Socialism: Visions, Projections, Models," *Science and Society*, Vol. 76, No. 2 (2012).

여 다섯 가지 공통 질문, 즉 (1) 사회주의란 무엇인가? (2) 실행가능성과 조절, (3) 유인(incentives)과 의식, (4) 단계와 생산력, (5) 사회적 계획 및 장기적 계획 등에 대한 답변을 통해 기존 모델들의 상호간의 공통점과 쟁점을 분명하게 확인했다.

최근 새롭게 제출된 사회주의 모델로는 라이브만의 다층민주반복조절 (Multi-level Democratic Iterative Coordination, MDIC) 모델[15]과 라이트의 '리얼 유토피아' 모델,[16] 뢰비의 생태사회주의 계획모델[17] 등이 있다. 이 중 라이트의 '리얼 유토피아' 모델은 "사회적 권력(social power)" 강화의 7가지 경로, 즉 (1) 국가사회주의, (2) 사회민주주의적 국가 규제, (3) 연합민주주의(associational democracy), (4) 사회적 자본주의, (5) 협동조합적 시장경제, (6) 사회적 경제, (7) 참여사회주의를 종합한 것이다. 하지만, 라이트의 '리얼 유토피아' 모델은 파레콘과 같은 비시장적 참여계획경제 모델에 대해, 바람직하지도 않고 실행가능하지 않다고 비판하며, 경제조절에서 시장의 역할을 광범위하게 인정한다. 따라서 라이트의 '리얼 유토피아' 모델은 참여계획경제 모델이 아니라 조절된 자본주의 모델, 혹은 시장사회주의(market socialism) 모델의 일종으로 분류되는 것이 적절하다.[18] 또 뢰비의 생태사회주의론은 새로운

15_ D. Laibman, "Horizontalism and Idealism in Socialist Imagination: An Appraisal of the Participatory Economy," *Science and Society*, Vol. 78, No. 2 (2014); "Multilevel Democratic Iterative Coordination: An Entry in the 'Envisioning Socialism' Models Competition," *Marxism 21*, Vol. 12, No. 1 (2015).

16_ 에릭 올린 라이트, 『리얼 유토피아: 좋은 사회를 향한 진지한 대화』, 권화현 옮김, 들녘, 2012.

17_ M. Löwy, *Ecosocialism: A Radical Alternative to Capitalist Catastrophe* (Chicago, IL: Haymarket Books, 2015).

18_ 라이트는 반자본주의 모델을 "자본주의 분쇄하기(smashing capitalism)" "자본주의 순치하기(taming capitalism)" "자본주의로부터 탈주하기(escaping capitalism)" "자본주의 부식하기(eroding capitalism)" 등 네 가지로 분류하고, 자신의 '리얼 유토피아' 모델은 이 중 "자본주의 순치하기"(사회민주주의)와 "자본주의 부식하기"(협동조합)를 결합한 것이라고 하면서, 자신의 '리얼 유토피아' 모델이 탈자본주의·비자본주의 모델이 아니라, '조절된 자본주의' 모델임을 분명히 하고 있다. E. O. Wright, "How to be an Anticapitalist Today," *Jacobin*, 2015. https://www.jacobinmag.com/2015/12/erik-olin-wright-real-utopias-anticapitalism-democracy/2015

참여계획경제 모델이라기보다 기존의 민주적 참여계획경제 모델이 생태 문제 해결에서 우수함을 논증한 것이다.

한편 새로운 대안사회경제 모델들이 제안되면서 기존의 참여계획경제 론과의 논쟁도 진행되고 있다. 하넬과 라이트 사이에서 진행된 파레콘 모델 (하넬)과 '리얼 유토피아' 모델(라이트) 간의 논쟁,[19] 2014년 『과학과 사회』 지상에서 전개된 파레콘 모델(하넬)과 MDIC 모델(라이브만) 간의 논쟁,[20] 역시 2014-15년 『과학과 사회』 지상에서 전개된 라이브만[21]과 레보비츠[22] 간의 맑스의 『고타강령비판』 해석을 둘러싼 논쟁 등은 그 대표적인 것들 이다. 이 글에서 필자는 2008년 글로벌 경제위기 이후 국내외에서 진행된 참여계획경제론 관련 논의들을 개관하고, 무엇이 주된 쟁점인지, 향후 과 제는 무엇인지를 검토할 것이다.

2. 참여계획경제론의 주요 쟁점

1) 참여계획경제와 시장의 양립 가능성

하넬(파레콘 모델)과 라이트('리얼 유토피아') 논쟁에서 주된 쟁점은 참 여계획경제와 시장의 양립 가능성이다. 라이트[23]는 대안사회를 다양한 경

19_ R. Hahnel and E. Wright, *Alternatives to Capitalism: Proposals for a Democratic Economy* (London & New York: Verso, 2014).

20_ D. Laibman, "Horizontalism and Idealism in Socialist Imagination: An Appraisal of the Participatory Economy"; "The Participatory Economy—A Preliminary Rejoinder," *Science and Society*, Vol. 78, No. 4 (2014); R. Hahnel, "Response to David Laibman's 'Appraisal of the Participatory Economy'", *Science and Society*, Vol. 78, No. 3 (2014).

21_ D. Laibman, "The Participatory Economy—A Preliminary Rejoinder"; "Socialism, Stages, Objectivity, Idealism: Reply to Lebowitz," *Science and Society*, Vol. 79, No. 3 (2015).

22_ M. Lebowitz, "'Build It from the Outset': An Infantile Disorder?", *Science and Society*, Vol. 79, No. 3 (2015).

23_ 에릭 올린 라이트, 『리얼 유토피아』 참조.

제조절 방식들이 공생할 수 있는 하나의 '생태계(ecology)'로 간주한다. 라이트는 또 시장과 자본주의, 혹은 시장 그 자체와 자본주의적 시장은 구별되어야 한다면서, 문제가 되는 것은 자본주의 혹은 자본주의적 시장이지 시장 그 자체는 아니라고 주장한다. 라이트는 자본주의 이후 대안사회에서도 어느 정도의 "위험 감수(risk-taking)"는 사회가 활력을 유지하는 데서, 특히 기술혁신을 활성화하는 데서 도움이 될 것이므로, 최소한의 위험 감수를 장려하기 위해서는 시장을 유지·활용할 필요가 있다고 주장한다.[24] 반면 하넬은 대안사회는 하나의 유기체이기 때문에 시장과 이윤 추구 경쟁을 부분적으로라도 허용하면, 이는 암세포처럼 증식되어 대안사회를 침식·지배하게 될 것이라고 우려한다.[25]

협상조절 모델 논자인 드바인[26]은 일찍이 시장교환(market exchange)과 시장강제(market forces)를 구별하고 시장강제는 협상조절(negotiated coordination)로 대체되어야 하지만, 시장교환은 '암묵지(tacit knowledge)'를 획득하기 위한 수단으로서 자본주의 이후 대안사회에서도 활용해야 한다고 주장한 바 있다. 드바인은 2012년 『과학과 사회』 지상 심포지엄에서 이와 같은 자신의 기존 입장을 고수하면서 파레콘 모델과 노동시장 계산 모델을 비판한다. "복잡한 현대경제에서 경제 전체에 대해 상세한 **사전적(ex ante)** 반복 조절이 가능하다고 상상하는 것은 잘못이다. …지식의 암묵적 성격 때문에 모든 관련 지식을 집중하거나 발라적 경매인(Walrasian auctioneer)이나 그에 해당하는 컴퓨터를 통해 일련의 사전적 반복을 수행하는 것은 불가능하다."[27]

2) 참여계획경제와 시장의 수렴?

파레콘 모델처럼 시장 메커니즘을 배제하는 것이 바람직하고 가능한

24_ R. Hahnel and E. Wright, *Alternatives to Capitalism: Proposals for a Democratic Economy*.
25_ Ibid.
26_ P. Devine, *Democracy and Economic Planning*.
27_ A. Campbell, ed., "Special Issue: Designing Socialism: Visions, Projections, Models," 176.

것인지가 쟁점이 되었던 하넬과 라이트의 논쟁과는 반대로 하넬과 라이브
만(MDIC 모델) 간의 논쟁에서는 양자의 유사성, 즉 파레콘 모델과 신고전
파 경제학의 시장 메커니즘의 친화성 혹은 수렴이 쟁점이 되었다. 라이브
만[28]은 시장을 근본적으로 거부하는 파레콘 모델이 실제로는 자신의 거시
경제 조절 메커니즘에서 신고전파 경제학자 발라(L. Walras)가 말한 일반균
형이론의 '모색 과정(tatonnement process, groping)'을 모방 혹은 시뮬레이션
하고 있다고 지적한다.[29] 라이브만에 따르면 파레콘에서는 계획촉진위원
회(Iterative Facilitation Board)를 통한 소비자평의회의 소비 제안과 노동자평
의회의 생산 제안의 반복 조절을 실제로 수행하는 것은 컴퓨터이기 때문
에, "사회주의 계획에서 노동자 참여의 실질적 내용은 상실된다."[30] 라이브
만은 파레콘 모델은 "비율이 자동적으로 주도하는 비참여 모델"이며, "자
생적 시장주도 조절과정을 복제"[31]하는 것으로 귀결된다고 주장한다. 파레
콘 모델은 "고전적 수요공급 일반균형에 대한 자생적 접근과 강한 친화성
을 갖는다"[32]는 것이다. 이로부터 라이브만은 다음의 <그림 1>에서 보듯
이, 파레콘 모델을 극단적인 분권적 모델의 한 유형으로 분류한다.

파레콘 모델은 초과수요, 초과공급이 소멸하기까지는 어떤 생산과 소비
결정도 최종적인 것이 아니기 때문에, 발라의 '모색 과정'과 유사하다고
할 수 있다. 하지만, 파레콘이 발라의 '모색 과정'을 원용했다고 해서, 파레
콘을 시장과 동일시할 수는 없다. 발라의 모색과정은 초과수요와 초과공급
이 경매인을 통한 지시가격 조정을 통해 사전적으로 조정되기 때문에 이들

28_ D. Laibman, "Horizontalism and Idealism in Socialist Imagination: An Appraisal of the
   Participatory Economy."
29_ 웨스트라도 파레콘 모델에 대해 동일한 비판을 제기한다. R. Westra, *Exit from Globalization*
   (New York: Routledge, 2014).
30_ D. Laibman, "Horizontalism and Idealism in Socialist Imagination: An Appraisal of the
   Participatory Economy," 229.
31_ D. Laibman, "The Participatory Economy—A Preliminary Rejoinder," 516.
32_ D. Laibman, "Multilevel Democratic Iterative Coordination: An Entry in the 'Envisioning
   Socialism' Models Competition," 335.

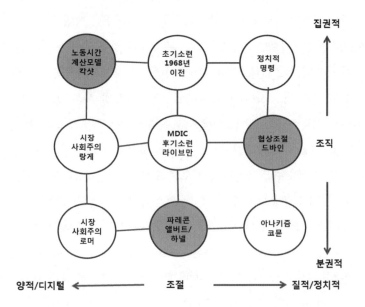

<그림 1> 사회주의 모델의 비교

주: (1) 짙은 색으로 표시된 모델은 참여계획경제 모델의 세 가지 유형임
　(2) MDIC는 다층민주반복조절(Multi-level Democratic Iterative Coordination) 모델을 뜻함
출처: D. Laibman, "Multilevel Democratic Iterative Coordination: An Entry in the 'Envisioning Socialism' Models Competition," 329

이 사후적으로 조정되는 시장과 다르다. 라이브만[33]은 또 파레콘의 조절 메커니즘을 통해 도달되는 균형가격은 시장 메커니즘을 통해 성립하는 가격과 같을 것이기 때문에 파레콘은 결국 "사회주의라는 양의 옷을 입은 발라라는 늑대"일 뿐이라고 폄하한다. 하지만 이에 대해 하넬[34]은 파레콘의 조절 메커니즘과 시장 메커니즘은 행위자들과 제약들이 다르기 때문에, 양자에서 성립하는 균형가격은 당연히 같지 않을 것이라고 반박한다.

33_ D. Laibman, "Horizontalism and Idealism in Socialist Imagination: An Appraisal of the Participatory Economy."
34_ R. Hahnel, "Response to David Laibman's 'Appraisal of the Participatory Economy'".

3) 참여계획경제에서 "정보 과부하" 혹은 "너무 많은 회의"?

라이브만은 파레콘의 "경제적 민주주의는 정보 과부하의 바다에 빠질 것"이라고 주장한다.[35] 왜냐하면 파레콘에서는 소비자평의회와 노동자평의회가 수천만 가지 재화에 대한 세세한 소비 제안과 생산 제안을 제출해야 하며, 또 이들이 사전적 균형에 도달할 때까지 반복해서 상호 조정되어야 하기 때문이다. 라이트도 파레콘에서는 "너무 많은 회의"로 인해 "회의가 잡혀있지 않은 자유로운 저녁이 없는 삶"(not enough free evening)을 살아야 하고, 개인들의 사생활이 과도한 간섭을 받아 자율적 행동의 여지가 축소될 것이라고 우려한다.[36] 라이브만도 사회주의에서 참여는 최적화되어야 할 것이지, 극대화하는 것이 능사는 아니라고 지적한다.[37] 그런데 참여계획경제 모델에 대한 이러한 비판은 새로운 것은 아니며, 이에 대해서는 이미 앨버트가 조목조목 반론한 바 있다.[38] 하넬도 각 노동자평의회는 다른 노동자평의회에 대해 그들의 '사회적 편익/사회적 비용' 비율[39] 정도만 아는 것으로 충분하며, 오늘날 정보 처리 기술을 감안할 때 "정보 과부하"는 문제가 되지 않는다고 주장한다.[40]

4) 참여계획경제에서 노동시간 계산의 의의

기존의 참여계획경제에서 거시경제조절의 계산 단위는 '파레콘'의 경우 지시가격(indicative price), 협상조절 모델[41]의 경우 스라파(P. Sraffa)의 생산가격임에 비해, 노동시간 계산 모델[42]은 재화와 서비스의 생산에 투하된 노

35_ D. Laibman, "Horizontalism and Idealism in Socialist Imagination: An Appraisal of the Participatory Economy."

36_ 에릭 올린 라이트, 앞의 책.

37_ D. Laibman, "Horizontalism and Idealism in Socialist Imagination: An Appraisal of the Participatory Economy."

38_ 마이클 앨버트, 앞의 책.

39_ 다음 (1)식 참조

40_ R. Hahnel, "Response to David Laibman's 'Appraisal of the Participatory Economy'".

41_ P. Devine, *Democracy and Economic Planning*.

동시간을 투입산출표의 역행렬을 이용하여 계산한 것을 기준으로 한다. 이 중 맑스의『고타강령비판』정신에 부합되는 것은 참여계획경제 모델의 노동시간 계산 모델이라고 할 수 있다.[43] 따라서 웨스트라[44]처럼 기존의 참여계획경제 모델들이 모두 신고전파 경제학의 가격이론의 문제설정에 의거하고 있으며, 맑스의 노동가치론에 기초하고 있지 않다고 비판하는 것은 옳지 않다.[45] 한편 후디스[46]는 맑스의 공산주의에서는 '사회적 필요노동시간'으로 정의되는 맑스의 가치 범주가 폐기되므로 '사회적 필요노동시간'이 아니라 '개별적' 노동시간 혹은 '실제적' 노동시간이 거시경제 조절원리가 된다고 주장했다.[47] 풍요와 개성이 만개하는 맑스의 '발전한 공산주의' 국면에서는 노동이 '활동'으로 전화되고 '사회적 필요노동시간'도 소멸하고, 노동은 '실제적', '개별적' 의의만을 가질 것이다. 하지만 그럼에도 불구하고 맑스의 '초기 공산주의'에 해당되는 참여계획경제에서 경제적 조절을 위한 계산 단위가 '개별적' 혹은 '실제적' 노동시간이 될 것이라고 보기는 어렵다. 아직 "시간의 경제"가 작동하고, 결핍을 완전히 극복하지 못한 '초기 공산주의' 국면에서는 맑스의 '노동시간 전표' 구상에서 보듯이 노동시간 계산에 기초한 계획이 불가피하다. '초기 공산주의' 국면에서 경제 조절, 즉 계획의 주된 과제는 사회적 개인들에 의해 수행되는 재화와 서비스의 사회적 생산과 이들에 대한 사회적 필요를 고차적 수준에서 사전적으

42_ P. Cockshott and A. Cottrell, *Towards a New Socialism*.

43_ 정성진, 「'21세기 사회주의'와 참여계획경제의 가능성」.

44_ R. Westra, *Exit from Globalization*.

45_ 여기에서 노동시간 계산 모델이 맑스의 노동가치론에 의거하고 있다는 것은 노동시간 계산 모델에 기초한 참여계획경제 모델에서 맑스의 가치법칙이 작동한다는 것이 아니라, 이 모델에서 재화와 서비스의 생산과 교환 및 분배가 이들의 생산에 직·간접적으로 투하된 노동시간을 기준으로 한다는 의미이다.

46_ P. Hudis, *Marx's Concept of the Alternative to Capitalism*.

47_ 하태규도 이와 같은 후디스의 주장을 수용하여 '개별적 노동시간'에 기초한 참여계획경제 모델을 수치예로 제시하고, 이를 대외경제관계를 고려한 개방모델로 확장했다(하태규, 「참여계획경제의 대외경제관계」).

로 균형시키고 자연과 인간 간의 물질대사의 균형을 회복하는 것이다. 따라서 '초기 공산주의' 국면에서는 경제 조절을 위해 노동시간을 계산 단위로 활용하는 것은 불가피하며, 이 때 경제 조절, 즉 계획의 계산 단위로서 노동시간은 평균적 필요노동시간이라는 의미에서 사회적 필요노동시간이 될 수밖에 없다. 실제로 기존의 참여계획경제 모델들에서 계산 단위는 그것이 '지시가격'이든, '생산가격'이든, 혹은 '노동시간'이든, 모두 '평균' 개념이다. 예컨대 파레콘 모델에서는 아래 (1), (2)식처럼 '사회적', '평균적' 편익과 비용의 비교에 근거하여 생산과 소비가 조절된다.

노동자평의회 : $\dfrac{\text{사회적 편익}}{\text{사회적 비용}} < 1 \dashrightarrow$ 생산제안 거부(효율성 원칙)----------(1)

소비자평의회 : $\dfrac{\text{노력등급}}{\text{사회적 비용}} < 1 \dashrightarrow$ 소비제안 거부(공정성 원칙)----------(2)

하넬에 따르면 파레콘 모델에서 소비자들과 노동자들은 자신들이 제출한 소비제안과 생산제안이 "사회적으로 책임있는 것(socially responsible)"인지 알 필요가 있고, "사회적으로 무책임한" 제안들을 거부할 수 있다.[48] 칵샷·코트렐의 노동시간 계산 모델에서도 재화의 생산에 직간접으로 투하된 노동시간(λ_j)은 다음 (3), (4)식처럼 역행렬을 계산하여 산출되는데, 이 때 재화 j의 단위 물량 생산을 위해 사용된 생산수단 i의 양을 나타내는 $a_{ij}(=A_{ij}/X_j)$와 재화 j의 단위 물량 생산을 위해 직접 투하된 노동시간 l_j는 반복 조절 과정을 통해 '사회적으로 필요한 양'으로 수렴된다.

48_ "노동자평의회의 사회적 비용에 대한 사회적 편익 비율이 표현하는 것은 계획의 효율성 여부이다. 소비자평의회의 **평균적** 노력에 대한 **평균적** 사회적 비용에 대한 평균적 노력의 비교가 표현하는 것은 계획의 공정성 여부이다. …기회비용과 사회적 비용에 대한 신빙성 있는 추정치가 없이는 노동자들과 소비자들이 자신들의 생산제안과 소비제안이 **사회적으로 책임있는 것**인지를 알 수 없다"(R. Hahnel, "Response to David Laibman's 'Appraisal of the Participatory Economy'", 381, 386. 강조는 필자).

$$\lambda_j = \sum a_{ij}\lambda_i + l_j \text{---(3)}$$

$$\lambda = l(I-a)^{-1} \text{--(4)}$$

라이브만의 MDIC 모델[49]도 <표 1>에서 보듯이 기업의 성과 척도에서 r_0(비교 수익률)은 "산업 평균(industry norm)"으로 설정했다.

<표 1> MDIC 기업의 성과지표

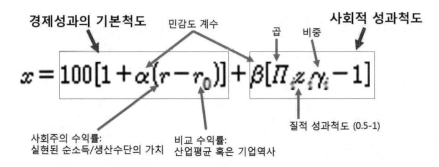

출처: D. Laibman, "Multilevel Democratic Iterative Coordination: An Entry in the 'Envisioning Socialism' Models Competition," 318

5) 참여계획경제의 생태사회주의로의 확장

2012년『과학과 사회』지상 논쟁에서 하넬은 생산과 소비에서 사회적 비용과 사회적 편익의 비교를 핵심으로 하는 자신의 파레콘 모델이 생태 문제와 같은 외부효과를 고려하는 데서 특히 우수하다고 주장했다. 반면, 하넬에 따르면, 칵샷·코트렐의 노동시간 계산 모델과 드바인의 협상조절 모델은 생태 문제와 같은 외부효과를 적절하게 고려하지 못한다: "칵샷· 코트렐의 모델은 기술적으로 결함이 있는데, 이는 현명하지 못하게도 또

49_ D. Laibman, "Multilevel Democratic Iterative Coordination: An Entry in the 'Envisioning Socialism' Models Competition."

불필요하게도 모든 재화와 서비스의 가격을 그 생산에 직간접적으로 투하된 노동량에 따라 책정하길 고집하기 때문이다. 이렇게 하면 희소한 자연자원과 제한된 공해 처리 능력을 사용하는 기회비용을 고려할 수 없다."[50] 즉 노동시간 계산 모델에서는 자연자원 사용에 제로의 기회비용을 부여하기 때문에, 자연환경의 과도한 착취가 초래된다는 것이다. 또 드바인의 협상조절 모델처럼 "가격을 임금비용에 기초지우면, 재화를 생산하는 데서 사회가 얼마나 진정으로 비용을 지불해야 하는지에 대해 잘못된 신호를 보낼 수 있다."[51] 하지만 투입산출표를 이용하여 자연자원의 기회비용을 노동시간으로 계산하여 재화와 서비스의 노동시간 단위 가격에 반영하는 것은 기술적으로 불가능하지 않기 때문에,[52] 이와 같은 하넬의 비판은 타당하지 않다.

6) 다층민주반복조절 모델(MDIC): 구소련 모델의 복권?

라이브만은 최근 참여계획경제 논쟁에 개입하면서 이른바 MDIC 모델을 제안하고, MDIC 모델을 기준으로 기존의 사회주의 모델들의 종합을 시도했다.[53] 앞의 <그림 1>에서 보듯이 라이브만은 자신의 MDIC 모델은 조직(집권적 조직↔분권적 조직)과 조절(양적·디지털 조절↔질적·정치적 조절)의 기준에서 모두 중간에 위치하며, 파레콘, 협상조절 모델, 노동시간 계산 모델 등 기존의 다양한 참여계획경제 모델들을 비판적으로 종합할 수 있다고 주장한다. "MDIC 모델은 대규모이고 복잡한 현대경제에서 필연

50_ A. Campbell, ed., "Special Issue: Designing Socialism: Visions, Projections, Models," 181.

51_ Ibid., 186.

52_ 이에 대한 시도로는 H. Odum and D. Scienceman, "An Energy Systems View of Karl Marx's Concepts of Production and Labor Value," in *EMERGY SYNTHESIS 3: Theory and Applications of the Emergy Methodology* (University of Florida: The Center for Environmental Policy, 2005) 등이 있어 참조할 수 있다.

53_ D. Laibman, "Multilevel Democratic Iterative Coordination: An Entry in the 'Envisioning Socialism' Models Competition."

적인 경제 조절의 양적 성격을 인정하면서도 질적 · 정치적 과정을 특히 기업 계획과 성과의 평가에서 고려한다. 이해당사자들 간에 '협상 조절'이 이루어지며(드바인), 노동자평의회와 소비자평의회의 구성원들이 점차 실질적인 참여 과정의 일부로 되며(앨버트 · 하넬), 최신의 양적 계획 기술을 구현한 민주적 중앙 계획구조에 의한 조절과 개선이 수행된다(칵샷 · 코트렐)."[54] 라이브만은 기존의 참여계획경제 모델들은 자신의 MDIC 모델에 비해 조직 및 조절이란 기준에서 볼 때 종합성을 결여하고 있다고 비판한다.[55] 먼저 칵샷 · 코트렐의 노동시간 계산 모델에 대해서는 '국지적 지식(local knowledge)', 혹은 '암묵지'의 중요성을 고려하지 못했으며, 대중에게 의사결정을 위임하는 것을 두려워한 나머지 미시적 수준에서 대중 참여를 허용하는 데 실패했다고 비판한다. 또 드바인의 협상조절 모델에 대해서는 복잡한 대규모 현대 경제에서 필수적인 조절과 계획의 양적 차원을 인식하지 못했다고 비판한다. 또 앨버트 · 하넬의 파레콘에 대해서는 모든 위계적 중앙의 권위는 아무리 민주적으로 통제된다 할지라도 억압적 폭력으로 전화된다는 아나키즘의 도그마, 이른바 "권위에 대한 공포"를 공유하고 있다고 비판한다. 그러나 이와 같은 참여계획경제 모델에 대한 라이브만의 비판은 과도하거나 부당한 것으로 보인다. 우선 최종심에서 의사결정을 고대 아테네 민주주의를 참조한 추첨식 직접민주주의 방식으로 할 것을 제안하는 칵샷 · 코트렐의 노동시간 계산 모델에 대해 대중 참여와 대중 위임을 회피하고 있다고 비판하는 것은 과도하다.[56] 또 생산량과 가동률의 조절이

54_ Ibid., 336-37.

55_ Ibid., 337.

56_ 칵샷 · 코트렐은 자신들의 노동시간 계산 모델을 참여계획경제 모델이 아니라 "새로운 사회주의" 모델로 부른다. 하지만 이들의 노동시간 계산 모델은 시장 메커니즘을 전면 배제한다는 점에서 파레콘, 협상조절 모델과 같은 참여계획경제 모델의 문제의식을 공유한다. 그럼에도 불구하고 칵샷 · 코트렐의 노동시간 계산 모델은 중앙 계획의 중요성을 강조한다는 점에서, 또 이와 관련하여 구소련의 경험을 긍정적으로 참조한다는 점에서, 참여계획경제 모델 중에서 라이브만의 MDIC 모델에 가장 가까운 것으로 보인다.

'기대 수익률'과 '실제 수익률'의 비교를 중심으로 이루어지고 있는 드바인의 협상조절 모델에 대해 조절과 계획의 양적 차원을 인식하지 못했다고 비판하는 것 역시 부당하다. 또 계획촉진위원회라는 일종의 계획 중심이 지시가격을 반복적으로 수정 제시하는 것을 통해 소비자평의회의 소비 제안과 노동자평의회의 생산 제안을 조절 수렴하는 앨버트·하넬의 파레콘에 대해 모든 종류의 위계적 권위를 거부하는 아나키즘이라고 비판하는 것 역시 부당하다. 또 파레콘, 협상조절 모델, 노동시간 계산 모델 등 참여계획경제 모델들이 상호간의 차이에도 불구하고 자신들의 모델에서 시장 메커니즘을 공통적으로 배제하고 있으며, 모든 유형의 시장사회주의론을 거부하고 있음을 고려하면, 라이브만이 <그림 1>처럼 참여계획경제 모델들과 시장사회주의 모델을 동일한 스펙트럼에 놓고 대안사회주의 모델의 후보들로 비교 평가하는 것 역시 자의적이다.

라이브만의 MDIC 모델은 반복조절의 과정을 중시하면서도, 계획 센터에 조절의 중심 역할을 부여한다는 점에서, 또 기업의 수익률을 조절의 중심 지표로 활용할 뿐만 아니라 시장 혹은 시장사회주의 모델을 용인한다는 점에서,[57] 참여계획경제 모델보다는 구소련·동유럽 블록의 중앙집권적 계획경제 모델과 친화적이다. 실제로 라이브만은 '역사적 사회주의'의 경험, 특히 구소련의 계획경제 모델도 '21세기 사회주의' 논자들처럼 전면 기각할 것이 아니라, 산 것과 죽은 것을 가려서 재활용할 필요가 있다고 주장한다: "1920년대 말부터 붕괴에 이르기까지 소련의 프로젝트 전체는 사회주의 갱신을 위한 이론적·경험적 기초에 대한 독특하고 생동적인 기여를 포함하고 있다. 예컨대 1950년대 체제 전체 규모에서의 물적 밸런스(material balances)의 도입, 1979년 브레즈네프 하에서 시작되었지만 고르바초프의 '페

57_ 이와 관련하여 라이브만은 소비에서 개인의 자율성 자체는 나쁜 것이 아니며 자본주의의 성취로서 사회주의에서도 수용되어야 한다고 주장한다(D. Laibman, "Horizontalism and Idealism in Socialist Imagination: An Appraisal of the Participatory Economy," 221).

레스트로이카'라고 알려진 근본적인 개혁 등이 특히 그렇다."[58] 라이브만은 나아가 자신의 MDIC 모델은 "후기 소련의 잠재적 가능성"(late Soviet potential)을 반영한 것이라고 주장한다.[59] 라이브만은 "1970년대 소련, 그리고 1980년대 소련은 분명하게 세계에서 가장 참여적인 경제였다"[60]라고까지 주장한다. 따라서 "라이브만의 '계획 센터'는 전통적인 중앙계획위원회와 구별되지 않는다"는 하넬의 지적은 적절하다.[61] 게다가 라이브만은 참여계획경제 모델들이 공유하는 '21세기 사회주의' 슬로건에 강한 거부감을 보인다. 왜냐하면 라이브만에 따르면, '21세기 사회주의'는 냉전 시대의 "반소 감정", 20세기 소련의 경험에 대한 "거부"의 산물이기 때문이다. 라이브만은 "19세기로부터 21세기로 나아가는 길은 단 하나만 있는데, 이것은 20세기를 통과하는 길이다"[62]라고 주장한다. 하지만 이와 같은 라이브만의 구소련 모델에 대한 향수와 '21세기 사회주의'에 대한 교조적 폄하는 오늘날 다양한 형태로 전개되고 있는 반자본주의 운동의 발전에 도움이 되지 않을 것이다.

3. 참여계획경제를 넘어서

2008년 글로벌 경제위기 이후 자본주의를 넘어선 새로운 대안사회에 대한 관심이 다시 부활하는 가운데 기존의 참여계획경제 모델을 업데이트하

58_ D. Laibman, "Multilevel Democratic Iterative Coordination: An Entry in the 'Envisioning Socialism' Models Competition," 338.

59_ Ibid.

60_ D. Laibman, "Socialism, Stages, Objectivity, Idealism: Reply to Lebowitz," 462.

61_ R. Hahnel, "Response to David Laibman's 'Appraisal of the Participatory Economy'". 하지만 라이브만은 이와 같은 하넬의 지적에 대해 MDIC 모델에서도 계획을 주도하는 것은 평의회이며, 계획 센터는 이들을 단지 조정할 뿐이라고 반박한다(D. Laibman, "The Participatory Economy—A Preliminary Rejoinder").

62_ D. Laibman, "Multilevel Democratic Iterative Coordination: An Entry in the 'Envisioning Socialism' Models Competition," 339.

고 확장하려는 시도들이 이루어지고 있다. 국내에서도 경상대 사회과학연구원의 대안사회경제모델 연구 프로젝트를 비롯하여 참여계획경제 모델을 개방모델이나 생태사회주의론으로 확장하거나 정보사회론으로 보충하려는 노력들이 이루어지고 있다.[63] 참여계획경제 모델이 자본주의 시스템에 비해 우수할 뿐만 아니라 실행가능함을 시뮬레이션 등을 통해 입증하는 작업은 '자본주의 이외 대안부재' 이데올로기를 분쇄하고 반자본주의 운동을 진전시키는 데서 필수적이다. 하지만 참여계획경제 모델을 대안사회의 완결된 모델로 특권화하는 것은 노동의 폐지 경향을 핵심으로 하는 맑스의 공산주의 이념과 상충된다.[64] 참여계획경제론은 맑스 공산주의의 핵심인 '자유로운 개인들의 연합'의 조절 메커니즘을 구체화하고 제도화한 성과이다. 하지만, 이를 완결된 닫힌 모델로 정식화·절대화하는 것은 맑스의 공산주의 이념과 부합되지 않는다. 참여계획경제는 기본적으로 '시간의 경제' 모델로서 맑스가 『고타강령비판』에서 "자본주의로부터 갓 빠져 나온", 즉 '초기 공산주의'라고 묘사한 국면의 경제 모델이며, 노동의 폐지를 핵심으로 하는 '발전한 공산주의'와 동일시될 수 없다. 따라서 한편에서는 참여계획경제의 경계를 맑스의 '초기 공산주의' 국면에 한정하면서도, 다른 한편에서는 '초기 공산주의' 국면에서 이미 현재화되기 시작한 노동의 폐지 경향을 확장하는 것을 통해, 연속혁명적으로 '발전한 공산주의'로 나아가는 것이 필요하다.[65] 맑스의 『고타강령비판』에서 '초기 공산주의'와 '발전한 공산주의' 국면은 레닌의 『국가와 혁명』 이후 기존의 주류 '역사적 맑스주의'에서는 각각 상이한 경제법칙이 작동하는 공산주의의 상이한 두 '단

63_ 이에 대해서는 경상대학교 사회과학연구원 엮음, 『자본주의를 넘어선 대안사회경제』, 한울아카데미, 2015; 하태규, 앞의 글; 심광현, 『맑스와 마음의 정치학: 생산양식과 주체양식의 변증법』, 문화과학사, 2014; 오병헌, 「참여계획경제의 기술혁신」, 경상대 대학원 정치경제학과 석사학위논문, 2015 등을 참조할 수 있다.

64_ 정성진, 「마르크스 공산주의론의 재조명」.

65_ 같은 글.

계', 즉 사회주의 단계와 '진정한' 공산주의 단계를 뜻하는 것으로 이해되어 왔지만, 이는 오히려 동일한 공산주의의 두 국면으로 이해되어야 한다.[66] 그렇다면 '발전한 공산주의' 국면에서 '필요에 따른 분배'와 노동의 폐지는 먼 훗날의 과제가 아니라 반자본주의 혁명과 동시에 "처음부터" 시도되고 달성할 과제로 설정되어야 한다. 즉 '초기 공산주의' 국면에서 노동시간에 따른 분배, 노동시간 전표를 활용한 이른바 '등노동량 교환'은 그 자체 지속적으로 재생산되고 준수되어야 할 새로운 사회의 원리가 아니라, 자본주의의 유제, 즉 "결함"으로서 "처음부터" 극복되어야 할 과제이다.[67] 실제로 맑스는 『고타강령비판』에서 '초기 공산주의' 국면에서도 "처음부터" 사회적 총생산물 중 상당 부분은 노동시간에 따라 개인들에게 분배되는 것이 아니라, 공동의 필요에 따른 분배를 위해 미리 공제된다고 보았다. "**둘째로, 학교, 보건서비스 등과 같은 공동의 필요 충족을 위해 의도된 부분**(이 공제된다.-필자). …처음부터 이 부분은 현재 사회와 비교하여 상당히 증가하며, 새로운 사회가 발전함에 따라 더 증가한다."[68] 참여계획경제 모델에서 시장가격 단위 조절을 노동시간 단위 계산으로 대체한다고 해서

66_ 『고타강령비판』의 단계론적 독해에 대한 맑스주의적 비판으로는 샤토파디아(P. Chattopadhyay, "Socialism and Human Individual in Marx's Work," in S. Brincat, ed., *Communism in the 21st Century*, Vol. 1 [Santa Barbara, California: Praeger, 2014]와 레보비츠 (M. Lebowitz, *The Socialist Imperative: From Gotha to Now* [New York: Monthly Review Press, 2015])를 참조할 수 있다.

67_ "그러나 **이러한** 결함은 자본주의 사회로부터 장기간의 산고(産苦) 후 막 빠져나왔을 뿐인 초기 공산주의 국면에서는 불가피하다"(K. Marx, "Critique of the Gotha Programme," in K. Marx and F. Engels, *Collected Works*, Vol. 24 [Moscow: Progress Publishers, 1989], 87. 강조는 필자). 이 문장에서 맑스가 "이러한 결함"이라고 지칭한 것은 "주어진 한 형태의 노동량이 다른 형태의 동등한 노동량과 교환"(Ibid., 86)되는 '등노동량 교환'의 원리, 혹은 "동등한 권리"의 원리이다. 이에 대한 상세한 논의는 레보비츠(M. Lebowitz, "'Build It from the Outset': An Infantile Disorder?," *Science and Society*, Vol. 79, No. 3 [2015])를 참조할 수 있다. 하지만 라이브만(D. Laibman, "Quotology, Stages, and the Posthumous Anarchization of Marx," *Science and Society*, Vol. 78, No. 3 [2014])은 이와 같은 레보비츠의 『고타강령비판』의 연속혁명론적 독해에 대해 맑스를 아나키스트로 둔갑시키는 "유아적 무질서"라고 비판하면서, 기존의 단계론적 해석을 고수한다.

68_ K. Marx, op. cit., 85. 강조는 맑스 밑줄은 필자.

시장가격에 고유한 "결함"을 극복할 수 없는 이유는 시장가격이 다름 아닌 노동시간의 전화형태임을 고려하면 분명하다.[69] 그럼에도 불구하고 참여계획경제 모델에서 노동시간을 경제 조절의 계산 단위로 잠정적으로 활용하는 까닭은 역설적으로 이를 통해서만 필요에 따른 분배의 확대와 노동폐지, 즉 '발전한 공산주의'의 도래가 기획될 수 있기 때문이다. 한편 최근 네트워크 기술이 눈부시게 발전하면서 참여계획경제 모델의 실행가능성이 높아지고 있다.[70] 이와 관련하여 최근 3D 프린팅, 사물 인터넷 (internet of things) 등의 발전에 따른 한계비용 제로 경향, 동료생산(peer production)과 사이버네틱 공산주의 논의[71] 등을 참여계획경제론과 결합하여 맑스의 비자본주의·탈자본주의 대안사회론을 더욱 구체화하는 것은 향후 과제이다.

경상대학교 경제학과 교수

69_ 샤이크·토낙(A. Shaikh and E. Tonak, *Measuring the Wealth of Nations* [Cambridge, England; New York: Cambridge University Press, 1994]) 등에 따르면 주요 자본주의 경제에서 '가치/가격' 비율, '잉여가치/이윤' 비율, '가치 이윤율/ 가격 이윤율' 비율이 대부분의 경우 '1'에 수렴한다. 즉 자본주의에서도 가격은 가치, 즉 사회적 필요노동시간에 비례하기 때문에 가격을 노동시간 단위로 '역전형'한다고 해서, 가격 단위 계산에서는 인식할 수 없었던 어떤 근본적으로 새로운 사실이 밝혀지는 것은 아니다.

70_ 2012년 『과학과 사회』 지상 심포지엄에서 캇샷·코트렐도 다음과 같이 말했다. "컴퓨터와 정보기술이 발전하면서 우리는 내장된 반복과 조절을 필수적 장치로 하는 경제 전체를 포괄하는 유연적이고 반응적인 계획 시스템을 전망할 수 있게 되었다"(A. Campbell, ed., "Special Issue: Designing Socialism: Visions, Projections, Models," 198).

71_ 이에 대한 검토로는 스미드(T. Smith, "Is Socialism Relevant in the 'Networked Information Age'? A Critical Assessment of The Wealth of Networks," in A. Anton and R. Schmitt, eds., *Taking Socialism Seriously* [Lanham, Md.: Lexington Books, 2012]) 등을 참조할 수 있다.

자본주의 위기와 민주적 사회화

홍석만

1. 신자유주의와 부채 전쟁[1]

자본 축적 구조의 변화

2008년 이후 발생한 자본주의 위기는 신용 경색에 따른 화폐공황으로 나타났지만, 아이러니하게도 돈은 철철 넘쳐나고 있다. 미국, 유럽, 일본, 중국 등 기축통화국은 양적 완화를 확대하면서 막대한 자금을 시중에 공급하고 있다. 그런데 정작 가계와 기업에는 돈이 부족하다. 상품 시장의 공급 과잉으로 투자처를 찾지 못한 많은 돈이 금융시장으로만 흘러들어가기 때문이다.

여기에서 두 가지 질문이 가능하다. 첫째 과연 이 엄청난 빚, 팽창된 신용을 적절히 청산할 수 있는가, 그것이 가능하다면 누구의 빚을 어떻게

---

[1]_ 이 장은 홍석만·송명관, 『부채 전쟁』(나름북스, 2013), 5장을 참조하였음을 밝혀둔다.

청산해야 하는가? 둘째, 그렇게 빚을 청산하고 가계소득이 증가하면 다시 자본주의가 안정적인 궤도로 돌아갈 수 있는가? 즉 자본주의의 미래에 관한 의문이다.

이 같은 위기는 자본의 이윤 축적 구조와 밀접한 관련이 있다. 자본주의 경제체제는 이윤율의 하락에 따라 자유방임주의에서 독점자본주의→케인스주의적 국가독점자본주의→신자유주의적 국가독점자본주의로 스스로 구조를 변화시켜 왔다.

19세기 말 주기적인 공황에 시달리던 자본주의 경제는 카르텔을 형성해 자본의 집적과 집중을 이루었다. 이른바 독점자본주의를 통해 공황에 대처한 것이다. 이윤율을 높이기 위해 새로운 기계를 도입하고 작업장의 조직 방식을 전환해 노동의 효율성을 높였다. 그 결과 재화의 생산이 늘고 이윤율도 상승했다. 하지만 급격한 공급 증가로 과잉생산이 발생했고 이윤율이 다시 떨어지면서 주기적인 공황을 반복한 끝에 1920년대 말 대공황으로 발전했다.

2차 세계대전을 거치면서 국가의 개입이 확대되고 생산의 사회화는 더욱 진척되어 독점자본과 결합한 국가독점자본주의가 형성되었다. 그렇게 1970년대까지 케인스주의를 기반으로 한 국가독점자본주의는 '불황-상승-호황-공황'을 반복하며 지속적으로 생산 시장을 키워 왔다. 하지만 이런 구조도 어느 순간 한계에 다다랐고 재화와 생산 설비는 과잉생산 상태가 되었다. 그 결과 돌아온 것은 급격한 인플레이션과 스태그플레이션이라는 이중고였다.

이후 지난 40여 년간 자본주의는 국가의 조절 속에서 축적 구조를 다시 변화시켜 왔다. 생산 확대를 통한 이윤의 양적 증대가 어려워지자 이자와 부채, 신용창조를 통해 금융시장의 지속적인 팽창을 부추겼다. 떨어지는 이윤율을 부채 발생과 이자 수입으로 대신하며 지구촌 곳곳에서 금융 거품을 형성했다. 신흥국에서는 외환 위기로, 미국과 유럽에선 부동산 거품을

<자본주의 경제체제와 축적 구조의 변화>

	1873~1893		1929~1939		1970년대		2008~현재	
자유방임 자본주의	공황	독점자본주의	대공황	케인스주의적 국가독점자본주의	공황 스태그플레 이션	신자유주의적 국가독점자본주의	금융공황	?
		← 이윤량 증대 →				← 이자량 증대 →		

출처: 홍석만 · 송명관, 『부채 전쟁』, 190쪽에서 인용

일으키며 금융 위기와 재정 위기를 유발했다. 동시에 상품 시장 규모도 다소 확대되었지만, 생산을 둘러싼 자본 간 경쟁은 더 치열해졌다. 이처럼 신자유주의가 일반화되면서 이윤율 하락을 이자량 증대로 보충하는 새로운 축적 구조가 형성되었다.

신자유주의와 이자

돈을 빌려주는 사람의 입장에서 이자는 돈이 돈을 낳은(사실은 다른 사람이 만든 가치를 이전시킨) 것이다. 그러면 빌리는 사람의 입장에서 이자는 무엇일까? 돈을 빌릴 수 없다면 당신은 수년 동안 저축해야 한다. 돈을 빌리는 것은 수년의 시간을 버는 것이다. 이는 안정적 수입이 전제된 것이므로, 돈을 빌리면 시간과 함께 수년의 소득을 한꺼번에 보장받는 셈이 된다. 불확실한 미래 수입을 현재로 당겨 사용할 수 있게 되었다. 그래서 빌리는 사람(대출자) 입장에선 부채는 미래에 갚아야 할 빚이기도 하지만, 자산이기도 하다. 시간과 소득이 있어야 얻을 수 있는 화폐 자산을 부채를 통해 손쉽게 조달한 것이다. 그래서 이자는 자산을 획득한 대가로 지불해야 하는 비용이라 말할 수 있다.

부채가 앞당겨 받는 미래의 소득이라면, 이자율은 부채의 할인율(미래의 가치를 현재의 가치와 같게 하는 비율)이다. 그러나 이자율의 결정은 단순히 부채의 미래 가치를 유지해 주는 할인율 이상의 과정을 보여준다.

이자는 부채를 만드는 과정에서 작동하는 권력관계의 구체적 표현이기도 하다. 우리는 금리가 수요자와 공급자의 밀고 당기는 과정으로 결정된다고 생각하지만, 사실은 그렇지 않다. 중앙은행 기준 금리는 경제 관료들이 경제 상황을 조사하여 결정한다. 수년간의 중앙은행 저금리정책도 금융 시스템을 유지하고 부채 경제를 부양시키려는 인위적 결정이다. 시중은행 대출 금리도 마찬가지다. 이들은 중앙은행으로부터 2%대의 금리로 돈을 빌리지만, 시중은행에서 신용 대출을 받는 사람은 은행의 결정대로 15~20%대의 금리를 적용받는다. 그것도 신용 등급에 따라 차이가 난다.

결국 이자는 미래 소득을 현재로 당겨 조직할 수 있는 권력을 나타낸다. 하지만 현실에서 힘은 균등하지 않다. 이 때문에 이자는 자본의 확대재생산 과정에서 발생한 이윤의 일부를 분배 받는 기능을 넘어 미래 소득(미래 노동소득 또는 미래 잉여가치)에 대한 수탈 구조로 확장될 수 있었다. 심각한 디플레이션 국면이 아니라면 일반적으로 시중금리는 항상 물가 상승률을 초과해서 결정된다. 즉, '물가 상승률을 초과하는 이자율'은 '초과 수익률'이며 이것은 대출자의 미래 소득의 초과 획득을 의미한다.

이처럼 이자는 현재의 잉여가치를 표현하는 이윤과 달리 미래 소득을 조직할 수 있기 때문에 신자유주의 국면에서 극적으로 팽창했다. 각종 신용창조를 통해 노동자 가계에 더 많이 대출해 주고 더 많은 이자 즉, 미래 잉여를 저당 잡는 것으로 부족한 이윤을 메워 왔다. 노동자 또한 신자유주의 노동유연화 속에서 부족한 소득을 부채로 채웠기 때문에 노동자의 가계는 시간이 갈수록 더 많은 부채를 지고 더 가난해졌다. 이 과정은 1980년대 이후 미국의 가계, 기업, 정부의 이자 수입 및 부채 변화 양상을 통해서도 확인할 수 있다.

1980년대 이후 비금융 부문에 비해 금융 부문의 자산과 이윤이 상대적으로 더 빠르게 증가했고, 비금융 부문의 이윤 중 금융 활동에서 나오는 비중이 더 크게 증가했다. 여기서 금융 부문 이윤의 가장 큰 부분이 바로 채권과 국채 수익률로 표시되는 '이자' 수입이다. 은행 역시 가장 큰 수익이 이자 수입이다. 1986~2000년 금융 부문의 이윤율이 비금융 법인의 이윤율을 초월했다. 또한 비금융 부문 역시 금융자산/실물 자산 비율은 2000년 90%로 증가했으며, 비금융 법인과 금융 법인의 경계를 모호하게 만들고 있다.

이러한 구조에 따라 부채가 폭증하기 시작했다. 미국의 부채 총액은 1957년에 5조 달러에서 1977년에는 10조 달러로, 1997년 25조 달러에서 2007년에는 50조 달러로 10년 만에 두 배나 급증했다. 특히 1980년 이후 신자유주의 경제 질서가 전 세계를 지배하면서 빚의 증가 속도는 매우 빨라졌다. 1930년대 대공황 전후로 치솟았던 부채 비율은 1950~1970년대(케인스적 국가독점자본주의 시기) 하향 안정세를 거쳐 다시 1980년대 이후 (신자유주의 시기) 급격히 증가하는 양상을 보이고 있다. 또한, 국민소득 대비 부채도 1980년대부터 큰 폭의 증가 양상을 보여, 서브프라임 위기 직전인 2006년에는 국민소득의 5배에 가까운 부채를 짊어지게 되었다.

또한, 가계의 차입 경제도 일반화되기 시작했다. 신자유주의는 1950~1960년대 케인스주의적인 노동 타협으로 형성된 복지와 임금을 공격해 노동 유연화를 확대하고 노동자의 임금을 끌어내렸다. 그러면서도 소비를 축소하지 않기 위해 부족한 노동자 가계의 소득을 부채 경제로 밀어 넣었다. 즉, 부족한 소득을 메워줄 대출을 통해 '부채 인간'을 양산했고 채권과 펀드, 주식시장으로 내몰아 노동자의 미래 소득을 전취한 것이다. 미국에서 1980년대 초부터 가파르게 상승하기 시작한 (가처분소득 대비) 가계 부채 비율은 2001년 100%를 넘어섰고 금융 위기가 발생한 2008년까지 폭증했다. 2008년 이후 미국의 가계 부채는 부실 청산에 따라 점차 축소된다. 또한 이 시기 제3세계 외채도 급증했다. 1970년 2천억 달러 수준에 불과하던 외채가 1970년대 후반부터 급증하기 시작해 1996년에는 2조 달러를 넘어섰다.

1970년대 케인스주의 정책 아래에서 자본주의 세계경제가 스태그플레이션의 함정으로 빠져들었다면, 오늘날에는 경제위기와 주요국들의 양적 완화로 선진국에서의 디플레이션과 신흥국의 인플레이션이 병존하는 위험한 상황을 맞고 있다. 이러한 케인스주의 위기 속에서 자본의 자유화, 민영화와 노동유연화 등을 표방한 신자유주의 30년의 지배가 형성됐다. 하지만 국가독점자본주의는 해체되지 않았다. 상당수의 공기업과 국유기업이 민영화 되었지만 국가의 시장개입은 줄어들지 않았고 국가의 역할은 오히려 더 확대됐다. 2008년 세계금융위기 이후에는 중앙은행을 필두로 한 국가는 시장 위기의 소방수 역할을 하고 있다. 그러나 신자유주의적인 국가개입도 근본적인 결함에 빠질 수밖에 없었다. 바로 자산시장 중심의 부채경제의 양산과 부채청산에 따른 손실의 '국가부채화'다. 현재 각국에서 벌어지는 금융위기, 외환위기와 국가부도위기 사태는 부채로 성장해온 신자유주의 질서의 근본적인 결함을 보여준다.[2]

이처럼 이윤량으로도, 이자량으로도 문제를 풀어 나갈 수 없게 된 자본이 새로운 축적 구조를 확립하지 못한 가운데 자본의 손실을 국가의 세금으로 메워주는 '손실의 사회화'를 놓고 부채 전쟁이 벌어지고 있다. '손실의 사회화'를 통해 위기에 빠진 은행과 한계 기업들이 국유화되고 부실청산과 재자본화를 거쳐 다시 사유화되어 민간에 매각되는 과정이 반복되고 있다. 그러나 그 과정에서 국가의 개입은 지속해서 확대되고 동시에 '생산의 사회화' 경향은 더 확대되고 있다. 또한 확장된 신용제도에 대한 공적 통제도 확산되고 있어 '신용제도의 사회화' 경향 또한 더욱 공고해지고 있다.

부채 전쟁

2008년 금융 위기를 전후로 신자유주의 금융 메커니즘에 상당한 변화가

2_ 이상 자세한 내용은 김성구, 「사회화와 이행」, 김수행·신정완 외, 『자본주의 이후의 새로운 사회』, 서울대학교출판문화원, 2008 참조

일어났다. 2000년대가 전 세계적인 금융 거품으로 부채를 확대하는 과정이었다면, 2008년 이후엔 부채를 축소하는 과정이 진행되고 있다. 이는 아주 오랫동안 이어질 것이다. 지난 30년 동안 전 세계를 지배한 신자유주의 질서는 이제 중대한 변화를 맞고 있다. 빚이 줄어드는 장기적인 불황(디플레이션)의 시대를 맞아 새로운 부채 전쟁의 메커니즘이 작동하고 있다. 과잉 부채를 어떻게 처리할 것인가를 두고 각자도생의 전투가 벌어진다. 개인이든 기업이든 국가든 부채의 지속 가능한 안정적 관리가 중요해졌고, 사회적으로 가장 약한 사람들에게 고통을 전가하고 있다.

부채의 양뿐만 아니라 질도 중요하게 다뤄지고 있다. 누가 진 빚인지, 감당할 수 있는 이자인지, 다른 빚으로 대체할 수 있는지 등등. 이런 가운데에도 새로운 빚을 만들어야만 성장할 수 있는 부채 경제의 모순적인 상황과 마주하고 있다. 그래서 빚을 만들어 주는, 즉 돈을 만들 수 있는 은행의 권력이 막강해지고 있다. 중앙은행의 금리 결정과 양적 완화라는 이슈에 이목이 쏠리는 이유도 여기에 있다. 빚을 내서 경제를 부흥시켰던 국가라는 주체는 이제 재정 규율에 손발이 묶여 아무런 역할을 하지 못하는 신세가 됐다. 빚을 만들어야만 성장할 수 있는 부채 경제와 무한히 빚을 만들 수 없는 현실 사이의 모순이 재정 규율을 둘러싼 갈등에 집약되어 있다. 국가에 대한 경제 부흥의 요구는 높아지나, 그 요구를 감당할 국가는 많지 않다. 심지어 최대 경제 대국인 미국마저도 세금 걷는 문제와 정부 부채 한도 증액을 둘러싸고 정치 세력 간 벼랑 끝 대치를 벌이는 형편이다.

우리가 마주한 부채 전쟁은 부채 위기를 해소하면서 벌이는 전쟁이다. 부채 위기를 해결하는 방법은 부채를 더 많은 새로운 부채로 대체하거나, 부채를 다른 곳으로 이전하거나, 부채 자체를 아예 말소하는 것, 세 가지뿐이다. 그런데 지금은 새로운 부채로의 대체가 힘든 장기 불황의 시대이다. 그래서 우리가 취할 수 있는 방법은 두 가지밖에 없다. 먼저 곧 폭발할 부채 위기를 지연시키기 위해 다른 곳으로 이전하는 것이다. 부도 상태에 빠진 은행에 공적 자금을 투입해 부실 자산을 국가가 인수하는 방법이 그런 방식이다. 감세를 이용해 경기 부양을 하는 경우도 마찬가지다. 세금 공백을 정부가 국채 발행으로 메우면 국가 빚이 늘어나기 때문이다. 다음으로 부채를 말소하는 방법은 보통 기업이나 개인이 파산할 때 적용된다. 도저히 갚을 수 없는 상황에서 법률적으로 강제했던 채무 관계를 소멸시켜주는 것이다.

어떤 방식이든 갈등이 있다. 복지 재정을 늘리기 위해 국채를 발행하면, 즉 적자 재정을 편성하면 재정 규율을 중시하는 정치 집단이 들고일어난다. 나중에 그 빚을 메우는 것은 세금인데, 세금 부담을 혐오하는 계층의 이해관계가 여기에 반영되어 있다. 부채 말소를 두고도 갈등이 표출된다. 현재 파산을 더 쉽게 할 수 있도록 파산법을 개정해 과다 채무자들의 고통을 덜어주자는 주장이 제기되고 있다. 이에 대해 은행을 비롯한 금융 집단은 도덕적 해이를 부추긴다며 극구 반대한다. 미국에서도 2005년 파산법 개정이 있었을 때, 금융 기업들이 온갖 로비를 펼쳐 파산 규정을 까다롭게 변경했다. 그래서 새로운 부채 전쟁은 부채 위기를 해소하면서 벌이는 전쟁이다. 모든 경제 영역은 부채 전쟁의 전쟁터가 된다. 소득, 소비, 세금, 임금, 이윤, 이자 등 조금이라도 더 얻고 덜 손해 보기 위한 치열한 전투가 벌어지고 있다.

2. 신자유주의 위기와 생산의 사회화

신자유주의를 통한 금융세계화는 곧 타인자본을 동원하는 규모와 수준에서 지구 역사상에서 단 한 번도 출현하지 않았던 엄청난 자본의 동원력을 보여주었다. 주식, 채권과 같은 기존의 의제자본 구성에서 더 발전하여 파생금융상품으로 확대되었고 순환출자와 같이 가공자본의 규모를 더 확장하는 기술적 방식도 진화했다.[3] 이는 모두 타인의 자본을 동원하는 방식으로서 확대됐고 자본이 그만큼 더 사회화 되었다는 것을 의미한다. 파생금융상품은 정확한 수치를 추산하기조차 쉽지 않지만 대략 1,000조 달러 이상의 거래규모를 형성한다고 알려져 있다.

또한 자본의 동원력이 커질수록 기업은 횡적, 종적으로 더욱 커지고 공장 내부와 외부의 자국 노동자의 노동분업뿐만 아니라 글로벌 생산체계를 갖추면서 타국 노동자의 노동력도 싼값으로 동원해 낼 수 있게 되었다. 제국주의 시대에서 신자유주의의 시대에 이르기까지 노동의 내적인 분업과 국제적 분업은 수없이 발전하였고 타인자본의 동원이 확산된 만큼 타인 노동의 동원도 확대되었다.

자본의 사회화 : 금융의 세계화

1) 금본위제도에서 관리통화제도로 : 독점자본주의에서 국가독점자본주의로

1816년 영국이 파운드화(지폐)를 금으로 바꿔주는 금본위제도를 도입한 이래 금본위제도는 대공황까지 100여 년간 유지됐다. 이 같은 금본위제도로의 변화는 금화 또는 금환증서의 거래로 이루어지던 상업과 산업에서의 자본조달이 더 대규모로 집적되고 집중되는 것을 의미했다. 즉, 18세기 중반 영국에서 시작된 산업혁명을 통해 공장제 기계공업이 도입되었고 자본주의의 확립을 이끌면서 그에 걸맞은 대규모 산업자본을 필요로 했고 금본위제도는 그에 따른 신용제도의 확립이었다. 여기에 발맞춰 대규모 자본동원을 위해 주식회사제도도 일반화 된다.

3_ 이에 따라 통화량 지표도 변하였다. 애초 M1(협의통화), M2(광의통화)를 지표로 사용했으나 1982년에는 M3(총유동성)을 지표로 추가했다. IMF는 2000년 통화금융통계매뉴얼을 발표했고, 우리나라도 2002년부터 이 매뉴얼에 따라 지표를 수정했다. 또한 2005년에는 화폐 유통뿐 아니라 만기가 2년 이상 남은 금융채와 국채, 기업채, 기업어음 등도 추가한 새로운 지표인 L(광의 유동성)을 도입했다. 2014년 12월 말 현재 통화지표인 M1(협의통화), M2(광의통화), Lf(금융기관유동성), L(광의유동성)은 각각 572.8조원, 2,084.7조원, 2,847.9조원, 3,654.4조원이다. M1에 비해 L은 6배가 넘는다.

그러나 금본위제도는 1차 세계대전 직후 영국의 금본위제도 폐지 선언과 대공황의 발발 직후인 1931년 영국이 파운드화의 금태환(화폐를 가져가면 금으로 교환)을 중단하면서 금본위제도가 사실상 폐지된다. 당시 패권국가인 영국의 금본위제가 사라지면서 각국 정부는 형식적으로 금본위제를 유지하려 노력하기도 했지만 각국의 법화(legal tender)가 금과 교환되지 않는 '불태환 화폐'로 존재하게 됐다.

대체로 이 시기를 즈음하여 주요국에서는 중앙은행제도가 확립되고 부분지급준비제도를 전제로 한 관리통화제도가 형성되기 시작했다. 이후 2차 세계대전까지 국가의 시장개입이 확대되면서 국가신용의 비중과 역할도 확대되어 갔다. 이처럼 대공황 이후 신용제도는 중앙은행의 관리통화제의 도입과 함께 국가독점자본주의 하에서 국가신용을 확대하는 형태로 일반화 됐다.

대공황의 비극적 결말이었던 2차 대전을 거치고 난 후, 종전을 앞둔 1944년 '브레턴우즈 체제'가 형성된다. 여기에서 당시 전 세계 금의 70% 이상을 소유하고 있던 미국의 달러화를 중심으로 다시 금(환)본위제도가 부활한다. 브레턴우즈에 모인 44개국 대표는 달러의 금태환 비율을 정하고(금 1온스=35달러), 각국 통화를 달러화에 고정시킨 고정환율제도를 도입했다. 또한 국제외환거래를 관리 유지하기 위해 'IMF(국제통화기금)-IBRD(이후 세계은행으로 재편)'를 두었다. 이후 1950년대와 60년대 말까지 자본주의는 역사상 가장 융성한 황금기를 맞이한다. 이러한 전후체제의 핵심은 대공황 이후 확립된 케인스적 국가독점자본주의와 이를 바탕으로 산업자본의 자본조달의 확대, 중앙은행제도와 관리통화제도 그리고 달러의 금본위제도 도입을 통한 국제무역거래의 안정성을 확보하면서 자본주의 최고 성장에 걸맞은 신용제도를 확립했다

2) 신자유주의 하의 신용제도의 변화와 확장

1970년대 들어 돈먹는 늪에 빠진 베트남전 과정에서 미국은 막대한 전

쟁비용을 달러를 찍어서 메워나갔다. 그러자 달러 가치에 불안을 느낀 영국과 프랑스 등으로부터 금태환 요구가 쇄도하기 시작했다. 급기야 1971년 미국 닉슨 대통령은 달러의 금태환 정지를 선언한다(브레턴우즈체제의 붕괴). 두 차례의 오일쇼크(1973년, 1979년) 속에서 미국과 세계경제는 스태그플레이션(인플레이션+경기침체)의 수렁으로 빠져들게 된다. 국가의 개입으로 한계기업의 청산이 늦춰지고 저금리로 시중유동성이 확대되면서 인플레이션이 나타났다. 또한 기업은 고정비용 상승을 상품가격을 올려서 수지를 맞췄고 그에 따라 경기는 더 침체했다. 결국, 유효수효의 창출과 이를 매개하는 노동자 임금상승과 생산성향상을 필두로 관리통화 중심의 케인스적 국가독점자본주의체제는 막을 고하게 된다.

<케인스주의 국가독점자본주의에서 신자유주의 국가독점자본주의로
화폐, 환율, 신용제도의 변화>

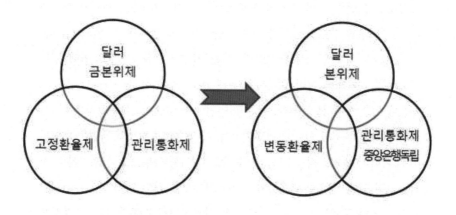

당시 유일한 금태환 화폐였던 달러화마저 불태환 화폐로 돌아서자 지구상의 모든 화폐가 불태환 화폐가 되면서 사실상 화폐(법화)가 일종의 신용화폐가 되었고 국가권력만이 이를 보증하는 체제로 변모하게 된다. 과거

이런 유사한 상황이 대공황기에 발생했는데, 당시에는 금본위제도 폐지의 혼란 속에서 (법화가 아니라) 다시 금으로의 도피가 일어났다. 그러나 1978년 외환거래에서 완전변동환율제로 국제적 합의(킹스턴체제)를 이루고, 신용제도는 '금'이 아니라 '국가권력'의 힘을 기반으로 불태환 화폐로 재구조화 되었다. 그럼으로써 달러는 여전히 세계화폐로서의 지위와 기능을 유지하였고 영국, 유럽, 일본 등 주요 기축통화국을 중심으로 외환거래체제가 형성됐다.

인플레이션과 국가의 시장개입의 실패, 한계기업의 유지, 경기침체의 가속화 속에서(스태그플레이션) 신용체제도 역시 변모하게 된다. 금본위제를 벗어 던진 불태환 화폐와 이를 바탕으로 한 신용제도는 무엇보다도 금융거래와 신용의 안정성을 확보하는 데 주력하게 되었다. 화폐가 금으로부터 해방되자 화폐 발행의 기초 없이 기축통화국은 마음대로 화폐를 발행할 수 있게 되었지만 신용제도의 불안정성은 그만큼 확대될 수밖에 없었기 때문이다. 이에 따른 위험부담을 회피하기 위해 자본주의 국가들은 3중 구조를 형성했는데, 국가부도 방지와 위험 수습을 위한 'IMF의 강화', 국제 신용평가사와 위험률 평가를 통한 '위험조기경보체제' 그리고, '파생금융상품'의 개발이었다.

애초 파생금융상품은 경제여건 변화에 민감한 금리, 환율, 주가 등의 장래 가격을 예상하여 만든 상품으로, 변동에 따른 위험을 소액의 투자로 사전에 방지, 위험을 최소화하는 목적에서 개발되었다. 파생금융상품은 달러의 금태환이 정지된 직후 변동환율제로 돌아서면서 환차손을 피하기 위해 1972년 최초로 등장했다. 그 이듬해 파생상품거래소시장이 형성되며, 1974년 미국의 금융자유화조치를 필두로 수 십 년에 걸쳐 금융의 완전자유화가 촉진되면서 파생금융상품시장은 더욱 확대되었다. 여기에 국제분업 질서의 확대와 중국의 WTO 가입, 자유무역의 촉진 속에서 생산의 세계화가 진척되었고 그에 따라 파생금융상품의 수요도 증가하기 시작했다.

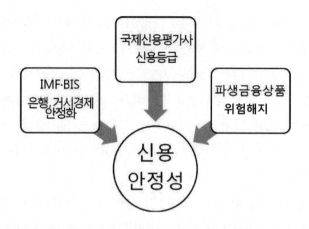

여기에 브레턴우즈체제의 사생아로 취급돼 외면 받던 IMF가 80년대 중 남미 외채위기를 해결하는 과정에서 역할이 새롭게 조명되면서 각국의 거 시경제관리 도구로 형성되었다. 또한, 미국의 은행위기를 해결하기 위해 자기자본비율을 도입한 미국은 이것을 국제적으로 관철시키기 위해 민간 은행의 연합체였던 BIS(국제결제은행)을 동원해 이를 강제해 내기에 이른 다. 여기에 각종 위험자산들을 구조화시켜 금융상품으로 나오면서 위험도 를 평가하던 신용평가사들로 하여금 1990년대 들어 국가의 신용도 평가까 지 진행시킴으로써 위험의 조기경보체제를 형성하게 된다. 이러한 신용안 정성 보장을 바탕으로 금융세계화가 무서운 속도로 진행되었다. 위험자산 과 안전자산을 섞어서 증권화하고, 주식시장과 부동산시장과 같은 자산시 장의 규모를 키웠고, 파생금융상품이 폭발적으로 늘어나면서 파생상품거 래가 지구적인 수준에서 확대됐다.

노동분업의 확산 : 노동의 사회화

분업은 자본주의 이전부터 존재했지만 자본주의의 성립 특히 기계제 대공업의 발전과 함께 노동분업은 폭발적인 양상으로 증가하기 시작한다. 이에 따라 노동은 노동자의 개별적 노동이 아니라 전체 생산의 일부 과정 으로 편입되었고, 노동분업이 심화 고도화 되면서 노동의 소외는 더욱 압축된 형태로 일어났다. 노동분업은 작업장 내부 분업과 산업별 수직 분업 그리고 국제 분업으로 구분해서 볼 수 있다.

1) 노동분업: 테일러리즘에서 신자유주의 노동유연화까지

19세기 들어 생산의 비약적인 발전과 제국주의가 맞물려 시장쟁탈전까지 확산되자 공장들간의 경쟁이 치열해졌다. 앞서 설명한 대로 독점기업들이 나타나면서 더욱 확대된 생산경쟁은 엄청난 노동착취를 수반했다. 생산비를 절약하기 위해 기업은 노동자의 임금을 줄이고 노동시간을 늘렸다. 10대의 청소년들이 하루 16~17시간 노동을 해야만 생계비를 간신히 맞출 수 있는 정도였다.

여기에 이전과는 질적으로 다른 노동분업 체계가 나타나게 되었는데, 바로 테일러리즘이다. 테일러는 산업경영에 대한 과학적 연구를 처음으로 한 미국의 발명가이자 기술자였다. 테일러는 노동과정 하나하나를 쪼개 기계와 같은 반복 동작, 극단적 정교함, 노동에 대한 감독과 노동자 훈련을 특징으로 한다. 이 같은 테일러리즘은 매뉴팩처와 대량생산의 초기 발전에 조응하는 노동분업 방식이었고, 결국 이는 노동자의 생산활동을 기계와 같이 분할해 상품 생산 시간 단위의 최소화를 목적으로 하는 것이었다.

나아가 테일러리즘은 대량생산 체제에 맞게 더욱 고도화되어 '포드 시스템'으로 완성되었다. 포드 자동차의 자동차 조립라인(컨베이어벨트)을 딴 '포드 시스템'이 그것이다. 테일러주의의 분업과 컨베이어벨트가 결합된 포드 시스템은 노동자의 반복된 단순작업과 기계를 통한 자동화시스템의 결합이었고 대량생산 대량소비 시대를 열어가는 생산방식으로 자리잡기 시작했다.[4]

4_ 이 시기 생산성의 비약적 발전으로 인해 생산성 향상을 매개로 자본과 노동의 타협이 형성되는데 이것을 '케인스적 타협체제'라고 부른다. 임금 상승을 생산성에 연동함으로써 포드 시스템 이후 생산성 성과는 임금과 이윤으로 분배되었다. 이러한 노동자와의 분배와 생산성 향상을 통한 자본가의 이윤 증가라는 선순환은 1960년대 후반까지 지속되었다. 또한 2차

그러나 세계시장의 경쟁이 격화되고 소비자본주의가 확산될수록 다품종 소량생산 체제 즉, 포스트 포디즘 체제가 형성되고 다른 한편, 노동자 가계의 대출이 확대되고 부채경제가 성장하면서 서비스 산업이 발달하기 시작했다. 신자유주의의 확산은 전 세계적으로 노동유연화를 확대시키기 시작했다.[5] 여기에 생산망은 하청과 외주화를 통해 산업별, 계열별 수직분업체계로 확대되었으며 고용형태는 정규직에서 비정규직으로 떨어졌다.

2) 국제분업: 식민주의에서 글로벌생산체제까지

국제분업(international division of labour)의 첫 번째 시기는 유럽에서 기계제 대공장이 등장한 이후 대규모 원료와 급증한 도시인구의 식료품 수급을 위해 이루어졌다. 이른바 제국주의 시대 식민지 쟁탈전이 진행되면서 국제분업이 확산되었다. 이러한 국제분업은 1차 세계대전까지 지배적이었는데, 핵심국가들의 시장침체로 인해 생산물 판매를 위한 시장 출구와 자본투자를 위한 출구로 나타났다. 이 당시 국제노동분업은 선진국에서 생산된 최종생산품과 저개발국가들의 저임금 노동력과 원료를 교환하는 성격을 가졌다. 그러다가 선진자본주의 국가들은 그들의 경제위기를 내부적으로 자체적으로 해결함에 따라 국제노동분업의 중요성이 점차로 약화되었다.[6]

대전 속에서 국가의 적극적인 시장개입과 국가를 통한 대자본의 형성 등 국가독점자본주의가 이 시기를 이끌었다. 이를 전후 자본주의 최대 황금기인 '골디락스(goldilocks)'시대라고 부르며 고성장-저물가-저실업의 최대호황 국면을 맞이했다. 그러나 이후 1970년대부터 스태그플레이션(저성장 고물가)에 빠지면서 파산나고 만다.

5_ 1970년대 자본주의의 거대한 위기 속에서 케인스주의적인 노동타협체제가 끝나고 1980년대 들어서 노동조합과 노동권에 대한 대대적인 공세가 감행되었다. 1970년대 말 영국 노동자들은 '불만의 겨울'을 보냈고, 집권한 대처 정부는 80년대 초부터 탄광노조에 대한 집요한 공격으로 이를 무력화시켰으며, 일본은 전후 최대노조인 국철노조를 철도 분할 민영화 계획 속에서 철저하게 고립시켜 무력화시켰다. 반면, 한국은 뒤늦은 노조민주화 투쟁이 1987년 7~9월까지 폭발적으로 일어나 1995년 민주노총이 결성되기까지 지속적인 성장을 해 왔다. 그러나, 1996년 말 노동법 날치기 개악 파동과 노동자들의 전국적 총파업 물결이 쓸고 지나간 후, 1997년 IMF 외환위기 속에서 정리해고와 비정규직 제도를 노동계가 수용하였다.

6_ 고태경, 「신국제노동분업의 재평가」, 『지역연구』 제11권 제1호, 1995.

테일러리즘과 포디즘으로 서구선진국의 노동생산성이 비약적으로 발전하고 케인스적 타협이 확산되면서 노동자들의 구매력이 향상되어 소비가 확산되었다. 이에 따라 국제분업체계는 1960년대 말까지 오히려 약화된다. 이후 포스트포디즘이라고 알려진 '다품종 소량생산 체제'가 확산되고 금융세계화의 진척, ME혁명으로 국제적인 수직적 분업체계가 다시 활성화 되면서 글로벌 생산체제가 형성되었다. 특히 1980년대 후반 다국적기업들은 유리한 투자환경을 찾아 각국을 돌며 임금 및 근로조건, 그리고 노동조합의 상태를 점검한다. 이에 따라 각국은 낮은 임금과 노동조합에 대한 보호의 약화를 둘러싸고 국가간 경쟁, 즉 '바닥을 향한 경쟁(the race to the bottom)'을 벌였다. 노동시장에서는 해고가 용이해지고 비정규직이 증가하는가 하면 노동조합의 조직률은 전반적으로 감소하고 단체교섭은 분권화 되는 경향을 보이는 것은 대표적인 본보기들이다.

그러나 이러한 국제분업이 단지 값싼 저임금 노동력만을 찾아 선진국에서 개도국으로 흐름이 이어진 것은 아니다. 국제분업은 우선 자본주의 국가 간, 그리고 상이한 나라들의 독점체 간의 격렬한 경쟁 속에서 자연발생적으로 발전했다. 2008년 세계경제위기 이전까지 대부분의 FDI(해외직접투자)는 선진국들 사이에서 일어났고 개도국으로의 이전은 그다지 크지 않았다. FDI의 3/4은 선진국에 집중되고 있으며 그 중에서도 이른바 삼각동맹(triad)이라 불리는 미국, 유럽연합 및 일본에 60% 가까이가 집중되었다. 개도국을 향한 FDI의 비율은 20-30% 수준이며 그나마도 홍콩, 중국, 브라질, 멕시코, 아르헨티나 및 한국 등 소수의 국가에 70%이상 집중되었다. 그러나 2000년대 들어서 이러한 구조에 변화가 일어나기 시작한다.

전반적으로 저조했던 해외직접투자(FDI) 규모는 1980년대 중반 들어서 점차 확대되기 시작한다. 이러한 규모 확대도 선진국 내부 투자의 증가에 그쳤고 1990년대 중반부터 개도국으로의 직접투자가 점차 성장해 나가기 시작했다. 2000년대 들어서 미국 신경제의 퇴조 이후 선진국과 신흥국 FDI

에 변화가 오기 시작했고 2008년 이후 개도국으로의 FDI가 50%를 넘어섰다. 이러한 변화는 미국, 유럽 등 선진국 경제의 악화, 2000년대 이후 생산기지의 중국이전 그리고 중국의 노동비용이 증가한 이후 베트남, 캄보디아 등 동남아시아 국가로 대거 이전이 확산되면서 이루어졌다.

3) 노동분업의 확대와 생산의 사회화

애플사의 경우 미국, 유럽, 일본, 중국, 대만, 홍콩, 한국, 싱가포르 등 11개국 156개의 협력업체를 거느리고 있다. 삼성전자는 2013년 말 기준 생산법인, 판매법인, 디자인 센터, 연구소 등 총 208개의 거점을 보유하고 있고 한국을 비롯해 북미, 구주, 동남아, 유럽, 아프리카 등 모두 15개 지역별 총괄체제를 운영하고 있다. 현대자동차의 경우도 중국, 인도, 미국, 유럽, 러시아, 터키, 브라질 등 7개국에 239개의 1차 협력사와 360개의 2차 협력사 등 모두 599개의 협력사와 함께 자동차를 생산하고 있다.

<애플의 협력업체 현황>

지 역	미국	유럽	일본	중국	한국	대만	홍콩	태국	말레이시아	싱가포르	버뮤다
협력업체 수	41	10	31	9	7	39	6	1	1	10	1

*출처: http://www.chinalaborwatch.org/pdf/2012627-5.pdf

<삼성전자 글로벌네트워크>

	유럽	러시아	아프리카	인도	중국	싱가포르	한국	일본	미국	브라질	중동
지역총괄	2	1	1	1	2	2	1	1	2	1	1
생산	3	1	0	1	13	7	6	0	2	3	1
판매	17	3	3	8	2	9	0	1	3	7	8
연구소	4	2	0	3	7	2	5	2	4	1	3
디자인센터	1	0	0	0	1	0	1	1	1	0	0
기타	11	6	8	7	8	10	0	2	8	8	7
인원	13,627	4,735	826	2,612	60,316	57,412	95,798	1,002	11,072	17,661	2,612

*출처: 삼성전자, <삼성전자 2014 지속가능경영보고서>, 2014

비단 제조업뿐만 아니라 자유무역의 확산에 따라 서비스와 유통, 금융 시장도 세계화 됨에 따라 노동의 국제적 분업은 더 확대되고 있다. 또한 산업별, 계열별 수직분업 체계도 확대되어 외주, 하청과 비정규직이 전 산업에 걸쳐 확대되었다. 이 같은 노동분업의 확대에 따른 노동의 사회화는 생산과정 그 자체를 산업적,. 세계적 수준으로 확대시켜 나가는 것뿐만 아니라 자본과 직접 계약을 맺지 않은 간접화된 타인 노동을 산업적, 세계적 수준으로 확대지배하는 과정에 다름이 아니다.

생산의 사회화와 기업지배구조의 위기

이처럼 타인 자본과 타인 노동으로 기업 생산이 이루어질수록 기업의 소유권에 대한 도전과 위기가 계속해서 찾아왔다. 기업의 자본조달이 은행에서 자본시장 중심으로 형성된 것은 기업 소유권의 개념을 더욱 모호하게 만드는 데 일조했고 그 결과로 적대적 M&A가 더 없이 활성화되고 있다. 또한 각종 피라미드 구조와 상호출자와 같은 기업지배뿐만 아니라 차등의결권, 황금주 등 기업소유권을 배타적으로 용인하는 법적 권리가 강화된 것도 소유지배권에 대한 위기의 반대급부로 나타났다. 특히 미국과 영국에서는 전문경영인에 의한 경영이 이루어지면서 주주가 경영자를 통제하는 문제가 등장했다. 이른바 '기업지배구조'라는 것이 나타난 것이다.

기업지배구조는 나라마다 천차만별이다. 각국의 정치적, 사회적, 제도적 조건에 따라 다양한 형태로 기업지배구조가 발전해 왔기 때문이다. 이처럼 다수 주주들의 자본과 사회적 자원을 동원하면서 기업활동이 이루어지고 있고 기업의 사회적 역할이 점차 더 커지면서 기업의 '사적 소유'에 대한 도전이 지속적으로 발생하고 있다. 기업은 더 많은 자본과 노동력을 필요로 하고 국가와 사회적 자원들을 더 많이 동원해 내는 방식으로 발전해 왔다. 이른바 생산방식과 자본은 더욱 '사회화'되고 있는데, 소유지배구조는 여전히 '사적 소유'를 보장해 주는 방식으로 기업지배구조가 발전하면서 많은 모순과 갈등을 낳고 있다.

미국과 영국에서는 일찌감치 소유와 경영이 분리되었고, 이사회와 감사회를 두어 경영을 감시감독하며 주주가치를 우선시하는 경영활동을 강제하는 주주자본주의가 확립되었다. 주식이 광범위하게 분산되어 있어 누구하나가 독점적으로 소유할 수 없는 구조로 형성되었다. 애초부터 자본시장이 발달했던 영국과 미국은 주주가 광범위하게 분산되어 있다. 영국 상장기업 중 15.9%만이 25% 이상의 의결권을 행사하는 지배주주에 의해 지배되고 있다. 미국에서 그 분산의 정도는 더욱 심하다. 뉴욕증시에 상장되어 있는 기업 중 25% 이상의 의결권을 행사하는 지배주주를 가진 기업은 7.6%에 불과하며, 특히 과반수의 의결권을 행사하는 지배주주를 가진 기업은 2%에 지나지 않는다. 반면, 유럽 상장기업의 경우 특정 지배주주가 적어도 25% 이상의 의결권을 보유하거나, 많은 경우 의결권의 과반수까지 보유함으로써 기업의 중요결정에 대한 비토(veto)권을 갖고 있다.[7]

한편, 2차 대전 직후 미군정 아래서 전쟁범죄의 책임을 지고 재벌이 해체된 일본은 미국식 법인기업구조가 이식됐지만 미국과는 다른 형태로 기업구조가 자리 잡았다. 1인 지배와 같은 재벌, 족벌은 없어졌지만 과거 재벌 산하의 기업들이 다시 모여 기업집단(계열, 게이레츠)을 형성했다. 일본의 기업지배구조는 선단식 기업집단으로 계열화 된 대기업집단을 주거래은행이 사실상의 대주주 역할을 하며 기업을 감시하고 운영하고 있는 구조가 형성됐다.

2차 대전 패전국인 독일의 대기업도, 영미식과는 다른 방식의 기업지배구조가 일반적이다. 일본과 마찬가지로 독일의 독점대기업들도 2차 대전에서 나치에 부역한 점 때문에 대주주의 지배권을 제한 당했다(일본의 재벌처럼 콘체른[독점기업체]을 해체하지는 못했다). 그런데 독일에서는 다

7_ 김용기, 「각국 기업지배구조의 결정요인 비교」, 한국경제연구원, 2006.

른 주주의 권한을 강화하기보다는 노동자의 권리를 더 확대하는 방향으로 기업지배구조가 형성됐다. 이사회는 감독이사회와 경영이사회로 이원화 하고, 감독이사회의 절반을 노동자가 선출하는 노사공동결정제도를 도입했다. 여기에 독일의 대기업은 특정은행이 특정기업의 주식을 보유하는 형태로 이루어져, 주주, 노동자, 은행이 공동으로 결정하는 구조로 형성되었다.

또 다른 방식으로는 한국의 재벌체제처럼 특정 가문이 족벌을 형성해 대기업 집단을 계열화해서 지배하는 방식이다. 이 같은 재벌체제는 의외로 많은데, 삼성그룹이나 현대차 그룹과 같은 한국 재벌을 제외하고도, 10여 개의 대기업을 지배하고 있는 스웨덴의 발렌베리, 영국 미디어 재벌 로더미어(Rothermere), 이탈리아 재벌 베네통이 운영하는 텔레콤 이탈리아 그룹, 인도 재벌 마힌드라 그룹이 대표적이다.

중국은 사회주의에서 국가독점자본주의 형태로 전환하고 있지만 여전히 국유기업과 집체기업인 향진기업 등 국가와 지방정부, 농촌공동체 등이 소유한 기업의 형태가 더 우월하다.[8] 중국은 현재 수많은 민간기업이 존재하지만 기간산업과 대기업들은 거의 대부분 국가소유다. 중국은 개혁개방 이후 주식시장을 열고 국영기업들을 주식회사로 탈바꿈시켜 주식시장에 상장했다. 하지만 이 기업들은 사실상 국가가 지분의 50% 이상을 소유한 최대주주로 되어 있는 국유기업들이다. 또한 베네수엘라와 쿠바, 브라질, 볼리비아, 아르헨티나 등 남미 국가에서도 기간산업은 상당수 국유기업 형태를 취하고 있고, 노동자 집단 또는 노동조합이 경영을 책임지는 자주관리 기업이나 사회주의 기업 형태도 점차 확대되고 있다.

신자유주의와 기업지배구조의 변화

1990년대 들어서 전 세계적으로 기업지배구조에 일정한 변화가 나타나

8_ 자본주의 국가에서도 국유기업은 드물지 않게 찾을 수 있다. 그러나 신자유주의 민영화가 쓸려간 자리에 국영기업을 민영화시킨 사례는 반대의 경우보다 훨씬 더 많다.

기 시작했다. 신자유주의가 확산되면서 금융의 세계화, 개방화가 이루어지고 기존의 주식투자자뿐 아니라 각종 기금과 보험, 펀드 등으로 투자자가 확산되면서 자본시장이 폭발적으로 늘어나게 된다. 또한 신자유주의 정책의 확산으로 국가소유의 공기업을 민영화하면서 주식시장을 더 키워 나갔다. 무엇보다 1980년대까지 세계를 주름잡던 일본과 독일경제가 90년대 들어서 일본은 장기불황의 늪으로 빠졌고 독일은 통일과 함께 저성장 속에서 시름시름 앓아갔다. 반면 1990년대에 전 세계 경제가 외환위기로 몸살을 앓는 가운데 유독 미국 경제만 신경제를 구가하면서 '고성장-저물가-저실업'이라는 골디락스의 봄을 꽃피웠기 때문이다. 이 때 미국은 신경제와 함께 이를 가능케 한 '주주자본주의'를 전 세계에 확대시키기 위해 노력했다.

또한, OECD는 1999년에 주주권리 강화를 핵심으로 하는 기업지배 원칙을 도입했다.9 세계은행(World Bank)은 1990년대 들어서 좋은 기업지배구조(Good Corporate Governance) 지원활동에 나서기 시작했다. 그리고 이와 결합된 미국의 캘퍼스(CalPERs)와 영국의 최대 연금 펀드인 헤르메스(Hermes) 등 기업지배 펀드의 주주행동주의가 세계적으로 영향을 미치면서 소수주주권 강화와 적대적 M&A 활성화 등 영미식 기업지배가 도입되는 토양을 마련했다.

이와 동시에 자본시장 개방 또는 확대와 영미식 기업지배구조의 확산이 동시에 이루어졌다. 1990년대 핫머니의 출현과 확산에 의해 유럽과 신흥국 외환시장은 크게 출렁거렸다. 1990년대 초 유럽의 화폐통합(유로) 논의 과정에서 각국의 대응능력이 취약하진 상황을 틈타 핫머니의 공격이 유럽 전역에서 펼쳐져 영국은 물론 스웨덴, 이탈리아, 독일, 프랑스 등 유럽 대부분의 국가가 외환위기를 맞게 되었다. 또한 1997년에는 태국을 시작으로

9_ 미국의 엔론 사태 등 기업지배구조 문제가 더 크게 터져 나오자 OECD는 2004년 개정안을 발표했다.

한국까지 동아시아 국가들의 외환위기와 1998년 러시아의 디폴트 사태까지 벌어졌다. 이 과정에서 IMF는 구제금융의 조건으로 금융시장 개방과 기업 투명성 등 지배구조 개선을 내걸었다. 1997년 외환위기 당시 IMF 구제금융 조건으로 기업지배구조 개선을 못 박았고 자본시장을 전면 개방했다. 세계은행은 외환위기 직후 한국 정부에 금융과 기업구조조정 개선을 위한 명목으로 4,800만 달러 차관을 제공했다.[10]

한편, 자본시장의 활성화의 조건으로 "가계의 부채화"를 확산시켰다. 주식시장 및 각종 펀드 등을 활성화 시키면서 노동자들의 참여도 확산시켰다. 그런데 1990년대 들어서도 전반적으로 노동자의 임금이나 소득이 크게 늘지 않았고 대신 은행의 대출로 이를 메우는 방식으로 부채를 확대시켰다. 다른 한편 노동자와 서민들은 연기금을 통하거나 우리사주나 종업원지주제 혹은 스톡옵션(stock option)을 통해 자본시장에 참여했다. 그 결과 주식과 펀드 참여자들은 선진국과 신흥국 가릴 것 없이 전 세계적으로 폭발했다. 이러한 방식은 기업지배구조에 또 다른 영향을 끼쳤는데 자본시장의 미발달로 혹은 이해관계자 중심의 지배구조를 형성했던 일본과 독일 등의 국가에서 노동자와 경영자들이 주주자본주의에 대한 일정한 호응을 보이면서 변화하기 시작했다.

1990년대 미국경제는 신경제의 붐을 일으키면서 2차 대전 후 두 번째의 최대호황을 맞이하면서 신자유주의 금융세계화 시대를 구가한다. 이렇게 미국의 호황과 함께 일본과 독일의 불황이 대비되면서 미국식 주주자본주의 모델이 국제적인 대안으로 부상하게 된다. 주주자본주의는 모든 기업활

10_ 한국의 기업지배구조는 외형적으로 영미식 모델을 따라고 있으나 실제로는 재벌들이 기업 간 상호출자보증으로 순환식 피라미드 구조를 형성하고 있다. 특히 주식이 분산되어 있는 것이 아니라 순환출자구조 속에서 재벌 일가들에 의해 기업집단이 소유되고 있다. 또한 이 같은 가족경영 형태를 용인하고 있는 스웨덴, 독일, 프랑스 등 유럽의 기업들의 경우 대부분 노동자, 은행, 정부 등 이해관계자의 경영참여나 감독을 제도화 하고 있지만 한국의 경우는 그것조차 존재하지 않는다.

동을 주주 친화적인 방향에서 주식시장에서 기업의 주식을 끌어올리는 데에 초점을 맞추게 하고 전문경영인의 경영활동 또한 수익률에 비례해 스톡옵션 등 사적편익을 취하게 함으로써 주주자본주의에 굴복시켰다.

그러나 2001년 주주자본주의의 모델로 칭송받던 엔론사의 분식회계와 사기로 엔론이 파산에 이르게 되면서 이 같은 모델에 의심의 눈길이 쏟아졌다. 나아가 2007년 미국발 서브프라임 위기와 2008년 세계금융위기로의 확대과정은 미국 금융사들의 일종의 사기행각 속에서 이루어졌다.[11] 이는 주주자본주의와 신자유주의적 성장에 대한 근본적인 회의를 일으키는 일이 되었다.

3. 민주적 사회화와 좌파의 미래

국가의 민주화와 민주적 사회화

주주자본주의의 실패가 웅변하듯이 시장을 통해 균형과 감시를 한다는 믿음이 사라진 지는 이미 오래다. 사외이사를 통한 기업의 내부통제는 실패했다. 소수주주에 의한 대주주의 통제는 주식가치 상승을 바라는 주주끼리의 짬짜미로 기업의 부실운영에 눈을 감았고, 기업의 정상적인 생산활동

11_ 2007년과 2008년 미국 금융위기의 주범은 서브프라임 모기지론과 주택담보증권(MBS), 일종의 보험상품인 CDS(신용부도스와프) 때문이었다. 미국의 금융사들은 갚지 못할 위험이 매우 높다는 것을 알면서도 서브프라임모기지 대출을 장려했다. 이 때문에 부도 위험을 고려해 주택담보증권(MBS)으로 구조화시켰고 부도 위험에 대비해 CDS까지 들여 놨다. 그런데 서브프라임모기지 대출자들이 원금을 갚지 못하면서 은행이 부도 위험에 빠졌고 더불어 MBS도 부도 위험에 노출되었고, CDS를 판매한 은행과 보험사에 CDS 지급 요청이 쇄도하면서 뱅크런에 자빠지게 된 것이다. 그 과정에서 감독당국의 사전 규제는커녕 사건이 벌어지고 나서도 부실규모가 얼마가 되는지조차 정확히 파악하지 못했다. 리먼브라더스 파산 당시 최대 1천억 달러의 부실이 발생할 것이라던 당국의 설명은 막상 실사에 들어가 보니 6천억 달러를 넘어서게 되었다. 여기에 조기경보 장치로 두었던 신용평가사들은 계속해서 전망이 양호하다고 알려 왔다.

까지 방해하는 자본조달과 배당 방식을 용인해 왔다. 또한 기업의 사회적 생산을 주주가치 상승에 복무하게 만들어 기업의 이윤을 독점해 왔다. 또한 금융시장, 주식시장을 통해 기업가치 평가가 이루어지고 신용평가사를 통해 기업의 경영평가가 이루어진다는 외부통제 시스템의 붕괴도 목도했다. 2008년 미국발 금융위기는 이러한 시장조절의 실패가 얼마나 큰 위기를 야기하는지 분명히 보여주었다. 시장이 물러난 자리에 국가가 역할을 대신했다. 미국 정부와 연방준비제도(Fed)는 전무후무한 돈을 쏟아 부으며 시장을 떠받쳐 왔으며, 유럽과 일본 역시도 중앙은행의 양적완화와 국가의 경제개입 없이는 하루도 버틸 수 없는 상태에 직면해 있다.

시장의 실패를 말하는 것은 고장난 라디오에 대한 얘기만큼이나 상투적이지만 시장을 어떻게 해야 하는가에 대한 대안 역시 자욱한 안개 속을 걷는 것만큼 답답한 일이다. 과연 시장을 통제하는 것은 가능한가? 여기에서 두 가지 문제가 제기된다. 첫 번째가 누가 시장을 통제하는가 하는 '주체'의 문제와 둘째 '어떻게'라고 하는 방법의 문제가 그것이다.

현재 시장에서 가장 거대한 플레이어는 초국적인 대기업(재벌)과 금융자본 그리고 국가다. 이들은 시장을 움직이는 '보이는 손'들이다. 국내 시장만 하더라도 이런 양상은 똑 같다. 결국 시장을 통제하고 조절하는 문제는 초국적 자본과 재벌 그리고 국가를 통제하는 문제다. 그런데 초국적 자본과 재벌은 이미 국가의 힘 그 이상을 사회 속에서 차지하고 있으며, 시장에서는 그 영향력이 더욱 크다. 누가 이들을 통제할 수 있다는 말인가? 삼성공화국과 같은 기업국가를 용인하고 살아가는 것이 아니라면 오직 국가를 통한 방법 외에는 다른 방법이 있을 수가 없다.

그런데 국가조차 민주적으로 통제받지 못해 공공부문은 물론 국가의 경제정책 전반이 친재벌 정책을 중심으로 운영되고, 위기 시에 노동자와 서민의 희생을 강요하며, 낙하산과 관료주의가 판치고 있다. 또한, 국가의 행정력과 사법권 등 모든 국가장치들을 동원해 세금조차 제대로 내지 않았음에도 불구하고 합법적으로 삼성의 3세 승계를 용인해 주고 있다는 형국이다. 재벌 총수들이 아무리 죄를 많이 짓더라도 금방 감옥에서 나와 다시 총수자리에 올라가 있으며, 국가는 이를 규율하거나 통제하려고도 하지 않는다. 관료화되고 억압적인 국가권력의 모습에서 국가권력의 민주화가 쉽지 않은 과제임을 다시 한 번 상기시켜준다.

그래서 한편에선 협동조합이나 사회적 기업처럼 제3섹터에서 새로운 질서를 모색하자는 운동이 제기된다. 국가가 아닌 다른 사회적 주체를 형성하고 시장과 대결하자는 것이다. 그러나 자본주의 질서 속에서 경쟁해야 하는 협동조합은 생산성 경쟁과 생산의 무정부성이라는 곤란함과 다시 직면할 수밖에 없다. 그리고 이런 무정부성을 통제할 중앙단위의 연합체도 관료주의로부터 자유로울 것이라는 보장은 없는데, 바로 그런 중앙단위가 현실에서 우리가 보는 국가이기 때문이다. 더 큰 문제는 삼성과 같은 거대 자본을 어떻게 협동조합으로 만들 수 있는지 전혀 상상하기 힘들다는 것이다. 그래서 협동조합은 대부분 소규모 생산자 그룹 형태로 존재하거나 자본주의적 시장경쟁 속에서 살아남기 위해 현존하는 국가의 도움을 받아야 한다. 우리나라에서도 사회적 기업이나 협동조합의 유지와 판로 개척 문제에서 항상 요구되는 것이 정부나 지자체의 도움(하청 및 직접구매, 예산지원)이다.

결국 다시 국가의 문제로 되돌아온다. 제대로 된 국가만이 이를 바로잡을 수 있고 또 경제의 구조도 바꿔나갈 수 있다. 그러나 이것이 단순히 '집권'이나 권력 장악을 의미하는 것은 아니다. 이를 가능케 하는 노동자 집단의 구조화된 역량, 기초부터 중앙까지 전국적으로 사회화를 추진하기 위한 사회관계집단의 형성에 의해서 국가를 움직여 낼 사회적 힘이 발휘될 수 있기 때문이다. 민주적 사회화는 바로 이러한 힘을 축적하고 응집시켜 내는 역능이다. 따라서 민주적 사회화는 거꾸로 국가의 민주화를 위한 조건이기도 하다. 생산수단을 누가 어떻게 소유하는지는 한 사회의 민주화를 재는 척도로 기능을 한다. 주요 생산수단을 재벌이나 특권층이 제한적으로 소유하고 있다면 그 나라의 정치적 민주화는 정확히 그 수준이다. 주주에서 노동자 등 이해관계자가 소유한다면 그만큼 민주화된 국가를 만나볼 수 있고, 사회적 지배가 가능하다면 더욱 발전된 민주국가를 경험하게 될 것이다.

사회화의 세 가지 영역과 민주적 통제

사회화는 모두 세 가지 영역에서 이루어져야 한다. 생산 영역, 재생산 영역, 신용제도의 부문이다. 이 세 영역은 빚을 유발하는 구조로 서로 얽혀 있다. 생산 영역에서의 낮은 임금이 발달한 신용제도에서 주택 담보 대출과 빚으로 보완되는 식이다. 그러므로 세 영역에서 사회화가 이루어져야 부실 청산을 이루고 빚 없는 사회구조를 완성해 나갈 수 있다.

<사회화의 세 영역과 민주적 통제>

우선, 생산 영역에서 기업의 사회적 소유와 민주적 통제에 대한 기초는 이미 다양하게 확립되어 있다. 위기 상황에서의 국가 개입 확대도 그 근거가 되지만, 기업 공개 및 주식회사 제도의 확립도 소유의 사회적 성격이

보다 강화되고 있음을 의미한다. 특히 에너지, 교통, 통신 등 기간산업과 조선, 자동차, 반도체, 철강 등 대형 중화학공업의 경우 국가가 나서서 생산의 사회적 기반을 마련하지 않고서는 사적 자본이 감당할 수 없다. 이 때문에 생산의 사회화 특히, 기간산업의 사회화는 현재에도 매우 광범위하게 이루어져 있으며, 특수한 경우 특별법을 통해 특정 산업과 기업을 보호하고 시장에서의 독점적 지위를 부여하고 있다.

장기 불황이 심화되고 경제위기가 일상화될수록 산업에 대한 국가 개입은 지속적으로 확대된다. 이때 손실의 사회화가 아닌 '소유와 통제의 사회화'가 이루어져 주요 산업, 기업에 대한 국가적, 국민적 차원의 민주적 통제를 확립하기 위해 계속 노력해야 한다. 또한 주택과 교육, 의료 제도 및 국민연금 제도와 돌봄노동 등은 노동력을 포함한 사회 재생산을 담당한다. 재생산 영역은 이미 국가 계획과 정책의 주요한 대상일 뿐만 아니라 기본적인 권리로 인식된다. 서구에서는 복지국가의 형태로 나타나 사회 재생산의 주요 영역들을 국가 책임 하에 두고 이를 사회화시켰다. 한편, 가부장제 중심의 성별 분업화 구조를 띠고 있는 가사노동과 돌봄노동은 사회적 영역으로 확장되고 있다.

그러나 사회 재생산은 신자유주의 세계화가 진척되면서 점차 재사유화 과정을 겪었다. 특히 북반구의 복지국가에서는 국가 책임이던 사회 재생산을 시장에 넘겨주고, 남성 노동자의 낮은 임금을 여성의 노동시장 참여로 보완했다. 그에 따라 여성들에게 임금노동과 가사노동의 부담을 동시에 강화하는 한편 사회 재생산의 역할과 비용을 가족에게 부담시켜 왔다. 또한 복지 기반이 미약했던 남반구에선 사적인 영역으로 남아 있던 사회 재생산의 영역에 다양한 방식으로 국가가 개입했다. 이 과정에서 개인 복지를 사회 발전과 결합시켜 사회 재생산의 위기를 일정 부분 상쇄시키기도 했지만, 기존의 여성과 가족의 역할을 변화시켜 성별 분업을 고착화하고 가사노동 부담을 더 확대시켰다. 그 결과 출산율 저하, 여성노동의 빈곤화,

가사노동 분담 갈등 등 사회 재생산 영역에서의 위기가 확대 심화되었다.[12] 따라서 재생산의 사회화는 재사유화, 시장화되고 있는 복지 영역을 다시 넓히는 것은 물론, 여성 및 가족의 역할 변화에 따른 사회보장을 확대해 나가는 것이라고 볼 수 있다.

또한 '재생산 영역에서의 사회화' 정책은 '생산의 사회화'와 함께 빚 없는 사회를 위해 필수적이다. 2011년 가계 금융 조사에 따르면 전체 담보대출 중 거주 주택 및 부동산 구입이 75%, 사업 자금 마련 대출이 28.4%로 나타났고, 신용 대출의 경우 사업 자금 대출이 31.9%, 주택 관련 대출은 19%였다. 여기서 보듯 가계 대출은 주택 문제를 해결하면 절반이 줄어든다.

신용제도와 화폐제도의 발달은 전체적인 통화 공급의 불안정성을 야기했지만, 다른 한편에서는 화폐 발행과 통화 공급의 진전된 사회화를 의미하기도 했다. 사인(私人) 간의 채권 채무였던 금융은 은행의 여신업무 제도화와 신용창조를 바탕으로 확장되기 시작했고, 법과 제도의 마련으로 금융업이 발달하면서 점차 사회적인 형태로 변화해 갔다. 사람들의 돈을 모아 연기금을 형성하고 이것이 다시 금융시장으로 환류되고 있으며, 국가의 채권 발행으로 채권시장을 형성해 나간 것도 금융의 사회적 성격을 더욱 확대시킨 결과로 볼 수 있다. 이처럼 사(私)금융을 제도화하고 금융 리스크를 관리하는 가운데 금융의 사회적 성격은 더욱 확장되었다. 여기에 화폐의 발행과 공급 또한 금본위제에서 불태환 화폐(중앙은행권의 국가화폐)로, 다시 신용화폐로 확산되면서 사회화됐다. 신용화폐의 확산에 따라 이를 규율하는 중앙은행의 역할이 강화되고, 지속된 금융 불안으로 금융 규제와 감독이 확대되는 것도 사회적 개입의 필요성을 반증한다.

금융의 형태가 사회적 성격을 띠게 된 반면, 금융기관과 금융자본의 사적 성격은 더욱 심화되었다. 1970년대 들어 금융이 자유화되고 사유화되기

12_ 윤자영, 「사회 재생산과 신자유주의 세계화」, 『마르크주의 연구』 제9권 3호, 2012년 가을.

시작하면서 엄청난 신용창조가 일어났고 파생금융상품의 거래는 유례없는 규모로 커졌다. 현재 전 세계 금융자산은 20조 달러가 넘고 파생금융상품의 거래 규모는 무려 1천200조 달러에 달하는 것으로 알려져 있다. 이를 주도하는 헤지 펀드와 사모 펀드가 넘쳐나며, 몇몇 전통적 금융 그룹이 굴지의 투자은행들을 좌지우지하며 전 세계 곳곳에서 금융 불안과 거품을 양산하고 있다. 따라서 은행의 국유화·사회화와 함께 신용제도의 사회적 통제를 확대해 나가는 것은 부채 경제의 확산 경향 속에서 반드시 필요한 조치가 될 것이다.

『워커스』 편집장, 『부채전쟁』 공저자

2 부

자본주의 비판과 좌파의 상상력

21세기 진보전략의 밑그림:

다중스케일 분석의 관점에서 본
생산양식과 주체양식의 변증법

심광현

환경과 교육의 산물이 인간이라는, 따라서 변화된 인간은 다른 환경과 변화된 교육의
산물이라는 유물론적 교의는 환경을 변화시키는 것이 인간이며 교육자 자신도 반드시
교육되어야 한다는 사실을 망각하고 있다. 따라서 이 교의는 필연적으로 사회를 두 부분으로
나누게 되는데, 그 중 하나는 다른 것보다 더 우월하다(예를 들면, 로버트 오웬의 경우). 환경의
변화와 인간 활동의 변화와의 일치는 오직 혁명적(revolutionizing) 실천으로서만 파악될 수
있으며, 합리적으로 이해될 수 있다.
—칼 맑스, 「포이에르바하 테제」 3번

1. 들어가며

현재 세계는 한 치 앞을 내다보기 어렵게 불안정하게 요동치고 있다.
2008년 미국의 금융공황과 2010년 유럽의 금융공황 이후 선진국은 장기
불황의 늪에 빠져 있고, 선진국 불황의 여파가 신흥국들로 계속 확산되었
다. 2012년부터는 신흥국들도 불황에 빠져들게 되면서, 이들의 불황이 선

진국의 경기회복을 붙잡는 식으로 서로 간에 악순환 고리가 형성되기 시작했다. 2014년부터는 신흥국 불황이 더 악화되면서 세계경제를 떠받쳐 왔던 '세계공장' 중국의 성장률도 계속 하락하고 있는 가운데, 한국경제도 2%대로 성장률이 주저앉고 있다. 2008년 미국발 금융공황이 국지적이고 일시적인 위기로 지나간 것이 아니라 20세기 초와 같이 세계 대공황으로 발전하고 있는 것이다.[1] 경제적 위기가 심화되면서 세계 곳곳에서 정치적 저항이 증가하고 이에 대응하여 위와 아래로부터 파시즘적 경향이 다양하게 확산되고 있으며, 미국-유럽-일본과 중국-러시아 주도 하의 신흥대국들 간의 대립이 격화되면서 최근에는 그 불꽃이 시리아 내전과 거대한 이민 행렬, IS 테러의 지구적 확산과 같은 새로운 양상으로 튀기 시작하고 있다.

하지만 오늘의 위기는 거시적인 정치경제적 위기의 차원을 넘어 그 폭이 더 넓고 심층적이다. 선진국들은 이미 노령사회로 진입했고, 한국도 여기에 근접해 가고 있으며 1인 가족 증가로 기존의 가족형태가 급격히 해체되고 있다. 또한 개도국의 인구 급증으로 식량-에너지 위기가 심화되고 있고, 지구온난화로 인한 기후변동에 더하여 핵위기(2011년 후쿠시마 원전 폭발)와 중국 발 환경위기(황사 등)가 겹치면서 삶의 질 자체도 날로 악화되고 있다. 유비쿼터스 시대로의 본격적 진입에 따른 자동기술화의 가속화가 신자유주의 정책과 맞물리면서 심화되고 있는 소득과 자산의 가파른 양극화와 비정규직 및 청년실업 증가에 대한 구조적 대책이 부재한 가운데 삶의 모든 측면에서 불확실성과 위기들이 겹쳐지면서 곳곳에서 우울증도 빠르게 증가하고 있다. 세계보건기구는 2020년대 이후에는 우울증이 암보다 더 큰 제1의 질병으로 확대될 것이며 전체 인구의 20% 이상이 우울증에 시달리는 시대가 올 것이라고 예측하고 있다.[2] 한 마디로 경제, 정치, 사회,

---

1_ 박승호, 『21세기 대공황의 시대』, 한울, 2015, 111-21.
2_ 제레미 홈즈 『우울증』, 김종승 옮김, 이제이북스, 2006, 10. 이미 2000년대 초부터 예측된 이런 전망은 점점 더 현실로 다가오고 있다(김진원 기자, 「살아선 보험금 못 받는 질병 우울증」, 『헤럴드 경제』, 2016. 1. 4).

생태계, 그리고 개인의 삶 등 모든 차원에서 위기가 증폭되며, 각각의 위기들이 다시 맞물려 거대한 악순환 고리를 형성하고 있는 셈이다. 체계의 요동은 조만간 세계적 규모로 디플레이션이 본격화될 경우 더욱 격렬해질 것이며, 세계사의 행로는 더욱 큰 난관에 봉착하게 될 것이다. 시간의 화살이 카오스를 향해 빠르게 날아가고 있는 것이다.

물론 자본주의 세계체계가 겪고 있는 이 같은 격동은 이번이 처음이 아니다: (1) 한 세기 전 1914~1945년 사이 30여 년 동안에도 전 세계적 규모의 격변이 있었다(1차 및 2차 세계대전과 영국 헤게모니의 해체 및 러시아 혁명과 중국 혁명). (2) 거기서 120년을 더 거슬러 올라가면 1789~1815년 사이 26여 년 동안(더 길게는 1776년 미국 독립전쟁부터 1815년 나폴레옹 전쟁 종료 시까지 39년 동안) 아메리카와 유럽 전체가 격변에 휩싸인 적이 있었다(네덜란드 헤게모니의 해체와 미국 혁명 및 프랑스 혁명). (3) 다시 그로부터 170여 년을 거슬러 올라가면 1618~1648년 사이 유럽 전체가 30년 전쟁을 겪은 바 있었다(제노바-스페인 동맹의 해체와 근대 민족국가간 체계의 수립). (4) 또 다시 그로부터 200여 년 전후로 거슬러 올라가면 1337~1453년 사이에 영국과 프랑스 사이에 벌어진 백년전쟁이 중세 봉건제의 몰락과 이탈리아 도시공화국을 중심으로 한 최초의 자본주의 경제와 르네상스 문화를 꽃피우는 결정적 계기가 되었다. 이렇게 반복된 거대 규모의 위기와 격변에는 항상 대규모 전쟁이 수반되었고, 자본주의의 공간적 중심과 문화정치적 헤게모니가 지중해에서 북유럽을 거쳐 아메리카로 이동하는 경로 이동이 전개되었다. 그 과정에서 경제적 조직과 기술의 대대적인 혁신이 이루어졌고, 문화혁명과 정치혁명이 일어났다. 그런데 오늘날 지구화된 자본주의가 겪고 있는 위기는 몇 가지 점에서 과거와는 성격이 다르다는 점에 주목해야 한다.

(1) 21세기 자본주의는 전 지구적으로(북한을 제외하고) 포화상태에 도달하여 과거와 달리 더 이상 팽창해 나갈 외부가 없다. 이 때문에 자본은

과거와 같은 외부의 식민화 대신 내부의 식민화(비정규직과 실업의 일반
화)라는 새로운 방향으로 착취와 수탈의 초점을 이동시키고 있다. 그 결과
중심-반주변-주변의 구조적 위계화는 과거처럼 국가들 사이에 국한되지
않고 모든 국가들 내부에서도 발생하고 있다.

(2) 자본주의 헤게모니의 이동 방향이 처음으로 서양에서 동양(중국)으로
로 역전되는 듯한 양상을 보이고 있다. 하지만 그 중심이 동으로 안착될지
는 불확실하며 상당 기간 동안 헤게모니 교착 상태가 지속될 것으로 보인
다. 게다가 오늘의 헤게모니 쟁탈은 핵전쟁의 위험 때문에 과거처럼 전면전
형식으로 진행되기 어렵다. 물론 최근 미국-유럽-일본 연합과 중국-러시
아-신흥국 연합 간의 신-냉전화 경향과 더불어 IS 테러의 세계적 확산과
같은 군사적 긴장의 확산으로 세계 평화가 크게 위협받고 있다. 그러나
이런 긴장들은 핵전쟁으로 인한 인류의 절멸이라는 위험으로 인해 전면전
보다는 현재 이라크와 시리아에서 벌어지고 있는 내전과 같은 국지적 규모
의 대리전 형태로 분산될 가능성이 더 크다.

이런 차이점으로 인해 오늘의 세계체계의 요동은 과거와 같은 대규모의
전면전 형태를 반복하기보다는 제반 모순들을 조삼모사의 방식으로 분산,
이전하면서 착취와 수탈의 중층화를 통해 자본주의 메커니즘 자체의 한계
점에 이를 때까지 지속될 가능성이 상대적으로 더 높아 보인다. 하지만
자본주의가 한계점에 도달한다는 것이 곧 인류 사회의 발전 가능성 자체가
한계점에 도달한다는 것을 뜻하는 것은 아니다. 무엇보다 과학기술 발전을
통한 생산수단의 혁신이라는 차원에서 인류는 그 어느 때보다 거대한 규모
의 양적, 질적 발전을 이루었으며, 노동력의 질적 수준에서 보아도 초중등
교육의 보편화를 통해서—과거와는 달리—다수의 인구가 문맹에서 벗어
나 있을 뿐 아니라, 유비쿼터스 네트워크를 통해 전 지구적 차원에서 지식
과 경험의 실시간 소통이 가능한 상태에 도달해 있다. 따라서 문제가 되는
것은 이와 같이 높은 수준에 이른 생산력의 고도화와 현재의 자본주의적

생산관계의 낡은 족쇄 사이의 심화된 모순이지, 과거와 같이 생산력의 낮은 수준을 극복하는 것이 당면 과제인 것은 아니다. 위기의 시기에 발생했던 과거의 혁명들이 실패했던 것은 낮은 생산력을 당장 극복하는 일에 매달려 생산관계의 혁명이라는 핵심 과제를 해결할 여력이 없었기 때문이다. 그러나 오늘의 상황에서는 전 지구적으로 고도화된 생산력이 낡은 생산관계에 발목이 잡혀 있는 상황이기에 과거와는 사정이 다르다는 점에 주목해야 한다. 이런 상태는 낙관적으로 보자면, 맑스가 예견한 바와 같이 전 지구적 차원에서 발전된 생산력이 부상하여 자본주의의 낡은 생산관계를 해체하면서 세계적 차원에서 '어소시에이션의 어소시에이션'을 실현할 수 있는 가능성이 과거에 비해 훨씬 높아졌다는 점을 시사하는 것이다.

체계의 카오스가 항상 나쁜 것만은 아닌 것은 이런 이유에서다. 카오스 이론에서 말하는 '나비효과'와 같이, 체계가 카오스 상태에 도달할 경우에는 개별 구성원들의 미시적인 행위가 거시적인 체계의 향방에 큰 변화를 야기할 가능성도 함께 커지기 때문이다. 지난 500년 동안 자본주의는 일정기간 동안 내적 모순이 누적되면 헤게모니 교체와 공간적 팽창을 통해 그 모순을 다른 곳으로 전가함과 아울러 전면전을 통해 과잉생산 문제를 해소하면서 이윤율 하락을 상쇄하고 체계를 혁신, 확장해 왔기 때문에 체계에 저항하는 개별행위자들의 역할은 상대적으로 쉽게 위축될 수밖에 없었다. 그러나 이제 체계 자체가 지구적으로 확산되어 내적 모순을 이전할 외부가 사라진 상황에서는 시간이 지날수록 제반 모순들이 내부에 누적되어 체계의 요동이 커지며, 종국에는 폭발할 수밖에 없는 상황으로 나아가고 있다. 역사상 처음으로 전 지구적으로 촘촘히 연결된 세계체계가 이렇게 격렬한 요동 상태에 처할 경우 나비효과가 발생하여 개별행위자들의 역할이 그 어느 때보다 더 중요해지는 상황이 도래할 수밖에 없다. 앞으로 수십 년에 걸쳐질 세계체계의 격동 과정에서 낡은 관성에서 벗어나지 못한 채 체계의 붕괴와 함께 퇴화할 것인가, 아니면 이제까지와는 전혀 다른 방향으로 문명전환을 이루어 새로운 인류로 진화해 나갈 것인가를 우리 스스로 결정하고 행동해야 하는 상황이 도래하고 있는 것이다. 하지만 현재로는 가능성에 불과한 후자의 선택이 현실성을 가질 수 있게 되는 것은 오직 다음과 같은 과제들을 해결할 수 있을 때라고 본다. 그 이유는 다음과 같다.

(1) 우선, 19~20세기 동안 자본주의를 극복하려 했던 역사적 시도들이 모두 실패한 상황에서 어떻게 새로운 사회에 대한 전망을 세우고 공유할 수 있을 것인가라는 문제부터 해결되어야 한다. 이 문제를 푸는 해법은 자본주의에 반대하면서 자본주의를 넘어서고자 했던 과거의 시도들이 왜 실패했는가를 규명하고, 그로부터 어떤 교훈을 얻을 수 있을 것인가를 살피는 과정을 필요로 한다. 뒤에서 살피겠지만, 과거의 혁명들은 지구적 차원에서 볼 때 전-자본주의적인 '외부'가 대규모로 남아 있었기에 자본주의가 더 확장될 수 있는 잠재력을 가졌던 반면, 혁명이 일어났던 지역에서는 낮은 생산력이라는 열악한 물질적 조건을 극복해야 함과 동시에 반자본주의 세력들(혁명적 사회주의, 무정부주의, 사회민주주의) 사이의 격렬한 대립을 풀어내지 못하면서 결국 실패할 수밖에 없었다. 그러나 이런 특수했던 역사적 정황들이 변화하여, 생산력이 고도로 발전하게 됨과 동시에 그로 말미암아 자본주의의 '외부'가 더 이상 존재하지 않아 자본주의적 발전이 정체되고, 그와 더불어 반자본주의 세력들 간의 대립이 해소되면서 서로 협력할 경우에는, 자본주의를 넘어설 수 있는 새로운 가능성이 열릴 수도 있다는 점을 생각해 보아야 한다. 물론 오늘날에는 자본주의의 발전이 정체됨과 동시에 생산력의 고도화가 이루어진 데에 반해서, 반자본주의 세력들 사이의 오랜 대립은 아직도 해소되지 못하고 있고 이 조건은 한 세기 전과 크게 달라진 점이 없다. 이런 이유에서 그간의 반자본주의 세력들 사이의 대립을 어떻게 협력으로 전환시킬 것인가라는 문제가 21세기 인류가 새로운 진보로 나아가기 위해 먼저 풀어내야 할 가장 중요한 선결 과제라고 할 수 있을 것이다.

(2) 이 이외에 유비쿼터스 시대로의 본격 진입이라는 전대미문의 새로운 역사적 변화와 맞물려있는 새로운 문제들(GNR 혁명의 위험과 기회, 환경 위기, 노령사회, 가족의 위기 등)을 함께 해결할 수 있는, 즉 과거의 전략으로부터 해법을 찾을 수 없고, 전적으로 오늘의 세대들이 그 해법을 창안해 내야 할 새로운 과제들이 있다. 그러나 이 새로운 과제(2)는 아직까지 해결되지 못한 과거의 과제(1)를 풀지 않고서는 결코 해결될 수가 없다. 해결되지 않은 과거의 문제의식과 방법들이 교착된 상황 자체가 새로운 과제 해결을 위한 노력과 방법에 큰 장애요인이 될 것이기 때문이다. 여기서는 먼저 (1)의 과제를 풀 수 있는 새로운 방법을 모색하는 데에 집중하고, (2)의 과제에 대해서는 다음 기회로 미루고자 한다.

과거에 반자본주의 세력들은 동일한 문제를 서로 다른 방식으로 풀고자 했기 때문에 대립했던 것이 아니라, 서로가 다른 문제에 역점을 두면서 우선순위가 무엇인가를 놓고 대립했기 때문에 서로 협력할 수가 없었다고 할 수 있다. 가령, 혁명적 사회주의는 국가 권력을 장악하여 생산수단을 사회화하고 중앙집중적 계획경제를 실행한다면 다른 문제들은 그에 따라 해소될 수 있다고 본 반면, 무정부주의는 개별 주체의 자율성을 강조하면서 아래로부터 비자본주의적인 생활양식을 구축하는 일에 우선권을 부여하고 다른 문제들은 부차적인 것으로 간주했다. 이런 사고방식은 핵심 문제가 풀리면 그 결과로 부차적인 문제도 해소될 것이라고 보는—19세기를 지배했던 과학적 사고의 기본 전제였던 선형적 인과론에 입각한—전형적인 환원주의적 입장이다. 그러나 생산양식의 재구성과 생활양식의 재구성은—마치 과학기술의 문제와 도덕성의 문제처럼—서로 층위가 다른 문제이기에 그 해법도 다를 수밖에 없다는 점에서 양자의 관계는 비환원주의적일 수밖에 없다. 이렇게 서로 다른 층위에 놓여 있으면서도 서로가 긴밀하게 연관된 문제들의 복잡한 상호작용을 규명하고 그 해법을 찾기 위해서는 <다중스케일 접근법>이 필요하다.

스케일(scale)이란 사전적인 의미에서는 과학적 관찰의 '척도'를 뜻하는 것인데, 관찰 대상의 전체적인 구조와 변화를 관찰하는 것이 스케일이 큰 '거시적(macroscopic)' 분석이라면, 극히 국부적으로 대상의 미세한 변화를 관찰하는 것은 스케일이 매우 작은 '미시적(microscopic)' 분석이다. 다중스케일 접근법이란 서로 스케일이 다른 거시적인 분석과 미시적인 분석을 양자택일 하는 대신 양자 간의 상호작용적인 관계 분석에 초점을 두는 접근 방법이다. 그러나 사회적 시공간의 복잡성을 고려할 때 미시적 스케일과 거시적 스케일 사이에는 여러 차원의 '중간적(mesoscopic)' 스케일의 매개 과정이 포함될 수밖에 없다는 점에서 상호관계의 폭은 훨씬 커질 수밖에 없다. 일례로 공간적으로는, 인공위성에서 바라본 가장 거시적 스케일의 지구적 차원과 가정과 같은 가장 미시적인 차원 사이에 대륙, 국가, 시/도, 군/구, 마을과 같은 여러 층위의 중간적 스케일들이 매개되어 있다. 시간의 척도 역시 다중스케일의 관점에서 보면, 수백 년 대에 걸친 장기지속(브로델), 백 년 전후의 헤게모니 교체의 주기, 50년 단위의 콘트라티에프 주기, 십년 단위로 반복되는 불황과 호황의 주기, 정권 교체의 단기적 주기 등의 다양한 시간 척도가 상호매개되어 있다. 다중스케일 접근법은 이런 다양한 시공간적인 척도들이 정태적으로 수직적 위계를 구성하거나 혹은 서로 무관하게 나열된 것이 아니라, 중층적 상호작용을 통해서 상호-포섭되어 불균등하게 역동적 변화를 만들어낸다는 사실에 주목하기 시작하면서 다양한 학문 분야에서 나타나고 있다. 이런 시도는 20세기 후반에 들어와 등장한 자연과학의 새로운 패러다임을 지칭하는 복잡계 과학에 의해, 지리학에서는 데이비드 하비와 닐 스미스에 의해, 역사학에서는 브로델-월러스틴-아리기로 이어지는 세계체계 연구에 의해 촉발되어, 21세기에 들어와서는 더욱 다양한 학문 영역으로 확산되고 있다.

　이런 흐름을 이어받아, 이 글에서 21세기 진보의 새로운 향방을 가늠하기 위해 다중스케일 접근법을 도입하려는 것은, 앞서 말했듯이, 과거와 다르게 거시적 체계의 요동이 나비효과를 일으킬 가능성이 높아지면서 거시적 체계와 미시적 행위 주체들 사이의 복잡한 상호작용과 양자 사이에 놓여 있는 여러 층의 중간 체계들 간의 중층결정에 대한 분석이 그 어느 때보다 중요해지고 있기 때문이다. 19세기~20세기 초반의 반자본주의 운동 전략들은 거의 모두 환원주의적이고 선형적 인과론의 관점에 입각해 있었기 때문에 이와 같은 다중스케일 접근법을 도입할 수가 없었다. 그러나 과거와는 달라진 오늘의 조건에서 다중스케일 접근법을 적용해 본다면, 과거의 반자본주의 운동 전략들 간의 자멸적인 대립을 극복하면서 그 전략들 간의 협력 가능성을 타진할 수 있는 길이 열릴 수 있다고 본다. 이런 관점에서 이 글에서는 다음의 세 가지 문제를 순차적으로 해명하는 방식으로, 다중스케일 분석에 따른 21세기 진보전략의 밑그림을 제시해 보고자 한다.

1) 먼저, 전통적으로 대립해 온 반자본주의 전략들 사이의 결합가능성을 오랜 시간에 걸쳐 탐색해 온 에릭 올린 라이트의 <리얼 유토피아 프로젝트>의 타당성을 다중스케일 분석의 관점에서 비판적으로 재검토해 볼 것이다. 라이트의 프로젝트는 복잡한 상황을 헤쳐나가는 데 필요한 거시적인 가이드라인을 맑스에게서 올바로 읽어내지 못한 채, 전통적인 반자본주의 전략들 중에서 단절 전략을 유보하고, 틈새 전략과 공생 전략에 기반한 제한적인 혼합전략 모델을 수립했기 때문에, 거시적-중간적-미시적 스케일들 사이의 복잡한 상호작용을 포착할 수 있는 다중스케일 전략 프레임 구성에 성공할 수 없었다. 하지만, 라이트가 제안한 혼합전략 모델을 맑스의 생산양식 개념과 자유로운 개인들의 연합이라는 이념에 입각한 '이행 과정의 전략적 협력'이라는 새로운 관점에 입각하여 재구성할 경우, 다중스케일 전략 프레임 구성을 위한 1차 밑그림이 만들어질 수 있다고 본다.

2) 반면, 맑스적 관점에 의해 라이트의 모델을 수정하더라도 이 수정된 모델 자체에는 주체양식의 변혁이라는 과제가 포함되어 있지 않아 개인들

의 미시적인 일상생활이 거시적인 사회구조에 미치는 영향 관계를 입체적으로 포착할 수 있는 온전한 의미에서의 다중스케일 분석에 이르기 어렵다는 한계가 있다. 이런 한계를 넘어서기 위해서는, 자본주의 사회시스템의 구조와 변동에 대한 가장 거시적인 분석모델인 맑스의 생산양식 분석과 개인의 마음의 능력에 대한 칸트의 연구로부터 최근의 인지과학으로 이어지는 철학·인문학 연구를 통해서 복잡화된 주체양식에 대한 분석, 그리고 중간 수준의 정치적 분석모델(여기서는 발리바르의 절합모델과 마키아벨리의 혼합모델)들을 연결하는 보다 포괄적이고 심층적인 밑그림이 그려질 필요가 있다고 본다.

3) 이런 절차를 통해서 보강된 '다중스케일 진보전략 프레임'이 전통적인 3가지 변혁 전략 간의 대립 조절이라는 과제를 넘어, 최근 부상하고 있는 '적-녹-보라 연대'의 과제도 함께 포괄할 수 있는지를 점검함으로써, 이 프레임이 21세기 진보전략의 새로운 밑그림이 될 수 있음을 다각도로 입증해 보는 데에 이 글의 목적이 있다.

2. 『리얼 유토피아』에 대한 비판적 검토

2012년에 국역된 『리얼 유토피아』(2010)에서 에릭 올린 라이트는 다음과 같은 주장으로 책의 서론을 시작하고 있다.

"얼마 전까지만 해도, 자본주의 비판자나 옹호자 모두가 '또 다른 세계가 가능하다'고 믿은 때가 있었다…오늘의 세계, 특히 선진 경제 지역의 사람들 대부분은 더 이상 이 가능성을 믿지 않는다. 그들은 자본주의를 사물의 자연스러운 질서로 본다. 그람시가 언젠가 세계를 변혁하는 데 필수적이라고 했던 의지의 낙관주의도 비관주의로 바뀌었다. 이 책에서 나는 해방적 사회 변화가 가능하다는 희망을 되살리려고 한다…요컨대 나는 급진 민주평등주의적 대안사회를 위한 경험적·이론적 토대를 제공하려고 하는 것이다."[3]

그런데 여기서 그가 되살리려고 하는 희망은 한 세기 전에 자본주의 비판자들이 다른 세계가 가능하다고 믿었던 희망과는 성격이 크게 다르다. 그는, 과거 세대는, 특히 맑스는 매우 민주적이고 평등주의적인 경제관계 구조가 어떻게 기능하고 그것이 왜 지속 가능한지에 관한 체계적인 이론에 기초하기보다는 자본주의 자체가 장기적으로 불가능해질 것이라는 주장에 더 기초해 있었지만, 자본주의의 종말에 관한 이 '강한' 이론이 폐기될 수밖에 없는 오늘의 상황에서는 사회주의가 실행 가능한 것임을 보여주는 일이 훨씬 더 긴급한 과제가 된다고 주장한다(504).

우리가 미래를 정확히 예측하기 어려울 때, 최선의 가능성만이 아니라 최악의 가능성을 포함한 다양한 가능성을 함께 고려하는 것이 우리의 사고와 행동의 탄력성과 긴장을 유지하게 하여 방만한 실수를 피하게 하기 때문에, 자본주의의 종말론을 낙관적으로 믿는 것보다는 그 내부에서 새로운 사회의 맹아를 발견하여 그 맹아를 발전시키는 데에 더 많은 노력을 기울이는 것이 전략적으로도 바람직하다고 할 수 있다.

"인간이 관계되는 일일 때, 최악에 대해서뿐만 아니라 최선에 대해서 그 어느 것도 결코 미리 보장된 것은 없습니다. 그런데 이와는 반대로, 어떻든 최선의 것이 실현될 거라는 사상을 토대로 진보 철학은 성립되었던 것입니다. 그리하여 사람들은 기술 혹은 산업 발전에 일임하였습니다. 이렇게 하여 정치와 도덕에 이르기까지 혜택을 확장시킬 수 있다고 생각했던 것이지요…우리가 그 사상을 '구해내야 한다'고는 생각지 않습니다."[4]

3_ 에릭올린 라이트, 『리얼 유토피아: 좋은 사회를 향한 진지한 대화』, 권화연 옮김, 들녘, 2012, 29-30. 이하 이 책에서의 인용은 본문에 그 쪽수를 표시한다.

이렇게 현재보다 나은 사회로의 진보의 경로가 최선에서 최악까지 어느 것도 보장된 것이 없이 열려있다고 볼 경우, 택할 수 있는 전략은 라이트가 말한 대로 '유연한 전략적 다원주의'일 수 있다. 르쿠르도 "우리들 스스로 인간적 환경을 만들 수 있다는 생각 자체를 재검토하는 일"이 시급하다고 보면서도, 이것이 형이상학적인 문제가 아니라, "기술적 발전, 지식의 진보, 그리고 인류의 도덕적 진보를 연결하는 방식으로 결정"[5]되어야 한다고 주장한다. 어느 한 층위에서 진보가 가능하다고 해서 그것이 다른 층위에서의 진보를 자동적으로 보장하지 않는다는 것이다. 라이트 역시 하나의 보장된 길은 존재하지 않는다고 주장하면서, 전통적인 '체제단절적 변혁 전략'과 '틈새적 변혁 전략', '공생적 전략'이라는 세 가지 전략의 유연한 결합의 필요성을 역설하고 있다(502-3). 그 내용을 요약해 보면 다음과 같다.

1) 라이트는 혁명적 사회주의 전통에서 말하는 대규모 '단절 전략'은 예기치 않은 미래에 우발적으로 발생할 여지까지 없다고 볼 수는 없지만, 지금 우리가 살고 있는 세계, 적어도 선진 자본주의 경제에서는 당장 가능해 보이지 않는다고 말한다. 이런 점에서 그가 택하는 현실적인 대안은 변혁을 누적적 변형의 과정으로 보는 '틈새 전략'이다. 이 전략이 '단절적 전략'과 대별되는 지점은 자본주의 사회 이후 사회의 몇 가지 미덕을 자본주의 속으로 가져올 수 있다고 생각했을 뿐 아니라, 이런 전략이 자본주의와의 지속 가능한 해방적 단절의 필요조건이기도 하다고 보았고, 이런 사전적인 사회권력 강화가 없을 때는, 자본주의와 단절했을 때 강한 중앙집권적 권위주의적 경향이 출현할 것이라고 보았다는 점에 있다(450-55). 그는 이 틈새 전략을 '혁명적 무정부주의전략'과 '진화적 무정부주의전략'으로 다시 구분한다. 혁명적 무정부주의전략은 자본주의가 궁극적으로 틈새 전략이 추구하는 민주평등주의적 해방적 변혁의 가능성에 대해 넘을 수

4_ 도미니크 르쿠르, 『진보의 미래』, 김영선 옮김, 동문선, 2000, 101.
5_ 같은 책, 100.

없는 한계를 지운다고 가정하는 반면, 진화론적 무정부주의의 시나리오는 이 가정을 버린다는 데에 차이가 있다는 것이다. 후자는 이 한계가 적절한 틈새 전략을 통해 장기적으로 침식될 수 있다고 보기 때문에, 한계와 그 한계를 침식하는 전략 간의 순환이 계속되다 보면, 자본주의 자체가 많이 수정되고 손상된 나머지 더 이상 한계를 부과하지 못하게 된다는 것이다 (456-57).

2) 그러나 라이트는 '틈새 전략'에도 한계가 있다고 말한다. 혁명적 무정부주의의 경우에 최종적 단절을 불가피하게 만드는 것이 국가라는 제도이며, 진화적 무정부주의 역시 국가를 침식하기는 어려운데, 전자의 경우에는 단절적 전략과 마찬가지로 국가 분쇄가 현실적으로 어렵다는 지점에 이르게 되며, 후자의 경우는 국가를 아예 무시하는 방식으로 나아가게 된다는 것이다. 그런데 국가 역시 경제나 시민사회와 마찬가지로 단일하고 완전히 통합된 권력 구조가 아니라, 불균등하게 통합된 이질적인 기구들로서, 시민사회의 경쟁 세력들이 만나는 투쟁무대이고, 계급지배의 현장일 뿐만 아니라 계급타협의 현장이기도 하기 때문에, 국가를 이용해 해방적 사회권력 강화의 과정을 전진시키려는 '공생적 변혁의 전략'이 출현한다 (459-60). 라이트는 공생을 위해 계급타협이 이루어지는 방식을 생산영역, 교환영역, 정치영역의 세 수준으로 구분하고 나라들마다 다른 값들의 조합이 합성되는 방식을 검토하면서, 이 조합을 자본가의 이익 정도와 노동계급의 단결력 간의 함수 관계로 나타내는 롤러코스터 곡선을 제시한다. 이 모델에는 두 개의 '최대점'이 있는데, 하나는 '자본주의적 유토피아'이며 다른 하나는 '사회민주주의적 유토피아'이다. 라이트는 현실자본주의에서는 이 두 가지 최대점이 역사적으로 실현될 수 있는 것이 아니고, 체계적 배제와 제도적 배제에 의해 현실적으로는 중간 지점으로 각기 낮춰진다고 말한다. 라이트는 이 중간 지점에서 자본가의 이익 정도는 유사한데, 실제로 노동계급의 단결력이 낮은 미국과 단결력이 높은 스웨덴이 서로 비슷한

지점에 위치한다고 말한다. 그는 후자의 경우가 더 모범적인 공생적 전략이 될 수 있지만, 역사적으로 보면 이 전략이 자본주의를 아주 튼튼한 형태로 확립하는 데 기여했다는 점에서, 이 전략이 자본주의를 초월하는 사회변혁의 기초를 제공한다고 주장하기는 어렵다고 본다(479-94).

이렇게 라이트는 세 가지 전략의 장단점을 모두 살피면서 유연하고 현실적으로 타당한 방식으로 그 요소들의 결합의 필요성을 주장하고 있다. 하지만, 그는 '단절 전략'이 현실성이 없어서 다만 미래를 위해 그 가능성을 열어두는 정도로 유보하고 현실적으로는 '공생 전략'의 틀 안에서 '틈새 전략'을 추진하는 것이 바람직하다고 생각한다는 점에서 자신이 애초에 의도했던 세 가지 전략 모델의 충분한 혼합은 이루어 내지 못했다고 평가할 수 있다. 이런 결함에 대해서는 뒤에서 다시 분석할 예정이므로, 여기서는 라이트 자신의 평가를 먼저 살펴보고자 한다. 그는 자신이 제안한 이런 형태의 전략적 모델의 결합에 대해 두 가지 상반된 견해가 있을 수 있다고 본다. 비관적인 견해에 따르면, 선진자본주의 국가들에서, '체제 단절적 변혁 전략'은 대대적인 민중적 지지를 이끌어 낼 가능성이 매우 낮고, '틈새적 변혁 전략'은 한정된 공간들에 제한되어 있다. 그리고 '공생 전략'은 그것이 성공적일 때 오히려 자본주의의 헤게모니적 능력을 강화한다. 반면 낙관적인 견해에 따르면, 오늘의 '틈새 전략'은 다른 세계가 가능하다는 민중의 이해를 강화시키면서 사회 권력 강화의 몇 가지 경로들을 만들어 가는 데 기여할 수 있고, '공생 전략'은 잠재적으로 '틈새 전략'의 작동 공간을 더 크게 열 수 있다. 그리고 확대된 형태의 사회권력 강화를 중심으로 이렇게 제도를 구축해 나가다 보면, 미래의 예상되지 않는 역사적 조건들 하에서 '단절적 변혁'을 가능하게 하는 누적적 효과를 낼 수도 있다는 것이다(494).

그는 이런 낙관적 전망은 다음과 같은 경로를 함축한다고 설명한다: 1) 무조건적 기본소득이 사회적 경제에 참여할 시간을 늘린다. 2) 주식과세 임금소득자 기금과 연대기금은 기업과 투자를 통제할 수 있는 노동조합과 여타 결사체들의 능력을 향상시킨다. 3) 협동조합들 사이의 협동을 더 용이하게 하는 새로운 정보기술에 의해 노동자 소유 협동조합이 재활성화되고, 파괴적 시장 압력으로부터 생산자 협동조합을 보호하는 새로운 협동적 시장 인프라가 발전한다. 4) 경제에 대한 직접적 국가 개입은 국영기업들의 효율성과 책임성을 향상시키는 새로운 형태의 결사체적 참여와 결합된다. 5) 참여형 예산이 광범위한 도시들에 걸쳐 확산되고, 정부 지출의 새로운 영역들로 확대된다. 6) 그리고 지금까지 예견되지 않았던 전혀 새로운 제도들이 창안되어 사회권력 강화를 새로운 방식으로 전진시킨다(505).

라이트는 1) 자본주의에 대한 실행 가능한 대안이 역사적 의제 위에 적극적으로 올라와 있지 않는 한, 2) 그리고 이 대안이 정치운동과 연결된 광범위한 민중적 지지를 받고, 3) 정치운동이 이러한 민중적 지지를 정치권력으로 전화시키지 못하는 한, 자본주의는 경제조직의 지배적 구조로 남아 있을 것이라고 전제하면서, 현재의 하이브리드적인 경제구조를 구성하고 있는 권력관계의 배열을 변화시키는 하이브리드적이고 다원적인 사회주의적 이행 경로를 제시한다: (1) 사회권력의 강화→(2) 국가권력을 사회권력에 종속시킴(국가에 대한 민주적 통제)→(3) 경제권력에 대한 민주적 통제→(4) 시민사회 자체의 민주화를 통한 폭이 좁은 결사체와 폭이 넓은 결사체들이 두텁게 형성된 시민사회의 창조를 통한 계급구조의 근본적 변혁이라는 장기적 프로젝트로서 7가지 경로를 결합한 다원적 이행모델이 그것이다: '국가사회주의', '사회민주주의적 경제규제', '결사체민주주의', '사회적 자본주의', '사회적 경제', '협동조합적 시장경제', '참여사회주의의 경로와 그것들의 현실화 사례: 참여형 도시예산, 위키피디아, 육아와 노인보호를 위한 퀘벡의 사회적 경제, 무조건적 기본소득, 연대기금, 주식과제와 임금소득자 기금, 몬드라곤, 시장사회주의, '파레콘' 등'이 그것이다. 이것들 어느 하나도 그 자체로는 사회주의 경제를 위한 실행 가능한 틀이 되기 어렵지만, 이 모두가 결합될 때에는 경제활동을 통제하는 기본적 권력 배열을 변화시킬 잠재력을 가진다는 것이다(498-99).

이런 제안을 하면서, 라이트는 무엇보다도 사회주의가 사회정의와 정치정의를 위해 노력하는 투쟁의 무대이지, 이 이상들의 실현을 '보장'하는 것은 아니라는 점을 강조한다. 다시 말해서, 어떤 제도를 잘 설계하면, 이 제도를 원활하게 운영하고, 이 제도를 손상시키거나 파괴시키는 사회적 과정을 주변화하는 데 필요한 사람들이 그 제도에서 저절로 나오리라는 환상에 빠져서는 안 된다는 것이다. 민주주의적 제도를 완벽하게 설계하기만 하면 쉬어도 된다는 철학자들과 정치가들의 환상, 자기 생산하는 경제에 대한 경제학자들의 환상, 자본주의적 권력이 파괴되고 노동자들에 의해 운영되는 새로운 경제제도들이 올바르게 설계되기만 하면 사회주의가 자기 강화할 것이라는 환상 등이 그것이다. 요컨대, 제도의 설계가 중요하기는 하지만, 이 이상들의 실현은 결국 개인들의 주체적 행위와 창조적 의지에 의해 좌우될 것이며, 어떤 제도적 설계도 완벽하게 자기 교정적일 수는 없기 때문에, 우리는 결코 쉴 수 없다는 것이다(500-1). 결국 제도를 잘 설계해야 하지만, 행위 주체의 문제가 항상 남아 있게 된다는 것이다. 라이트는 이 문제를 상세히 논하지 않았는데, 이에 대해서는 뒤에서 다시 다루기로 하겠다.

라이트가 말하는 '리얼 유토피아 프로젝트'는 유연한 만큼 매우 다양한 스펙트럼의 전략들의 복합체이기 때문에 "여러 전략들의 상이한 요소들을 결합하는 성가신 문제와 씨름해야 한다"(424)는 어려움을 포함하고 있다. 이런 어려움은 그가 말하는 다음과 같은 상황과 자주 부닥칠 수 있다.

"시간과 장소에 따라 이 변혁 양식이나 저 변혁 양식이 가장 효과적일 수도 있지만 보통은 모든 전략이 다 적절하다. 활동가들이 한 가지 전략적 전망에 깊이 몰두해 이를 보편 타당한 것으로 보게 되는 일이 자주 일어난다. 그 결과, 거부된 전략 모델들과 맞서 싸우다 상당한 에너지가 소비된다"(424).

실제로 20세기의 역사는―라이트가 반자본주의의 세 가지 전통이라고 불렀던―혁명적 사회주의 전통, 무정부주의 전통, 그리고 사회민주주의 전통들이 연대하여 자본주의와 대결하기보다는 오히려 세 가지 전략들 사이에서의 대결에 더 많은 에너지를 소진했음을 보여주고 있다. 러시아 혁명기 볼셰비키에 의한 무정부주의자들에 대한 탄압(1918~20년 사이 무정부주의자들에 대한 탄압과 그 결과로 발생한 1921년 크론슈타트 봉기에 대한 무력 진압 등), 1919년 독일혁명 과정에서 스파르타쿠스단 봉기에 대한 사회민주당 정권의 무력 진압, 스페인 내전 시 1937년 스탈린에 의한 무정부주의자와 트로츠키주의자에 대한 대대적인 학살 등이 그러하다. 미시적으로 보면 반자본주의 세력 간의 대결이 특정한 시공간에서 불가피했다고 하더라도 그런 대결의 누적이 거시적인 차원에서 자본주의의 세력회복과 강화에 기여하게 됨은 물론이다. 이런 역사적 비극을 피하면서 자본주의를 넘어설 대안적 사회로 나아가기 위해서는 세 가지 전통 혹은 전략으로부터 여러 요소들을 끌어내어 결합해야 할 필요, 혹은 세 가지 전통이 협력하고 연대할 수 있는 방안을 마련할 필요가 있음은 분명하다.

라이트의 '리얼 유토피아'는 반자본주의 세력들 간의 협력 없이는 결코 자본주의를 극복할 수 없다는, 반자본주의 투쟁의 가장 기본적인 원리를 환기시키면서, 반자본주의 전략들 간의 하이브리드가 필요하다는 것을 강조하고 있다는 점에서 분명히 경청할 만한 가치가 있다. 그러나 라이트의 해법은 '단절 전략'을 사실상 미래로 유보해두기 때문에 진정한 의미에서 하이브리드전략이라고 보기 어렵고, 또한 요소들의 결합 원리를 규명하지 못한 채 그때그때의 정세에 맡겨두기 때문에 과거의 대립을 반복할 우려도 크다. 이런 이유에서 라이트의 모델을 다음과 같은 관점에서 비판적으로 재구성할 필요가 있다고 본다.

1) 라이트가 제시하는 다원적이고 하이브리드적인 전략은 전 지구적으로 확장된 자본주의 세계체계의 복잡성과 대면하는 데 적합하다는 장점을

가지고 있다. 그러나 다원적 전략 모델을 결합할 수 있는 공통의 가이드라인이 부재하다는 점이 큰 결함이다. 이 문제를 해결하려면, 맑스의 '생산양식' 개념과 '자유로운 개인들의 연합'[6] 이념을 앞서 말한 세 가지 전략들 간의 내적 연결을 가능하게 해줄 하나의 규제적 원리로 설정할 필요가 있다.

2) 라이트는 제도의 설계와 행위 주체 사이에 얼마든지 간극이 벌어질 수 있다는 사실을 중시하면서, 우리가 결코 쉴 수 없다는 점을 강조한다. 구조/제도와 행위자의 변증법은 아무리 강조해도 지나치지 않다고 본다. 그러나 라이트는 행위 주체가 쉬는 순간 퇴행이 일어난다는 점을 강조할 뿐, 제도와 행위 주체의 변증법 자체를 규명하려 하지는 않는다. 일례로 앞서 르쿠르가 말한 '도덕적 진보'가 어떻게 하이브리드적인 모델의 작동 속에서 가능할 수 있는지는 규명되지 않은 채로 남아 있다. 모든 것을 제도에 맡기려는 열망은 행위 주체가 얼마든지 도덕적으로 퇴보할 수 있다는 점을 가정하지 않기 때문에 발생한다. 혼합전략 모델은 크고 작은 정도의 계급적, 성적, 인종적 갈등이 지속된다는 사실을 전제해야 하며, 크고 작은 갈등의 파도를 직접 헤쳐 나가야 하는 것은 다양한 행위 주체들이라는 사실을 규명할 수 있을 때라야 현실적으로 효과적일 수 있을 것이다. 제도 종교의 규범에 의지하지 않고 갈등의 파도를 성공적으로 헤쳐 나가는 데 필요한 윤리적 일관성의 문제를 규명하기 위해서는, 새로운 생산양식으로의 이행에 부응하는(혹은 촉진하는) 새로운 주체양식의 모델을 설정하지 않으면 안 된다.

6_ "맑스는 『자본론』에서도 'combined workers'와 'associated workers'를 구별했는데, 전자는 노동자들이 자본의 힘에 의해 수동적으로 무의식적으로 '결합된' 노동자들을 가리키고, 후자는 능동적으로 의식적으로 '연합한' 노동자들을 가리킵니다. 이리하여 새로운 사회는 노동하는 개인들이 자발적으로 목적의식적으로 연합한 사회라는 것을 강조하기 위해 맑스는 어소시에이션을 공산주의보다 더욱 선호한 것 같습니다. 이 어소시에이션과 직접 연결되는 생산 양식을 '연합한 노동의 생산양식mode of production of associated labor' 또는 이것을 줄여 '연합한 생산양식associated mode of production'이라고 불렀습니다"(김수행, 『마르크스가 예측한 미래사회』, 한울아카데미, 2012, 64).

3. 맑스의 '생산양식' 개념과 '자유로운 개인들의 연합'의 이념

맑스가 규명한 바와 같이, [생산력의 발전생산관계와의 모순과 충돌(1)→ 새로운 생산관계의 발생과 발전(2)→혁명 사상의 형성과 발전(3)→정치혁 명(4)→경제혁명(5)→생산력의 발전]이라는 법칙이 모든 사회를 관통하는 '사회발전의 일반법칙'이라고 볼 수 있다면,[7] 현재 상황은 바로 (1)의 충돌 이 심화되고 있는 가운데 (2)가 형성되고 있는 국면이라고 볼 수 있을 것이 다. 유비쿼터스 시대의 도래와 함께 심화되고 있는 생산수단의 자동화에 비례하는 노동시간 감소와 충돌하는 비정규직 증대 및 노동시장의 양극화 경향, 지식생산의 개방적 성격과 지적 재산권의 폐쇄성 사이의 모순의 심 화와 같은 것들이 (1)의 사례라면, 틈새를 이용하여 협동조합 및 사회적 경제와 공유경제를 활성화하려는 운동들의 증대가 (2)의 사례에 해당할 것 이다. 그러나 (1)의 모순이 심화되는 가운데 (2)의 요구가 증대하고 있음에 도 불구하고, 이 문제들을 정리하여 (4)와 (5)의 혁명적 국면으로 역사의 흐름을 가속화하는 데에 관건이 될 새로운 혁명 사상과 전략의 형성과 발 전이라는 (3)의 국면은 계속해서 유보, 지체되고 있는 실정이다.

2000년대에 들어와 에릭 올린 라이트가 추진해 온 <리얼 유토피아 프로 젝트>도 (3)의 국면 형성을 위한 노력의 일환이라고 볼 수 있지만, 앞서 살폈던 몇 가지 결함으로 인해 (3)의 국면 형성에 큰 도움이 된다고 보기는 어렵다. 이는 역으로 전통적인 반자본주의 전략들 간의 오랜 대립이 빚어 낸 갈등과 편견 및 상호오해를 벗어나기가 쉽지 않음을 보여주는 것이기도 하다. 2000년대에 들어와 서구의 좌파 지식인들 사이에서 벌어지고 있는 논쟁에서도 이와 유사한 대립의 반복을 볼 수 있다. 대표적인 논자들의 이견의 갈래를 개관해 보면 다음과 같다:

7_ 같은 책, 55.

(1) 알튀세르의 제자인 에티엔느 발리바르는 18~20세기의 변혁운동의 흐름을 '해방의 정치', '변혁의 정치', '시민인륜성의 정치'로 구분하면서 원리적으로 보면 어느 하나의 우위가 아니라 정세에 따른 세 가지 정치의 '절합'이 있을 수밖에 없다고 주장하고 있다. 발리바르의 해방의 정치는 '무정부주의적 틈새 전략'과, 변혁의 정치는 '단절 전략'과, 시민인륜성의 정치는 '공생 전략'과 유사한 점이 있고, 세 가지 전략의 비환원주의적인 '절합'을 주장한다는 점에서 라이트의 다원적 전략과 상당히 흡사해 보인다. 하지만 발리바르의 시민인륜성의 정치는 라이트의 공생 전략과는 다른 차원을 함축하고 있고, 이 글에서 필자가 주장하려는 주체양식의 변혁이라는 과제와 맞닿아 있다. 이 점은 뒤에서 상세히 검토해 볼 것이다.

(2) 알랭 바디우는 마오쩌둥의 문화혁명 모델과 혁명저 무정부주의의 전통을 연결하는 일종의 '해방의 정치'를 주장하고 있는 반면, 평등을 목표가 아니라 출발점으로 설정하면서 치안에 저항하는 정치를 주장하는 자끄 랑시에르는 일종의 진화적 무정부주의 전략과 연결되는 '해방의 정치'를 모색하고 있는 것으로 볼 수 있다. 라캉의 정신분석을 활용한 대중문화 비평을 통해 세계적으로 알려진 명사이기도 한 슬라보예 지젝은 전통적인 '단절 전략' 중에서 스탈린주의의 복권을 시도하고 있다. 한편, 2000년에 『제국』을 발표하면서 세계적인 주목을 받아온 안토니오 네그리와 마이클 하트는 다중의 자율성에 기초한 공통성의 회복을 다각도로 설파하고 있지만, 전통적인 '혁명적 무정부주의 전략'에서 크게 벗어나지 않는다고 평가해 볼 수 있다.

이러한 평가는 존재론에서 미학과 윤리학 및 맑스주의와 정치철학에 이르는 이들의 복잡한 논의를 지나치게 단순화하여 이들의 주장에 함축된 새로운 면모를 낡은 전통의 굴레에 다시 가두는 부당한 평가라는 반론이 있을 수 있다. 이들의 사상에 함축된 새로운 면모에 대해서는 별도의 평가가 필요하겠지만, 여기서 이런 분류를 하려는 취지는 이들의 주장이 라이트가 검토했던 세 가지 반자본주의 전략의 전통에서 크게 벗어나지 않으며, 앞서 검토했던 바와 같은 라이트의 모델이 가진 한계 안에 머물고 있다는 점 때문이다. 이런 이유로 이들의 상반된 정치철학적 주장들도 라이트 모델에서 분류된 세 가지 전략에 포함한다는 가정 하에서, 이하에서는 맑스적 관점에 설 때 어떻게 '다중스케일 진보전략 프레임' 구성의 길이 열릴 수 있는지를 살펴보기로 하겠다.

1) 19~20세기의 변혁 전략의 비판적 계승과 전략들 간의 협력 가능성

라이트가 정리한 하이브리드 모델의 3가지 구성 요소는 '단절적 변혁 전략'(혁명적 사회주의 전통)(1), '틈새적 변혁 전략'(무정부주의 전통)(2), '공생적 계급타협 전략'(사회민주주의 전통)(3)이다. 그런데 이 세 가지 전략은 생산양식의 구성 요소들 중 어느 하나의 요소에 전략적 중심을 부여하고 다른 요소를 그에 종속시키는 방식으로 전략적 프레임을 구성하고 있다는 점에서 환원주의적인 성격이 강하다: (1)은 생산수단의 조직적 활용에, (2)는 노동력의 자율성 증대에 중점을 두고 있기에 (1)과 (2)는 생산력 개념을 양극화하고 있는 셈이다. 한편, (3)은 자본주의의 기본 모순(생산수단의 사적 소유와 생산력의 사회화 간의 모순) 및 임금노동과 상품/화폐 물신주의에 의한 노동의 소외라는 문제점은 도외시한 채 계급타협을 통한 노동의 복지 및 생산관계의 민주화라는 측면에만 방점을 찍고 있다.

그런데, 맑스가 분석했듯이 자본주의 생산양식을 그 전체에서 고찰해 보면, 생산력의 3요소(자연력, 노동력, 좁은 의미의 생산수단)를 모두 상품화하면서 생산수단 전체의 사적 소유에 기반하여 잉여가치 축적만을 그 목적으로 삼는 자본주의 생산양식은 그 어느 한 측면만을 바꾸는 방식으로는 결코 다른 생산양식으로 변화하지 않는다는 점을 확인하기란 그리 어렵지 않다. 달리 말해서, 자본주의보다 더 나은 사회로 현실적으로 이행하기 위해서는 다음의 비교표에서 빈 공백들이 횡단적으로 연결되어, 생산력의

3.요소와 생산관계 및 넓은 의미에서의 국가장치라는 상부구조 전체가 모두 함께 변혁되지 않으면 안 된다는 것이다.

<표 1> 사회구성체의 각 수준별 자본주의 대 변혁 전략 간 비교

체제/전략 사회적 심급		자본주의	자본주의 변혁 전략		
			공생 전략(3)	틈새 전략(2)	단절 전략(1)
국가장치	RSA(억압적 국가장치)	자본의 국가	국가의 민주화	-	혁명에 의한 국가권력 장악
	ISA(이데올로기적 국가장치)	자본의 문화	-		문화혁명
생산관계	생산과정의 통제 방식	수직적 통제	노사협상을 통한 조정	틈새에서 자율협력 생산소비공동체	중앙계획
	생산수단의 소유 방식	사유회			국유화/사회화
생산력	생산수단	상품화	-	-	탈상품화
	노동력	상품화(착취)	상품화(고임금/완전 고용/고복지 추구)	틈새에서 노동력 탈상품화 추구	-
	자연력	상품화(수탈)		생태주의	

(3)의 전략은 자본주의가 발전하고 있는 동안에는 노동자계급의 입장에서는 어쩔 수 없이 선택할 수밖에 없는 전략이지만, 자본주의가 위기에 처한 상황에서는 자본가계급 스스로 자신이 소유한 부와 권력을 노동자계급에게 대폭 양보하지 않는 한 현실화되기 어려운 전략이다. 2차 대전 이후 선진자본주의 국가 내에서 (3)의 전략이 일정 기간 실현 가능했던 것은 지구의 절반으로 확산된 사회주의의 위협에 대응하기 위해(냉전 상황) 상당 정도 자본의 양보가 불가피했던 매우 특수한 역사적 맥락에 힘입었던 것이다. 2008~2010년의 미국과 유럽의 금융위기 이전까지만 해도 거의 모든 나라에서 계급타협을 통해 (3)의 전략을 실천하는 것만이 최선이라는 생각이 지배적이었던 것도 그 전략이 20세기 후반의 특수한 역사적 맥락에 기반했던 것이었고, 그 기반이 사라질 경우 타당성을 상실할 것이라는 점을

고려하지 못했던 탓이다. 하지만 사회주의권의 붕괴 이후 신자유주의 세계화의 전개 과정에서 이미 이 전략은 현실적 기반을 상실하기 시작했고, 세계경제의 위기가 심화되고 있는 오늘의 상황에서 (3)의 전략은 자본이 대폭적인 양보는커녕 더 가혹한 착취와 수탈을 가속화하고 있어 표류할 수밖에 없는 상황에 처하고 있다(일례로, 2015년 한국정부의 임금피크제 강행 시도 등). 한편 이런 과정에서 2000년대에 들어와 (2)의 전략이 협동조합운동과 사회적 경제 정책을 매개로 점차 활성화되고 있다고 할 수 있지만 실제로 성장 속도가 매우 느리고 규모도 협소하다.

한편, 러시아 혁명과 중국 혁명에서 실행되었던 (1)의 전략의 문제점에 대해서는 그 동안 많은 분석과 평가가 있어 왔다. 이 전략의 가장 큰 결함은 사회 전체를 일거에 변화시키려는 총체적이고 단절적인 변혁 전략임에도 불구하고, 앞서 살핀 바와 같이, '생산수단'에 대한 관심에 비해 '노동력'과 '자연력'에 대한 관심이 부차화되어 있었다는 점에 있다. 생산수단의 발전과 축적을 위해 노동력과 자연력이 국가의 중앙계획에 의해 전면적으로 '동원'되어야 한다는 것은 시장자본주의를 국가자본주의로 대체하는 것이지 결코 자본주의를 넘어서는 방식이 아니다. 스탈린주의로 귀결된 (1)의 전략에 대해 무정부주의나 좌익반대파들의 (2)의 전략이 가장 격렬하게 대립했던 이유도 여기에 있다. 하지만 그렇다고 해서 국가 전체의 차원에서 누적되어 있는 거대한 규모의 생산수단, 특히 사회간접시설과 같은 공공시설과 대규모 공장시설들을 모두 개인들에게 나누어 줄 수는 없기에, (2)의 틈새 전략만으로는 해결할 수 없는 생산수단의 국유화/사회화를 위해 (1)의 전략의 존재 이유가 있는 것이기도 하다. 바로 여기서 (1)의 전략과 (2)의 전략 간의 전통적인 이율배반이 나타났던 것이며, 이 이율배반을 해결하는 것이 21세기 진보전략의 피할 수 없는 과제라고 할 수 있을 것이다.

양자의 이율배반을 해결하려면 우선, 생산수단-노동력-자연력이라는 생산의 3요소 사이의 결합이 서로 배제적이거나 파괴적이지 않은 방식으로 선순환을 이룰 수 있는 방법을 모색할 수 있어야 한다는 기본 전제가 필요하다. 물론 선순환은 하루아침에 가능한 것이 아니지만, 여러 가지 제도적 실험과 실천을 통한 지속적 노력을 통해서 모색할 필요가 있다는 것이다. 현재 자본주의 사회에서 양자의 관계는 단순한 병렬 구조가 아니라 시공간적 차원에서 다른 제도와 경로를 거쳐 형성되어 왔는데, 생산수단의 거대한 집적은 데이비드 하비가 말한 바와 같이, 자본의 1차순환→2차순환→3차순환의 시공간적으로 상이한 경로를 거쳐 개별 공장단위로부터 지방자치단체가 관할하는 도시 차원에서 전체를 포괄하는 중앙정부에 이르는 중층적인 행정적 경로로 분화되어 순환하는 형태로 형성되어 있다. 그리고 이 경로는 일방적인 것이 아니라 한편으로는 자본의 분배와 다른 한편으로는 임금과 소득의 분배가 순환되는 이중의 경로로 이루어져 있다. 현재와 같이 모든 사물과 서비스가 상품으로 생산되고 소비되는, 자본과 노동의 자본주의적인 순환 회로를 변화시키기 위해서는, 한편으로는 전국적 규모의 생산수단의 소유 방식과 생산과정의 통제 방식에 대한 전면적 변화와 더불어 다른 한편으로는 모든 생산현장과 일상생활에서 노동력의 탈상품화와 자율성의 증대를 위한 전면적 변화가 일어나야 하며, 이 두 가지 변화는 악순환이나 정체 상태에 빠져서는 안 되며, 안정적인 선순환의 방식으로 결합되어야 한다. 이 과정을 다이어그램으로 그려보면 다음과 같다.

이 그림은 자본의 1차-2차-3차 순환이 완결되어 반복 작동 중에 있는 현대 자본주의 사회의 현실적인 4차원의 시공간을 실제로 변혁하기 위해서는 위로부터의 거시적 생산양식 변혁과 아래로부터의 미시적 생활양식 변혁 어느 한쪽만이 아니라 중간 범위의 개혁을 포함한 세 차원에서의 변화가 일정기간 동안 공시적으로 연결되지 않으면 안 된다는 사실을 쉽게 보여준다. 나아가 이 세 차원의 동시다발적인 변화는 일회적인 순환으로 성사되는 것이 아니라 세계체계와 역동적 관계와 연동되어 더욱 복잡한 경로를 밟을 수밖에 없을 것이다. 이 때문에 세 가지 차원에서의 변화가

<그림 1> 변혁의 상향경로(틈새 전략)와 하향경로(단절 전략)의 순환

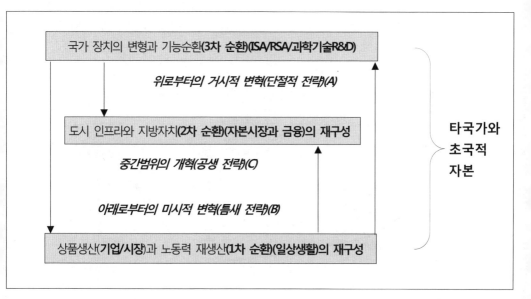

전개되는 이행 과정에서 세 가지 전통적인 전략들 간의 협력이 불가피하다고 할 수 있다. 우선, 혁명적 상황이 전개되더라도 한동안 자본에 대한 통제를 유지하면서 기존의 지방자치와 중앙정부 및 대외교역과 외교관계를 개선함과 동시에 계속해서 발전시켜야 하기 때문에 의회 내에서 제도의 민주화를 위한 노력과 의회 밖에서의 사회운동 간 사이에 정세에 따른 유연한 협력, 즉 공생 전략이 필요하며, 이 과정 속에서 틈새 전략과 단절 전략의 확대를 위한 공간을 여는 노력이 필요할 것이다. 그리고 이런 과정에서 공생 전략이 한계점에 도달하는 데에 비례하여 틈새 전략과 단절 전략의 확대가 이루어지다가 일정 시점에서 단절 전략의 주도 하에서 공생 전략과 틈새 전략의 협력으로 나아가는 국면 변화가 일어날 수 있다.

이 세 가지 전략들 간의 협력이 지속된다는 가정 아래에서 다음 그림과 같은 경제적인 변화를 전망해 볼 수 있을 것이다. <그림 2>에서 '기본소득'은 사회구성원 모두에게 보편적/무조건적/개별적인 방식으로 일정한 액수

<그림 2> 혁명-개혁, 기본소득-성과소득의 상관 관계 분포

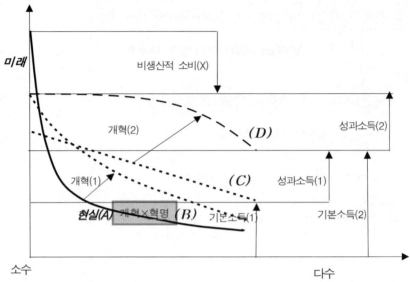

필요 충족과 능력의 발달

미래

비생산적 소비(X)

개혁(2)

(D)

성과소득(2)

개혁(1)

(C)

성과소득(1)

현실(A) 개혁×혁명 (B)

기본소득(1)

기본소득(2)

소수

다수

*출처: 심광현, 『맑스와 마음의 정치학』, 문화과학사, 2014, 376쪽의 그림 부분 수정

의 기본소득을 지속적으로 지급한다는 것을 의미하며, 그 재원은 생산수단
의 사회화(국유화와 공유경제 등)와 불로소득 환수를 통해서 자본주의 사회
에서 발생했던 과도한 사치와 과잉생산으로 인한 낭비 등 비생산적 소비를
줄이는 데서 확보하게 될 것이다. '성과소득'은 능력에 따라 일한 만큼에
대해 상대적으로 편차가 적게 일정한 성과소득을 지급한다는 것을 의미한
다(그 결과 사회구성원들 대다수에게 노동시간과 자유시간의 균형이 획득
된다). '개혁×혁명'은 공생 전략과 틈새 전략과 단절적 전략이 효과적으로
결합하여 협력에 성공할 경우를 의미한다. '개혁1'은 혁명적 단절 이전의 공
생 전략과 틈새 전략의 협력을, '개혁2'는 혁명적 단절 이후의 연속적인 개혁
과 반혁명에 대한 효과적인 통제(연속혁명)에 성공하는 경우를 의미한다.

(A)가 극소수만이 발전된 생산력의 성과를 소유, 향유하며 다수는 생존

에 허덕이고 있는 오늘날 경쟁사회의 현실적인 소득/능력의 분포곡선(양극화를 표시하는 롱-테일 곡선의 멱함수 분포)이라면, (D)는 사회 구성원 다수가 '능력에 따라 일하고 필요에 따라 가져가는', 현재로는 유토피아로 볼 수밖에 없는, 맑스가 말했던 높은 단계의 코뮌주의 사회에 근접하게 되는, 그에 근접할수록 성과소득 자체도 점점 줄어드는, 소득/능력의 분포곡선(역으로 뒤집힌 롱-테일 곡선)이다.

(B)는 복지국가적인 개혁(1)을 통해서 현실의 소득/능력의 양극화를 완화하여 멱함수 분포를 종함수 분포 쪽으로 전환시키는 방식이다. 이는 그동안 자본주의 사회 내에서 케인스주의/사회민주주의가 실행할 수 있는 최대치의 분포(1950~70년대 황금기의 서구의 복지국가)에 해당한다. 이 경우 최상위계층의 소득/능력은 누진세를 통해 하강하고, 최하위계층의 소득/능력은 복지를 통해 다소상승하게 될 것이다. 물론 현재 상황에서 이런 개혁을 실행할 수 있는 가능성은 극히 희박하다. 신자유주의 세계화에 의해 증대된 초국적 자본의 강도 높은 압력 속에서 이명박-박근혜 정부는 물론 대다수 정부가 보여주고 있듯이, 과거에 유지되던 계급타협적 공생전략을 기각해 가면서, 이윤율 저하를 만회하기 위해 복지비용을 삭감하고 노동시장 내에서의 경쟁을 강화함으로써 계급투쟁을 격화시키고 있기 때문이다.

이런 상황으로 인해 (C)의 전략이 불가피해진다. 이 경우는 연간 사회적 부가가치의 총 40%를 차지할 정도의 막대한 양의 불로소득의 상당량을 세금을 통해 환수하여 재원으로 삼아, 일정액의 무조건적이고 보편적이고 개별적인 기본소득과 노동기회를 사회 성원 모두에게 제공하려는 혁명적 조치에 해당한다. 무조건적이고 보편적이고 개별적인 기본소득과 보편적 노동기회를 지속 가능하게 제공하려면 '불로소득의 환수'와 더불어 '생산수단의 사회화'라는 정치혁명이 요구된다. 이때 불로소득의 환수와 생산수단의 사회화 정도에 따라 기본소득의 액수가 정해질 것이며, 그 액수의 확대 여부는 아래로부터의 사회권력의 자본권력에 대한 압박의 강도와 더불어 자본의 파업과 유출을 통제하고 해외 무역을 유지할 수 있는 정치경제적 조절과정의 성패에 의해 결정될 것이다.

　전체적으로 볼 때, 장기간에 걸친 이 과정에서 효율적인 전략은 제도 개혁과 사회구조적 혁명과 생활양식의 혁명이 선순환하게 되는 입체적인 협력전략이다. 불로소득의 회수와 생산수단의 사회화라는 정치경제적 사회혁명이 모든 것을 자동적으로 해결해 주는 것이 아니라, 생산력의 지속가능한 발전과 아울러 육체노동-지식노동의 분할, 도시-농촌의 분할이라는 오래된 관행을 극복하면서(제도 개혁), 다수의 대중이 '다중지능'의 개화를 체험하게 하고 전 사회적 협력에 능동적으로 참여하면서 아래로부터의 사회권력을 강화할 수 있게 할, 새로운 주체형성 과정(일상생활의 혁명)이 동반되어야 하기 때문이다. 이렇게 위로부터의 단절 전략(생산양식 혁명)과 아래로부터의 틈새 전략(생활양식/주체양식의 혁명)과 중간 수준에서의 공생 전략(제도 개혁)이 서로 협력할 경우, 사회구성원 전체가 적극적으로 생산양식과 생활양식의 전면적인 개혁에 참여하는 과정이 촉진될 수 있다.

　(D)는 이런 형태의 협력의 지속의 결과로 낮은 단계의 코뮌주의를 높은 단계의 코뮌주의로 끌어 올리는 복잡한 개혁(2)의 과정이다. 이런 과정은 푸리에가 말한 바와 같이 협동사회에서는 생산력이 비약적으로 발전한다는 가정을 전제하는 것으로, 이에 따라 기본소득(2)가 전 구성원에게 지급될 수 있게 되면, 맑스가 말한 바와 같이 "능력에 따라 일하면서 필요에 따라 가져가는" 코뮌주의의 높은 단계에 근접할 수 있는 조건이 마련될 것이며, 그에 비례하여 성과소득(2)는 사회적 인프라의 안정적 구축과 함께 시간이 지나면서 점점 줄어들 수 있을 것이다.[8]

8_ 심광현, 『맑스와 마음의 정치학』, 문화과학사, 2014, 376-78.

이 도식은 일정한 단계를 구분하고 있지만, 그것이 혁명과 개혁 사이의 기계적인 단절을 포함하고 있는 것은 아니다. 우선 여기서 말하는 혁명의 의미를 명료히 할 필요가 있다. 흔히 혁명은 누군가의 기획에 의해 사회 체제가 일거에 총체적으로 변화하는 것이라고 이해되는 경향이 있다. 하지만 프랑스 혁명과 러시아 혁명의 사례는 혁명의 출발이 소수 혁명가들의 기획에 의한 것이 아니라 축적된 불만이 돌발적인 대중 봉기의 형태로 터져 나오는 방식으로 이루어졌음을 확인시켜 준다. 에릭 올린 라이트도 "단절은 만들어지는 것이 아니라 그냥 일어날 수도 있으며, 이런 상황에서 단절 전략은 맑스주의자들이 말하곤 했던 역사적 '필연성'이 될 수 있다"(426)고 말한다. 그는 각주에서 테다 스코치폴(Theda Skocpol)의 저서 『국가와 사회혁명』(1979)에서 다음과 같은 주장을 인용하여 부연설명하고 있다: 즉 "혁명은 만들어지는 것이 아니라 일어나는 것이다. 국가 권력의 혁명적 장악을 가능하게 하는 위기 조건들은 혁명가들의 전략의 결과가 아니라, 대규모의 동태적 과정들이 행위자들의 등 뒤에서 작동하는 가운데, '혁명적 상황'을 일으키는 사건들이 우연히 역사적으로 결합된 결과이다. 혁명 정당들은 '그 순간을 장악하며', 이를 위해 분명 어떤 의미에서 준비되어 있어야 한다. 그러나 실제적인 단절 전략은 이러한 순간들 속에서만 작동하게 된다"(426-27).

주지하는 바와 같이, 레닌 주도 하의 볼셰비키는 준비된 혁명정당으로서, 1917년 2월 갑작스러운 대중봉기에 의해 제정이 붕괴된 이후 촉발된 러시아 혁명의 거센 파도 속에서 10월에 이르러 '혁명적 순간'을 포착하고 빠른 행동을 통해 권력을 장악했다. 그러나 레닌과 트로츠키가 주도했고 궁극적으로 성사시키고자 했던 혁명은 1924년 레닌 사후에 스탈린이 공표하고 추진했던 일국사회주의 혁명이 아니라 세계혁명이었다. 스탈린은 1918~1923년 사이에 독일을 위시한 중부 유럽에서 촉발되었던 유럽혁명이 실패하자 정권을 장악하면서 레닌과 트로츠키가 추진했던 세계혁명을 폐기하고 일국사회주의로 노선을 변경했다. 이렇게 볼 때 혁명은 정권 장악만으로 가능한 것이 아니라 새로운 정권 하에서 추진하고자 하는 혁명의 전반적 프로그램이 역사 과정 전체와 어떻게 잘 맞물려서 선순환을 할 수 있는가에 달려 있기 때문에, 문자 그대로 인간이 역사 속에서 할 수 있는 일들 중에서 가장 복잡한 변증법적 과정이라고 할 수 있을 것이다.

혁명은 역사 속에서 우발적인 대중 봉기에 의해 촉발되지만, 여기에 혁명가들의 목적의식적인 결합이 적절히 이루어지고, 정권 장악 이후 체제 변혁을 위한 정치경제적, 문화적 프로그램들이 '만들어지고' '실행되어야' 한다는 점에서 혁명 전과 후는 분명히 성격을 달리한다. 혁명이 돌발했을 때, 단지 권력을 장악하는 것에서 머무는 것이 아니라 아래로부터의 사회 권력과 위로부터의 국가 권력 사이의 선순환을 만들어 내는 과정을 통해서 새로운 생산양식으로의 이행을 연속적으로 추진해 나가는 것이 바로 혁명 후 혁명 프로그램의 핵심 과제라고 할 수 있을 것이다. 그러나, 러시아 혁명은, 계급투쟁을 강화하는 단절적 전략만을 추구하면서 일국적 차원에서 낙후된 생산력의 증대를 중앙계획적 방식으로 추진한 볼셰비키와, 단절 전략을 거부하고 자본주의 체제 내에서 점진적 개혁(계급타협) 프로그램을 추진한 멘셰비키, 그리고 자본주의를 거부하면서도 위로부터의 단절적 전략에 맞서서 아래로부터의 사회권력의 독자성만을 강조했던 무정부주의 간의 적대로 인해 결국은 기형적으로 왜곡될 수밖에 없었다.

하지만 이런 대립은 역사적으로 특수한 경우에 발생한 것이지 초역사적이고 무조건적인 대립이라고 보아서는 안 될 것이다. 앞서 말했듯이, 21세기 진보전략의 중요한 전제 조건은 과거의 대립을 비환원주의적인 관점에서 공시적 협력 방식으로 전환할 수 있는 원리와 방법을 세우는 데에 있다. 이하에서는 맑스의 코뮌주의에 대한 새로운 해석을 통해서 라이트가 사실상 실패한 다원적인 하이브리드전략 모델을 실행 가능한 것으로 전환시킬 수 있을지를 살펴보기로 하겠다.

2) 현실의 구성적 운동과 이상의 규제적 원리 사이의 긴장

(1) "코뮌주의란 우리에게 있어 조성되어야 할 하나의 '상태'가 아니며, 혹은 현실이 따라가야 할 하나의 '이상'도 아니다. 우리는 코뮌주의를 현재의 상태를 폐기해 나가는 '현실의 운동'이라 부른다. 이 운동의 여러 조건들 역시 지금 현재 존재하고 있는 전제들로부터 생겨난다."9

코뮌주의란 이상이 아니라 현실의 상태를 폐기해 나가는 현실의 운동이라는 『독일 이데올로기』에서의 맑스-엥겔스의 이 유명한 정식은 익히 알려져 있다. 현재의 사회 상태를 폐기하는 데에 주력하지 않고, 유토피아적인 삶의 양식을 현재에 만들어 나가려는 데에만 관심을 쏟는 틈새 전략이나, 계급투쟁보다는 계급타협을 모색하려는 공생 전략이 맑스주의자들에 의해 강력하게 비판받아 온 것은 이런 관점 때문이다. 하지만 실제로 현재의 상태를 '폐기'한다는 것이 현재의 사회 전체를 '파괴'한다는 것을 뜻하는 것이 아님은 자명하다. 현재의 상태를 폐기해야 한다는 주장 안에는 당장 사회 전체를 파괴한다는 의미가 아니라 새로운 사회의 맹아를 억제하고 있는 자본주의 사회의 낡은 족쇄를 폐기한다는 부정적 의미와 함께 새로운 사회의 탄생을 촉진해야 한다는 긍정적 의미도 동시에 함축되어 있다.

(2) "그들은 실현해야 할 이상을 가지고 있지 않다. 그들이 해야 할 일은 낡은 붕괴하는 부르주아 사회 그 자체가 잉태하고 있는 새로운 사회의 요소들을 해방시키는 것이다."10

그렇다면, 과연 무엇이 부르주아 사회가 잉태하고 있는 새로운 사회(의

9_ 칼 마르크스 · 엥겔스, 『독일 이데올로기 1』, 박재희 옮김, 청년사, 2007(초판 14쇄), 67.
10_ 김수행, 앞의 책, 100.

요소)인지를 '아는' 것이 문제가 된다. 새로운 사회(의 요소)가 무엇인지를 모른다면 그것을 찾아내어 해방시키는 것도 불가능하기 때문이다. 맑스는 '자유로운 연합한 노동', 혹은 '자유로운 개인들의 연합'이 바로 현재 사회가 잉태하고 있으며 미래에 개화하게 될 새로운 사회라고 말한다.

> (3) "현재의 '자본과 토지소유의 자연법칙의 자연발생적 작용'은, 지난날 '노예제의 경제법칙의 자연발생적 작용'과 '봉건제의 경제법칙의 자연발생적 작용'이 그랬듯이, 오직 새로운 조건들의 장기적 발달과정을 통해 '자유로운 연합한 노동의 사회경제적 법칙의 자연발생적 작용'에 의해서만 지양될 수 있다는 것을 그들은 알고 있다. 그러나 이와 동시에 그들은 정치조직의 코뮌 형태를 통해 한꺼번에 큰 진전을 이룰 수 있다는 것과, 그들 자신과 인류를 위해 이 운동을 시작할 때가 왔다는 것을 알고 있다."11

문자 그대로만 이해하게 되면, 바로 이 지점에서 하나의 모순이 발생한다. 실현해야 할 이상을 가지고 있지 않다는 주장[(1), (2)]과 '자유로운 개인들의 연합'이라는 사회경제적 법칙의 자연발생적 작용에 의한 자본주의 법칙의 지양이 한꺼번에 큰 진전을 이룰 수 있도록 정치적 운동을 시작해야 한다는 주장(3)은 서로 모순되기 때문이다. '자유로운 개인들의 연합'은 역사발전의 필연적인 법칙이지 관념적인 이상이나 유토피아적인 목적이 아니라고 말한다고 해서 모순이 성립하지 않는 것은 아니다. 미래가 아직 도래하지 않는 현재 상황에서 역사발전의 법칙에 의해 '자유로운 개인들의 연합'이 도래할 것이라고 주장하는 것은 그것이 중력의 법칙과 같은 자연법칙이 아닌 한에서는 여전히 하나의 이상적인 가설이나 목적일 수밖에 없기 때문이다. 더구나 그 도래를 앞당기는 큰 진전(혁명)을 이루려면 그

11_ 칼 맑스 · 프리드리히 엥겔스, 『칼 맑스 · 프리드리히 엥겔스 저작 선집 4』, 최인호 옮김, 박종철출판사, 1997, 23-24.

행위 주체들이 그 법칙 또는 이상적 가설/목적에 대한 확신을 공유하지 않으면 안 될 것이다.(맑스 당시에는 이런 확신이 혁명가들과 노동자들에게 상당히 공유되어 있었다.)[12] 게다가 모든 사회구성원들이 그런 법칙에 대한 인식의 공유가 이루어지지 않고 있는 상황에서[13] 출발해야만 하는 혁명적 행위 주체들 사이에서 그런 법칙(혹은 이상적 가설)에 대한 인식의 공유(프롤레타리아 계급의식의 공유)가 없이는 큰 진전을 이루기 위한 장기간의 노고를 감당할 방법도 없을 것이다. 게다가 이런 장기 과정은 아무런 저항이 없는 순탄한 과정이 아니라, 자본가계급의 끈질긴 정치적-경제적-군사적인 반혁명을 힘들게 통과해야 하는, 요동으로 굴곡진 장기적인 과정이다. 이 과정을 잘 통과하기 위해서는 행위 주체들 사이의 의식적-능동적인 협력이 관건이고, 이를 위해 미래사회의 발전 법칙 또는 이상적 가설에 대한 확고한 이해의 공유가 필수적이라고 할 수 있다. 이렇게 현재와 미래 사이에 시간적인 과정을 설정하게 되면 앞서 모순이라고 보았던 문제가 해소될 수 있다. 맑스가 자본의 지배와 반혁명의 위협이 중첩된 현실의 상태를 폐기해야 하는 현실의 운동이라고 불렀던 코뮌주의 운동이

12_ "맑스가 예언자적이었고 메시아적이었던 것은, 그가—우리가 보았듯이—예언자적이었고 메시아적이었던 이데올로기적 편견과 결합했던 사회주의 운동 내부에서 사고했기 때문입니다"(알튀세르, 「미공간 인터뷰」, 『마키아벨리의 고독』, 김석민 옮김, 중원문화, 2010, 257).

13 "프랑스 공산당의 경우 공산주의자들이 민주주의 게임을 항상 솔직하게 하지는 않았다…공산주의자들은, 마치 벙어리와만 대화하겠다는 것처럼, 자신들이 지배할 수 있는 허약한 자들과의 연립만을 생각한다…그들이 선호하는 지식인들은 정치나 철학에 대해서는 한 마디도 쓰지 않고 공산당보의 목록에만 매달려 있는 그런 부류들이다…공산주의 지식인들은 대화하는 데 서툴러서 자신들이 직접적으로나 간접적으로 지도할 수 없는 집단 작업에 동참하기를 거부한다. 질문에 대한 이런 소심함과 과소평가는, 소련을 방어하는 데 몸을 도사린 나머지 창발적인 역사에 대해 자신감 있게 해석하는 것을 중단해 버린 현대 공산주의의 심각한 변화와 관계되어 있다…공산주의자가 아닌 사람을 모두 반대자로 전환시킬 필요가 있는지를 판단한 것은 공산주의자들의 몫이다. 그러나 진정한 연립정치로 가기 위해서 그들이 이해해야 할 한 가지 사실이 있다. 즉, 세상의 모든 사람들이 공산주의자는 아니라는 것이다. 그리고 사람들이 공산주의자가 아닌 이유의 몇 가지는 졸렬한 것이지만 다른 몇몇은 존중하지 않을 수 없다는 것이다"(모리스 메를로-퐁티, 『휴머니즘과 폭력』, 박현모 외 옮김, 문학과지성사, 2004, 24-27).

이상적인 미래상에 대한 인식의 공유와 아무 관계가 없다고 주장하거나 양자의 관계가 모순적이라고만 보는 것은 이런 굴곡진 시간적 과정을 무시하거나 간과했기 때문인데, 그 결과 현실운동의 확대는 물론 그 지속조차 어렵게 만들 수밖에 없게 된다.

현실과 이상의 관계를 둘러싼 이 미묘한 문제에 대한 과거 맑스주의자들의 일반적인 해결책은 혁명을 통해서 국가 권력을 장악하여 생산수단의 국유화와 생산과정의 중앙계획을 통해 생산력을 발전시키면, 그에 의해 자연스럽게 '자유로운 개인들의 연합'이 도래할 것이라고 보는 환원주의적인 선형적 인과론에 기대는 방식이다. 하지만 이런 방식은 앞서 살폈듯이 생산수단의 대규모 발전을 가능하게 할지는 몰라도 오히려 노동의 소외와 자연력의 수탈을 가중시켰을 뿐이다. 이런 문제가 발생하게 된 것은 권력을 장악한 후 사회를 재조직화할 때 '자유로운 개인들의 연합'이라는 미래 사회의 법칙 혹은 이상적 가설을 재조직화의 기준으로 사용하지 않고, 단지 낙후된 생산력을 고도로 발전시켜야 한다는 당면 과제만을 혁명의 기준으로 사용했기 때문이다.

그러나 단순한 사고 실험에 의해서도 역사적 과정에서 현재와 미래 사이에는 기계적인 선형적 인과관계가 존재하지 않는다. 현재(1)과 미래(3) 사이에는 가까운 미래(2)가 중간에 놓여 있는데, 현재 상태의 폐기(1')에 의해 도래할 중간 과정(2)에서는 행위자들의 조건이 현재와 다르게 변화하기 때문에 그들의 행동은 현재의 행동과 달라지게 되며, 이 다른 행동이 다시 가까운 미래에 영향을 미쳐서 (1)에서 기대했던 (3)의 도래가 지체되거나 가로막히는 것이다. 가령, 힘겨운 투쟁을 통해 군부독재를 폐기하고 노동 조건이 향상되고 정치적으로 민주화된 조건에서 살게 된 후, 그 다음 세대는 이전 세대처럼 현재 상태의 폐지에 몰두하기보다는 현재 상태의 향유 쪽으로 기울게 되면서 역사의 행보가 달라진다. 한국에서 87년 체제가 지속되지 못하고 08년 체제로 퇴보하게 되었던 이유도 이런 지점과 관계가 있다. 이렇게 복잡할 수밖에 없기에 역사적 과정은 단순하고 기계적인 선형적 인과관계가 아니라 비선형적인 인과관계의 관점에서 파악해야 하는 것이다.

　이런 점을 참조한다면, 현재 상태의 폐기를 위한 운동과 '자유로운 개인들의 연합'이라는 미래 사회 사이에 많은 중간과정을 설정해야 할 것이다. 그럴 경우 매 중간 과정은 현재와 미래의 교차점이 될 것이며, 그 각각의 교차점은 당시의 달라진 현실적 조건과 행위 주체들의 상이한 행위 양식에 따라 미래로부터 멀어질 수도 가까워질 수도 있을 것이다. 이때 각각의 중간 교차점이 평균적으로 미래에 보다 근접하게 되려면, 달라진 역사적 조건 속에서 행동하는 주체들이 매번 자신들이 성취하려는 미래에 대한 상을 일정하게 공유하지 않으면 안 된다. 말하자면, 미래라는 것을 행위 주체가 생각하지 않고 행동해도 선형적 인과관계에 의해 저절로 도래하게 될 기계적인 법칙이 아니라 매 시기마다 행위주체들의 행위양식에 따라서 그 경로가 변동하게 될 불확실한 궤도를 밟게 되는 변증법적인 과정으로 간주하지 않으면 안 된다는 것이다. 이런 이유에서 아무리 작은 목표를 달성하고자 할 경우에도, 목표 실현을 위한 이상적 가설과 현재 상태를 계속 교차시켜서 현재를 이상에 가까운 쪽으로 변화시켜 나가는 방식, 말하자면 이상과 현실의 지속적인 피드백 과정이 필요해진다. 행위 주체가 역사의 발전법칙을 무의식적이고 수동적으로 따라가는 것이 아니라 행위 주체의 의식적이고 능동적 행동에 의해 역사의 경로가 그때그때 변화될 수 있다는 것, 이것이 바로 역사적 과정 속에서 변화하는 구조와 그 속에서 함께 변화해 나가는 행위주체 사이의 역동적인 변증법을 의미하는 것이라고 할 수 있다.

　이 경우에는 이상과 현실은 시공간적으로는 분리되어 있으면서도 행위 주체의 실천 속에서는 언제나 서로가 상대를 교정하는 하나의 피드백 고리 속에 묶여 있을 수밖에 없게 된다. 이렇게 현실을 교정하면서도 그와 동시에 현실에 의해 교정되는 과정 속에 놓여 있는 이상이 바로 칸트가 말했던 '규제적 원리로서의 이념'이다.(이런 규제적 이념은 현실을 초월해 있는 천상의 마천루와 같은 플라톤적인 초역사적인 존재론적 이념과는 달리 울퉁불퉁한 암반과 같은 구체적 현실과 언제나 피드백의 과정 속에 묶여 있다.) 칸트에 의하면, 이성은 (오성이 규칙들을 매개로 현상들을 통일하면서 밝혀내는) 과학적 지식들을 제1원리 아래로 통일하는 능력으로서, 이런 통일적 전망 하에서 오성의 발견과 통일을 '확대'해 나갈 수 있게 된다. 물론 이때 이성이 수립하려는 통일적인 전망은 반드시 오성의 계산과 일치하는 방식으로만 제한적으로 사용되어야 한다(이것이 오성과 이성 간의 선순환이다). 그렇지 않을 경우 제거될 수 없는 초월론적 본성을 갖고 있는 이성이 구체성을 상실한 채 무제약자, 즉 '초월적 존재'를 향해 '뻗어나가 버릴' 위험(이성의 월권)과 이로 인해 오성과 이성이 대립하게 되는 상황이 발생한다(이것이 오성과 이성의 악순환이다).[14]

칸트의 '초월론적 변증론'은, 인간의 정신 구조가 서로 반대 방향으로 치닫기 쉬운, '무제약적인 존재'(신, 초인, 영혼불멸 등)를 향한 추상적 갈망과 구체적인 현상들 속에서 작동하는 자연법칙에 대한 경험적 발견 사이에서 나타나는 강한 긴장관계, 즉 대립되는 상대방을 서로에게 끌어당기도록 하는 역설적 관계가 이율배반을 형성하게 된다는 점을 설명하는 이론이며, 이런 성향으로 인해 인식의 확장에 이르거나 혹은 그와 반대로 심각한 오류에 빠지게 된다는 점을 다양한 사례를 통해서 설명해 주고 있다. 비유하자면, 우리의 인식은 추상적 무제약자를 향해 전진하려는 초월론적 본성을 가진 이성(상승)과 구체적 현상들을 경험적으로 규명하려는 오성(하강)이라는 대립되는 두 개의 중심을 가진 타원 구조로 이루어져 있다고 할 수 있다. 여기서 하나의 중심이 상실되면 두 개의 중심을 가진 타원 구조는

14_ 임마뉴엘 칸트, 『순수이성 비판』, 최재희 옮김, 박영사, 1997, 468-500.

해체되고, 하나의 중심을 가진 원으로 바뀌고 만다. 칸트 당시에 서로 대립하고 있던 대륙의 합리론과 영국의 경험론은 바로 하나의 중심을 가진 두 원들이라고 할 수 있다. 칸트의 철학이 이해하기 어렵고, 종종 오해되는 이유도 그의 철학의 핵심은 바로 이와 같은 환원주의와의 싸움에 있었기 때문이다.[15]

맑스의 코뮌주의를 칸트적인 규제적 이념으로 보아야 한다는 이런 주장은 언뜻 보면, 코뮌주의는 도래해야 할 이상이 아니라 현실의 상태를 폐기하는 운동이라고 본 맑스의 관점과 서로 배치되는 것처럼 보일 수 있다. 그러나 위에서 분석한 바와 같이, 칸트의 '규제적 이념'은 현실을 초월해 있는 플라톤적인 관념론적 이상과는 다르게(이것이 맑스가 부정한 이상이다), 현실과 부단하게 피드백 관계 속에 묶여 있는 역동적인 자기-조절적 이념이다(이 측면이 '자유로운 개인들의 연합'이라는 새로운 사회의 상이다). 후설과 인지과학자 톰슨은 이런 정신적인 묶임 관계를 '내재성 속의 초월성'이라고 부른다.[16] 필자는 맑스에게 내재한 이 묶임 관계를 다음과 같이 설명한 바 있다.

"규제적 이념은 주어진 현실과 도달해야 할 이상을 이율배반적으로 종합한 개념이기에, 단순히 미래의 이상을 현실에 부과하는 명령이 아니라, 현실적 제약에 대한 명확한 인식 속에서 미래를 향해 전진하도록 실천적으로 강제하는 과정에서 현실과 이상 간의 긴장을 끊임없이 유지하는 변증법적인 비판적 이념이다. 만일 이 양자의 긴장이 어느 한쪽으로 해소되면 이성의 규제적 사용은 사라지고 공허한 이상과 맹목적 현실만 남게 된다. 이런 관점에서 보면 초기의 맑스의 이상적인 국가 사멸론과 후기 맑스의 '코뮌국가'라는 현실 돌파의 방법은 규제적 이념으로서의 코뮌주의를 구성하는 이중 축으로, 이 양자 사이의 환

15_ 심광현, 앞의 책, 75-76.
16_ 같은 책, 455.

원 불가능한 긴장이야말로 맑스의 코뮌주의에 역동성을 부여한다. 따라서 둘 중의 어느 하나가 없이는 규제적 이념으로서의 코뮌주의는 실종된다. 이 둘은 마치 타원형의 두 꼭지점과 같아서 둘 중의 어느 하나로 환원될 수 없다."[17]

칸트의 규제적 이념은 플라톤적인 의미에 현상계를 넘어선 외부의 '초월적 이상'과는 다르게 현상계 내부에서 작동하는 '내재성 속의 초월론적 이상'으로서, 현실 비판과 변형과 확장을 오성에게 끊임없이 촉구하여 과학의 발전을 촉진하는 방식으로, 오성과 이성 간의 변증법적 긴장을 함축하고 있기 때문에 현실 속에서 미래의 맹아를 발견하여 현실의 온갖 제약에도 불구하고 이를 발전시켜 나가려는 맑스의 코뮌주의 운동의 이념인 '자유로운 개인들의 평등한 연합'의 역동성과 확장성을 설명하기에 적합한 개념이다. 이는 지식과 경험의 한계 속에서 어떤 규제적 가설의 타당성을 실험하고 검증하면서 가설을 수정·보완해 나가는 방식으로 지식을 확장해 나가는 과학적 발견의 '가추법적(abductive)' 방법과도 유사하다. 이런 이유에서 필자는 "맑스의 사유는 이런 맥락에서 국가주의적 연역과 무정부주의적인 귀납의 이율배반을 가로질러 국가와 어소시에이션이라는 기존의 수단 및 새로운 수단들을 상보적으로 결합하여 자본주의 체제 전체를 코뮌주의 사회로 전화시켜 나가는 창의적 방법을 발견해 가는 가추법적 사유"[18]라고 생각한다.

쉽게 말하자면, 역사적 행위 주체들에게 필요한 '규제적 이념'이란 현실적 과정의 외부에 존재하는 어떤 초월적인 미래의 이상(실현불가능한 유토피아나 천국의 상태)이 아니라, 매번 현실의 장벽에 부딪칠 때마다 개별 주체들 스스로가 희망의 가능성을 '자가-발전'시키기 위한 '자기 규제'라는, 일종의 내재적 초월로서의 이상적인 노력을 의미하는 것이라고도

17_ 같은 책, 200-1.
18_ 같은 책, 202-3.

할 수 있다. 칸트에 의하면, 자기의 두 발로 걷는 이성의 힘에 의해 스스로 이상을 설정하고 그 이상의 관점에서 자신의 오성에 대해 그리고 자신의 감성에 대해 분발을 요구하여 현실적으로 한 걸음씩 앞으로 나아가게 만드는 힘이 바로 규제적 이념이 작동하는 방식이다. 월러스틴이 『유토피스틱스』에서 말하는 것도 이런 방법과 크게 다르지 않다.

"유토피스틱스는 역사적 대안들에 대한 진지한 평가이며, 가능한 대안적 역사 체제의 실질적 합리성에 대한 우리의 판단행위이다···완벽한 (그리고 불가피한) 미래의 모습이 아니며, 대안적일 뿐만 아니라 확실히 더 나은, 또 역사적으로 가능한 (그러나 확실한 것과는 거리가 먼) 미래의 모습인 것이다. 따라서 이는 과학과 정치학, 도덕의 동시적인 실행이다···유토피스틱스는 우리의 목표가 무엇이어야 하는가—다시 말해 수단이라 불리는 부차적이고 부수적인 목표가 아니라 우리의 전반적 목표—에 대해 과학과 도덕, 그리고 정치학으로부터 우리가 배우는 바를 조화시키는 일이다."[19]

월러스틴은 이와 같은 '유토피스틱스'가 실현될 수 있는 시기는 오직 체계적 분기의 순간, 그리고 역사적 이행의 순간뿐이라고 말한다. 그리고 "지금 우리는 그 순간에 와 있다."(14)고 말한다. 그러면서 그는 이 이행의 시기의 특징으로 세 가지 점을 강조한다.

1) "살아내기는 끔찍할지라도 영원히 지속되지는 않을 것이다. 우리는 혼돈의 현실이 그 자체로서 새로운 질서체제를 생산한다는 사실을 알고 있다. 하지만 그러한 과정이 종결되는 데 50년이나 걸릴지 모른다는 사실을 덧붙인다면, 그것이 큰 위안이 되지는 못할 것이다."

19_ 임마누엘 월러스틴, 『유토피스틱스: 또는 21세기의 역사적 선택들』, 백영경 옮김, 창작과 비평사, 1999, 12-13. 이하 이 책에서의 인용은 본문에 그 쪽수를 표시한다.

2) "두번째 사실은, 분기에 기인하는 그러한 혼돈의 상황에서 결과는 예측불가 능할 수밖에 없음을 복잡성의 과학이 우리에게 가르쳐주고 있다는 점이다."
3) "세번째 사실은…한 체제는 평형상태를 회복하려는 메커니즘을 지니며, 어느 정도까지는 그것을 이뤄낸다. 그것이 장기적으로 보아 프랑스와 러시아 혁명이 '실패'한 것으로 간주될 수 있었던 이유이다…그러나 체제가 평형상태와는 멀리 떨어졌을 때, 체제가 분기할 때, 작은 동요도 큰 결과를 낳을 수 있다…위기와 이행의 시기에는 자유의지의 요소가 중심적이 된다. 2050년의 세계는 우리가 만드는 대로 될 것이다. 이는 우리의 주체성과 우리의 헌신, 그리고 우리의 도덕 적 판단에 전적인 권한을 부여하게 된다"(92-93).

체계가 평형상태와는 멀리 떨어진 상태에서 분기할(두 갈래로 갈라질) 때 작은 동요도 큰 결과를 낳을 수 있다는 사실을 카오스 이론에서는 '나비 효과'라고 부른다. 월러스틴은 이런 과학적 근거에 입각해서 이 시기에는 자유의지적인 주체적 노력이 그 어느 때보다 중요해진다고 주장한다. <과 학+정치+도덕의 조화를 실천하는 유토피스틱스>를 주체적으로 실행하 는 것이 오늘날과 같은 새로운 이행기에 인류가 당면한 최대 과제라는 것 이다. 월러스틴은 맑스주의의 역사를 세 시기—(1) 맑스 자신의 시기, 곧 1840년대~1883년, (2) 1880년대~제3인터내셔널에 이르는 정통 맑스주의 시기, (3) 1950년대~현재에 이르는 "천의 맑스주의" 시기—로 구분하면서, (1)의 시기는 '철학적 사회과학'의 시기로서 토머스 모어나 생시몽주의적인 유토피아적 요소가 지배적이었다면, (2)의 시기는 '과학적 사회과학'의 시 기로서 맑스 시기의 유토피아가 이데올로기로 거부되었고, (3)의 시기는 '과정해석으로서의 사회과학'의 시기로서 단순한 이데올로기가 아닌 '유효 한 유토피아'(만하임적인 의미의 유토피아)를 추구하는 시기라고 보고 있 다(232-36).

이런 구분은 지난 역사가 사라져 간다고 보는 선형적인 관점이 아니라 비선형적인 관점에서 바라볼 때 비로소 유효할 수 있다. (3)의 시기에도 (1)과 (2)가 사라지는 것이 아니라 잔존하며 대립하고 있고, 이 대립이 월러스틴이 (3)에서 강조하고자 하는 '유효한 유토피아'의 실제적인 변혁 전략의 재구성을 저해하고 있기 때문이다. 일례로, 무정부주의적 유토피아주의적 사회주의와 국가주의적 과학적 사회주의 간의 격렬한 대립은 아직도 현재 진행형이다. 월러스틴이 '유토피스틱스'라는 용어로 '과정 해석으로서의 사회과학과 정치와 도덕의 조화로운 결합'을 모색하면서 '유효한 유토피아'를 모색하려는 것도 바로 맑스주의 역사를 잠식해 온 이 무의미한 대립을 넘어서려는 시도인 셈이다.

> "세 번째 시기의 사회과학이 당면한 지적 과제 및 사회적 과제들과 천의 맑스주의 시기의 맑스주의가 당면한…정치적 과제는 유토피아답다는 의미에서 실제로 제 구실을 할 변혁의 전략을 재구성하는 일이다…그것들의 지적 과제는, A가 결코 A가 아닌, 모순이 그 본질인, 전체가 부분보다 더 작은, 그리고 해석이 그 목표가 되는, 그런 파악할 수 없는 것—즉 과정—을 파악할 수 있을 어떤 방법론을 창출하는 것이다. 이것 역시 유토피아적일지 모르겠지만, 오로지 이 같은 지적 유토피아만이 정치적 유토피아를 가능한 것으로 만들어줄 것이다. 이 두 과제는 동전의 양면이며 따라서 서로 떼어놓을 수 없는 것이다"(242).

월러스틴이 말하는, "모순이 그 본질인, 전체가 부분보다 작은, 그리고 해석이 그 목표가 되는, 그런 파악할 수 없는 것—즉 과정—을 파악할 수 있을 어떤 방법론"이란 미래에 도달해야 할 목표 '전체'가 현실적 과정의 한 '부분'으로 내장되어 있어야 한다는 것을 의미한다. '전체' 역시 하나의 '부분집합'이 되는 '멱집합', 목표에 대한 해석 자체가 목표와 과정 자체를 수정하게 만드는 '프랙탈한 자기 조직적인 다이나믹 시스템'이 바로 그것이다. 이것이 바로, 칸트가 말한 '규제적 원리로서의 이념'이 감성과 결합하는 오성에 대해 개입하여 그 행로를 확장하도록 촉진해야 한다는 바에 대한 현대적 해석이라고 할 수 있다. 이런 맥락에서 보면 다음과 같은 "자기-되먹임적"인 형태의 공식이 만들어질 필요가 있다: Real Utopistics=f(Utopia×Politics×Science).

"맑스/엥겔스의 『선언』은 유토피아를 명시적인 목표로 전제하고 있지만 (P×S)를 강조하고 있는 반면, 푸리에는 (U×S)를 강조하면서 혁명적 정치를 결여하고 있다. 이와 달리 모리스는 (U×P)를 강조하면서 과학을 거부하고 있다는 점에서 각기 일면을 결여하고 있다. 이런 점에서 19세기의 유토피아는 2차원적 구도에 머물러 있어, 4차원적인 실제의 역사-지리적 현실의 움직임과는 큰 간극을 가질 수밖에 없었다. 그러나 앞으로 21세기의 유토피스틱스는 유비쿼터스 시대의 도래와 더불어 가속화되고 있는 생산력 발전의 전지구화라는 새로운 조건을 배경으로 과거의 유산을 재평가하면서 위에서 그려낸 '유토피아의 정치경제적 지도'를 U=f(UXP×S)의 형태로 재구성하여 '4차원의 로드맵으로 지도화'하고 실천해가는 과제를 떠맡아야 할 것이다."[20]

여기서 유토피아(U)는 맑스가 말한 '자유로운 개인들의 연합'으로서 과학(S)과 정치(P)가 현재 상태에 머물지 않고 더 확장되도록 개입하고 촉구하는 칸트적인 '규제적 이념'으로 작동하게 될 것이다. 앞서 말했듯이, 칸트에게서 규제적 이념은, 철학자의 지도에 의해서만 배울 수 있는 플라톤적인 초월적 이상이 아니라, 모든 인간의 정신 속에 내재한 실천이성이 '자유롭고 평등하게 연대하며 사는 것'이 최고의 선이자 최고의 행복이라는 사실을 자기 자신에게 명령하는 '윤리적인 정언명령'을 의미한다. 이런 점에서 U는 정치에 대해서만이 아니라 모든 행위 주체에 대한 윤리적 자기

20_ 심광현, 앞의 책, 389-90.

규제의 원리이기도 한 것이다. 따라서 (U×P)는 외부로부터 행위자에게 부과되는 사회규범적인 관습적인 도덕-정치가 아니라 오히려 그 관습을 변형시킬 수 있는, 행위자가 스스로에게 부과하는 내재적인 의미에서의 윤리-정치를 의미한다.

(U×S)의 묶음 역시 과학의 의미를 새롭게 이해할 필요성을 제기한다. 앞서 말했듯이 기계적이고 선형적인 인과성 개념에 국한되었던 뉴턴적 과학으로는 역사적 복잡성을 오해하기 때문에 비선형적인 피드백 개념으로 확장된 인과성 개념을 사용하는 복잡계 과학이라는 포스트-뉴턴적 과학이 필요하다. 이 경우(U×S)는 목적(U)과 수단(S) 사이의 피드백 고리를 의미한다고 할 수 있을 것이다. 과학기술에 의한 생산력 발전을 생각할 때 생산수단의 발전만이 아니라 노동력과 자연력의 해방이라는 문제를 동시에 고려해야 하는 이유도 이렇게 과학기술(S)이 '자유로운 개인들의 연합'(U)과 연동되어 있다는 사실에서 확인할 수 있다. 이런 까닭에 노동력과 자연력을 착취/수탈하여 생산수단을 발전시키는 자본주의나 스탈린주의의 악순환 방식이 아니라 노동력/자연력의 해방과 생산수단의 발전이 선순환 하는 생태주의적 방식을 찾아내야 한다는 과제가 (U×S)에 함축되어 있다고 할 수 있다.

이렇게 해서 칸트와 복잡계 과학을 매개로 했을 때 어떻게 맑스에게 내재한 것처럼 보였던 모순을 해소할 수 있는지를 개략적으로 살펴보았다. 물론, 아직까지도 칸트와 맑스를 연결하려는 시도는 헤겔과 맑스를 연결하고자 했던 20세기의 긴 전통으로 인해 기이하고 일탈적인 시도로 여겨질 수 있다. 더구나 제2인터내셔날 시절 헤르만 코헨과 랑게의 신칸트주의에 의거하여 베른슈타인이 수립하고자 했던 칸트와 맑스의 연결고리가 결국 혁명을 거부하고 자본주의 내에서의 개혁이라는 수정주의 노선으로 후퇴하면서 앞서 말했던 '공생 전략'으로 귀결되었다면, 그에 대응하여 헤겔-맑스의 연결고리를 이론적으로 재확립했던 레닌이 '단절 전략'에 의해 러시아 혁명을 성사시킨 이래로 칸트와 맑스를 연결하려는 시도는 20세기 맑스주의 전통에서는 일종의 금기처럼 터부시되어 왔다고 할 수 있다. 하지만 베른슈타인의 시도는 칸트의 규제적 원리를 미래의 이상으로 미뤄놓는 한편, 칸트의 점진주의적 역사관을 선호하면서 맑스를 부차화한 것이라면, 레닌의 시도는 칸트의 규제적 원리로서의 이성 개념을 구성적 원리로서의 절대정신으로 환원시킨 헤겔의 정반합의 변증법을 선호하면서 맑스의 코뮌주의를 '구성적 원리'로 한정했고, 규제적 원리로서의 '자유로운 개인들의 연합'의 이념을 부차화했다는 점에서 이론적으로 문제가 있었다고 할 수 있다.[21]

4. 맑스와 칸트의 상응 관계: 이론적 타원 구조의 유사성

필자가 다른 글[22]에서 해명했듯이, 칸트와 맑스의 공통점은 비환원주의적인 비판의 관점을 철저하게 견지했다는 점이다. 양자가 모두 자신의 주저에 '비판'이라는 명칭을 달았던 이유도 여기에 있다고 하겠다. 비환원주의적 비판이란, 인간과 자연적/사회적 환경 간의 관계는 물론, 개인과 사회, 주체와 대상, 그리고 인간 정신 내부의 여러 능력들 간의 관계가 어느 한쪽이 다른 한쪽으로 환원되는 방식으로는 결코 올바르게 해명될 수 없다는 관점을 철저하게 견지하면서 환원주의적인 태도를 비판한다는 것을 의미한다. 가라타니 고진은 『트랜스크리틱』에서 칸트와 맑스의 여러 저서들에

21_ 물론 이런 구분은 레닌의 사상을 지나치게 단순화한 것이라고 할 수 있다. 하지만 레닌은 신경제정책 전환기에 나타난 볼셰비키의 관료화 경향을 사전에 예방할 수 있는 방안을 고려하지 못한 채 1922년 볼셰비키 내부에서 분파 금지령을 공표함으로써, 볼셰비키 내부에서의 민주적 토론의 계기를 소멸시켰고, 결국 스탈린 독재로의 길을 터주면서(병상에 누운 후에는 그 자신도 스탈린의 독재를 통제하지 못한 채) 맑스의 '자유로운 개인들의 연합'의 이념을 먼 미래의 일로 미루게 만들었다는 비판을 면하기 어렵다고 본다.

22_ 심광현, 「칸트-맑스-벤야민 변증법의 현대적 재해석」, 『맑스와 마음의 정치학』, 49-135.

서 이 점이 얼마나 잘 견지되었는지를 보여주면서, 양자의 공통점이 '사이를 횡단하는 비판'에 있다는 의미에서 칸트와 맑스의 '비판'의 특징을 '트랜스-크리틱'이라고 명명한 바 있다.[23] 하지만 '사이를 횡단한다'는 것은 어떤 의미에서는 양 극단 사이, 즉 중간에 머문다는 의미로 오해될 여지가 있고, 그렇지 않을 경우에 '사이를 횡단한다'는 구절의 구체적인 의미를 알기 어렵다는 단점이 있다. 이런 이유에서 필자는 '트랜스-크리틱'이라는 모호한 개념과는 다르게 칸트와 맑스의 공통점을 비환원주의적으로 두 개의 중심을 가진 여러 겹의 '타원 구도'[24]라는 명확한 프레임으로 해명하고자 한다.

타원은 얼핏 보면 옆으로 늘어진 원과 같이 보이지만 실제로는 보이지 않는 두 개의 중심을 가지고 있다. 이 두 개의 중심 사이에서 발생하는 원심력과 구심력의 긴장으로 인해서 장 축과 횡 축을 가진 하나의 특이한 궤도가 만들어진다. 태양계가 바로 그러하다. 태양의 주위를 공전하는 행성들은 보이지 않는 두 개의 중심을 가진 서로 다른 타원 궤도를 돌고 있다. 칸트에게서는 이렇게 두 개의 중심을 가진 타원의 궤도가 여러 가지 형태로 나타난다. 가령, 『순수이성비판』에서는 감성과 오성이라는 두 개의 중심을 놓고 '분석론'(인식)이라는 하나의 타원 궤도가 그려진다면, 오성과 이성이라는 두 개의 중심을 놓고 '변증론'(초월론적 가상)이라는 하나의 타원 궤도가 그려지고 있다. 또한 『실천이성 비판』에서는 행복을 추구하는 감성적 욕망과 자유를 추구하는 실천이성이라는 두 개의 중심을 놓고 '정언명령'(도덕명령)이라는 하나의 타원 궤도가 그려지고 있다. 『판단력 비판』에서는 무관심성과 만족, 개념 없음과 필연성, 목적 없음과 합목적성 등과 같은 상반된 의미를 가진 두 개의 중심들을 놓고 '미적 판단'과 '숭고한 판단'이라는 여러 개의 타원 궤도가 그려지고 있다. 이런 타원 궤도는 맑스에게서도 나타난다. 그의 이론적 연구는 추상과 구체, 탐구와 서술이라는 상

23_ 가라타니 고진, 『트랜스크리틱』, 송태욱 옮김, 한길사, 2005, 30.
24_ 심광현, 「칸트-맑스-벤야민 변증법의 현대적 재해석」, 75.

이한 두 개의 중심을 놓고 타원 궤도를 그리고 있으며, 실천적으로는 현재 상태를 폐기하는 운동이라는 중심과 '자유로운 개인들의 연합'의 이념이라는 또 다른 중심을 놓고 맑스의 독특한 코뮌주의 이론의 타원 궤도가 그려지고 있기 때문이다.

칸트에게서 자연과 인간, 감성과 오성, 오성과 이성은 각기 어느 한 쪽이 없이는 기계론과 목적론, 경험론과 합리론 중 어느 하나의 중심만을 가진 닫힌 원으로 함몰되고 마는 존재론적이고 인식론적인 하나의 타원의 두 중심이다. 맑스에게서는 생산수단의 사회화와 소외되지 않은 자유로운 개인들의 연합은 어느 한 쪽이 없이는 전체주의와 자유주의라는 하나의 닫힌 원으로 함몰되고 마는 코뮌주의라는 하나의 타원의 궤도를 이루는 두 개의 중심이다. 물론 칸트의 타원은 인간학적인 타원이며 맑스의 타원은 역시 유물론적이고 사회적인 타원이라는 점에서 분명히 그 성격을 달리하는 것이다. 하지만 그 성격이 달라도, 사유 구조가 유사한 타원 구조의 논리라는 점에서 양자는 연결될 수가 있다고 본다. 나아가 양자를 연결할 필요가 있는 것은 개체 차원의 타원이 만들어 내는 긴장과 사회 차원의 타원이 만들어 내는 긴장을 겹쳐야만 온전하게 사회 속에 위치한 개인의 위상과 동시에 사회 속의 개인이 그 사회를 변화시킬 수 있는 가능성을 함께 찾아볼 수 있기 때문이다. 개인 내에서 발생하는 긴장과 사회 내에서 발생하는 긴장이라는 이중적 긴장을 겹쳐 보기 위해 칸트와 맑스를 연결할 필요가 여기에 있다.

칸트는 이성이 궁극적인 자유를 추구하지만 그런 자유의 추구가 초감성적인 허공에서 실현될 수 있는 것이 아니라 피와 살을 지닌 감성의 시공간적 직관의 틀 속에서 실현되어야 한다는 점을 누누이 강조하고 있다. 이런 이유에서 그는, 세계사의 진행이 최고선을 향해 일직선으로 나아가는 진보의 과정이 아니라 감성의 제약 때문에 발생하는 선악의 갈등 속에서 지그재그로 굴곡진 과정으로 전개될 수밖에 없지만, 그와 동시에 이성적 노력이 부단히 전개됨으로 해서 결국에는 이런 굴곡을 통과하여 점진적으로 역사가 진보해 나가게 된다는 역사의 진행을 '자연의 간교' 탓이라고 말한다. 맑스는 혁명적 실천을 강조하지만 사회적 개인들의 감성적 활동의 누적이 역사를 만드는 동력이라는 점을 누누이 강조하면서 생산력 발전의 궁극적인 목적이 자유로운 개인들의 전면적 발전이라는 점을 역설하고, 현실과 목적 사이의 이런 긴장 속에서 새로운 생산관계의 맹아를 찾아내어 발전시키는 것이 코뮤니즘 운동이라고 주장한다. 이런 사고방식은 칸트나 맑스가 공유한 두 개의 중심이 있는 타원 사이의 긴장을 보여주는 것이라고 할 수 있다.

한편에서 감성의 제약(칸트)과 감성적 활동(맑스)을 강조하는 것은 인간의 삶이 자연사의 제약에서 벗어날 수 없다는 사실을 확인해 주는 것이면서도, 다른 한편에서 이성의 궁극 목적으로서의 자유(칸트)와 역사 발전의 진보적 목표로서의 '자유로운 개인들의 연합'(맑스)을 강조하는 것은 인간의 삶이 자연사의 제약 속에서도 자연을 변형하는 창조적 활동을 통해서 동물과는 다른 인류로서의 차이를 만들어 낸다는 것을 강조하는 것이다. 물론 전자와 후자 사이에는 손쉬운 조화보다는 항상적인 긴장이 존재한다. 칸트에게서 그 긴장은 자연의 에너지와 힘을 수용하는 감성을 통해서 자연법칙을 찾아야 하는 오성과 자연적인 감성을 초월하여 자유를 추구하려는 이성의 의지 사이의 긴장이다. 맑스에게서 그 긴장은 창조적 노동을 통한 생산력의 발전을 제약하거나 혹은 촉진하는 생산관계와 생산력의 지속적인 증대 사이에서의 긴장이다. 다중스케일의 혼합전략 모델이 필요한 것도 이런 긴장이 단번에 해소될 수 없는 복잡한 굴곡을 가진 과정이기 때문이라고 할 수 있을 것이다.

이 과정이 얼마나 굴곡질 수밖에 없는지는, 중세 봉건사회에서 근대 자본주의로의 이행 과정이 완료되는 데에 길게 보면 근 300년(16~18세기)이라는 긴 시간을 요했다는 점을 환기해 보면 알 수 있다. 자본주의를 넘어서는 코뮌주의 대안사회로의 이행 과정 역시 이렇게 길지는 않아도 상당한 기간이 소요될 것임은 분명하다. 사회주의 혹은 코뮌주의 혁명이라는 슬로 건을 내걸었지만 실패했던 1848년 혁명에서부터 러시아 혁명과 중국혁명과 1968혁명을 포함하는 지난 150여년의 시간도—길게는 16세기 프로테스 탄트 혁명에서 18세기 프랑스혁명까지를 자본주의로의 이행과정으로 볼 수 있듯이—대안사회로의 이행의 초기 과정으로 볼 수도 있을 것이다. 그 리고 이렇게 본다면, 아마도 새로운 사회로의 이행이 완료되려면 어쩌면 21세기 전체라는 긴 시간이 필요할 수도 있을 것이다. 자본주의로의 이행 과정이 단번에 이루어질 수 없었듯이, 자본주의를 넘어서는 대안사회로의 이행 과정 역시 단번에 이루어질 수 없다는 것이다.

앞서 말했듯이, 여기서 요점은 이렇게 긴 과정에서 발생할 수밖에 없는 강한 긴장을 개인과 집단이 어떻게 버텨낼 수 있는가라는 문제에 답하는 데에 있다. 맑스는 혁명적 실천의 과정 자체가 그 긴장을 담보하는 과정이 라고 말했지만, 이는 어쩌면 동어반복에 지나지 않을 정도로 추상적이다. 이에 비해, '틈새 전략'은 이 긴 긴장의 과정 속에서 새로운 삶의 맹아를 찾아내어 개인들의 감성적인 활동을 촉진하면서 자유로운 인간관계의 형 성을 촉진함으로써, 이성적인 요구에만 의존하는 혁명적인 '단절 전략'보 다 긴장된 과정을 잘 견딜 수 있는 감성적인 삶의 활력을 자가-발전할 수 있게 하려 한다는 점에서 보다 현실적인 사정에 적합한 전략이라고도 할 수 있겠다. 하지만 '틈새 전략'은 개인들의 시야를 협소하게 하여 '자유 로운 개인들의 연합' 혹은 '코스모폴리턴'의 이상을 망각하게 할 위험이 있다. 이런 협소한 시야를 넘어서면서, 생산양식 내부의 모순의 폭발로 도 래할 혁명적 사건을 보다 폭넓은 지속 가능한 개혁의 과정과 연결시키기 위한 준비를 위해서는, 칸트가 『판단력 비판』이나 『실용적 인간학』에서 제시하는 '삶의 기예(Kunst des Leben)'가 필요하다고 본다. 칸트가 말하는 '삶의 기예'는 자연적인 감성의 요구와 사회적 현실의 강제에 대한 법칙적

이해(오성)와 그리고, 궁극적 자유를 추구하는 이성적 요구 사이의 복잡한 긴장을 개인이 어떻게 잘 조절하여 거친 파도를 헤쳐 나갈 수 있는가에 관한 일종의 '파도타기의 기예'와 같은 의미를 가지기 때문에, 맑스의 '자유로운 개인들의 연합'의 이상을 개인들이 복잡한 현실 속에서 '체화'해 나갈 수 있는 방법을 찾는 데 도움이 될 수 있다고 보기 때문이다.

칸트 식으로 말하자면 이 긴장은 자연의 중력과 자유의 활공 사이의 긴장이다. 맑스 식으로 말하자면 자연사의 진화적 흐름과 역사의 진보의 요구 사이의 긴장이라고도 할 수 있을 것이다. 칸트는 이 긴장을 반성적 판단력과 감정의 매개를 거쳐 우리 마음의 능력들 모두의 자유로운 유희를 통한 미와 숭고의 즐거움을 촉진함으로써 '코스모폴리턴으로서의 공통감'을 체화해 나갈 수 있게 해주는 동력으로 파악했고, 쉴러는 이를 발전시켜 '전인을 향한 미적 교육'으로 체계화 하고자 했다. 맑스는 1848년 혁명과 1871년 혁명 사이의 긴 시간 동안 『자본』을 집필하느라 칸트나 쉴러와 같은 미학적(감성적 인식이라는) 해결책을 제시할 여유가 없었다. 하지만 맑스의 '자유로운 개인들의 연합'의 미래상에서 기술되고 있는, 바람직한 활동들 속에 예술과 미학적 활동이 중요한 위치를 차지하고 있다는 점에서 보자면, 필연의 왕국과 자유의 왕국 사이의 이행 과정에서 일상 속에 뿌리를 내린 자기 형성적인 감성적이고 미적인 활동이 기나긴 과정 속의 긴장을 조절할 수 있는 역할을 한다고 보아도 큰 무리는 없을 것이다. '단절적 전략'과 '틈새 전략'이 협력하여 선순환하도록 하는 일이 중요하다면, 이 선순환의 과정을 이끌고 나가야 할 행위 주체들의 입장에서 볼 때 일상적인 차원에서 감성적 활동들을 통해서 자기 자신을 매력적이고 활력적인 주체로 형성해 나가는 미적 활동이 차지하는 능동적 매개의 역할의 중요성은 아무리 강조해도 지나치지 않을 것이다.

발터 벤야민이 강조했듯이 예술은 '따라하기(Nach-machen)'이자 '미리 만들기(Vor-machen)'이기도 한데, 전자가 주어진 자연과 현실의 모방이라면,

후자는 자연과 자유가 선순환(자연과 인간의 협응) 할 수 있는 미래사회의 시뮬레이션이라고 할 수 있다.[25] 일상 속에서 전개되는 예술적 활동들이 이 두 가지 기능을 중첩시킬 경우에, 예술을 포함하여 다양하게 증폭되고 있는 문화적 활동들은 21세기 '다중스케일 진보전략 프레임'에서 상이한 전통들이 서로 연결하여 순환하게 할 수 있는 중요한 고리 역할을 맡게 되는 셈이다. 그러나 예술/문화적 활동이 자연/필연의 왕국과 목적/자유의 왕국 사이를 매개한다는 것은 기술성(과학기술)과 도덕성(자율적인 윤리적 주체)을 하나로 통합한다는 것이 아니라, 더욱 발전하고 있는 기술성과 빈곤해지고 타율적인 주체로 약화되고 있는 도덕성 사이에 새로운 선순환의 관계를 발명하고 창안하기 위한 것이지, 양자의 차이와 긴장을 무화시켜 하나의 낭만적인 세계 속으로 융합한다는 것을 의미하는 것은 아니다. 이런 점에서 예술적, 미학적인 매개란 곧 서로 반대 방향으로 나아가는 두 가지 힘 사이에서 긴장된 줄타기를 하는 것과도 유사하다고 할 수 있다. 개별 주체들은 '기술적 진보'와 '도덕적 진보'라는 상반된 방향으로 나아가는 두 개의 긴장된 힘들 사이에서 균형을 잡기 위해서는 '미학적 진보'라는 줄타기의 놀라운 기예를 수행해야 하는 셈이다.

최근 달라이 라마는 스테판 에셀과의 대담을 통해서 '정신의 진보'와 '정신의 지도그리기'라는 새로운 화두를 제시한 바 있다.

"정신에 관해 이야기를 하면, 사람들은 우리에게 종교적 주제를 갖고 설명한다고 지적합니다. 하지만 마음이 우리의 일상과 각종 계획들을 이끄는 주체라는 것은 그 누구도 반박할 수 없는 사실입니다. 그런데도 막상 마음이 무엇이냐고

25_ "오늘날의 예술이 갖는 사회적으로 결정적인 기능은 자연과 인간의 이러한 어울림(협동, 상호작용)을 훈련시키는 일이다"(발터 벤야민, 「기술복제 시대의 예술작품」, 『발터 벤야민 선집 2』, 최성만 옮김, 길출판사, 2007[제2판], 57). 벤야민은 이 책에 수록된 동일 논문의 <관련 노트들>에서 "예술은 자연에 대한 미메시스(Nachmachen)이지만 이 행위의 본질은 '미리 해 보이기(Vormachen)'"(자연과 인간의 협응의 시뮬레이션)라고도 정의한다(202).

물으면, 이에 관해 우리가 아는 것은 극히 적습니다. 만약 누가 이 대륙에서 저 대륙으로 가고자 한다면, 지도를 길잡이 삼는 것이 당연지사겠지요 마음의 일부인 연민, 용서 등에 관해서도 마찬가지입니다. 우리는 정신의 지도를 지녀야 합니다. 그 지도의 도움을 받아야만 이 감정에서 저 감정으로 이행하는 법을 알 수 있고, 이곳에서 시작된 감정이 어떻게 다른 감정을 자아내며 그 감정이 또 어떻게 다른 감정을 만들어 내는지를 알 수 있습니다. 이런 지도가 있다면 마음 속에서 일어나는, 믿을 수 없을 만큼 정교한 활동들을 제대로 인식할 수 있을 겁니다…우리의 뇌는 정말 복잡합니다. 우리 뇌 속에 있는 정신, 의식, 감정 또한 복잡다단합니다. 하지만 현대의 교육체계 속에서는 이런 주제에 관해 우리가 전혀 배운 바가 없지요."[26]

이들은 "비폭력적일 수 있으면 좋겠다. 하지만 그러려면 높은 정신 수준의 소유자여야 하는데 나는 그렇지 못했다"(60)는 카뮈의 말을 인용하면서, 인류는 기술의 진보만이 아니라 '정신의 진보'를 추구할 수 있어야 하며, 높은 차원의 '정신의 민주주의'(68)에 이르러야 한다고 주장한다. "연민, 관용, 신앙과 무관한 전일성 등의 인간적 품성을 계발하는 것은 반드시 종교에서 비롯되지 않은 가치에 토대를 두고도 가능하다고"(63) 하면서, 모든 종교인과 비종교인을 포함한 인류 전체의 존엄성을 지키려는 '세속 윤리', 인류만이 아니라 자연의 모든 생명체에 대한 존중을 포함하는, 자유-평등-존엄을 열망하는 모든 인간에게 공통된 '세속 윤리'를 만들기 위해, 뇌과학에 기반한 '마음의 과학'의 도움을 받아 '정신의 지도 그리기'를 실행하는 것이 인류가 당면한 시급한 과제라는 것이다.

사회경제적인 민주주의가 현실화되려면 그 제도를 운용하는 사람들의 정신의 민주주의가 함께 확대되어야 한다는 점은 이해하기가 어려운 문제

26_ 달라이 라마 · 스테판 에셀, 『정신의 진보를 위하여』, 임희근 옮김, 돌베개, 2012, 27-28.

가 아니다. 맑스가 사회를 변혁하고자 하는 자는 자기 자신을 동시에 변혁해야 하며, 교육자 역시 교육되어야 한다고 강조했던 것(포이에르바하 테제 3번)도 이런 주장과 크게 다르지 않다. 3대 비판서와『실용적 인간학』, 『윤리형이상학 정초』,「계몽이란 무엇인가」,「세계시민적 관점에서 본 보편사의 이념」과 같은 저술을 썼던 칸트 역시 '내면의 혁명'의 중요성을 강조하면서, 인류 역사의 진보를 위해 '정신의 진보를 위한 지도'를 그리고자한 것이라고 할 수 있다. 하지만 아직까지도 사회의 진보/변혁을 위한 지도 그리기와 정신의 진보/변혁을 위한 지도 그리기는 별개로 나뉘어져 결합하지 못하고 있다. 이런 까닭에, 21세기 진보의 과제는 '다중스케일 진보전략 프레임'을 통해 사회변혁 전략과 정신의 진보를 위한 정신의 지도 그리기를 연결하고 중첩하는 과정에서야 비로소 그 새로운 본모습을 드러내게될 것이라고 할 수 있다.

1) 맑스의 '생산양식' 개념은 생산력과 생산관계의 모순에 의한 생산양식의 변화로 역사 과정을 설명하는 기본 개념이다. 그런데 생산력과 생산관계의 모순의 해결을 통해서 '자유로운 개인들의 연합'의 사회로 진보하는 역사과정은 선형적인 법칙에 따른 과정이 아니라 반드시 '자유로운 개인들의 연합'의 규제적 이념에 의해 규제되어야만 한 걸음씩 전진할수 있는 굴곡되고 긴장된 과정이다. 맑스에게서 현재의 생산양식의 모순과 자유로운 개인들의 연합의 이념 사이의 이와 같은 긴장을 현실적으로 매개하고 통일시키는 것은 혁명적 실천이며, 이 혁명적 실천의 주체는 생산관계와 가족관계라는 이질적인 관계에 이중적으로 속박되면서 일상생활 속에서 불균등한 방식으로 신체적-정신적 노동력을 소비하고 재생산하고 있는 대중들이다. 대중들은 자본주의가 호황을 누리고 있는 동안에는 계급타협을 통해 공생 전략을 추진하기도 하지만, 자본주의의 위기시기에는 계급투쟁을 통해서 단절 전략을 추진하여 사회혁명의 주체가되기도 한다. 이런 이유에서 생산양식의 변화는 '주체양식'의 변화를 필요

로 할 수밖에 없다.

2) 노동력과 자연력과 도구의 합법칙적이고 합목적적인 결합양식의 발전이 맑스에게서는 생산력의 발전으로 개념화되는데, 이것이 칸트에게서는 감성과 오성의 결합에 의한 자연법칙에 대한 과학적 인식의 발전으로 파악된다. 오늘날 이 인식은 국가-대학-산업의 복합체에 의한 과학기술혁명에 의해 계속 확대되고 있다. 한편, 맑스의 '자유로운 개인들의 연합' 이념은 칸트의 코스모폴리턴 세계공화국의 이념과 상응한다고 볼 수 있다. 칸트에게서 자연법칙을 탐구해야 하는 감성과 오성의 결합양식인 필연의 왕국과 본능적인 욕망의 차원을 넘어서서 코스모폴리턴으로서 자유롭게 살고자 하는 실천이성의 요구인 자유의 왕국 사이의 긴장을 매개하는 것이 바로 반성적 판단력과 감정에 의한 미와 숭고의 경험이다. 칸트에게서 실천이성의 요구가 인격의 자유를 최대화하라는 정언명령을 실천하는 내면의 혁명에 대한 요구라면, 공통감각에 기반하는 미와 숭고의 경험의 숙달(Kunst)은 물신주의와 소비주의에 빠진 일상의 삶의 양식과 취미를 혁신하여 새로운 삶의 양식을 체화할 수 있는 일상혁명의 방법론에 해당한다고 볼 수 있다.

3) 그러나 맑스와 칸트를 연결하는 것만으로 생산양식과 주체양식을 연결할 수 있는 다중스케일 접근법이 모두 충족될 수 있는 것은 아니다. 칸트에 의해 규명된 주체양식의 구조는 감성의 3층위(감각-감정-욕구)와 지성의 3층위(오성-판단력-이성) 간의 복합적인 결합체이긴 하지만 여전히 의식의 수준에서 규명된 것일 뿐이기 때문이다. 프로이트에 의한 '무의식'의 발견 이래 20세기 철학과 인문학의 중요한 성과는 칸트가 정립했던 18세기까지의 주체양식의 토대 저변에 무의식의 광대한 심연이 자리잡고 있고, 이 무의식적 토대에서 작동하는 성적 욕망과 다양한 사회적 욕망의 생태학을 규명하지 않고서는 주체양식의 복잡한 구조를 해명할 수 없다는 사실에 대한 다각적인 확인이다. 이 때문에 무의식의 발견 이후 주체양식을 더

깊고 폭넓은 차원에서 새롭게 규명하려는 일은 20세기 철학/인문학의 최대 과제였다고 할 수 있을 것이다. 초자아-자아-이드의 삼분구조로 주체의 심급을 재구성하고 오이디푸스 콤플렉스에 기초한 승화 이론으로 문명론을 구축하려 한 프로이트의 정신분석, 역사유물론적 관점에서 의식과 무의식의 변증법을 해명하여 '유물론적 인간학'을 정립하려 했던 벤야민의 다각적인 실험, 프로이트 이론의 보수성에 반기를 들고 무의식적 리비도 에너지의 해방에 기초한 코뮌주의적 성정치를 주창했던 빌헬름 라이히와 에로스의 해방을 주장했던 허버트 마르쿠제의 시도, 이런 문제의식들을 더 발전시켜 '초월론적 감성론'의 새로운 형이상학과 리좀적인 '천 개의 고원들'로 뻗어나가는 창조적 실험의 매뉴얼을 제작했던 들뢰즈/가타리의 경이로운 실험들, 지식/권력의 테크놀로지의 계보학을 비판적으로 규명한 이후 고대 그리스 철학으로 거슬러 올라가 자기-배려 테크놀로지의 계보를 재발견하면서 진실한 삶을 새롭게 살 수 있는 용기를 탐구했던 말기의 푸코 등의 시도들 사이의 복잡한 관계를 규명하는 절차 없이는 현대적인 주체양식의 틀을 온전히 수립하기가 어렵다. 게다가 이런 작업만으로 충분치 못한 이유는 20세기 후반에 괄목할 만한 발전을 이룬 페미니즘의 연구성과들의 새로움 때문이다. 급진적 페미니즘은 현재까지의 모든 인간학과 주체 이론에 내재된 남성중심주의를 비판하면서 '인간'이라는 개념 자체를 성차를 축으로 해체하였고, 맑스주의/사회주의 페미니즘과 에코페미니즘은 주체양식과 생산양식의 상호관계는 물론 인간과 자연의 신진대사의 전 과정에 대한 이해를 여성해방의 관점에서 횡단할 것을 요구함으로써, 주체양식의 문제를 극도로 복잡화했다고 할 수 있다. 나아가 1990년대에 들어와 뇌신경과학의 비약적 발전에 힘입은 통섭적 인지과학 연구는 주체양식의 신경생리학적 기초에 대한 규명이라는 새로운 방향으로 나아가고 있다. 지난 세기에 인간 주체를 새롭게 파악하도록 강제한 이런 연구들은 개인이라는 존재가 단일한 스케일로 파악될 수 있는 개체가 아니라 그 자체가 다중스케일을 지닌 복잡계 네트워크와 같은 역동적이고 과정적인 존재라는 사실을 확인하게 해주고 있다. 이런 관점에서 보자면, 생산양식과 주체양식의 관계는 주체양식 자체가 다중스케일의 복합체들의 배치 양식인 관계로 '다중스케일의 다중스케일'이라는 복잡계적인 성격을 지닌다고 말할 수 있을 것이다. 하지만 이와 같이 미시적 스케일을 해체하여 다중스케일로 확장해 나가는 과정 자체가 미로와 같이 너무 복잡해졌기 때문에 "목욕물을 갈다가 아이까지 버리는" 상황에 봉착한 것이 포스트모던한 오늘날 상황의 딜레마라고도 할 수 있을 것이다.

4) 미시에서 미시로 나아가다가 진퇴유곡에 빠진 이런 상황에서 벗어나기 위해서는 다시 거시적 스케일로 조망을 확대할 필요가 있다. 다중스케일적 관점이란 미시로만 파고드는 것이 아니라 미시에서 미시로 축소한 스케일을 다시 거시로 확대하여 미시와 거시의 새로운 관계를 조망하는 방법이기 때문이다. 이 경우 맑스의 '자유로운 개인들의 연합'과 칸트의 '자유로운 세계시민'이라는 관점이 새로운 '아드리아네의 실'이 될 수 있다고 본다. 물론 그렇다고 주체양식의 미시적 복잡성을 버리고 거시적인 관점으로 되돌아가자는 것이 아니라, 맑스와 칸트의 문제의식과 20세기에 도달한 주체양식의 복잡성에 대한 발견을 다시 연결해 보자는 것이다. 원자 이하의 소립자 세계의 복잡한 구조를 발견했다고 해서 분자와 분자복합체로 이루어진 중간적이고 거시적인 세계에 대한 연구가 불가능해진 것이 아니라, 미시적-중간적-거시적 척도들 간의 다중스케일적 분석방법을 통해서 오히려 자연과학의 연구가 심화와 확대를 동시에 이루어내듯이, 맑스의 생산양식과 칸트의 주체양식 그리고 20세기의 무의식적이고 성차적인 주체양식의 복잡성을 다시 연결함으로써 사회인문과학적 영역에서 다중스케일적 분석의 틀을 새롭게 세울 수 있다는 것이다.

이렇게 보면, 생산양식이 사회를 단일한 실체로 보는 것이 아니라 생산력의 3요소의 결합양식과 생산수단의 소유 방식과 생산과정의 통제 방식

간의 모순적 결합에 의해 역동적으로 변화하는 사회적 관계들의 역사적 구성체(formation, assemblage, constellation)로 파악하는 것과 유사하게, 주체를 단일한 원자적인 개체나 환경에 의해 변화하거나 적응하는 무작위적인 과정으로 보는 것이 아니라 외부에 대한 경험적 인식(좌뇌)과 내부의 욕구체계의 요구(우뇌) 간의 연결과 조절(뇌량), 신체적 무의식과 감성적 인식과 지성적 인식 간의 모순적 결합(삼부뇌)에 의해 역동적으로 변화하는 생태학적 관계들의 역사적 구성체(formation, assemblage, constellation)로 파악할 수 있게 되며, 이에 따라 생산양식과 주체양식의 변증법을 두 가지 구성체들의 복잡한 연결망의 역동적 순환과정으로 파악하는 일이 가능해질 것이다. 이런 관점에서 생산양식과 주체양식의 복잡한 상응관계에 대한 다중스케일적 분석을 알기 쉽게 다이어그램으로 시각화해 보면 다음과 같다.

이런 관점에서 보게 되면, 그 동안 분리되어 있던 사회적 계통발달과 개인적 개체발달의 회로가 하나로 연결되어 전체적으로 순환하는 하나의 회로가 만들어질 수 있다. 그리고 이 회로 속에서 맑스적인 사회혁명과 칸트적인 내면의 혁명은, 일상생활 속에서 '공통감각'을 형성해 내는 다양한 기예(Kunst, 쉴러의 '미적 교육')를 통해 개인이 자기 자신을 새롭게 형성하는 기술(자기의 테크놀로지, 푸코)을 매개로 연결될 수가 있다. 달리 말해서, 사회적 차원에서의 정치 혁명과 윤리적 차원에서의 내면의 혁명이 일상생활(노동과 여가로 구성된) 속에서의 미와 숭고의 경험의 누적에 의한 공통감각을 매개로 하여 선순환의 연결을 이룰 수 있다는 것이다. 이런 매개는 앞서 말한 '틈새 전략'이 창안해 온 다양한 일상적 변화의 프로그램과 긴밀하게 연관되어 있기 때문에, 거시적으로도 '단절적 전략'과 '틈새 전략'의 상호순환을 촉진하는 데에 도움을 줄 수 있을 것이다. 한편 생산력과 생산관계의 변증법과 자유로운 개인들의 연합이 연결되는 선과, 필연의 왕국에서 자유의 왕국으로 나아가는 선이 구불구불한 것은 개인들이 일상생활 속에서 상품 소비와 여러 형태의 중독 현상에서 벗어나 건강한 취미

<그림 3> 생산양식과 주체양식의 변증법의 다중스케일 순환 회로

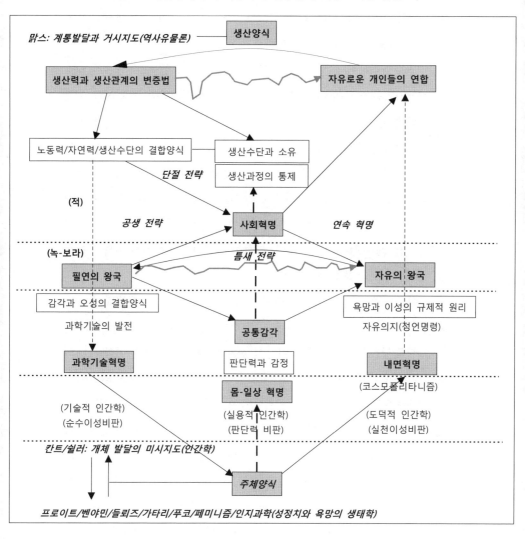

를 만들어 내면서 미와 숭고라는 공통감각의 확장을 경험하면서 일상생활
의 혁명을 만들어 내는 과정과 여러 유형의 틈새 전략 간의 연결이 누적되
면서 사회 혁명과 입체적으로 연결, 순환하게 되는 과정이 다양한 형태(공
유경제, 생산자협동조합, 생활협동조합, 민중의 집, 지식순환협동조합, 생

활예술협동조합 등)의 중간 수준의 매개들을 거쳐서 결합될 수 있다는 점을 보여주기 위한 것이다. 이 다이어그램은 다음과 같은 이유에서 다중스케일 분석을 충족시켜 줄 수 있다

1) 앞의 그림에서 화살표들의 교차는 네 개의 전략이 사회혁명을 매개로 연결되어 있음을 보여준다. 시간적으로 보면 공생 전략이 틈새 전략과 단절 전략과 마주쳐서 사회혁명을 경유하여 연속혁명으로 나아가는 방향성을 보여준다면, 공간적으로는 미시적인 틈새 전략과 중간범위의 공생 전략이 거시적 단절 전략과 교차하여 발생한 사회혁명이 연속혁명으로 전환되는 양상이 그것이다. 이런 방식으로 이 다이어그램은 과거에서 현재를 거쳐 미래로, 개인들의 미시적인 일상생활에서 사회집단들의 거시적인 사회제도와 정치경제적 체계에 이르는 역사적 시공간의 역동적인 변화의 파동을 입체적으로 포착하게 해준다.

2) 이 그림의 상부의 계통발생(사회제도) 과정은 하부의 개체발생(개인) 과정과 시계 바늘 반대 방향으로 순환하는 형식으로 연결되어 있다. 이 방향은 수평적으로는 미래의 이상이 현재의 현실 운동에게 변화를 위해 분발할 것을 촉구하는 포지티브 피드백(규제적 원리)의 방향을 의미한다. 또 수직적으로는 개인의 이상이 집단의 이상을 형성하게 하고, 그렇게 형성된 집단적 이상이 피드백 루프로 집단지성의 발전을 촉발하게 연결되고, 집단지성의 발전이 다시 개인지성의 발전을 촉진하고, 다시 개인지성의 발전이 개인의 이상의 확대를 뒷받침하는 방향으로의 선순환 과정이 형성된다는 것을 의미한다. 물론, 반대 방향으로의 운동도 가능할 것이다: 집단적 이상이 개인의 이상을 형성하고, 개인의 이상이 개인지성의 발달을 촉진하고, 개인지성의 발전이 누적되어 집단지성의 발전을 촉진하고, 집단지성의 발전이 집단의 이상의 확대를 촉진하는 방향이 그것이다. 그러나 이와 같은 방향은 개인과 사회, 현실과 이상이 선순환을 이룰 경우이며, 그와 반대로 악순환 혹은 교착 상태에 머무는 정체 현상이 나타날 수도 있다.

신자유주의 세계화 이래 오늘에 이르기까지 개인과 사회, 현실과 이상의 관계는 악순환 혹은 순환 자체가 정지되어 사분오열된 교착상태가 장기화되는 국면이라고 할 수 있을 것이다.

3) 하지만 현재진행형의 세계 공황과 같은 체계의 카오스 상태로 인해 이와 같은 악순환 혹은 교착국면 자체도 계속 지속될 수 없다는 점에 주목하자. 체계의 카오스 상태에서는 미시적 수준에서 개인들의 작은 행위들이 '나비효과'를 만들어 거시적 수준에서 체계의 향방에 큰 영향을 미칠 수 있기 때문이다. 경제적, 문화적, 정치적 불평등이 누적되어 제도적 진입이 가로막힌 상황에서 개인들이 자유-평등-연대의 이념을 체화하여 미시적 수준에서 자신들의 일상생활을 비상품적이고 비화폐적인 상호부조의 활동으로 변화시켜 나가는 아래로부터의 실험들이(틈새 전략), 당이나 노동조합, 교육기관과 문화적 장치들의 중간 수준(공생 전략)과 결합하여 자유-평등-연대의 이념을 실현하기에 적합한 새로운 생산관계의 창안을 실험적으로 모색하는 노력들과 마주치게 될 경우 나비효과가 발생할 여지가 나타날 수 있다. 그리고 이런 마주침의 중첩이 일정 시점에서 거시적 규모의 사회변혁 과정과 결합될 경우, 전체 회로가 서로를 촉진시키는 선순환 고리, 즉 '매개의 매개' 고리가 형성될 수 있을 것이다.

바로 이 '매개의 매개' 고리가 견고하고 확장적이 될 경우, 사회적으로는 전통적인 세 가지 전략들 간의 협력이 촉진될 수 있고, 개인적으로는 일상생활에서 현실과 이상, 오성과 이성, 감각과 욕망을 매개하는 반성적 판단력과 감정 간의 협력이 촉진되어 용기와 창의력과 성숙한 인격을 지닌 주체성을 획득할 수 있게 될 것이다. 이런 풍부한 주체성이야말로 교착 상태에 빠진 민주주의에 다시 생명력과 활기를 부여할 수 있는 민주화의 동력이 될 수 있을 것이다. 일상의 변혁과 사회의 변혁을 상호 매개하려는 이런 관점은 코뮌주의나 민주주의를 제도와 법의 관점에서만이 아니라 지금 여기에서의 일상적인 실천의 관점에서 바라보아야 한다는 것을 의미하기도 한다. 이런 관점에서 보면 앞서 말했던 발리바르의 '시민인륜성의 정치'와 마키아벨리의 '혼합정체 모델'도 이와 같은 '매개의 매개'가 진보정치의 핵심 관건이라는 점을 잘 보여주는 사례로 해석해 볼 수 있다.

5. 발리바르의 절합 모델과 마키아벨리의 혼합정체 모델

스피노자에게서 나타난 대중의 양면성(대중에 의한 공포와 대중의 공포라는 양면성)이 지닌 아포리아를 지적하면서 발리바르는 스피노자의 민주주의론을 제도로서의 민주주의를 넘어서는 '민주적 변혁론'으로 새롭게 독해할 필요가 있다고 제안한 바 있다. 스피노자의 민주주의론은 "민주주의를 국가—또는 국가 장치—의 변혁/전환으로서 엄격하게 사고하려는 견줄 수 없는 노력"으로 해석될 수 있다는 것이다.[27] 발리바르는, 스피노자가 대중들의 집합적 실천에 기반한 민주주의야말로 가장 바람직한 정치체제이기는 하지만 이것이 바로 대중들의 자발적 통치를 의미하는 것으로 보지 않았다는 점, 다시 말해서 대중의 혁명적 역량을 전제하고 있으면서도 대중 그 자체는 정념들의 합리적 통제 불능으로 항상 분열하기에 정치체제에 파괴적이고 위협적인 존재라고 보았다는 점을 스피노자 정치학의 아포리아라고 지적한다. 이런 맥락에서 그는 민주주의를 법적이고 제도적인 틀 안에서 완성된 형태로 사고하는 대신 국가장치의 지속적인 민주적 변혁의 과정 그 자체로 해석함으로써 이 아포리아를 풀 수 있다고 제안하고 있다.[28]

27_ 에티엔 발리바르, 「스피노자, 반 오웰: 대중들의 공포」, 『스피노자와 정치』, 진태원 옮김, 이제이북스, 2005, 201.

28_ 발리바르는 스피노자의 민주주의 개념의 독특성을 표현하기 위해 '민주화주의(démocratisme)'라는 신조어를 만들어냈다. 이 용어는 계약론에서 유래하는 민주주의에 대한 법적 관념을 비판하는 동시에 민주주의를 완성된 형태로서가 아니라, 구성과 봉기, 해체와 재구성을 거듭하는 과정으로 파악하는 의미를 지닌 것으로서, 민주정만이 아니라 모든 형태의 정치체제에 응용될 수 있는 '민주화 이론'을 함축한다고 할 수 있다. 이런 관점에서

이런 주장의 중요성은 곧 민주주의적 정치는 특정 시기의 제약 조건 안에서 만들어진 통치체제 안에 가두어지지 않는다는 것을 의미함과 동시에, 민주주의적 정치가 아나키적인 파괴로 귀착되어서도 안 된다는 것을 의미한다는 점에 있다. 이것은 대중들이 특정 시기의 통치체제에 의해 지배당하거나 복종하지 않으면서도 그와 동시에 아나키적인 파괴로 함몰되지 않게 할 '함께 함의 형식'(한나 아렌트)을 새롭게 창안해 나가야 한다는 것을 뜻한다고 볼 수 있을 것이다. 발리바르는 이와 같은 민주적 변혁의 과정으로서의 정치를 '아래로부터의 시민인륜성의 정치'라고 불렀다. 그는 '아래로부터의 시민인륜성'의 정치가 무엇인지를 체계화하지 않았다. 그 대신 그는 다수자-되기 전략(시민권의 거시정치)과 소수자-되기의 전략 (욕망의 미시정치) 사이에서 이론적으로 어느 쪽이 옳은지를 선택할 수가 없다고 보면서, 다만 그때그때 정세에 따라 일종의 '정치적 예술'(art)처럼 '해방의 정치', '변혁의 정치', '시민인륜성의 정치' 간의 '절합'을 만들어 낼 수 있을 따름이라고 주장한다.[29]

이런 관점은 앞서 소개했던, 상황에 맞추어 유연성을 발휘하면서 전략적 하이브리드를 만들어 나가는 수밖에 없다는 에릭 올린 라이트의 관점과 크게 다르지 않다. 그리고 이런 유형의 혼합전략 모델의 장점에 대한 추천은 마키아벨리의 『로마사 논고』에서도 찾아 볼 수 있다. 마키아벨리는 고대의 스파르타와 로마의 경우가 군주정, 귀족정, 민주정이라는 3가지 정부형태를 결합한 혼합정부를 구성하여, 세 가지 요소들이 서로가 서로를 견제하도록 만들었기 때문에 단일 정부 형태를 취했던 다른 국가에 비해 오랜 기간 동안 지속할 수 있었다고 주장하면서 혼합정부 형태의 우월성을 강조하고 있다.

보면, 사회세력들의 갈등이야말로 민주주의의 활력과 발전을 가능하게 하는 기초 요인이며, 제거될 수 없는 사회적 갈등의 대표(representation)를 민주주의의 제도적 핵심 요소로 삼아야 한다고 볼 수 있다(진태원, 「용어 해설」, 『스피노자와 정치』, 305-6).

29_ 에티엔 발리바르, 『대중들의 공포: 맑스 전과 후의 정치와 철학』, 최원·서관모 옮김, 도서출판b, 2007, 71-72.

"지금까지 논의한 정부는 모두 병약한 형태라고 말하겠다. 세 형태의 좋은 정부는 단명하고, 세 형태의 나쁜 정부는 사악하기 때문이다. 그런즉 법률을 제정함에 있어 신중한 자들은 이러한 결함을 인식하고 각각의 유형을 있는 그대로 취하는 것을 피하고, 처음의 세 가지 좋은 정체가 갖는 성격을 모두 다 포함한하나의 정체를 택하여, 그것을 가장 견실하고 안정된 것이라 판정하였다. 그이유는 하나의 도시 안에 군주정, 귀족정, 민중 정부의 여러 요소들이 함께 있게된다면, 서로가 서로를 견제하기 때문이다."[30]

마키아벨리는 이런 사례로 "왕, 귀족 및 민중에게 각각의 몫을 인정하는법률을 스파르타에 마련해줌으로써 스파르타를 800년이나 지속하도록 만든" 리쿠르고스의 예를 높이 평가하고 있다. 그에 반해 솔론은 아테네의법률을 제정하면서 오직 민중에 의해 지배되는 국가를 조직했기 때문에,그 법률은 단명에 그치게 되었고, 죽기 전에 페이시스트라토스의 참주정이대두되는 것을 목격할 수밖에 없었다는 것이다. 40년 후 그의 후계자가추방되고 아테네가 자유를 되찾았지만, 여전히 솔론의 체제를 본떠 민중정부를 다시 수립했기 때문에, 그 체제를 100년 이상 지탱할 수 없었다고설명하고 있다(81-82). 그는 로마의 경우 처음에는 왕국으로 시작했으나,이후 집정관과 원로원 제도를 두어 군주정과 귀족정의 혼합정부로 변화했고, 이후 민중 봉기에 따라 민중의 몫을 허용하기 위해 호민관 제도를 신설함으로써 군주정과 귀족정과 민주정의 혼합정부로 발전해 나가게 되어 오랜 시간 견고하게 지속할 수 있었음을 역사적 사건들의 사례를 살펴 논증하고 있다. 특히 그는 흔히 나쁜 것으로 평가하는 평민과 원로원의 대립과내분이 오히려 로마공화국을 자유롭고 강력하게 만들었음을 강조하고 있다(84-88).

30_ 니콜로 마키아벨리, 『로마사 논고』, 강정인·안선재 옮김, 한길사, 2003, 81. 이하 이 책에서의 인용은 본문에 그 쪽수를 표시한다.

그런데 여기까지는 라이트가 주장했던 바와 크게 다르지 않다. 하지만 『로마사 논고』에서 새롭게 주목해 보아야 할 점은 다음과 같다: 그는 『군주론』에서는 '비르투'(덕, 용맹스러움, 단호함, 상황에 대한 기민한 판단력, 남성적인 활력 또는 능력이)라는 자질을 정치 지도자와 군대의 장군들에게만 결부시켰었지만, 『로마사 논고』에서는 그들 이외에도 공화국의 시민 전체에게 필수적인 것으로 비르투를 요구했다. 공화국을 창설하고 유지하는 데 필요한 비르투가 뛰어난 정치 지도자의 출현에만 의존하는 것은 행운이라는 우연적 요소에 의존하는 것에 불과하기에, 처음부터 시민들로 하여금 비르투를 획득하고 자신들의 자유를 유지할 수밖에 없도록 제도와 헌정을 조직하는 것이 관건이라는 것이다. 그리고 좋은 법률과 좋은 교육에 의한 시민의 비르투 형성은 순수한 헌정형태들의 장점을 유지하면서도 그 단점인 불안정을 상쇄할 수 있는 혼합정체에 의해서 비로소 가능하다는 것이다. 물론 혼합정체에 대한 이론은 그리스의 아리스토텔레스와 로마의 폴리비우스 이래 서구 정치사상사에서 하나의 전통을 이루고 있기 때문에 마키아벨리만의 독창적인 사상이라고 볼 수는 없다. 그러나 고대의 혼합정체의 지지자들은 물론 마키아벨리 당대의 인문주의자들이 혼합정체의 정적인 안정과 균형에 중점을 둔 데 반해, 마키아벨리는 혼합정체의 긴장과 갈등이 넘치는 역동성에 주목했다는 점에서 차이가 있고, 이 점에 마키아벨리의 독창성이 있다고 할 수 있다.[31] 하지만 필자가 보기에는 그 역동성에 더하여 '혼합정체'라는 생산양식의 문제만이 아니라 좋은 교육에 의한 시민의 '비르투' 형성이라는 주체양식의 문제를 함께 사고했다는 점에 마키아벨리의 진정한 독창성이 있다.[32]

31_ 강정인, 「마키아벨리의 정치사상과 '로마사 논고'」, 『로마사 논고』, 29-34.
32_ 칸트는 개선을 향한 진보란 자연적으로 주어진 것도, 신이 의도한 계획도 아니며, 인간에게 영원히 주어진 하나의 과제라고 보았다. 한층 열악한 상태에서 더 나은 상태를 향해 나아간다는 것은 독립적이고 자율적인 인간에게 주어진 과제라는 것이다. 나아가 후기에 이르러 칸트는 개선을 향한 역사의 진보가 도덕적 계명을 넘어서서 이론적으로도 필연적이라고

법률적-제도적 차원에서의 '혼합정체'와 주체적 차원에서의 '비르투' 간의 선순환이 스파르타와 로마 공화국의 자유와 지속가능성의 원천이었다는 마키아벨리의 주장은 혼합전략에 의한 새로운 생산양식의 발전을 촉진하는 사회변혁과 새로운 주체양식의 구성을 통한 일상생활의 변혁 간의 선순환이 21세기 진보의 새 프레임이 되어야 한다는 이 글의 기본 논지와도 일치한다고 볼 수 있다. 물론 마키아벨리가 강조했던 비르투는 남성적인 활력에 치우친 것이었지만, 오늘날 필요한 것은 탈상품화되고 양성평등적이며 생태적인 생활양식 및 세계시민적인 태도를 체화한 보다 개방적이고 성숙한 현대적인 비르투, 즉 적-녹-보라 연대의 에토스를 체화한 비르투이다. 자본주의를 넘어서기 위한 '다중스케일 혼합전략'이 19~20세기의 세 가지 전략들의 혼합을 넘어서서 적-녹-보라 연대를 가능하게 할, 보다 심층적인 전략적 패러다임으로 심화되고 확장되어야 하는 이유가 여기에 있다. 이런 이질적인 전통들과 전략들 간의 결합은 긴장과 갈등이 넘치는 역동적 성격을 지닐 수밖에 없고, 마키아벨리가 제시했던 혼합정체와 비르투의 결합방식보다 더 극적인 성격을 지닐 수도 있을 것이다. 이런 맥락에서 보면, 19~20세기의 사회변혁 전략들은 새로운 생산양식의 건설에 필수적인 새로운 주체양식의 비르투가 어떠해야 하는가에 대한 고민들이 마키아벨리의 고려에 비교해 볼 때에도 상대적으로 크게 부족했었다는 점이

생각했다. 프랑스 혁명에 수많은 동시대인들이 권리를 위해 용감하게 동참한 것이 인류가 실제로 반복된 훈련을 통해 보편적 정의에 다가가고 있다는 역사적 증거가 되었기 때문이다. 하지만 칸트는 개선을 향한 (개별적) 진보(Fortschritt)와 세상의 최고 상태 혹은 완벽을 향한 (지속적인) 나아가기(Fortschreiten)를 구별해서 사용했다. 코젤렉은 이렇게 개별적인 진보의 역사가 모여 후자의 의미에서의 역사의 진보로 의미가 변하고, 또 진보가 역사의 동인이 되고, 나아가 진보 그 자체가 주체가 되어 독립하여 정치적 방향으로 나아가는 방식으로 그 개념이 변화했다고 본다(라인하르트 코젤렉·크리스티안 마이어, 『코젤렉의 개념사 사전 2—진보』, 황선애 옮김, 푸른역사, 2010, 67-70). 여기서 칸트가 구분하는 두 가지 진보, 즉 개별적 진보와 역사의 진보는 주체양식의 진보와 생산양식의 진보와 연관된다고 볼 수 있다면, 칸트는 전자의 문제 규명에 주력한 데 반해 맑스는 후자의 문제를 규명하는 데 주력했다고 구분해 볼 수도 있을 것이다. 그리고 이들과 달리 마키아벨리는 양자의 결합을 중시했다고 볼 수 있을 것이다.

크게 부각된다고 할 수 있다.

칸트는 자연법칙에 대한 과학기술적 탐구와 세계시민적 태도라는 윤리적이고 정치적인 이념을 매개하는 사교성(사회적 의사소통)의 기예를 숙달시킴으로써 문화적으로 도야되고 성숙한 인간성으로 나아가는 계몽된 주체양식의 기본 구도를 철학적으로 체계화함으로써 과거 그 어느 때보다 비약적으로 발전하고 있는 과학기술과 무역과 교통의 세계화 시대에 필요한, 문화적으로 성숙한 세계시민이 갖추어야 할 비르투 형성의 기본골격을 제시했다고 볼 수 있다. 나아가 그가 제시하고 있는 주체양식은 감성의 3요소(감각, 감정, 욕구)와 지성의 3요소(오성, 판단력, 이성) 사이의 복잡한 네트워크 형태(시몽동이 말하는 transindividuality)로 이루어져 있어서 각 요소들 사이의 긴장과 역동성을 내포한 개방적인 성격을 취하고 있기에, 적-녹-보라 연대에 필요한 차이의 존중에 기반한 협력의 연대를 수용할 수 있고, 수직적인 권위(헤겔식의 국가이성)에 저항하는 자유의 정신을 신장한다는 점에서도 맑스의 '자유로운 개인들의 연합'의 이념과 부합한다고 생각된다.

하지만 칸트의 세계시민적 사교성의 기예에는 여성해방과 여성 주체성의 인간학적 차이의 문제의식이 포함되어 있지 않다는 한계가 있는데, 이런 한계는 마키아벨리에게도 공통적으로 나타나는 시대적인 한계라고 보아야 할 것이다. 그러나 이런 시대적 한계를 극복하면서 과거의 사상에 함축된 진보적 요소를 계승하는 것이 오늘의 과제라는 점을 고려한다면, 맑스, 칸트, 발리바르, 마키아벨리의 사상의 핵심을 추출하여 현재화하는 데에 근본적인 한계가 있다고 말하기는 어려울 것이다. 이런 점에서 21세기의 생산양식과 주체양식의 변증법을 올바로 사고하기 위해서는 멀리 떨어진 것으로 간주되었던 이질적인 사상들 사이의 상호연계성을 파악하려는 노력이 그 어느 때보다 긴요하다고 생각된다. 이런 맥락에서 "언제나 중요한 것은 상호연계성이지 한 요인의 다른 요인에 대한 우월성이 아닙니다. 우월성은 결코 아무 의미도 갖지 않습니다"[33]라는 푸코의 말을 상기할 필요가 있다고 본다.

이렇게 이질적이고 대립적인 것으로 간주되었던 맑스와 칸트의 사상을 연결하여 하나의 순환고리를 형성할 경우, 그 동안 분리된 것으로 다루어져 온 사회변혁과 내면의 변혁이 일상생활에서의 일과 놀이(여가), 노동과 예술의 매개고리를 통해서 잘 연결될 수 있다는 점도 분명하게 드러난다.[34] 이런 연결 기제를 더 구체화한다면, 사회적 민주주의와 정신적 민주주의가 양자택일되는 대신 함께 공진화하게 되면서 과거에는 단지 고통스러운 단

33_ 미셸 푸코, 『헤테로토피아』, 이상길 옮김, 문학과지성사, 2014, 89. '다중스케일 진보전략'과 '적-녹-보라 연대'가 현실적으로 실행가능 하려면 각 전략 단위가 자신의 우월성을 주장해서는 안 되고 상호연계성을 강조해야 한다는 것이다. 물론 이런 상호연계성이 각 단위의 상대적 자율성과 독특한 역할을 배제한다는 것을 의미하는 것도 아니다. 맑스주의는 자본주의 생산양식의 분석과 비판 및 자유로운 개인들의 연합의 이념이라는 거시적인 스케일에서의 생산양식의 변혁과 새로운 생산양식과 주체양식의 선순환의 바람직한 방향을 제시한다면, 생태주의는 생산양식의 변화에서 자연과의 공생이라는 바람직한 방향과 미시적인 생활양식의 생태적 변혁 모델을 제시하는 데 반해, 여성주의는 양성평등의 관점에서 그리고 양성 차이의 존중이라는 관점에서 주체양식과 생산양식의 변화의 방향을 제시하기 때문에 각자가 비환원주의적이고 다중스케일적인 접근법에 입각할 경우에는 서로가 겹쳐지면서도 상이한 지점에서 창조적 역할을 수행할 수 있기 때문에 시너지 효과를 낼 수 있다고 본다.

34_ 칸트와 맑스를 연결하려는 이런 문제의식은 스피노자와 맑스를 비교하려는 알튀세르/발리바르의 시도와 비교될 수 있다. 발리바르는 다음과 같이 말한다: "이러한 비교는 스피노자가 맑스에게는 지각되지 않은 채 남아 있는 어떤 것을 설명한다는(그리고 따라서 이것이 대부분의 맑스주의자들에게는 기본적으로 모호하고 죽은 문자로 남아 있는 맑스 자신의 어떤 것을 설명할 수 있다는)관념으로 우리를 이끌어 갈 것이다. 하지만 이러한 관념의 맞짝은 맑스가 스피노자에게는 지각되지 않은 채로 남아 있는 어떤 것을 설명한다는(그리고 따라서 이것이 대부분의 스피노자주의자들에게는—자발적이든 아니든 간에—은폐된 채 남아 있는 스피노자 그 자신의 어떤 것을 설명할 수 있다는) 관념이다"(발리바르, 『스피노자와 정치』, 245). 알튀세르와 발리바르가 스피노자의 정념론에서 발견하고 있는 이데올로기론은 분명히 칸트에게서는 찾기 어렵다. 하지만 칸트에게서 나타나는 자연적 선(감성적 행복)과 도덕적 선(지성적 덕) 사이의 갈등의 중재로서의 반성적 판단력과 대화적 사교론에 의한 공통감각(sensus comminis)의 촉진이라는 문제의식은, 개인적 역량들의 합성으로서, 서로의 이익을 증대하기 위한 합리적 인식의 공유라는 의미에서의 스피노자의 공통관념(notio communis)(진태원, 앞의 글, 329)에 의거한 민주적 연대 가능성의 문제의식과 상통하는 측면이 있다. 이런 맥락에서 스피노자와 칸트 그리고 맑스 간의 연결 가능성을 보다 체계적으로 연구할 필요가 있을 것이다.

절로만 간주되던 사회혁명이 '즐거운 혁명'으로 전화될 수 있는 현실적인 경로를 찾을 수도 있을 것이다. 또한 이런 연결 고리 속에서, 일상생활의 경우에도, 그 동안 개발되어 온 여러 가지 '틈새 전략'(협동조합과 공유경제의 프로그램들)들을 창조적으로 활용함으로써, 상투적인 임금노동과 분리되어 상품소비에 중독된 형태로 치닫던 여가생활에서 벗어나, 상호부조와 협력교육의 방법으로 일과 놀이가 순환되어 각 구성원들이 다양하게 미와 숭고의 감정을 축적함으로써 자기 성장과 타인에 대한 배려가 상생하게 되는 '일상의 혁명'을 수행할 수 있는 사회적 개인으로서의 새로운 주체형성의 새로운 길을 발견할 수 있게 될 것이라고 본다.

마지막으로 거시적-중범위의 사회의 변혁과 미시적인 일상의 변혁을 이와 같이 상호매개하려는 '매개의 매개' 전략이 '적-녹-보라 연대'의 전략과 어떻게 연결될 수 있는지를 점검해 보도록 하자. 이제까지 19~20세기 전반까지의 전통적인 반자본주의 전략인 단절 전략과 틈새 전략과 공생 전략 간의 현실적인 매개가 어떻게 가능한지를 점검해 보았다면, '적-녹-보라 연대'는 20세기 후반에서 21세기로 이어지는 과정에서 등장한 새로운 반자본주의 전략들 간의 협력에 대한 요구로서 여기서 제시하는 '다중스케일 진보전략'의 타당성을 점검할 수 있는 테스트-베드라고 할 수 있기 때문이다.

6. 적-녹-보라 연대의 내용과 형식

그 동안 여러 차례 논의된 바와 같이, '적'은 자본주의 생산양식의 변혁을 위한 혁명적 실천을 강조하면서 이를 위해 자본주의적인 상품물신적 주체양식에 대한 이데올로기 비판과 당과 노조를 중심으로 한 노동계급의 연대를 강조했을 뿐, 양성평등의 과제를 포함하여 생태적인 삶의 양식을 실천할 새로운 대안적 주체양식의 형성이라는 과제를 주요 의제로 다루지 않았었다. '녹'은 바로 이 점을 비판하면서 생태적인 주체양식의 형성을 실험적으로 모색하면서 자연과의 공진화라는 새로운 방향으로 정향된 생산양식의 조정이라는 문제를 제기했고, '보라' 역시 가부장적인 주체양식을 비판하면서 양성평등에 기초한 새로운 주체양식과 생산관계의 형성이 시급함을 주장해 왔다. 하지만 '녹'과 '보라'는 자본주의 생산양식의 변혁과 관련된 생산수단의 사회화와 생산관계의 민주화라는 의제에 대해서는 상대적으로 비중을 두지 않았다. 그러나 이렇게 '적'과 '녹'과 '보라'가 서로 다른 측면에 초점을 맞추어 왔다는 사실은, 서로가 환원주의적인 전략을 고집하지 않을 경우에는, 서로가 강조했던 전략의 상이한 수준들을 하나로 연결하여 사회구성체 전반의 입체적인 변화를 도모해 나갈 연대 형성이 가능하다는 것을 시사하는 것이기도 하다.

'적-녹-보라 연대'의 장점은 각 단위들이 다양한 측면에서 이미 이룬 성과를 공유하고, 부족한 부분을 서로 보완하면서, 흩어져 있던 반자본주의적인 정향을 지닌 사회운동 세력들 간의 협력을 촉진함으로써, 이제까지는 주변부적일 수밖에 없었던 '소수자 정치'를 사회 구성원 다수의 참여를 가능하게 할 '대중정치'로 전화시킬 수 있는 현실적인 지반을 구축해 나가려는 현실정치적으로 필요한 전략의 구성 전망에 있다고 할 수 있다. 이는 앞서 전통적인 단절 전략-틈새 전략-공생 전략이 서로 부족한 부분을 채워주는 다중스케일 진보전략 모델과 유사한 성격을 지닌 것이다. 그러나 '적-녹-보라 연대'에는 19~20세기 중반 사이의 전통적인 변혁 전략들보다 더 구체적이고 진보적인 측면이 있다. 전자가 기본적으로 생산양식의 변혁이라는 문제를 둘러싼 대립으로 특징지어졌던 데에 반해, 후자를 구성하는 요소들에는 여기에 더하여 대안적인 주체양식의 형성이라는 차원에서 많은 고민들과 실험적인 성과들이 축적되어 있기 때문이다.[35]

그러나 주지하다시피, 적-녹-보라 운동은 상이한 시기에 상이한 주체들에 의해 전개되면서 상이한 운동 경로를 거쳐 왔고, 이 과정에서 이념적 공통성을 확보하지 못한 채 각자의 과제만을 배타적으로 중시하면서 활동해 왔기에 아직까지 분열, 대립 상태를 크게 넘어서지 못하고 있다. 그리고 이런 상태에서는 각 운동들 간의 적극적 연대가 불가능하기에 자본주의라는 공통의 적을 넘어설 수 있는 공통의 프로그램을 만들어 내고 이에 기반 하여 대중운동을 촉진해 나갈 수 없음은 물론이다. 이 때문에 각 운동들이 어떻게 자본주의의 역사적 전개 과정과 맞물려 서로 '내재적 포함관계'를 이루고 있으며, 또한 차이가 있는 고유의 과제들을 발전시켜 왔는지를 인식하는 과정이 필요하다. 이 포함관계를 압축해서 설명해 보면 다음과 같다.[36]

1) 우선 '적'과 '녹'의 문제설정 간의 상관관계를 살피기 위해, 경제(학)와 생태(학)의 개념 자체에 대한 재검토가 필요하다. 경제(economy)와 생태(학)(ecology)는 흔히 인공적인 사회와 자연이라는 상반된 차원에서 전개되는 생산과 소비의 흐름을 다루는 개념으로 이해되고 있다. 하지만 양자의 어원은 동일하게 그리스어 'oikos(살림살이)'이기 때문에 넓은 의미에서 보자면 같은 의미를 가지고 있다고 할 수 있다. 그럼에도 불구하고 사회적 경제

35_ 최근 전개되고 있는 새로운 대중적 진보정당 결성을 위한 노력(국민모임, 정의당, 노동정치연대, 진보결집+)은 민주노동당의 분열과 해체로 진통을 겪어온 진보적 정치세력들 사이에서 협력을 위한 새로운 발걸음을 보여주는 지표라고 할 수 있다. 하지만 여기에는 아직 노동당과 녹색당 그리고 여성운동 및 소수자운동, 그리고 좌파적인 사회운동 단위들과의 실질적인 협력 방안까지는 포함되어 있지 못한 상태다. 이런 단위들이 모두 하나의 정당 체계 안으로 포함되어야 할 필요는 없지만, 적어도 내용적으로는 이들과의 적극적인 협력 네트워크를 구성하지 않고서는 대중적 진보정당으로 발돋움하기 어려울 뿐만 아니라 과거의 오류를 반복할 가능성이 높다. 전통적인 변혁 전략들 간의 협력 모델만이 아니라 적-녹-보라 연대의 협력모델을 결합한 새로운 협력모델을 적극적으로 모색할 필요가 여기에 있다. 적-녹-보라 연대를 다중스케일 분석의 관점에서 연결할 수 있는 다양한 방식에 대한 자세한 논의에 대해서는 심광현, 「적-녹-보라 연대의 이론적 쟁점과 과제」, 제6회 맑스코뮤날레조직위원회 엮음, 『세계자본주의의 위기와 좌파의 대안』, 한울, 2013; 「마르크스 사상의 역사지리적 생태과학으로의 확장과 사회주의 페미니즘과의 만남: 적-녹-보라 연대의 약도 그리기」, 『마르크스주의 연구』 제10권 제1호, 2013년 봄 참조.
36_ 심광현, 「적-녹-보라 연대의 이론적 쟁점과 과제」, 133-36.

와 자연 생태계를 대립된 것으로 보는 관점은 실은 데카르트적 이분법이라는 근대적(혹은 자본주의적) 패러다임의 역사적 산물일 뿐이다. 이런 이분법과는 달리 맑스는 인간의 역사 자체가 '노동을 매개로 한 인간과 자연의 신진대사의 역사'이기 때문에 넓은 의미에서 자연사의 일부라고 보았고, 이런 지점에서 맑스의 사고는 자연과 인간사회의 불가분한 연결을 강조하는 생태학적 관점과 일치한다. 이런 맥락에서 보면, '자연생태-상품(혹은 시장)경제-가정의 살림살이-정치경제'는 서로 무관한 별개의 차원이 아니다. 특히 "자본에 의한 자연과 인간의 실질적 포섭"이 실현된 현대 자본주의 세계체계에서는 이 네 가지를 **'자연경제-상품경제-가정경제-정치경제'**라는 서로 연결되는 4개의 생태=경제적 흐름, 즉, 인간과 자연의 신진대사의 복잡한 순환 과정의 연속적인 흐름으로 파악하는 것이 가능해진다. 물론 이 흐름을 생태학적(사용가치의) 관점에서 **'자연생태(학)-경제(사회)생태(학)-인간생태(학)-정치생태(학)'**이라는 연속적 포함관계로 보는 것도 가능할 것이다(펠릭스 가타리가 말했던 '세 가지 생태학 즉, 자연생태학-사회생태학-인간생태학의 예가 그러하다). 이렇게 보면, 맑스주의와 생태주의는 별개의 대상을 다루는 것이 아니라 하나로 연결된 동일한 전체를 서로 다른 관점, 즉 한편에서는 교환가치/잉여가치의 생산과 축적이라는 관점에서, 다른 한편에서는 사용가치의 생산과 소비의 관점에서 파악한 것일 따름이라고 볼 수 있다.

2) 이렇게 생태적-경제적 흐름을 동전의 양면으로 파악하는 관점은 또한 '적'과 '보라'의 문제설정 간의 관계를 살피는 데에도 도움이 된다. 일반적으로 '적'은 생산력과 생산관계의 차원에만 관심을 가지며, '보라'는 여성의 사회적 진출, 가사노동과 출산/양육노동으로부터의 해방, 여성의 성적 자기결정권이라는 측면에서 여성해방에만 관심을 가지고 있는 것으로 간주된다. 하지만 위에서 살핀 바와 같이 '자연경제-상품경제-가정경제-정치경제'가 내적으로 연결된 순환고리를 형성한다고 본다면, 남성과 여성의

노동력이 상품화되어 상품경제에 종속되고, 여성들은 오래된 가부장제의 전통에 종속되어 가정경제의 운영을 무보수로 책임지는 이중부담을 지게 되는 메커니즘 자체가 자본주의적 정치경제 시스템에 의해 강제된다는 사실을 확인하기는 어렵지 않다. **여성(노동자)들은 미시적으로는 가부장제적 가정경제에 종속되고(a), 거시적으로는 자본주의적 상품경제와 정치경제(b)에 종속되는 이중의 종속(착취/수탈) 상태에 처해 있다고 할 수 있다.** 실비아 월비는 이와 같은 여성 종속의 두 가지 형태를 사적 가부장제(a) 와 공적 가부장제(b)로 구분하면서, 현대에 들어와 전자의 직접적인 지배는 상대적으로 약화되고 있지만, 후자의 간접적 지배는 교묘한 방식으로 강화되고 있다고 비판한다.[37] 이런 의미에서 가부장제는 자본주의적 축적의 매우 중요한 수단으로 기능해 왔다. 여성(노동자)들이 자본주의와 가부장제의 모순이 중첩되어 작용하는 가장 약한 고리에 위치할 수밖에 없는 이유가 여기에 있다. 실제로 1917년 러시아 혁명이 2월 23일 '세계여성의 날'을 기해 터져 나온 여성(노동자)들의 봉기에서 출발했다는 사실도 이 지점을 입증해 준다.

3) 이런 이유에서 자본주의적 생산과 소비의 전지구적 가속화는 노동력 상품화를 통한 가정경제의 상품화의 가속화와 더불어 전지구적 생태위기의 가속화를 야기할 수밖에 없다. 또 생태위기의 가속화는 자연과 인간의 생물학적 신진대사 전반의 위기와 더불어 생활양식(과 주체양식)의 위기 역시 심화시킨다. 한편, 노동력 상품화는 여성의 사회 진출 기회를 증대시키지만, 가사노동과 출산/육아/교육에 대한 여성의 이중 부담 증가와 함께 성적 관계의 불안정성과 가부장제 내부의 모순 격화에 따른 심리적 갈등을 증대시킬 수밖에 없다. 하지만 이런 과정은 동시에 사적 영역이나 공적 영역 모두에서 가부장제 자체의 위기를 심화시킴으로써 노동력 재생산과

37_ 실비아 월비, 『가부장제 이론』, 유희정 역, 이화여자대학교출판부, 1996, 46-47.

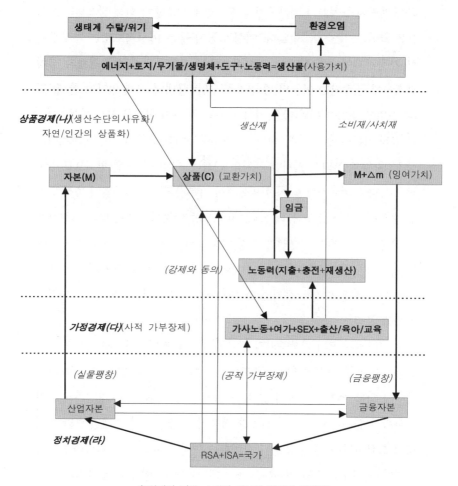

<그림 4> 인간과 자연에 대한 자본의 실질적 포섭의 순환

자연경제(가)(인간의 신진대사)

생태계 수탈/위기 ← 환경오염

에너지+토지/무기물/생명체+도구+노동력=생산물(사용가치)

상품경제(나)(생산수단의사유화/
자연/인간의 상품화)

생산재　　　소비재/사치재

자본(M) → 상품(C) (교환가치) → M+△m (잉여가치)

임금

노동력(지출+충전+재생산)

(강제와 동의)

가정경제(다)(사적 가부장제)

가사노동+여가+SEX+출산/육아/교육

(실물팽창)　　　*(공적 가부장제)*　　　*(금융팽창)*

산업자본 ← → 금융자본

정치경제(라)

RSA+ISA=국가

(4차원의 다중-스케일 회로의 역사적 결절점)

*출처: 심광현, 「적-녹-보라 연대의 이론적 쟁점과 과제」, 136

가정경제의 재생산 역시 크게 훼손한다. 따라서 자본주의가 발전할수록 생태계의 전반적 위기와 가정생태계의 위기를 동시에 심화시킴으로써 자본축적의 원동력 자체를 훼손하게 되는 모순이 표층으로 터져 나올 수밖에 없다.

이와 같이 서로 얽혀서 상호작용하고 있는 자연경제-상품경제-가정경제-정치경제라는 이질적인 4개 차원들 간의 연결고리를 다중스케일 접근법의 관점에서 시각화하여 다이어그램으로 그려보면 앞과 같다.

이런 다중스케일들 간의 연결고리라는 관점에서 보면 적-녹-보라 연대의 공동행보의 성격이 분명해질 수 있다. '상품경제(나)+정치경제(라)'로 연결된 자본-국가의 거시적 축적 회로가 중단되지 않는 한 '자연경제'(가)와 '가정경제'(다)에 대한 미시적-비가시적인 수탈과 착취는 누적적으로 강화될 수밖에 없다.[38] (가)에 대한 수탈을 중단시키고, (다)의 억압/착취 구조를 해체하기 위해서는 '(나)-(라)'의 거시 회로의 작동을 중단시키는 길 외에는 다른 방도가 없다는 사실이 분명해진다. 동시에 '(나)-(라)' 회로의 해체와 재구성은 그 동안 망가져 버린 '(가)-(다)' 회로의 재구성과 맞물리는 방향으로 진행되지 않으면 안 된다는 사실도 분명하다. 달리 말하면 '상품생산의 폐지와 생산수단의 사회화'라는 '적'의 운동의 형식적 원리와 인간과 자연생태계의 공생, 노동해방과 여성해방을 포함한 인간해방이라는 내용적 원리가 긴밀하게 결합되어야 한다는 것이다.[39]

<그림 4>와 다음의 <그림 5>는 '적-녹-보라 연대'가 앞 절에서 제시한 거시적-중간적-미시적 수준들 간의 '매개의 매개'의 내용과 형식을 이룰 수밖에 없음을 잘 보여준다. 물론 이 두 가지 그림은 자칫하면 적-녹-보라의 의제들이 속한 해당 스케일이 정태적으로 고정된 것 같은 인상을 줄 수 있다. 그러나 이 두 그림은 자본주의적인 생산양식과 그에 의해 강제된 종속적 주체양식이 연결되어 있는 현재의 지배 시스템의 회로를 보여주

38_ "산업순환의 국면교체에 의하여 상대적 과잉인구가 주기적으로 반복하여 대규모로 취하는 형태들[공황시에는 급성의 형태, 불황시에는 만성의 형태]을 도외시하면, 과잉인구는 언제나 세 가지의 형태, 즉 유동적 형태-잠재적 형태-정체적 형태를 띠고 있다"(칼 맑스, 『자본론 II[하]』, 김수행 옮김, 비봉출판사, 1998, 807-8). 오늘날과 같은 공황과 불황의 시기에는 상대적 과잉인구의 세 가지 형태가 누적되고 대규모로 만성화 되는 상태가 지속된다.
39_ 심광현, 「적-녹-보라 연대의 이론적 쟁점과 과제」, 168.

<그림 5> 적-녹-보라 연대의 내용과 형식

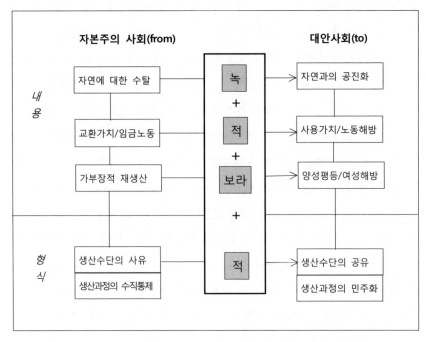

*출처: 심광현, 「적-녹-보라 연대의 이론적 쟁점과 과제」, 169쪽 부분 수정

는 것이지, 각각의 운동의 활동공간의 스케일이 현재와 같이 고정되어 있어야 한다는 것을 의미하는 것은 아니다. 오히려 미시적 스케일은 고립된것이 아니라 중간 스케일과 거시적 스케일에 의해 다중적으로 매개되어피드백 고리를 이루고 있으며, 중간 스케일도 미시적-거시적 스케일에 의해, 그리고 거시적 스케일은 중간-미시적 스케일에 의해 피드백 고리를이루고 있다는 점을 보여주는 것이 다중스케일 분석의 취지라는 점을 다시한 번 환기할 필요가 있다. 사회구성원 모두가 이렇게 다중스케일적인 상호연관 속에 놓여 있다는 인식은 각자가 고정된 스케일에 고착되지 않고자유롭게 스케일 이동을 함으로써 나비효과를 야기할 수 있는 가능성을열어 준다고 할 수 있다.

최근 황진태·정현주는 공동논문 「페미니스트 공간에 다중스케일적 접근 접목하기」를 통해서 여성운동 연구와 다중스케일 접근법의 접목을 시도하면서, 기존 여성운동 연구에서 여성운동의 의제가 작동하는 공간적 스케일이 선험적으로 주어지며 수직적으로 위계지어진다고 전제하면서 개별 지리적 스케일 내에서 이루어지는 실천들에 한정된 논의를 진행해 왔던 한계를 넘어서기 위해서는, 모든 스케일은 상이한 스케일에 위치한 사회세력들 간의 상호작용을 토대로 끊임없이 재구성되는 정치활동의 산물로서 역동성을 갖는다는 새로운 접근법이 시급함을 역설하고 있다. 이런 접근법에 따르면 '가정'이라는 스케일이 어떻게 상이한 스케일들(국가, 지역, 글로벌 등)과 연관될 수 있는지를 분석할 수 있는 교두보가 마련될 수 있고, 가정은 미시적 사적 공간이고 국가는 거시적 공적 공간이라는 수직적이고 이분법적인 위계관계를 해체하고 '가정'이 어떻게 다른 여러 스케일의 공간들과 더불어 작동하는 다양한 힘들이 교차하는 관계적 장인지를 보여줄 수 있으며, 역으로 국가 또한 관계적 장으로 볼 수 있다는 것이다. 이들의 연구에서 특히 흥미로운 점은 스케일이라는 것을 공간들의 관계를 규정하는 일련의 가변적인 체제/위상학으로 보아야 한다는 점과 더불어 이런 관점에서 '스케일 뛰어넘기(scale jumping)' 방법이 가능하다는 점을 예시하고 있는 지점이다. 가령 2008년 한미FTA 반대투쟁 당시에 광우병 소고기 수입을 반대하면서 거리 시위에 나선 '유모차 부대'는 가정이라는 사적 공간의 스케일에서 광장이라는 공적 공간의 스케일로 이동함으로써 다중스케일적인 건너뛰기의 좋은 사례를 보여주었다는 것이다.

"광우병 소고기 수입의 우려가 있는 한미 FTA를 반대하는 정치적 장에 등장한 유모차는 매우 생경한 장면을 만들어내지만 시위의 현장에 참여한 '주부'라는 여성적 주체를 통해 둘 간의 어색한 공존은 자연스럽게 매개된다. 이러한 어색한 공존은 한미 FTA와 같은 정치외교적 전쟁이 '건강한 먹거리'라는 가정적 요구와 분리될 수 없음을 시각적으로 웅변한다. 이는 가정에서 요리하는 주부가 국민의 먹거리를 걱정하는 정당한 주체로서 설득력을 확보하면서 '먹거리'는 가정의 이슈에서 국가적 아젠다로 '스케일 뛰어넘기'를 하게 되는 것이다. 여기서 '유모차'는 '주부'라는 여성의 사회적 역할과 그녀들의 시공간적 제약을 동시에 상징하는 아이콘으로서, 가정과 시위의 현장을 매개하면서 사적 공간이 공적 공간으로 확장되는, 또는 공적 공간 안에 사적 공간이 동시에 존재하게 되는(즉 안이면서도 바깥이 되는) 역설적 상황을 만들어 낸다. 이러한 유모차 부대의 활약은 결국 정부의 FTA 협상조건을 변경하도록 만듦으로써, 국가정책의 변화를 유도해냈다."[40]

이렇듯 다중스케일적 접근은 역사적 시공간이 수직적으로 위계화된 고정된 실체가 아니라 모든 행위자들의 삶의 현장과 밀접하게 맞물려 순환하고 있는 가변적인 위상으로서 '스케일 점프'가 가능한 역동적인 장이라는 점을 알게 해줄 뿐만 아니라, 미시적 시공간 안에 거시적 시공간이 동시에 존재하는, 혹은 내포된 것이라는 점을 알게 해준다. 다른 각도에서 보면, 이런 예는 곧 노동운동 안에 여성운동과 생태운동이, 여성운동 안에 노동운동과 생태운동이, 생태운동 안에 노동운동과 여성운동이 내포되어 있음을 보여주는 것이기도 하다.

'넓은 의미의 사회주의 페미니즘을 주장하는 낸시 홈스트롬(Nancy Holmstrom)도 이와 유사하게 이 적-녹-보라의 주제와 이론들 간의 '상호교차성'을 일관되게 유지하는 관점이 필요하다고 주장한다.[41] 밸 플럼우드(Val Plumwood)는 이 상호교차성의 의미를 다음과 같이 더욱 정교화한다. 그는 에코페미니즘 입장에서 기존의 사회생태학이나 근본생태론을 비판하면서 억압의 복수성을 인식하면서 응집성있는 억압이론을 체계화하려면 "**각각의 억압에**

40_ 황정태·정현주, 「페미니스트 공간연구에 다중스케일적 접근 접목하기: 여성운동 연구를 중심으로」, 『대한지리학회지』 제50권 제1호, 2015, 133.
41_ 낸시 홈스트롬 엮음, 『페미니즘, 왼쪽 날개를 펴다』, 유강은 옮김, 메이데이, 2012, 19.

모든 억압이 포함된다'는 관점과 "**각 투쟁의 상대적 자율성을 동시에 인정함으로써**" '하나/다수의 딜레마'에서 벗어나야 한다고 주장한다. 여러 억압이 하나의 그물망을 형성하기 때문에 각각의 부분을 함께 보면서 동시에 따로따로 초점을 맞출 필요가 있다는 것이다.[42]

이렇게 각각의 억압체계의 상대적 자율성과 특수성을 규명함과 동시에 각각의 억압에 모든 억압이 포함된다고 보는 것은 부분 속에 전체가 들어 있고 전체가 부분이 되는 '프랙탈구조'로 이해하는 것이다. 이런 관점이 오늘 우리가 당면한 체계의 카오스적 요동 속에서 변혁의 계기들을 찾아내어 체계화하면서 그와 동시에 이행의 주체형성을 위한 과제를 함께 하나의 지도 속에 그려 넣는 작업의 기본 가이드라인이 되어야 한다고 본다. 전체가 부분 속에 포함된다는 이런 역설적인 생각은 라이프니츠의 모나드론에서 기원을 찾을 수 있지만, 현대과학에서는 홀로그램이론, 프랙탈이론을 포함한 복잡계과학을 통해서 더욱 정교하게 발전하고 있다. 프랙탈에는 결정론적 프랙탈과 확률적 프랙탈이 있다. 전자는 추가 요소 없이 계속 생성이 가능하며 결과가 매번 동일하지만, 확률적 프랙탈은 각 요소가 적용될 확률이 1보다 작아서 결과가 조금씩 다르다. 자연은 후자의 특징을 보인다. 또 자연에는 여러 차원의 프랙탈이 섞여 있어 국소영역에서 다른 척도에 따라 다른 밀도 특이성을 보여주는데 이를 다중 프랙탈이라고 한다.[43] 계급, 생태, 성이 서로 포함관계를 이룬다는 것은 단일 프랙탈이 아닌 다중 프랙탈, 결정론적 프랙탈이 아닌 확률적 프랙탈 구조를 취하고 있어서 각기 상이한 밀도 특이성(상대적 자율성)을 가지면서 중층결정되어 있음을 의미한다. 이런 현대과학의 방법론들을 잘 활용할 경우 역사지리유물론–생태과학–페미니즘 간의 비환원주의적 통섭(상호교차성)을 구성해가는 데에 과거보다 유리한 입지를 확보할 수 있을 것이라고 본다.[44]

42_ 밸 플럼우드,「생태정치론 논쟁과 자연의 정치학」,『페미니즘, 왼쪽 날개를 펴다』, 633-35.
43_ 윤영수·채승병,『복잡계 개론』, 삼성경제연구소, 2005, 499-502.

7. 나가며

이렇게 복잡한 절차를 거쳐 힘겹게 도달한 다중스케일 진보전략이라는 것이 결국은 기존전략들의 절충이나 절합으로 귀착되는 것이 아닌가라는 이의가 다시 제기될 수도 있다고 본다. 하지만 여기서 제시하려는 다중스케일 전략은 환원주의적인 관점을 고집하면서 서로 대립해 오던 기존의 반자본주의 전략들이 미시-중간-거시 수준의 어디에 위치하는지를 규명하여 각 수준들의 고유한 차이를 유지하면서도 전체 수준들 간의 연결망을 새롭게 구성하는 비환원주의적인 피드백 고리를 제시했다는 점에서 단지 기존 전략들을 나열하거나 절충하는 방식을 넘어섰다고 할 수 있다. 나아가 앞서 여러 그림들을 통해서 제시한 이런 전체적인 연결망은 일상생활과 같은 미시적 수준에서 행위자들이 만들어 내는 작은 파동들이 어떻게 전체 시스템의 향방에 커다란 영향을 미칠 수 있는지를 살피는—나비효과를 만들어 내는 '스케일 점프'의 사례처럼—비선형적 과정들의 모델을 구성하는 데에 유리한 가이드라인을 제공해 줄 수 있을 것이라고 본다.

이 두 가지 관점, 즉, 비환원주의적 피드백 고리에 의해 자연과 사회와 개인들 사이의 복잡하고 역동적인 시공간적 관계를 하나의 통합회로로 연결하는 역동적인 관점과 이 복합적 회로의 체계가 카오스적 요동으로 치달을 경우 나비효과가 발생한다는 관점으로 구성된 '다중스케일 진보전략의 프레임'은 맑스/엥겔스가 『독일 이데올로기』에서 강조했던 바와 같이, "환경이 인간을 만드는 것과 마찬가지로 인간이 환경을 만든다,"[45] 환경과 인간의 변증법적 관계를 시각화하려는 노력이라고도 할 수 있다. 달리 말하면 개인들은 수동적인 개체로서 무기력한 '역사의 산물'로 머무는 것만

44_ 심광현, 「마르크스 사상의 역사지리적 생태과학으로의 확장과 사회주의 페미니즘과의 만남: 적-녹-보라 연대의 약도 그리기」, 84.

45_ 칼 마르크스·엥겔스, 『독일 이데올로기 1』, 74.

도 아니고, 자신의 주관적 의지대로 역사를 마음껏 변화시킬 수 있는 낭만주의적인 '역사의 주체'인 것도 아니라, 역사가 만든 굴레에 묶여 있으면서도 특정한 조건 속에서는 역사를 변화시킬 수 있는 능동적인 '역사 속의 주체'라는 것이다. 역사적 체계가 안정적일 경우 개인들의 역할은 미미할 수밖에 없다고 해도, 역사적 체계가 요동치는 특정한 조건 속에서는 개인들이 그 체계를 해체하고 새로운 체계를 형성할 수 있는 강력한 '나비효과'의 주체가 될 수 있다는 것이다. 맑스/엥겔스의 역사유물론에 내재되어 있었지만 가시화되지 못했던 이 나비효과를 가시화하여 역사유물론의 작동 원리가 생산양식과 주체양식의 변증법에 있음을 명료하게 하는 것이 바로 역사유물론의 현행화의 관건인 이유가 여기에 있다.

"완전한 혁명을 위한 이들 물질적 요소들이 준비되지 않는다면, 즉 한편으로는 당시의 생산력, 다른 한편으로는 혁명적 대중의 형성—현 사회의 일면적, 부분적 상태에 반대해서만이 아니라, 현재의 '생활의 생산 자체에 반대하여, 현 사회의 토대인 '총체적인 활동'에 반대하여 혁명을 일으키는 혁명적 대중의 형성—이 양자가 존재하지 않는다면 그때는 아무리 저 혁명의 이념이 수없이 외쳐진다 하더라도 그것은 실천적인 발전과는 전혀 무관한 것으로 되어 버린다.—공산주의의 역사가 이를 증명하고 있다."[46]

오늘의 상황에서 부족한 것은 생산력이 아니라 혁명적 대중의 형성임은 두말할 나위가 없을 것이다. 여기서 주의해야 할 점은 혁명적 대중이 단순히 정치적 봉기를 일으키는 대중을 의미하는 것이 아니라, "현재의 '생활의 생산 자체"(a)와 "현 사회의 토대인 '총체적인 활동'(b)에 반대하여 혁명을 일으키는" 대중이라는 사실이다. 여기서 (a)가 자본주의적인 일상생활의 생

46_ 같은 책, 74.

산 자체를 의미하고, (b)는 자본주의적인 생산양식의 재생산과 관련된 총체적 활동을 의미한다면, 혁명적 대중이란 일상생활 속에서 형성된 주체양식의 혁명적 변화와 더불어 자본주의 생산양식의 혁명적 변화를 동시에 요구하는 대중을 의미한다는 점이 분명해진다. 다시 말하자면 주체양식의 변혁은 생산양식의 변혁과 동시적인 과제이지 둘 중의 하나가 다른 하나로 환원되는 문제가 아니라는 것이다. 이 점을 분명히 하기 위해서 서두에서 인용했던 맑스의 「포이에르바하 테제 3번」을 다시 한 번 환기해 보자.

> "환경과 교육의 산물이 인간이라는, 따라서 변화된 인간은 다른 환경과 변화된 교육의 산물이라는 유물론적 교의는 환경을 변화시키는 것이 인간이며 교육자 자신도 반드시 교육되어야 한다는 사실을 망각하고 있다. 따라서 이 교의는 필연적으로 사회를 두 부분으로 나누게 되는데, 그 중 하나는 다른 것보다 더 우월하다(예를 들면, 로버트 오웬의 경우). 환경의 변화와 인간의 활동의 변화와의 일치는 오직 혁명적(revolutionizing) 실천으로서만 파악될 수 있으며, 합리적으로 이해될 수 있다."[47]

이 문장이 잘 보여 주듯이, 맑스가 말했던 혁명적 실천의 본래 의미는 생산양식의 거시적 변혁과 주체양식의 미시적 변혁이라는 두 과제를 '일치시키는 과정'에 있다. 물론 사회가 복잡해질수록 이 두 측면도 복잡해지기 때문에 양 측면을 일치시키는 일은 점점 더 어려워진다. 19~20세기 동안 단절 전략-공생 전략-틈새 전략들 사이의 대립이 해소되지 못했던 것이나, 20세기 후반에서 현재에 이르는 동안 노동운동, 녹색운동, 여성운동 사이에 대립이 격화되었던 것 역시 이런 사정에서 기인한다고 볼 수 있다. 그러나 아무리 복잡한 형태의 대립이라고 하더라도 이들 간의 대립은 맑스

47_ 같은 책, 190.

가 비판했던 바와 같이 "사회를 두 부분으로 나누어" "그 중 하나는 다른 것보다 더 우월"하게 설정하는 환원주의적 관점에서 비롯된 것이다. 이런 문제점을 비판하면서, 비환원주의적인 관점에서 개인과 사회의 다층적 순환구조를 전체적으로 고찰하여 기존의 전략들의 상이한 수준들을 규명하고 이들을 적재적소에 위치시키고 연결하여 생산양식의 변화와 주체양식의 변화를 '일치시키는 과정'을 가시화하고자 한 것이 '다중스케일 진보전략 프레임'의 핵심 기능이라고 요약해 볼 수 있다. 물론 이 프레임은 가장 기초적인 밑그림에 불과한 것으로, 향후 현실정치 및 일상생활의 변화와 구체적으로 연결될 수 있도록 더욱 입체적이고 역동적인 형태로 발전되어야 할 것이지만, 점점 더 격렬해지고 있는 체계의 카오스적 요동 속에서 새로운 진보적 대중정치의 태풍을 형성할 수 있는 나비효과를 만들어 내는 데에 기여할 하나의 가이드라인이 될 수 있기를 기대한다.

한국예술종합학교, 영상이론/문화연구

자본주의 체제의 붕괴 가능성에
대한 탐색

이도흠

1. 머리글

지금 자본주의는 정점에 있다. 자본은 세계 경제만이 아니라 군대와 조세권과 정보를 장악하고 있는 국가마저 조종하고 있다. 사람들의 사고와 일상, 의식과 언어, 실천만이 아니라 이미지와 무의식에까지 영향력을 행사한다. 놀랍게도 모든 사람이 이 체제가 원하는 대로 생각하고 노동하고 생활하고 소비하고 꿈꾼다. 권력기관, 언론, 사법부, 시민사회 등 자본의 탐욕을 견제할 수 있는 장치는 작동은 하지만 그 기능을 제대로 수행하지 못한다. 1%가 모든 것을 독점한 채 99%를 과도하게 착취를 하고 수탈을 해도 99%의 저항은 늘 찻잔 속의 태풍으로, 자본의 지배를 더욱 정당화하는 방향으로 귀결된다.

하지만, 자본주의는 역사적 체제일 뿐이다. 신기술 개발로 인한 완화에도 이윤율은 저하되는 추세에 있으며, 디지털사회는 기존의 산업사회와 전혀 다른 토대를 형성하고 있다. 디지털혁명은 신석기혁명이나 산업혁명에 비견될 수 있는 폭발력을 빠른 속도로 드러내고 있다. 재생에너지를 중심으로 한 에너지 혁명은 화석연료와 원자력을 동력으로 한 전기와 후기 자본주의의 토대 자체를 무너트리고 있다. 곳곳에 코뮌식 지역공동체가 세워져 이 체제를 내파하고 있다. 불평등이 극단화하고 경제가 공황상태로 접어들면 대중들의 저항은 다시 불붙을 것이다. 이에 이윤율의 경향적 저하, 디지털혁명과 공유경제, 재생에너지 혁명, 코뮌 건설, 대중의 저항이라는 이 다섯 가지 측면에서 자본주의 체제의 붕괴 가능성을 탐색하고자 한다.

2. 이윤율의 경향적 저하

"가변자본에 대한 불변자본 비율의 점진적인 상승은, 잉여가치율[혹은 자본에 의한 노동착취도]이 불변일 때, 필연적으로 **일반이윤율의 점진적인 하락**을 가져온다. …불변자본[따라서 총자본]에 대한 가변자본의 끊임없는 상대적 감소는 사회적 총자본의 유기적 구성이 그 평균에서 끊임없이 고도화하는 것과 동일한 이야기이다. …자본주의적 생산은 불변자본에 대한 가변자본의 끊임없는 상대적 감소와 함께 총자본의 유기적 구성의 고도화를 낳고 그러한 유기적 구성의 고도화의 직접적인 결과로서 노동착취도가 불변인 경우는 물론 그것이 상승할 경우에도 잉여가치율은 끊임없이 하락하는 일반이윤율로 나타나게 된다. 즉 일반이윤율의 점진적인 하락 경향은 사회적 노동생산력의 끊임없는 발전에 대한 **자본주의적 생산양식의 한 고유한 표현**일 뿐이다. …사용되는 살아있는 노동의 양이 그것에 의해 움직여지는 대상화된 노동[즉 생산적으로 소비되는 생산수단]의 양에 비해 계속 감소하기 때문에, 이 살아있는 노동 가운데 지불되지 않고 잉여가치로 대상화되는 부분도 사용된 총자본가치의 크기에 비해 점차 그 비율이 감소할 것이 분명하다. 그런데 사용된 총자본가치에 대한 잉여가치의 비율이 곧 이윤율이기 때문에 이윤율은 분명 계속 하락할 수밖에 없다"(강조는 원문).[1]

자본주의가 만인 사이의 투쟁이 된 핵심 요인은 이윤 때문이다. 자본가가 산업재해를 남발하면서까지 노동자를 극단적으로 착취하고 억압하고 구조조정과 정리해고를 단행하고 때로는 전쟁까지 불사하는 것은 오로지 이윤 때문이다. 이 이윤을 늘리는 방법은 여러 가지다. 자본을 잘 집적하고 집중하여 자본의 총량을 늘리는 것, 생산을 확대하고 많이 팔아 이윤의 총량을 늘리는 것, 노동을 잘 통제하면서 잉여가치를 될 수 있는 한 최대한으로 착취하는 것, 자본 자신의 소비를 줄이고 불변자변을 절약하여 자본을 최대한으로 축적하는 것, 자본의 회전속도를 빠르게 하는 것, 자본의 유기적 구성을 고도화하는 것이다. 이 중에서도 자본가가 이윤을 늘리는 손쉬운 방법은 절대적 잉여가치와 상대적 잉여가치를 더 많이 늘려 이를 빼앗는 것이다. 절대적 잉여가치를 늘리는 방법은 잔업이나 야근 등으로 노동시간을 연장하거나 단위시간에 노동강도를 높이는 것이다. 상대적 잉여가치란 필요노동시간을 단축하고 상대적으로 잉여노동시간을 연장시키는 것을 말한다. 기술이 개선되고 생산성이 향상되어 노동자의 생활 자료의 가치가 하락하면, 노동자는 전보다 더 적은 시간을 노동하여 자신의 생활 자료를 획득할 수 있으므로 사회적 필요노동시간이 감소한다.

이 중에서도 자본의 유기적 구성을 고도화하면 이윤을 대폭 확대할 수 있다. 주지하듯, 유기적 구성이란 생산수단을 구입하는 데 지출하는 불변자본과 노동력을 구입하는 데 지출하는 가변자본을 기술적으로 구성하여

1_ 카를 마르크스, 『자본Ⅲ-1』, 강신준 옮김, 길, 2010, 284-86.

가치의 구성에 반영하는 것을 뜻한다. 예를 들어 새로운 기계와 기술을 도입하여 이의 구입비를 늘리고 대신 노동력을 구입하는 데 드는 가변자본을 줄이면, 전체 자본 중에서 가변자본의 비율이 낮아진다. 자본가는 자본의 유기적 구성을 고도화하며, 그럴수록 산업은 노동집약적 산업에서 기술집약적 산업으로 구조가 바뀐다. 이때 전체 이윤의 양은 늘어난다. 기계에 많은 비용을 투자한다 하더라도 자본가는 고용을 줄이고 임금을 낮추면서 반대로 노동 강도를 높여 잉여가치를 더욱 많이 착취할 수 있기 때문이다.

하지만, 이윤율은 저하하는 추세에 이른다. "이윤율의 하락은 노동자가 적게 착취되기 때문이 아니라 사용되는 자본에 비해 사용되는 노동량이 줄어들기 때문에 일어난다."[2] 더불어 생산성을 향상하기 위하여 기계설비 등 불변자본을 증대하려면 산업자본가는 대부자본가로부터 자본을 빌려야 하는데 이 경우에 이자라는 추가 비용이 늘어난다. 노동을 기계로 대체하여 노동량을 줄이게 되면, 고용이 줄고 실업은 늘어 노동자가 산업예비군으로 전락하며, 자본가는 노동자를 싼값에 고용할 수 있으므로 노동자의 실질임금은 감소하고 노동환경 또한 열악해진다. 자본가들은 이윤율이 떨어지는 것을 보전하고자 이윤의 절대량을 늘리려 한다. 가장 손쉬운 방법은 생산의 총량을 늘리는 것이다. 자본은 특별잉여가치를 획득하고자, 이윤을 독점하고자 독점자본화하면서 과잉 중복투자를 한다. 이렇게 되면 자본은 서로 생산경쟁을 추구하고 이는 통제를 벗어나 생산의 무정부적인 양상을 빚어낸다. 이는 자본의 가치파괴를 야기하여 자본은 상품을 가치 이하의 가격으로 시장에서 판매한다. 이를 견디지 못한 기업들은 속속 도산하면서 공장과 기계 등의 주요 생산수단 또한 헐값에 시장에 내놓는다. 반면에 구조조정에 의하여 거리로 내몰리고 임금이 삭감된 노동자들은 소

2_ 같은 책, 325.

비를 대폭 줄이게 되며, 이 괴리가 점점 커지면서 결국 공황이 야기된다.[3] 또, 이 공황은 주기적일 수도 있고 파국적일 수도 있지만, 주기적 공황이라 하더라도 이를 극복하려는 자본과 국가의 대응이 실패할 경우 자본주의는 붕괴한다.

하지만, 이를 상쇄하는 요인들이 많다. 맑스는 제14장 '상쇄요인'에서 노동착취도를 증가시키는 것, 노동력 가치 이하로 임금을 인하하는 것, 불변자본요소를 저렴화하는 것, 상대적 과잉인구로 인한 임노동이 저렴화하고 사치 소비재 생산부문이 등장하는 것, 외국무역으로 잉여가치율이 상승하고 불변가치가 저하하는 것 등으로 이윤율이 상승될 수 있다고 지적한다. "일반적으로 일반이윤율의 저하를 유발하는 요인은 동시에 이 저하를 저지하고 완화하며 부분적으로는 상쇄해버리기까지 하는 반대작용을 불러일으키기도 한다."[4]

이런 상황 때문에 이윤율의 경향적 저하 여부에 대해 많은 논란이 있었다. 이는 자본주의의 붕괴를 설명하는 핵심 논리인데 수학적으로 엄밀하게 증명된 것이 아니다. "1961년에 발표된 Okishio 정리에 의하면, 현재의 가격체계에서 어느 한 기업이 생산비용을 감소시키는 새로운 기술을 도입하여 초과이윤을 획득할 경우, 신기술의 확산과 가격변동을 거쳐서 구축된 새로운 가격체계에서 모든 기업의 이윤율이 상승한다."[5] "Okishio 정리 이전의 이윤율 저하 경향에 대한 논의는 개별기업이 신기술을 도입하게 하는 동인이 갖는 함의를 간과하였다. Okishio 정리는…개별기업들이 이윤극대화 가설에 따라 기술을 선택한다면 전체 국민경제의 이윤율은 상승한다는 것을 입증한 것이다."[6] 그럼에도 맑스의 논리를 정면에서 비판하는 것이기에 오키시오(Okishio)의 정리를 반박하는 많은 논문이 발표되었다. 하지만, 대부

3_ 이제까지 이 단락의 논의는 카를 마르크스, 같은 책, 13장, 14장, 15장을 참고하여 기술함.
4_ 같은 책, 317.
5_ 이상헌, 「마르크스의 이윤율 저하 경향에 대한 재고찰」, 『사회경제평론』 29(3)호, 2007, 26.
6_ 같은 글, 26.

분의 기존 논의는 오키시오 정리가 성립하기 위한 전제조건을 다른 조건으로 대체하여 이에 대한 반증의 사례를 구성하는 방식으로 진행되었기에 허수아비 공격의 오류나 평행선의 논리를 벗어나지 못하였다. 반면에 이상헌은 이윤율의 경향적 저하에 대해 수학적으로 입증하면서 오키시오 정리를 도출하기 위하여 사용된 모형의 특이성을 지적하여 이 정리가 일반적으로 성립하지 않음을 지적하며, "유효 수요의 제약이 존재하고, 신기술을 구현하는 상품에 대한 수요가 증가하는 방향으로 한정된 유효수요의 지출 형태가 변화한다면, Okishio 정리는 성립하지 않는다. 그리고 신기술이 산출-노동비와 자본-산출비의 상승을 수반한다면, Marx의 이윤율 저하 경향이 성립한다."[7]라고 결론을 내린다.

필자가 이를 수학적으로 입증하고 논증할 능력이 되지 않으므로 이 정도로 정리하고, 실제에서 이에 대해 규명해 보자. 죽은 노동이 살아 있는 노동을 대체하면서, 노동자가 생산한 잉여가치를 착취하여 얻는 이윤에 비하여 기계설비 등 불변자본에 투여되는 비용이 증대하고 이에 대한 이자 비용도 늘면서 이윤율의 저하가 나타난다. 이에 자본은 다양한 방법으로 이를 막기 위한 대응조치를 취한다. 가장 손쉽게 행하는 것은 정규직을 해고하고 같은 일자리에 비정규직을 고용하여 상대적 잉여가치를 높이는 것이다. 쌍용자동차가 그런 것처럼, 한국의 기업은 법에 명시된 '긴박한 경영상의 필요'만이 아니라 회계 조작을 하면서까지 극단의 이윤을 축적하기 위하여 정리해고를 단행하고 이를 비정규직으로 채웠으며, 3년을 같은 자리에서 일했어도 그 가운데 22.4%만 정규직으로 전환시켰다. 50.9%는 여전히 비정규직이었고, 26.7%는 실직 등으로 일을 하지 않는 상태에 있다.[8] 그 같은 결과, 대략 1,000만 명이 비정규직이고,[9] 그들의 임금은 정규직

7_ 같은 글, 32.
8_ 『한겨레』, 2014. 10. 6.
9_ 정부는 비정규직을 2014년 9월 현재 591만 명(32.1%)으로 집계하고 있지만, 이 수치에는 무기계약직과 사내하청이 빠져 있다. 비정규직 노동자를 대략 1,000만 명으로 보는 것이

임금의 절반 수준인 49.4%에 불과하다. 이는 자본이 그동안 '1000만 명×정규직의 임금×1/2'에 해당하는 막대한 돈을 과잉 착취하여 이윤을 두 배로 늘렸음을 의미한다.[10]

다음으로는 기업도산과 정리해고로 노동자를 협박하면서 노동강도를 강화하여 절대적 잉여가치를 늘리는 것이다. 대다수 기업이 일찍 출근하기와 늦게 퇴근하기 운동을 장려하거나 이를 암묵적으로 강압하였다.

공간의 재조정을 통해서도 이윤율 저하를 상쇄할 수 있다. 상당수 대기업이 임금이 저렴한 제3세계로 공장을 이전하여 이윤을 증대하였다. 한진중공업의 경우, 영도조선소의 수주물량이 제로 상태여서 515억 원의 적자를 냈기에 정리해고가 불가피하다고 주장했다. "한진중공업의 2008년 및 2009년의 당기순이익은 각각 630억 원, 516억 원이었고, 2010년에는 515억 원의 적자를 기록하였다. …하지만, 한진중공업의 영업이익 상태를 보면 지난 3년간 영업이익이 평균 3,250억 원(2008년 3,659억원, 2009년 3,904억원, 2010년 2,186억원)에 이른다."[11] "한진중공업의 조선 부문의 영업이익율은 2008년에 19.7%, 2009년에 15.5%, 2010년에 13.77%에 달하였다."[12] "경영진은 컨테이너선을 포함해서 영도조선소에서 건조 가능한 규모의 선박도 수빅 조선소에서 계속 수주해 왔다. 결국, 영도조선소의 건조실적은 수빅 조선소가 본격 가동하는 2008년에 45만 여톤(CGT)으로, 2006년 62만 여톤, 2007년 63만 여톤과 비교할 때 급격한 감소 추세를 보였다. 한진중공업 경영진은 110만 여톤(36척)의 수주물량이 남아 있던 2009년 말 800명의 정리해고를 추진한 데 이어, 2010년 6월에는 기술본부를 폐지하고 용역회사

학계와 노동계의 정설이다. 2015년 8월 현재 비정규직 노동자가 850만 명이며 특수고용과 불법파견 노동자가 최소한 200만 명에 이른다.

10_ 2014년 3월 현재 한국 비정규직의 임금은 정규직의 49.4%로 절반을 넘지 못하고 있다(『한겨레』, 2014. 10. 6).

11_ 허민영, 「한진중공업의 경영실패와 총수체제의 문제점」, 교수학술3단체(민교협, 교수노조, 학단협) 『한진중공업 사태 해법 모색을 위한 토론회 자료집』, 2011. 8. 11, 2.

12_ 같은 글, <표 3> 주요 조선업체의 영업이익률 비교 참고

를 설립하였다."[13] 한진중공업은 부지가 넓고 임금이 싼 수빅조선소로 수주물량을 빼돌려, 영도조선소에서는 적자를 보았지만 수빅조선소를 포함한 한진중공업 전체에서는 이익을 본 것이다. 그럼에도 적자라고 주장하며 노동자를 대량해고하여 더욱 극단적인 이익을 취하였던 것이다. 물론, 한진중공업의 경우는 극단적인 사례로 성급한 일반화의 오류를 범할 수 있지만, 정도 차이가 있을 뿐, 많은 기업들이 제3세계로 공장으로 이전하여 이윤을 증대하였다.

자본은 새로운 탈출구로 투기와 금융시장을 공략한다. 자본은 금융부문에서 주식 투자, 원자재 투기, 환투기, 다양한 파생상품 등 모든 방법을 동원하여 이윤을 증대하였다. 하지만, 이는 거품만 만들고 국민과 기업 모두에 엄청난 빚을 안겼다. 2008년의 금융위기를 만든 핵심 세력은 정부나 시장이 아니라 헤지펀드와 이들과 공모한 투자은행이다. 이는 정부의 실정이나 시장의 불안정성에 의해서 구조적으로 촉발된 것만이 아니다. 일부 헤지펀드와 매니저가 투자은행과 짜고 가치가 붕괴할 수밖에 없는 금융상품을 만들고 거의 사기에 가까운 방식으로 외부 투자자들을 끌어모아 거품을 키울 수 있는 대로 키운 후 자신들의 이익을 최대한으로 챙긴 후 소위 '먹튀'를 자행한 데서 금융위기가 발생했다. "헤지펀드는 주식과 채권, 파생상품 투자를 교묘하게 혼합해 부자 투자자들의 구미에 딱 맞는 적절한 수준의 위험과 수익률과 투자 기간을 제공한다."[14] "여기에는 약간의 눈가림 장치가 존재한다. …헤지펀드들은 자본을 투자한 기업의 건전성 여부에는 아무 관심이 없다. 그들의 관심사는 그저 이용할 만한 작은 장점이라도 있는지 알아본 다음, 최대한 많은 이익을 챙겨서 재빨리 발을 빼는 것이다."[15] 자신은 거액을 챙기고 투자자를 망하게 한 후에 그들은 이 책임을

13_ 신원철, 「한진중공업 정리해고 사태의 쟁점 분석」, 같은 책, 12.
14_ 레스 레오폴드, 『싹쓸이 경제학』, 조성숙 옮김, 미디어윌, 2014, 57.
15_ 같은 책, 58.

월가가 아닌 정부에 돌리며 정부에 '구제금융' 혹은 '공적자금'을 요청했다. 결국 국민의 혈세가 이들의 수중으로 들어간다. 금융자본 및 헤지펀드와 카르텔을 형성하고 있는 정부는 국민의 혈세를 혁신금융상품의 매개를 통해 헤지펀드나 금융자본가에게 갖다 바치는 전달자 구실을 하는 것이다. 이런 방식을 통해 "애팔루사 헤지펀드의 대표 데이비드 테퍼(David Tepper)는 2009년에 40억 달러를 벌었고,"[16] "헤지펀드 매니저인 존 폴슨(John Paulson)이 투자 서비스를 제공하는 대가로 시간당 버는 돈은 230만 달러가 넘는다."[17]

장기침체에 따른 재정적자가 주요인이지만, 의도했든 의도하지 않았든 정부가 금융사기와 투기에 연루되어 공적자금을 투여하고, 복지비 증대와 노령화, 토건사업 등 경기부양책으로 재정을 소모한 결과, 2016년 1월 24일 현재 세계의 부채는 정부부채만 59조 4,751억 달러에 달한다.[18] 한국의 경우 2013년 기준 "정부·가계·기업 부채를 포함한 국가총부채가 약 4,835조 3,000억 원(으로)…이는 국내총생산(GDP) 대비 338.3%로…정부 관련(공공부문＋군인·공무원연금 충당＋금융공기업) 부채가 최대 1,958조 9,000억 원, 가계부채 962조 9,000억 원, 기업부채 1,913조 5,000억 원 등이다."[19] 여기에 금융법인의 금융부채 5,179조 원을 더하면,[20] 대한민국 총부채는 자그마치 1경 원이 넘는다. 이는 한국의 전체 GDP 약 1,612조 원의 6배가 넘는 금액이다. 미국에서 기준 금리를 1%만 올려도 한국의 국민, 국가, 은행과 기업이 지불해야 하는 이자는 100조 원이 추가된다. 이는 GDP의 1/16을 추가 이자로 지불해야 함을 의미한다.

이런 상황을 모두 종합하면, 자본의 대응으로 반등하기도 하지만 이윤

16_ 같은 책, 41.
17_ 같은 책, 28.
18_ http://www.nationaldebtclocks.org 접속일자: 2016. 1. 24.
19_ 『국민일보』, 2015. 6. 23.
20_ 『디지털타임즈』, 2015. 2. 12.

<표 1> 핵심국가의 평균이윤율 변동 추이(1869-2010)[21]

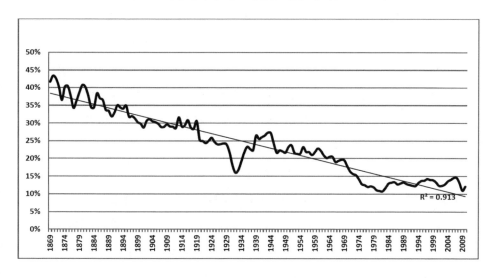

율의 저하는 지속적으로 나타나게 된다.

위의 그래프에서 확인할 수 있는 것처럼, 1869년에 40%가 넘던 이윤율
은 전쟁 등의 시기에 일시적으로 반등이 있기는 했지만 점진적으로 저하했
으며, 이제는 10%대까지 하락하였다. 다음 그래프에서 볼 수 있듯, 현재
이윤율은 1930년대 대공황 때보다 낮다. 여기에 미국이 제로 금리를 포기
하고 금리를 올려 대략 3%대의 이자 부담이 더해진다면 이윤율은 더욱
하락할 것이다. 한 마디로 말하여, 1869년에 1만 원을 투자하면 4,000원을
넘게 벌었지만, 지금은 500원을 벌기도 힘든 지경에 놓인 것이다.

물론 자본은 이윤율을 높이기 위하여 위에서 예로 든 모든 방법을 총
동원할 것이다. "실제 미국경제의 경제성장률을 비교해보면, 1970년대는
연평균 3.24%이고 1990년대는 연평균 3.23%이다. 별 다른 차이를 발견하

21_ Esteban Ezequiel Maito, "The Historical Transience of Capital-The downward trend in the rate of profit since XIX century," *MPRA paper 55894* (Munich: University Library of Munich 2014), 9.

기 힘들다."[22] 설비 가동률 자료를 보아도 마찬가지다. "이상을 종합해보면, 70년대 이후 장기침체 가설은 여러 가지 면에서 실증할 수 없다. … 특히 2008년 금융위기 이후, 신자유주의가 일정정도 변화되고 있는 흐름에 대해서 이것을 퇴행으로만 해석하는 파국론적 경향에 대해 재고할 필요가 있다. 그 이유는 유례없을 만큼의 심각한 경제위기를 겪었지만, 자본가계급의 지배질서가 급격히 쇠퇴하는 징후를 발견할 수 없기 때문이다."[23]

하지만, 앤드루 클라이먼은 1983년에서 2007년에 이르기까지 미국의 해외 다국적 기업의 이윤율과 다른 나라 경제와 관계에 대하여 조사한 결과, "미국의 해외 다국적 기업의 이윤율 저하는 광범위한 현상이었고, 이에는 국제적으로 작동하는 힘이 주요 요인이었다."[24]라고 결론을 내렸다. 신자유주의 체제가 등장한 핵심요인도 이윤율 저하이고, 자본은 신자유주의 체제 동안에 이윤율을 올리기 위한 모든 방법을 동원하여 일시적으로 반등시켰으나 결국 10%대로 하락하는 것을 막지 못하였다. 이는 이윤율 저하를 상쇄할 수 있는 요인이나 대안이 그리 많지 않음을 의미한다. 더구나, 디지털혁명은 이를 가속화할 것이다.

몇 년 더 지켜보아야 하지만, 지금의 장기침체는 이윤율 저하와 과도한 부채에서 비롯된 것으로 일시적이거나 순환적인 것이 아니라 구조적이다. 주기적 공황이 아니라는 것이다. 유가하락, 구조조정 등에 의하여 일시적으로 반등한다 하더라도 이윤율 하락 추세는 막기 어려울 것이다. 여기에 가장 큰 변수는 부채다. 앞에서 말했듯, 세계의 정부 부채는 59조 4,751억 달러에 달한다. 이는 세계총생산(GWP) 71조 달러의 83%이다. 이 부채는

22_ 김덕민, 「신자유주의 위기분석과 세계경제」, <참세상>, 2015. 10. 26.

23_ 같은 글.

24_ Andrew Kliman, "the Falling Profitability of U.S. Multinational Corporations Abroad-implications for an understanding of global profitability and the great recession," 『마르크스주의연구』 제9권 제2호, 2012년 여름, 242.

줄기는커녕 시간당 500만 달러 이상 늘고 있어 부채가 GDP나 GWP에서 차지하는 비율이 급속히 늘고 있다. 문제는 금융위기 이후에는 개도국이 아니라 G7과 같은 선진국의 부채가 이를 주도하고 있다는 점이다. 금융위기에 따른 공적 자금 투자와 복지확대로 정부 부채가 대폭 늘어난 것이다. 2016년 1월 현재 미국의 GDP대비 정부 부채 비율은 104.4%(부채 18조 8,638억 달러, GDP 18조 602억 달러), 일본은 216.7%(부채 8조 9,179억 달러, GDP 4조 1,154억 달러), 독일은 73.1%(부채 2조 3388억 달러, GDP 3조 1,991억 달러), 영국은 80.8%(부채 2조 2,975억 달러, GDP 2조 8,408억 달러), 프랑스는 96.8%(부채 2조 2,788억 달러, GDP 2조 3,547억 달러), 이태리는 138%(부채 2조 4,002억 달러, GDP 1조 7,393억 달러), 캐나다는 55.8%(부채 8,009억 달러, GDP 1조 4,356억 달러)이다. G7의 부채평균은 109.4%다.[25] 더욱 심각한 것은 부채가 줄기는커녕 복지지출과 노령화로 더욱 악화할 것이라는 점이다. "국제결제은행(BIS)은 '노인 부양비 등 고령화 비용 증가만으로도 2020년엔 GDP 대비 부채비율이 일본은 300%, 영국 200%, 벨기에, 프랑스, 아일랜드, 미국 등은 150%까지 늘어날 수 있다'고 지적했다."[26] "미국 의회 예산처는 지난해 GDP 대비 23.4%인 정부 지출이 2037년 35.7%까지 늘어날 것으로 보고 그 중 국채 이자 부담이 가장 빠르게 증가할 것으로 전망했다. 이에 따라 지난해 GDP 대비 2% 수준이던 이자 상환 비용이 2037년에는 10%를 넘어설 것으로 추산하고 있다."[27] 다른 나라도 차이는 있지만 대동소이하리라고 본다. 그렇다면, 2030년대 후반이면 G7의 GDP 대비 부채가 위험 수준인 100%를 넘어 200%에 근접하고 이자 상환 비용도 5%에서 10%를 상회할 것이다. 그렇다면 이윤율이 0%에 이르는 시점이 2030년대 후반에서 2040년대 사이에 올 가능성이 크다.

25_ 지금까지 통계는 http://www.nationaldebtclocks.org을 참고함. 접속일자: 2016. 1. 25.
26_ 『한국경제』, 2013. 5. 21.
27_ 『한국경제』, 2013. 5. 21.

3. 디지털혁명과 공유경제

맑스주의에서 보면 산업사회와 디지털사회는 여러 면에서 대립적이다. 산업사회에서 특정 계급이 특권의 형태로 상품의 소유권을 갖지만, 디지털 사회에서는 개인컴퓨터와 인터넷의 접근이 증대함에 따라 이 생산수단의 소유권은 점점 더 빠른 속도로 민주화하고 있다. 산업사회에서 과학기술적 지식은 고정자본에 물화(객관화)한 반면에, 무료공개소프트웨어(FOSS) 프로젝트나 위키피디아의 작성자들의 협력적 작업에서 볼 수 있는 바와 같이 디지털사회에서 인터넷을 통해 서로 연결된 개인들의 '집단지성'은 어떤 형태의 독점적 통제에 대해서든 저항한다. 산업사회에서는 소유자가 경쟁을 바탕으로 상품을 독점적으로 소비한다는 특성을 갖지만, 디지털사회에서 다양한 디지털 양식들은 경쟁적이지 않으며, 때로는 경쟁을 해체하고 공유를 지향한다. 산업사회에서 생산과 상품의 요소들이 시장 메커니즘 속에 배치되는 반면에 디지털사회에서 점점 더 많은 개인이 자발적으로 디지털 사용가치를 생산하는 노동에 기여하며, 사람들은 공유문화 속에서 무료로 이에 접근한다.[28]

인터넷은 소통과 참여, 다양성, 개방성, 투명성, 자유와 공유를 지향한다. "인터넷은 네트워크 사회의 모든 사람이 다른 모든 사람과 중개 없이 직접적으로 연결되는 사회적 조건이다."[29] 사람들은 인터넷을 통해 직접 소통하고 지식과 정보를 공유하고, 위키피디아에서 보듯 협력을 통해 업그레이드하며 무료로, 공개적으로 상호 발전을 도모한다. "인터넷은 광장으로 규정할 수 있으며, 시장에서 사적 소유물을 등가교환의 원칙에 따라서 자유롭게 교환하지만 광장에서는 무소유물 내지 공유물을 선물교환의 원칙에

28_ Serhat Kologlugil, "Digitizing Karl Marx: The New Political Economy of General Intellect and Immaterial Labor," *Rethinking Marxism*, Vol. 27 No. 1 (2015), 124-25를 참고함.

29_ Ibid., 125.

따라서 자유롭게 교환한다."[30] "인터넷은 TCP/IP규약에 의하여 연결된 컴퓨터들의 지구적 네트워크로 정의된다. 정의에서 핵심인 통신 규약은 통신에 관한 약속을 의미한다. 이 통신 규약에서는 인터넷이 링크의 길이가 길어지더라도 하나의 (메인)컴퓨터가 두 개 이상의 링크를 가지는 중심이 없는 구조를 가지도록 만들었고, 자료를 패킷 단위로 나누어서 각기 다른 경로로 전달되는 패킷 스위칭(packet switching) 방법이 선택되었다. 그런데 이러한 개방적이고 분산적인 구조로 말미암아, 자본에 의하여 자본축적의 수단으로 활용되기 쉽지 않게 되었다. 중심이 없고 분산된 네트워크일수록 초과이윤을 획득하기 어려워지기 때문이다."[31] "버너스-리(Tim Berners-Lee)가 월드와이드웹을 사적 소유물로 삼지 않고 인류 공통의 재산으로 기부"[32]한 것처럼 "인터넷의 발명자들은 인터넷을 공공의 영역에 기부했고 공유 상태로 유지하기 위해 노력하고 있다."[33]

"사물인터넷(The Internet of Things, IoT)은 이미 여러 다양한 재화와 서비스의 생산성을 증대해 한계비용을 제로에 가깝게, 해당 재화와 서비스를 사실상 무료로 만들고 있다. 결과적으로 기업의 이윤은 고갈되기 시작했으며 재산권은 약화되어가고 희소성에 기초한 경제는 서서히 풍요의 경제에 자리를 내주고 있다. …사물인터넷은 통합글로벌 네트워크를 통해 모든 사물을 모든 사람과 연결할 것이다. 사람과 기계, 천연자원, 물류 네트워크, 소비 습관, 재활용 흐름 등 경제 생활과 사회생활의 사실상 거의 모든 측면이 센서와 소프트웨어를 통해 사물인터넷에 연결돼, 기업체와 가정, 운송 수단 등 모든 노드(node)에 시시각각 실시간으로 빅데이터를 공급할 것이다. 이후 고급분석을 거쳐 예측 알고리즘으로 전환된 빅데이터는 다시 프로그램을 통해 자동화 시스템에 입력되어 열역학 효

30_ 강남훈, 「정보혁명과 자본주의」, 『마르크스주의연구』 제7권 제2호, 2010년 여름, 42.
31_ 같은 글, 41.
32_ 같은 글, 42.
33_ 같은 글, 42.

율성을 증진하고 극적으로 생산성을 향상하는 동시에 경제 전반에 걸친 재화와 서비스의 생산 및 유통 모든 영역에서 한계비용을 제로에 가깝게 떨어뜨릴 것이다."[34]

사물인터넷은 커뮤니케이션 인터넷과 에너지 인터넷, 물류 인터넷으로 구성된다. 독일의 한 가정에서 지붕에 태양열 발전기를 설치하고 전기를 생산해서 온수와 난방, 취사 등으로 사용하고 남은 전기를 인터넷을 이용하여 협동조합 방식으로 운영되는 가칭 유럽재생에너지센터로 보내면, 거기서는 지능형 네트워크체계를 결합한다. 이 네트워크에 연결된 모든 가정과 회사의 빌딩엔 스마트 계량기가 설치되고, 그 안의 컴퓨터, 냉장고 등에는 센서가 부착되어 스마트 계량기와 사물인터넷 플랫폼에 연결이 된다. 이 연결망을 통해 지능형 네트워크체계는 실시간으로 빅데이터를 수집한다. 이 지능형네트워크 체계는 자동으로 필요와 만족, 수요와 공급을 조절한다. 이 체계에 따라 독일의 한 가정의 태양열 발전기에 설치된 센서가 남는 전기를 중앙의 유럽재생에너지센터로 보내고 영국의 한 디자인 회사의 컴퓨터에 설치된 센서가 일정 양의 전기를 요구했다면, 독일의 한 가정의 전기가 인터넷을 따라 지능형 네트워크의 매개를 거쳐서 영국의 한 디자인 회사로 전송될 것이다. 영국의 디자인 회사는 이 재생에너지를 사용하여 자동차를 설계하고 이 파일과 소프트웨어를 그 자동차를 원하는 가정에 인터넷으로 보내거나 오픈소스로 올려놓으면, 각 가정의 3D프린터는 그 파일과 소프트웨어의 명령대로 용해된 금속과 플라스틱을 원료로 하여 3D프린터로 자동차를 만든다. 이 가정은 지역의 재생에너지협동조합으로부터 전기를 공급받는다.

"3D 프린팅 프로세스가 사물인터넷 인프라에 내재된다는 것은 사실상

34_ 제러미 리프킨, 『한계비용 제로사회—사물인터넷과 공유경제의 부상』, 안진환 옮김, 민음사, 2014, 24-25.

전 세계 사람 누구나 오픈소스 소프트웨어를 이용해 자기 나름대로 제품을 생산하고 공유하는 프로슈머가 될 수 있다는 의미이다. 생산과정 자체가 전통적인 제조 방식에서 사용하는 재료의 10분의 1밖에 사용하지 않으며 인간의 노동도 거의 필요로 하지 않는다. 생산에 사용되는 에너지도 제로 수준의 한계비용으로 현장이나 지역에서 수확한 재생에너지다. 마케팅 역시 제로 수준의 한계비용으로 글로벌 마케팅 웹사이트에서 실행한다. 마지막으로 다시 제로 수준의 한계비용으로 지역에서 생산한 재생에너지로 전자 이동성 차량을 구동해 제품을 사용자에게 배송한다."[35] 아날로그 사진기로 찍은 것은 인화비가 들었지만, 디지털 사진기로 찍은 사진은 한계비용이 제로이기 때문에 누구나 수백, 수천 장을 찍어 아무런 경제적 부담 없이 인터넷을 통해 사람들에게 보낼 수 있다. 물론, 조건이 있다. "이들 분산된 재생에너지를 사회의 모든 구성원이 제로 수준 한계비용으로 충분히 이용할 만한 규모의 경제를 갖추려면, 그것이 공동체와 지역 전반에 걸쳐 협력적으로 조직되어야 하고 피어투피어(peer-to-peer) 방식으로 공유되어야 한다. 결국 분산형이자 협력형이며 피어투피어 기술 플랫폼인 사물인터넷이 (유사하게 구성되고 조직되는) 재생에너지를 충분히 민첩하게 관리할 수 있는 유일한 메커니즘인 셈이다."[36] 이것으로 그치지 않는다. "협력적 소비는 제품과 서비스에 대한 접근권의 (소유권을 능가하는) 막대한 혜택을 일깨우는 동시에 돈, 공간, 시간을 절약하게 해준다. …이런 시스템은 사용 효율성을 증진하고, 폐기물을 감소하며, 보다 나은 제품을 개발하려는 동기를 부여하고, 과잉생산 및 과잉소비에 따른 잉여물을 추방하는 등 의미심장한 환경적 혜택을 제공한다."[37]

"수평적으로 규모를 확대한 대륙 및 글로벌 네트워크에서 대중들이 제

35_ 같은 책, 150.
36_ 같은 책, 46.
37_ 같은 책, 380.

로 수준의 한계비용으로 협업에 나서면 어떤 독점체제든 무너질 수밖에 없다."[38] 모든 대중이 거의 무료에 가까운 재생에너지를 서로 주고받고 한계비용이 제로에 가깝게 자동차를 생산하고 소비하고 공유한다면 기존의 자동차 시장은 무너진다. 나아가 상품 판매도, 그로 인한 이윤 획득도 할 수 없는 자동차회사 또한 파산선고를 할 것이다. 한계비용이 제로가 되어 필요로 하는 물건들이 거의 공짜가 되면, "상품과 서비스는 사용가치와 공유가치를 가지지만 교환가치를 갖지 못한다."[39] 교환가치를 갖지 못하는 물건은 시장에서 가격을 형성하지 못한다. 이렇게 디지털화와 생산성의 극대화와 커뮤니케이션의 혁신으로 한계비용이 거의 0원에 근접하여 거의 모든 재화와 서비스의 추가 생산비용이 무료가 되면, 이윤은 사라지고 상품을 교환하는 시장은 해체되고 그러면 상품 판매를 통한 이윤 획득과 이를 통한 자본축적이 불가능해질 것이다. 자연스레 자본주의 시스템은 작동하지 못하게 된다.

이처럼 정보화사회는 무한한 욕망과 유한한 자원에 바탕을 둔 희소성의 원칙을 근본에서부터 해체한다. 그럼에도 아직까지는 물질주의와 소유욕, 희소성과 확대재생산을 바탕으로 한 자본주의가 압도적이며, 보안과 가격 문제로 사물인터넷의 보급은 미미하다. 디지털화가 인간의 노동을 대체하여 수많은 노동자들이 실업자로 내몰릴 수 있다.

하지만, "협력적 공유사회가 그 어떤 영역에서든 경제활동의 10-30퍼센트만 점유하게 되면 2차 산업혁명의 수직 통합형 글로벌 기업들은 급격히 소멸할 것으로 봐도 무리가 아니다. 적어도 앞으로 제로 수준 한계비용이 경제활동의 보다 많은 부분을 협력적 공유사회로 옮겨 놓음에 따라 기존의 자본주의 시장은 글로벌 상거래 및 교역에 대한 지배적 지위를 점점 더 상실할 것"[40]이다. "시장조사업체 가트너는 세계 IoT 시장이 지난해 2천

38_ 같은 책, 46.
39_ 같은 책, 442.

920억 달러(약 350조원)에서 오는 2020년엔 최대 7조 달러(약 8천 400조원)로 급성장할 것으로 전망했다."[41] 7조 달러는 전 세계가 생산하는 GDP 총합의 10%에 가까운 수치다. 실업문제 또한 그리 우려할 일은 아니다. 산업혁명으로 농토에서 쫓겨난 농부들이 임금노동자가 되었듯, 디지털화는 새로운 직종의 노동을 창조할 것이다. 노동시간을 줄여 여가와 삶의 질을 개선하는 대안들도 모색될 것이다.

우리가 돈을 주고 인화한 상품인 사진을 보내던 것에서 인터넷을 통하여 디지털화한 사진을 무료로 주고받고 SNS로 유통하는 것에서 보듯, 공감과 협력에 바탕을 둔 공유가치와 공유경제는 서서히 교환가치와 자본주의적 생산관계를 대체하고 있다. 소유에서 접근으로, 독점에서 공유로 전환이 일어나고 있다. 네티즌들은 후자를 더 선호한다. "비영리 공유사회의 운영비용이 2조 2,000억 달러에 이르며, 미국, 캐나다, 프랑스, 일본, 호주, 체코, 벨기에, 뉴질랜드 등 여덟 개국만 놓고 보면 비영리 부문이 평균적으로 국내총생산(GDP)의 5퍼센트를 차지한다."[42]

인류의 역사를 보면 새로운 에너지 체제와 새로운 커뮤니케이션 매개체를 창출했을 때 대변혁이 발생하였다. 재생에너지를 바탕으로, 사물인터넷을 매개로 한 공유경제는 환경파괴를 거의 유발하지 않기에 지속가능한 발전과도 결합할 수 있다. 인간은 이기적이자 의미를 찾아 결단하고 사회적 협력을 하고 타자의 고통에 공감하고 연대하면서 보람과 행복감을 느끼는 존재다. 지금 밀레니엄 세대는 소유권보다 접근권을 선호하고 공감력이 뛰어나다. 이런 점까지 고려하면 공유경제의 상품 시장 대체 속도는 스마트폰의 사용만큼이나 점점 가속화할 것이다. 공유경제가 GDP의 30%를 넘어서서 자본주의의 붕괴를 촉진하는 시점은 20년이 넘지 않을 것이다.

40_ 같은 책, 413.
41_ <ZD net Korea>, 2016. 1. 26.
42_ 리프킨, 앞의 책, 36.

4. 에너지 혁명

자본주의를 떠받쳐 준 것은 산업혁명이었고, 이는 화석연료로부터 동력을 얻었다. 석탄과 석유를 중심으로 한 에너지를 얻기 위하여 자본은 교역을 하였고 전쟁도 불사하였다. 새로운 유전이 발굴되고 셰일석유의 채굴이 되고 있지만, 많은 학자들은 2060년에서 2080년 사이에 화석연료는 고갈될 것이라고 본다.[43] 더구나 화석연료는 많은 오염물질을 방출하여 지구 온난화를 비롯한 전 지구 차원의 환경위기의 주범이기도 하다.

이에 대한 대안으로 풍력, 조력, 파력, 지열, 바이오가스 등 재생에너지의 개발과 사용이 추진되고 있다. 이 가운데 화석연료를 확실히 대체하여 에너지 혁명을 불러올 수 있는 것은 태양광 에너지다. 이는 무한히고 오염물질을 방출하지 않으며, 지구상 어느 곳에서도 획득하고 사용하는 것이 가능하다. 단점이라면 아직 화석연료에 비하여 생산비가 비싸다는 점이다. 하지만, 태양광에너지는 "태양광 시장이 더욱 확대되는 2020년이 되면 원유와 비교해 1만 2,000배의 원가 개선이 이루어질 것이다."[44] 지구상의 그 어떤 에너지도 가격에서 태양광과 경쟁할 수 없다. "2030년의 에너지 인프라는 태양광으로 100% 충족될 것이다."[45]

"전 세계 10억 대의 자동차 가운데 대부분은 90%시간 동안 집 앞이나 주차장에 멈춰 서 있다."[46] 현재 무인주행 기술은 상용화를 앞두고 있다. 이를 우버식의 앱과 연결하면 자동차의 공유가 가능해진다. 그러면, "자율주행자동차는 휘발유 자동차를 약 80% 정도까지 급격하게 감소시킨다."[47] 2030년, "이때가 오면, 석유, 천연가스, 석탄, 우라늄은 발전 및 차량 연료로

43_ CIA는 고갈시점을 석유 2052년, 가스 2060년, 석탄 2088년으로 추정한다.
44_ 리프킨, 앞의 책, 38.
45_ 같은 책, 75.
46_ 같은 책, 223.
47_ 같은 책, 251.

서의 위치를 상실할 것이다."[48] "돌을 다 소모했기 때문에 석기 시대의 종말이 온 것은 아니다. 상위기술인 청동에 의해 석기시대가 붕괴한 것이다."[49] 앞 장에서 예를 든 대로, 재생에너지는 사물인터넷과 지능형 네트워크체계를 결합하여 필요에 따라 공유가 가능하다. "독일의 녹색에너지 생산 비율이 단지 23퍼센트인데도, 벌써부터 전력 및 공익사업 회사들로 하여금 '예비용' 가스 및 석탄 연료 화력발전소에 투자하는 일을 엄두도 못 내게 만들고 있"[50]다.

그렇다면, 자본주의는 재생에너지의 사용과 공유 비중이 전 세계적으로 20%에 이르는 시점에서 해체되기 시작할 것이며, 에너지가 100% 태양광으로 대체되는 2030년대에는 붕괴할 가능성이 크다.

5. 자유로운 개인의 연합으로서 코뮌의 건설

리처드 도킨스의 주장대로, "이기적 유전자의 목적은 유전자 풀 속에 그 수를 늘리는 것이다. 유전자는 기본적으로 그것이 생존하고 번식하는 장소인 몸에 프로그램을 짜 넣는 것을 도와줌으로써 이 목적을 달성한다."[51] 그처럼 인간 또한 유전자 보존과 복제를 위해 프로그램된 생존 기계이다. 하지만, 이를 인정한다 하더라도, 홀로 사냥을 나가서 한 달에 사슴 3마리를 잡던 원시인이 10명이 짝을 이루어 사냥한 후 평균 40마리를 잡아 자신의 몫이 4마리로 늘어났다면 이타적 협력이 이기적 목적과 충돌하지 않는다. 이처럼 인간은 사회와 문명을 수용하는 대가로 본능과 욕구를 유보하고 이타적 협력을 했다. 타자의 고통에 공감하는 거울신경체제(mirror neuron

---

48_ 토니 세바, 『에너지혁명 2030』, 박영숙 옮김, 교보문고, 2015, 21.
49_ 같은 책, 290.
50_ 리프킨, 앞의 책, 412.
51_ 리처드 도킨스, 『이기적 유전자』, 홍영남·이상임 옮김, 을유문화사, 2010, 68-69.

system)를 작동시키고 타자를 도와주면 두뇌가 보상하는 물질을 배출할 정도로 이타적 협력을 하는 존재로 자신을 진화시켰다.

자본주의와 신자유주의 체제는 인간이 이기적이고 경쟁적이라는 전제에서 출발했지만, 인간은 선과 악, 이기와 이타가 공존하는 유전적 키메라(genetic chimera)이다. 본성은 인간 안에 있는 것이 아니라 인간과 타자, 세계 '사이에' 있다. 인간은 전두엽과 대뇌피질을 통하여 이성적으로 사고하고, 거울신경체제를 통하여 타자의 고통에 공감한다.

인간은 생물학적 존재, 실존적 존재, 사회적 존재, 미적 존재인 동시에 초월적 존재이기도 하다. "절망에 잠긴 내 눈가로 별이 반짝였다."라는 간단한 문장 또한 어느 존재를 지향하느냐에 따라 "절망에 잠긴 내 눈 앞에 벼랑이 막아섰다."(생물학적 존재로서 '별'을 즉자적으로 '벼랑'으로 해석함), "절망에 잠긴 내가 이상을 추구했다."(실존적 존재로서 '별'을 '이상'의 은유로 해석함), "절망에 잠긴 내 눈 앞에 구원자가 나타났다."(사회적 존재로서 '별'을 '스타 등의 구원자'로 해석함), "절망에 잠긴 내가 눈물을 흘렸다."(미적 존재로서 '별'을 '눈물'이 반짝인 것이라는 시적 의미로 해석함), "절망에 잠긴 내 눈 앞에 신의 계시가 있었다."(초월적 존재로서 '별'을 '더 거룩한 것, 혹은 희망이나 이상을 바라며 현재의 절망을 극복하라는 신의 계시'로 해석함) 등으로 해석한다.[52]

인간은 모순적 존재다. 자기 이익을 위하여 타인을 살해하면서도 타인을 위하여 자신을 희생하고, 너무도 부족하고 한계가 많지만 완성을 지향하며, 의미로 가득한 텍스트를 통째로 던져주어도 단 한 낱말도 모르다가 전혀 의미가 없는 곳에서 새로운 해석을 하고, 불안과 두려움과 무력감에 빠지지만 실존을 하고, 상황에 얽매여 야만을 범하거나 어처구니없는 짓을 되풀이하면서도 이를 극복하고, 먼지처럼 작아 우물 안 개구리를 반복하지

52_ 이도흠, 『화쟁기호학, 이론과 실제』, 한양대출판부, 1999, 215쪽 참고함.

만 전 우주를 사유하고, 수많은 실수와 죄를 저지르지만 성찰하고, 끝없이 욕망하면서도 비워서 나누고, 너무도 쉽게 포기하고 좌절하여 동굴에 안주하지만 극단의 상황에서도 희망을 만들어 결단하고 광장으로 나와 도전하여 바꾸고, 현재에 빠져 허우적거리면서도 더 거룩한 것을 향하여 나아간다. 전자와 후자 모두 인간의 본성이겠지만, 인간다움은 전자에서 후자를 지향할 때 발현되는 것이다.

아직 중심에 가려서 잘 보이지 않지만, 지금 지구촌은 양적 발전보다 삶의 질, GDP보다 국민의 행복지수, 경쟁보다 협력, 개발보다 공존을 지향하고 있다. 이제 무역량보다 이 땅의 강과 숲에 얼마나 다양한 생명이 살고 있는지, GDP보다 거리를 지나는 시민들이 얼마나 미소를 짓고 있는지, 국부를 늘리기보다 가난한 이들에게 얼마나 공평하게 분배되고 있는지, 기업 이윤을 늘리기보다 얼마나 노동자들이 행복하게 자기실현으로서 노동을 하는지, 뛰어난 인재를 길러내기보다 못난 놈들이 얼마나 자신의 숨은 능력을 드러내는지, 내기하고 겨루기보다 얼마나 모두 함께 모여 신나게 마당에서 노는지에 초점을 맞추어 나라를 경영하고 정책을 구사하려는 사람들이 곳곳에서 목소리를 내고 있다.

이들은 곳곳에 자유로운 개인의 연합으로서 코뮌을 건설하고 있다. 현재로서는 100% 완벽한 수준에 이르fms 것은 아니지만, 각 지역의 특성과 맥락에 맞추어 자유로운 개인들이 서로를 자유롭게 하려는 여러 실천을 행하면서 거의 착취를 하지 않고, 생산수단을 공유하면서 진정한 자기실현으로서 노동을 하고 공동으로 생산하고 분배하는 공동체들이 운영되고 있다. 이 공동체가 얼마나 되고 그것이 자본주의 시장체제를 얼마나 대체하는지 계량할 수 없다. 그 공동체 가운데 종교성이 강하여 코뮌에서 벗어나는 곳들도 많을 것이다. 하지만, 이들이 자본주의 체제를 안으로부터 내파하며 이와 다르게, 잉여가치를 누구도 착취하지 않은 채 공동생산하고 공동분배하며 상생을 도모하는 삶과 세계를 만들고 있다는 점은 분명하다.

6. 대중의 저항

지금 불평등은 심화되고 구조화되고 있다. 미국 캘리포니아대 버클리캠퍼스 교수 등 미국과 영국, 프랑스의 경제학자들은 1913년부터 2012년까지의 미 국세청 자료를 분석했다. 그 결과, "2012년의 상위 1%의 가계소득은 평균 39만 4,000달러(약 4억 2,800만 원) 이상이었다. 상위 1%의 소득은 미국 전체 가구소득의 19.3%를 차지했다. 이 비율은 24%로 정점을 찍었던 1920년대 후반 대공황 무렵 이래 최고 수준이다. 상위 1%의 가계소득이 차지하는 비율은 1973년 7.7%로 바닥을 쳤고, 1980년대부터 서서히 높아지기 시작했다. 미국 경제가 금융위기로부터 회복세를 보이기 시작한 이래 소득 증가분도 대부분 상위 1%의 몫으로 돌아갔다. 2012년 상위 1% 가구의 세전소득은 전년 대비 19.6% 증가했다. 반면, 하위 99% 가구의 세전소득은 1% 증가하는 데 그쳤다. 2009~2012년 수치와 비교해 보아도 상황은 비슷하다. 이 기간 동안 상위 1%의 가계소득은 31.4% 증가했고, 전체 소득 증가분의 95%를 상위 1%가 가져갔다. 하위 99%의 소득 증가는 0.4%에 그쳤다."[53] 미국의 경제정책연구소(EPI)는 2013년에 미국 내 350여 개 기업 CEO의 상여금과 스톡옵션을 포함한 연봉을 조사하고서 CEO들이 받은 총 급여 평균은 1,517만 5,000달러라고 2014년의 보고서를 통해 발표했다. "이는 2010년 대비 21.7% 증가한 수치이자 1978년과 비교했을 때 937% 증가한 수치다. CEO와 직원의 급여 격차는 1965년 20.0배, 1978년 29.9배에서 2013년에 295.9배로 벌어졌다."[54]

2장에서 기술한 대로, 이윤율이 저하하면서 자본은 이윤을 높이기 위하여 구조조정을 더욱 확대할 것이고, 더욱 많은 노동자들이 정리해고를 당

53_ 『한겨레신문』, 2013. 9. 11. 참고함.

54_ Alyssa Davis and Lawrence Mishel, "CEO pay continues to rise as typical workers are paid less," *Economic Policy Institute*, 12 June 2014, 3.

할 것이고 그 자리는 비정규직으로 채워지고, 그러지도 못하는 노동자들은 실업자로 전락할 것이다. 불평등과 실업에 대한 대중의 분노가 언제든 어떤 사건을 계기로 임계점을 넘어 분출할 수 있다. 월스트리트 점유(Occupy Wall Street) 운동이 다시 재발하여 세계혁명으로 이어질 수 있다.

물론, 이를 상쇄하는 요인 또한 무시하지 못한다. 자본-국가의 카르텔은 너무도 공고하고 이들이 무기와 군대, 정보, 법과 제도를 독점하고 있기에 대중이 저항하여 체제를 전복하는 것은 쉽지 않다. 국가-자본 연합체와 제국은 노동자들이 파업을 하면 다양한 법으로 옭아매서 구속하고, 수백억 원에 이르는 손배소를 청구하여 다시는 파업할 엄두를 내지 못하게 한다. 그래도 노동자가 거리로 나서면 그에 상응하는 무력을 동원하여 진압한다. 프랑스의 2월혁명처럼 당시에는 패배로 끝났으나 역사 속에서 승리로 잉태되는 운동은 더욱 어렵다. 지배층이 언론과 담론을 독점하여 노동자들의 정당한 저항을 '빨갱이의 난동'이나 '다른 인종의 폭동'으로 조작하여 대중의 분노를 쉽사리 잠재우기 때문이다. 언론의 조작과 대중문화의 영향, 자본의 포섭전략에 의하여 노동자들이 계급의식을 상실하고 '1차원적 인간'이나 자본가적 의식을 갖는 '자본가형 노동자(capitalist worker)'로 전락하였다.

하지만, 대중은 무지하고 야만적이고 대중매체에 쉽게 조작당하는 우중이자 자기 나름의 주체성을 가지고 세계의 부조리에 대응하고 문화와 예술 텍스트를 주체적으로 읽는 수용자이기도 하다. 주체는 주체성(subjectivity)을 획득하는 동시에 종속성(subjection)을 수용한다. 주체들의 집합체로서 대중은 산업화와 대중화, 자본주의의 물신화, 자본-국가의 이데올로기 공세, 대중문화의 조작 속에서 원자화하고 부품화하고 이질화하여 물신과 탐욕, 환상을 좇는 고립적, 비조직적 개체이자 세계의 모순과 부조리를 인식하고 노동하면서 자유와 해방을 추구하면서 타자와 연대를 맺고 조직을 형성하며 공동체와 세계를 구성하는 주체이다. 지식인이 대중에게 영향을 줄 수 있지만, 대중은 스스로 조직하고 역사와 문화를 창조한다. 5.18 민중항쟁이나 부안사태를 보면, 대중은 지식인도 사라진 그 자리에서 그들 자신을 스스로 조직했고 그들 스스로 학습하고 거듭났으며, 그들 스스로 즐거운 저항을 하며 코뮌을 만들었다. 신자유주의에 완전히 포획되었다고 생각한 그 지점에서 대중은 희망버스를 탔고 촛불을 들었다. 우리에게 선의 씨앗도 있고 악의 씨앗도 있듯, 대중은 지배이데올로기에 휘둘리는 대상이자 지배층에 맞서서 저항을 실천하는 주체다. 문제는 이들이 어떻게 저항하는 주체로 정립하고 연대하느냐에 있다.

"솔로몬 애쉬의 선분 실험에서도 드러나듯, 3명이면 상황을 변화시킬 전환점이 생긴다. 3명이면 상황을 바꾸는 집단을 형성할 수 있는 것이다. 실제로 2003년 10월 13일 지하철 2호선 신당역에서 승강장에 낀 사람을 구하기 위해 승객들이 모여 전동차를 밀어냈다. 2005년 10월 17일 지하철 5호선 천호역에서 사람이 전동차에 낀 후 두세 사람이 나서자 주변 시민이 모여들어 33톤의 차량을 밀어내고 사람을 구했다."[55] 스탠리 밀그램실험처럼, "상황에 종속되어 있는 게 우리 인간이지만, 동시에 소수가 전체 상황을 바꿀 수도 있는 능동적인 행위자들이며,"[56] 그 출발은 서로에 대한 공감과 연대다. 자본과 국가의 공세와 조작에 의하여 대중들은 파편화하고 우중화하고 계급의식을 상실했지만, 과도한 착취와 수탈, 억압에 침묵하다가 어떤 사건을 계기로 담대하게 분노를 표출시킬 것이다.

7. 맺음말

지금 자본주의는 확고부동하게 우리를 지배하며 번영을 누리고 있다.

55_ 한국교육방송공사, 『인간의 두 얼굴: 내면의 진실』, 시공사, 2010, 111-18쪽 요약.
56_ 같은 책, 116.

하지만, 이윤율 저하, 한계비용 제로의 공유경제의 확대, 기술혁신에 따른 재생에너지 사용, 코뮌의 확대, 대중의 저항 등 다섯 가지 요인으로 30년 안에 붕괴할 것이다.[57]

자본은 더 많은 이윤을 얻기 위하여 기계와 기술에 투자하여 유기적 구성을 높이려 하는데, 그럴수록 총량은 늘어나지만 이윤율은 저하한다. 지금 이윤율은 40%대에서 1930년 공황 때보다 낮은 10%대로 떨어졌으며, 2030년대 후반이면 G7의 GDP 대비 부채가 위험 수준인 100%를 넘어 200%에 근접하고 이자 상환 비용도 5%에서 10%를 상회할 것이다. 그렇다면 이윤율이 0%에 이르는 시점이 2030년대 후반에서 2040년대 사이에 올 가능성이 크다.

우리가 돈을 주고 인화한 상품인 사진을 보내던 것에서 인터넷을 통하여 디지털화한 사진을 무료로 주고받고 SNS로 유통하는 것에서 보듯, 공감과 협력에 바탕을 두고 한계비용 제로의 물품에 토대를 둔 공유가치와 공유경제는 서서히 교환가치와 자본주의적 생산관계를 대체하고 있다. 인류의 역사를 보면 새로운 에너지 체제와 새로운 커뮤니케이션 매개체를 창출했을 때 대변혁이 발생하였다. 지금은 공유경제가 GDP의 5% 이하이지만, 30%를 넘어서서 자본주의의 붕괴를 촉진하는 시점은 20년이 넘지 않을 것이다.

태양광에너지는 2020년이 되면 원유와 비교해 1만 2,000배의 원가 개선이 이루어질 것이며, 2030년의 에너지 인프라는 태양광으로 100% 충족될 것이다. 재생에너지의 사용과 공유 비중이 전 세계적으로 20%에 이르는 시점에서 자본주의는 해체되기 시작할 것이며, 에너지가 100% 태양광으로

57_ 물론, 전쟁과 같은 과격한 방식으로 당장에 이윤율을 끌어올릴 수 있지만, 그 이상의 파멸을 감수해야 하기에 쉽지 않다. 마이너스 금리, 소득 불평등 해소 등은 이윤율을 끌어올릴 수 있는 올바른 처방이지만, 전자는 실제 효과에 대해서는 의문이고, 후자는 소비를 진작하여 어느 정도 장기침체를 벗어나게 하지만, 자본-국가 카르텔이 이를 제한적으로 행사할 것이기에 그 효과는 그리 크지 않을 것이다.

대체되는 2030년대에서는 붕괴할 가능성이 크다.

세계 곳곳에서 공동생산하고 공동분배하는 코뮌들이 세워지며 자본주의를 내파하고 있다. 불평등과 실업이 점점 심화하여 월스트리트 점유(occupy wall street) 운동 같은 대중저항이 어떤 사건을 계기로 촉발하여 세계혁명의 양상으로 표출될 모순과 잠재적 동력을 안고 있다.

앞서도 말했듯이, 독일의 녹색에너지 생산 비율이 단지 23퍼센트인데도, 정부나 환경단체가 아니라 전력 및 공익사업 회사들이 '예비용' 가스 및 석탄 연료 화력발전소에 투자하는 일을 꺼리고 있다. 지금은 재생에너지나 공유경제가 차지하는 비율이 5-10%에 남짓하지만, 곧 20-30%에 이를 것이고 이 지점만 돌파해도 자본주의는 걷잡을 수 없이 무너지기 시작할 것이며, 그 시점은 앞으로 30년이 넘지 않을 것이다.[58]

이것이 현실로 다가온다 하더라도, 백기완 선생의 말씀대로 썩은 나무도 둥치를 발로 차야 넘어진다. 중요한 것은 우리가 어느 자리에 서 있든 자본주의를 붕괴시키는 작업을 해야 하는 것이다. 짐승과 구별하여 가장 인간다운 특성은 타자의 고통에 공감하고 연대하는 것이다. 3명이 공감하고 연대하면 세상을 바꾸는 첫걸음을 딛는 것이다. 개인의 차원에서는 자본에 포섭되지 않고 이에 비판적이고 주체적인 삶을 살면서 돈과 물질보다 인간애와 우애, 협력, 생명의 가치를 더 지향하는 소욕지족(少欲知足)의 생활을 하면서 주변의 타자들의 고통에 공감하고 연대한다. 사회적인 차원에서는 자본-국가를 무너트리는 운동에 참여하고, 곳곳에 자유로운 개인의 연합으로서 코뮌을 건설한다. 무엇보다 성공한 혁명조차 그 열매를 엘리트들이 독점한 것을 성찰하여, 헌법에서 제도에 이르기까지 민중들이 주체가 되고 참여하는 정의, 평화, 생명의 가치를 지향하는 공동체로서 공화국의

58_ 이 논문은 졸저 『인류의 위기에 대한 원효와 마르크스의 대화』(자음과 모음, 2015)의 맺음말에서 자본주의 붕괴를 세 단락 정도로 추정한 글을 확대하여 논증한 것이다. 1장, 2장, 7장은 새로 썼으나, 3장에서 6장까지는 졸저와 내용이 겹쳐서 상당 부분 이 책에서 옮겨와서 이 주제에 맞게 정리한 것임을 밝힌다.

그림을 그리고, 그를 향하여 한 사람의 열 걸음보다 열 사람의 담대한 한 걸음을 내딛는다.

인문학의 이율배반

—제도인문학과 비제도인문학을 동시에 넘어서기

이명원

1. 인문학자는 누구인가

인문학자는 누구인가라는 질문을 던져보자. 더하여 우리는 인문학이란 무엇인가라고 물어보자. 이 두 가지 질문은 명료한 것 같지만, 꼭 그런 것은 아니다. 내가 놓여진 상황만 보면 나는 인문학자다. 근대 인문학의 총아일 국문학을 전공했고, 문학평론가로 이십여 년 이상 활동해 왔으며, 제도 대학에서는 한국적 인문교양대학의 최초이자 거의 최후의 혁신모델일 가능성이 높은 경희대 후마니타스칼리지의 교수로 재직하고 있기 때문이다.

하지만 "인문학자는 누구인가?"라는 질문이 외부로부터 내게 던져진다면 나는 예리하게 응답할 말을 찾지 못하는 상황에 있다. 국문학자라고 하지만 수년간 경희대에서 내가 주로 해왔던 작업은 정치학자나 경제학자를 비롯한 여러 분과의 사회과학자들과 시민교육(civic education)의 한국적 모델을 만들기 위한 연구를 지속해 왔고, 학부에서는 시민과 민주주의 문제를 강의하는 것과 동시에 학생들의 '자원적 현장활동'을 교육해 왔다.

나로서는 생소한 몇몇 정치학회의 회원이 된 것은 이런 까닭이다.

동시에 지난 수년간 내가 필사적으로 연구해 온 것 중의 하나는 한국에서는 생소한 오키나와학(學)을 탐문하는 일이었다. 물론 나의 오키나와 연구는 일제말기 식민지 조선문학을 해명하는 과정에서 비롯된 것이기는 하다. 지난 10년간 나는 중국에서 일본을 거쳐 오키나와와 제주, 하와이 등까지, 우연적이기도 하고 계획된 것이기도 한 현장답사와 자료수집을 지속해왔다. 우연 또는 운명이라기보다는 국문학 연구자가 그 관심의 폭과 깊이를 확장해나가는 과정에서 나타난 필연적 귀결이라 나는 생각한다.

이 10년의 더딘 학습의 끝에서 내가 고민하게 된 핵심적인 학문적 의제는 식민주의/제국주의로부터의 자립/독립/주체화의 문제를 비서구적 관점에서 해명하는 것이, 결국 국문학자이자 문학평론가인 나의 학문적 호기심의 본질이라는 것이었다. 물론 이런 지적 탐구의욕이 저절로 숙성된 것이라 보기는 어렵다. 그 과정에서 『문화/과학』과 『녹색평론』의 만남은 대단히 뚜렷한 자극과 지적 성숙의 계기가 되었음을 고백하고 싶다.

2008년부터 나는 계간 『문화/과학』의 편집위원으로 일하고 있다. 1992년에 창간된 이 매체는 영문학인 강내희 중앙대 교수와 미학자인 심광현 교수, 후배세대인 이동연 한예종 교수를 주축으로, 한국에서 맑스주의와 알튀세르주의를 기반으로 한 이른바 문화유물론/문화공학의 관점을 체계적으로 이론화한 매체다. 최근에는 지(知)의 통섭이라는 문제에 주목해 다채롭고 심층적인 이론생산을 하고 있다. 이 매체의 편집위원으로 참여하면서 나는 '문화연구(cultural studies)'라는 간(間) 학제적 이론과 실천의 여러 맥락들에 대해 고심했다. 맑스주의의 여러 저작들을 중심으로 해서 내가 『문화/과학』에 썼던 글의 대부분은 자본주의 세계체제의 변혁과 미국 헤게모니의 이행 등 역사적 헤게모니/패권 체제 교체에 따른 21세기 혁명의 가능성에 대한 것이었다. 이 에세이들을 읽어보면 알겠지만, 그것은 인문과학도 사회과학도 아닌 '낯선 문제설정'에 기반한 글들이었다.

이런 류의 에세이는 국문학자나 문학평론가라는 범주에서 썼다기보다는 일종의 유기적 지식인 개념에서 비롯된 글로, 지식인이라고 하는 것의 학문적, 제도적, 사회적 장(場)의 안과 밖을 유영하면서, 또 여러 선후배들과의 지적 협력을 통해서 예리하게 조각되었던 것이다. 강내희, 심광현, 이동연 선생과 내가 조우하지 않았다면, 아마도 나는 분과학문과 제도지식인의 관성화된 문법 속에서, 연구업적용의 파리한 등재지 논문이나 한편쓸까 하고 체념했을 것이다.

한편, 『녹색평론』에 내가 적극적으로 조응한 것은 최초 임용대학에서 학내민주화 투쟁 탓에 2006년 해직된 후 <지행네트워크>라는 연구소를 오창은, 하승우, 이강준 등과 설립한 2007년 직후였다. 나 자신은 해직교수였고 오창은이나 하승우 선생은 박사학위를 마치고 대학의 연구교수 등을 하고 있던 상황이었다. 현재는 <에너지정치연대>를 설립해 활동하고 있는 이강준은 민주노동당의 국회 보좌관을 그만 둔 직후의 방향전환을 모색했던 다소 불안하며 유동하던 시점이었다.

이 연구소를 설립하고 『녹색평론』의 김종철 선생께 우리가 최초로 기획했던 '청년강좌'의 한 강연을 부탁드리면서 『녹색평론』과의 인연이 시작되었다. 『녹색평론』은 1991년 창간되었다. 이 시기는 동구 및 소비에트의 몰락 이후 자유민주주의와 자본주의의 영구적인 승리가 프랜시스 후쿠야마에 의해 당당하게 갈파되던 때였다. 문학평론가였던 김종철은 이 시기에 『녹색평론』을 창간하면서 그 특유의 비근대주의적 입장과 실천을 체계화했으며, 그런 과정에서 오늘날 원외정당이긴 하지만 녹색당도 탄생했다.

『녹색평론』에 비정기적으로 기고하거나 청탁을 받으면서, 또 김종철 선생을 포함한 여러 지식인들과 대화를 지속하면서, 나 자신의 '근대주의'에 대한 비판적 인식은 예리해졌고, 자본주의 세계체제의 극복과 비자본주의적 삶의 양식의 구성, 그리고 에콜로지와 맑스주의의 박치기와 혼효(混淆)에 대한 고민은 모순 속에서도 결과적으로는 깊어졌다고 생각한다.

그것과 동시에 젊은 해직교수로서의 나의 법적 복직투쟁은 투쟁대로 계속되었는데(당시 내 주변의 미취업 박사들은 "취업이 돼야 해직도 되지"라며 나의 처지를 그 특유의 시니컬한 유머로 위로해 주었던 기억이 난다), 이 소모적인 법적 쟁송의 복마전을 넘어 문인 특유의, 혹은 민중적 지식인 특유의 의지로 교도소에서의 인문학 강좌를 시작했다. 이에 대해서는 나중에 언급하기로 하자.

이렇게 구구하게 한 시절의 개인적인 지(知)의 형성과정을 복기하는 이유는 이런 질문 때문이다. 인문학자는 누구인가? 이러한 질문에 대한 답변은 이 글을 쓰고 있는 나는 물론, 호기심 어린 눈빛으로 읽고 있을 독자 여러분들과 함께 생각해 보기로 한다.

2. 인문학의 개념 착종

나는 오늘날 인문학을 둘러싼 개념적 분류를 다음과 같이 정의할 수 있다고 생각한다. 1) 강단인문학, 2) 대안인문학, 3) 희망의 인문학, 4) 대중인문학, 5) 지식협동조합이 그것이다. 이에 대해 간단하게 생각해 보기로 하자.

1) 강단인문학

강단인문학은 다른 말로는 제도인문학으로 규정할 수 있다. 그 제도의 핵심적 중추는 대학이다. 인문학의 위기를 논할 때, 그것은 강단인문학/제도인문학을 의미하는 것이다. 대학이라는 제도는 근대의 산물이고, 당연히 근대의 정치경제학적 발전단계에 따라 강단인문학의 속성과 지향, 존재근거도 달라진다. 국민국가 만들기(nation building) 단계에서 출발한 강단인문학은 21세기의 국민국가 해체기 또는 신자유주의 말기에는 취업이나 부의 축적과는 아무런 관련이 없는 사양 학문으로 쇠락하고 있다. 한국뿐 아니라 신자유주의를 선도하고 있는 모든 부유한 국가들의 대학구조조정의 핵심이 강단인문학과 돈이 안 되는 순수 기초과학의 박멸에 있음은 모두가 알고 있는 사실이다.

2) 대안인문학

한국의 대안인문학은 1980년대 이른바 민주화 운동과 결합한 '재야 인문학'에서 출발했다. 김진균 교수의 <상도연구실>이나 문학예술인 중심의 <문예아카데미>가 효시일 것이다. 그러다가 민주화과정을 통해서 그것은 제도 학회에 흡수되어 학회 체제로 개편되어 그 전복성과 급진성을 상당 부분 상실한다. 이러한 상황 속에서 제도대학에서의 연구경향에 반발한 일군의 소장지식인들은 1990년대 후반을 기점으로 '수유연구실'이나 '철학아카데미'와 같은 대안적 지식생산 플랫폼을 구성한다. 이런 1990년대 후반 이후의 대안인문학은 '코뮌 인문학'으로 달리 부를 수도 있다. 이때 인문학 공동체의 주체는 제도대학의 보수성이나 분과학문주의에 저항한 소장 인문사회과학 범주의 지식인들, 거기에 조응했던 시민적 지식인들이었다. 그들은 지식생산의 자율성과 학문적 횡단, 삶과 학문의 지행합일을 일관되게 주장했으며, 인텔리겐차 의식 또는 유기적 지식인의 사명을 탈근대적인 방식으로 견지하고자 했던 사람들이다.

3) 희망의 인문학

희망의 인문학이란 말은 미국의 사회운동가인 얼 쇼리스의 책이 『희망의 인문학: 클레멘트 코스 기적을 만들다』란 이름으로 고병헌, 임정아 교수 등에 의해 번역되면서 한국에 알려졌다. 이 책에서 얼 쇼리스는 빈자들이 여러 형태의 사회적 무력(force)에 포위되어 있는데, 이를 극복하기 위해서는 단순한 경제적 처방만으로는 가능하지 않고, 스스로를 정치적 주체로 재구성하기 위한 힘(power)의 획득이 중요하다고 갈파했다. 이것이 한국에서 하나의 모델로 정착한 것이 노숙인을 대상으로 출발한 인문교육기관인 성 프란시스 대학이고, 이 대학에서 많은 노숙인들이 인문학을 통한 정치적 주체화, 시민사회로의 복귀를 꾀할 수 있었다. 노숙인뿐만이 아니었다. 재소자, 저소득 시민, 성매매 여성, 독거노인, 장애인, 탈학교 청소년 등 여러 정체성의 마이너리티 그룹들이 인문학을 통한 사회적 주체화의 희망을 단련했다. 그런데 기묘한 것은 최초 단계에서 자발적인 학습공동체를 이루었던 이 인문학적 실험이 이후에는 서울시를 포함한 여러 지자체에서 '사회복지'를 대체한 '인문복지'의 제도적 장치로 고정화되었다는 것이다. 혁신적 가치가 제도화되자 애초의 급진적 문제의식은 제도 안에서 안전한 형태로 휘발되기 시작했다.

4) 대중인문학

대중인문학은 대체로 도시 거주 중산층 시민들을 대상으로 해 유통되고 구축되는 교양주의적 경향을 의미한다. 대중 또는 도시 중산층들이 인문학에 열광한다기보다 얼마간의 집단적 선호를 보여주었던 근거는 삶의 불확실성 때문이었을 것이다. 그들의 일상을 규정하는 것은 여러 형태의 노동사회의 규율들이고, 양육과 교육을 둘러싼 복마전이며, 내면적 공허감은 커지는 가운데 구조적으로 더욱 강경해지는 비인간적인 삶에 대한 거부감은 밀도 높게 상승하지만, 그것을 해결할 집합적 의지는 부재한 상태에서, 인문학이 가상적 승화의 통로로 수용된 것이라 볼 수 있다.

이 대중인문학에서 가장 선호되는 것은 알려진 대로 이른바 힐링효과를 포함한 범 심리주의적인 승화장치도 있겠지만, 강단에서 추방된 동양고전이나 서양고전과 같은 불변적인 진리에 대한 각성을 촉구하는 정전(canon)들에 대한 되새김질이다. 수강생들은 최초 단계에서는 강사들을 통해 그 정전들의 의미를 수동적으로 받아들이다가, 시간이 경과하기 시작하면 그들 자신이 공동학습과 해석의 주체로 나아간다. 그러나 중산층 시민을 대상으로 한 인문학이 어떤 타협적 경향을 보여주는 것은 이들이 수용가능한 '교양주의'라는 것이 사회를 근본적으로 변혁하거나 중산층 특유의 타협적·중도적 현실관을 뒤흔들 가능성이 있는 것은 필연적으로 배제되기 때문이다. 이 대중인문학의 최종목표는 삶에 대한 긍정과 이를 통한 심리적 안정감의 회복이다.

5) 지식협동조합

협동조합 기본법이 성립된 이후, 이전과는 다른 형태의 지식협동조합이 경쟁적으로 성립되기 시작했다. 나 자신도 참여하고 있는 <지식순환협동조합>이나 젊은 인문학 연구자 중심의 <인문학협동조합>뿐만 아니라, 『말과 활』을 발행하는 <가장자리> 등 협동조합운동과 지식생산자의 연합을 추구하는 흐름이 새롭게 나타나고 있는 것이다. <지식순환협동조합>은 기존의 제도대학의 한계를 극복하기 위한 '지순협 대안대학'을 2015년 설립해 대안적 고등교육의 토대와 전망을 심화시키고 있으며, <인문학협동조합>은 학문후속세대들의 지식생산과 현실에 대한 급진적 문제의식을 확산하기 위한 여러 형태의 활동을 진행하고 있다. <가장자리>의 경우도 『말과 활』의 발간과 여러 대중강좌의 구성을 통해서 이른바 진보적 지식생산자들의 연합을 추구하고 있다. 그러나 초기 단계이기 때문에 이러한 인문학적 모델이 어떤 확고한 정체성을 보여주고 있는가 하는 점에 대해서는 좀 더 지켜볼 필요가 있다.

나는 이 다섯 가지 유형의 인문학적 실험에 지속적으로 참여해 왔던 경험이 있으며, 그 과정 속에서 끝없는 아이러니에 직면하곤 했다. '제도인문학'의 실천과정에서는 나 자신이 가르치는 것과 학생들이 구하고자 하는 것의 명백한 '괴리'를 체험했다. 모순으로 충만한 인문주의적 가치와 목전의 취업에 대한 학생들의 세속적이고 현실주의적인 요구는 화해 불가능한 것일 때가 많았다. '대안인문학'의 장, 그러니까 문예아카데미나 철학아카데미 등에서 강의를 진행할 때는 강사나 수강생 모두 지적 탐구의 차원에서는 소중한 협력자로서의 공감을 얻을 수 있었으나, 그래봐야 그것은 지극히 소수에 한정되는 사람들이었기에 이 대안적 공동체의 경제적 자립과 존속을 둘러싼 불안한 조건은 해소되지 않았다. 어떤 경우에 있어서는 이 대안적 연구공동체가 제도대학의 엘리티즘을 다른 방식으로 더 강화하고 있는 게 아닌가 하는 회의감 역시 밀물처럼 밀려왔던 것도 사실이다. 중세의 수사(修士)들이 느꼈을 법한 적막감으로 표현할 수 있을지 모르겠다.

'희망의 인문학'을 강의하면서 내가 느꼈던 당혹감은 이것이 소수자로서의 수강생들의 삶을 근본적으로 변혁하는 데는 실패할 것이라는 불안이었다. 가령 경제적 소수자라 할 수 있는 노숙인들이 인문학을 통해 살아갈 수 있는 힘과 의지를 갖는다 하더라도, 그것을 지속할 수 있는 경제적 자립 기반이 확보되지 않는다면 단기강좌는 일종의 카타르시스 장치일 뿐이다.

재소자 역시 마찬가지다. 감옥이라는 특수한 공간에서 시를 읽는 일은 강사나 수강생 모두에게 어떤 한계상황에서의 황홀감과 유사한 전율을 선사할 때가 있다. 사유와 공감을 통해 물리적으로 갇힌 세계를 넘어설 수 있는 것이다. 그러나 강의가 끝나면 강사는 철문을 열고 집으로 돌아가고, 수강생은 비좁은 감방으로 돌아간다. 때때로 복역기간이 끝난 수강생들이 출소한 후 만나고 싶다고 요구할 때, 나는 그것을 거부했다. 사회로 돌아온 그들에게 필요한 것은 인문학이 아니라 생계를 감당할 수 있는 직업과 사회적 관계의 회복인데, 이것은 인문학 강사였던 내가 그들에게 제공할 수 있는 것은 아니었기 때문이다.

'대중인문학'이라는 장에서의 나의 강의가 시작되기 전에, 기관의 기획자나 실무자들은 항상 이런 요구를 제시하곤 했다. "선생님. 강의는 좀 재미있게 해주셨으면 좋겠어요." 여러 공공도서관이나 마을 자치센터를 포함한 강의실에 모여 있는 시민들은 인문학을 시민적 상식과 유사한 교양의 차원에서 받아들인다. 그것은 독일어로 빌둥(Bildung)이라고 표현되는 자기 형성 과정의 부단한 고투나 도야와는 다른 것이고, 비판적 사고의 정교화와도 차이가 있는 것이다. 대중적 교양주의는 멜로드라마의 구조와 유사하다. 통념이나 일상의 질서와 정념을 급진적으로 일탈하는 듯하지만, 궁극적으로 원래의 자리로 안전하게 귀환하여야 하는 안정성이 중요하다. 그것을 가능케 하는 것이 "재미"다. 이런 재미를 가능케 하기 위해서는 만담가적 소양이 있어야 할 텐데, 그 몫은 나의 것이 아니었기에 이제는 그 강의의 장소를 회피하고 있다.

지식협동조합의 형태로 진행되는 인문학적 실험 역시 고려해야 할 점은 많다. 협동조합은 그것이 사회적 경제에 해당한다고 하지만, 어쨌든 법인이고 사업체의 성격을 띠고 있다. 반면 인문학적 지식생산이나 그것의 공유는 비자본주의적 가치와 이상을 내면화하고 있는 경우가 많다. 사업체와 비자본주의적 지향 사이의 괴리만 문제가 아니다. 조합원들 각각이 취하고 있는 협동조합에 대한 관점이 다르고, 1인 1표의 협동조합 의사결정 방식과 사회적으로 구축되어 있는 지식자본의 배분율의 차이에 따른 주체위치들의 차이가 조화롭게 균형을 이루는 것은 쉬운 일이 아니다.

가령 세대적 차이가 크지 않은 <인문학협동조합>의 실험은 그런 점에서 좀 더 자유로울 수 있다. 그런데 <지식순환협동조합>과 같이 원로지식인으로부터 평범한 대학생에 이르기까지, 다양한 정체성의 소유자들이 인문학적 활동의 장에서 취하는 차이는 생각보다 클 수 있다. 요컨대 지식협동조합이라는 새로운 가마에서 정체성이 상이한 조합원들이 유기적으로 아름다운 도기를 만들어 내기 위해서는, 장인적 역량에 가까운 소통의 기술이 필요한 것이다. 동시에 지식협동조합은 지식의 생산과 순환, 공유를 통해서 법인과 조합원이 생활을 지속할 수 있는 유무형의 가치를 생산해야 한다. 그것은 자본주의 사회의 화폐로 교환되는 노동가치와 비슷하면서도 다른 데, 이 점에서의 자율성의 확보가 대단히 중요한 문제이며 고민거리이다.

이런 진술을 통해서 내가 말하고자 하는 내용은 단순하다. 우리가 인문학이라고 말할 때 그것의 함의는 매우 복잡하고 다양하다. 하나의 인문학은 존재하지 않는다. 인문학의 위기라 할 때 역시 그 위기의 내용은 층위가 다른 여러 문제를 난삽하게 뒤섞는 경향이 있다. 이러한 개념착종을 해소하기 위해서는 인문학 담론에서의 정교한 범주구분이 불가피하다.

3. 강단인문학의 파괴와 대중의 카타르시스 장치

2015년 여름. 부산대 국문과의 고현철 교수가 대학과 사회의 민주화를 외치며 부산대 본관 4층에서 투신자살하는 충격적인 사건이 일어났다. 이 사태의 충격에 대해서는 여러 차원에서 분석이 이루어져야 하겠지만, 강단인문학의 위기와 종언을 둘러싼 담론이 급기야 강단인문학자의 죽음이라는 비극으로 증폭된 것은 심각하게 고찰될 필요가 있다.

오늘날의 강단인문학은 제도적 파괴의 경로를 밟고 있다. 구미뿐만 아니라 주변국인 일본에서도 국립대학법인의 인문학부와 사범학부의 정원 축소 및 통폐합 등의 조치가 문부과학성에 의해 공식화 되었다. 한국 역시 예외가 아니다. 오히려 한국의 교육부는 그 노골성을 재정지원을 근거로 해 대학운영 전반에 대한 통제력을 발휘하고 있다. 기업 역시 인문학 부문의 대학 졸업생들을 취업의 장에서 체계적으로 배제하고 있다. 산업수요에 맞지 않는 인문학부 학생들은 기업 차원에서 보면 쓸모가 없다는 논리로 현재 대학에서 벌어지고 있는 납득하기 힘든 방식의 학과통폐합과 구조조정은 대학의 위기라기보다는 종말적 상황을 단적으로 보여준다. 슘페터식의 창조적 파괴도 낭만적인 것이 오늘의 대학은 목적 없는 파괴를 통한 붕괴의 현실에 봉착해 있는 것이다.

정치권력과 시장권력에 의해 제창되는 이 시장적 요구들은 표면적으로 보면, 전반적인 사회의 구조적 변화를 염두에 둔 조처인 것처럼 보인다. 그런데 내 판단에 이것은 단지 산업적 수요나 학령인구의 감소라고 언급되는 조건에만 기반하고 있는 것이 아니라, 국가와 시장의 전일적인 통치질서의 확보를 위한 교육 부문에서의 순응주의를 구조화하려는 시도로 판단된다.

강단인문학은 일차적으로 그것이 심원한 지적 탐구의 영역에 속한 것이지만, 공통적으로 취하는 학문적 가치는 비인간적인 삶의 구조를 해부하고 그것을 극복할 대안적 세계에 대한 비전을 추구하는 성격을 띠고 있다. 강단인문학의 장에서 교수와 학생들이 현재까지 그 어떤 물질적 풍요나 권력을 획득해 왔다고 믿는 것은 과장이다. 과거도 그러했고 현재도 그러했듯이, 강단인문학의 현장은 현실의 정치경제 권력의 주변부에서 비판적 실천의 거점으로 작동해 왔다. 그것은 권력이나 자본으로부터의 배제에도 불구하고 인간다운 삶과 세계를 구축하고자 하는 열망이 이 학문적 영역을 작동시키는 자존심과 자부심의 근거였기 때문이다.

체제 편에서 보자면 이것은 황소의 등 위에 달라붙은 등에와 같이 부담스러운 것이다. 국민국가 형성기의 강단인문학은 한편에서는 관변 이데올로기를 생산하고, 다른 한편에서는 반(反)관변＝저항이데올로기를 구축했다는 점에서, 국가 차원에서는 당근과 채찍의 이중전략을 수행해야 하는 복잡한 관리 대상이었다. 그러나 오늘과 같이 가치 개념과는 완전하게 무관한 호모 이코노미쿠스(경제인)가 지배하는 세계에서는 화폐 혹은 부의 축적 자체가 의사(pseudo) 종교적 이데올로기로 화했기에, 관변 이데올로기로서의 인문학의 존재근거조차 희박해졌다. 이런 까닭에 인문학에 대한 노골적인 적대감 역시 어떠한 검열 없이 과감하게 교육부 장관의 입에서 나올 수 있는 것이다.

강단인문학의 조직적 파괴를 통해서 정치권력과 시장권력이 획득하고자 하는 것은 무엇일까. 그것은 사유하지 않는, 성찰하지 않는, 비판적으로 실천하거나 현실에 개입할 수 있는 역량을 빼앗긴, 순응주의의 전사회적 구조화와 체제화일 것이다.

실로 이 시대의 순응주의는 정치권력과 시장권력이 가장 선호하는 덕성이다. 국가와 자본에 의한 강단인문학의 지속적이고 체계적인 파괴는 슘페터 식의 '창조적 파괴' 개념과도 다르다. 이 파괴는 말 그대로의 파괴, 혹은 붕괴, 이를 통한 저항적 거점의 완전한 파국(catastrophe)을 의미한다. 이 파국의 궁극적 목표는 시민들의 혹은 민중들의 저항의 기억을 빼앗아 자발적으로 복종하게 만드는 것이다.

강단인문학의 체계적인 파괴와 중등교육과정에서의 이른바 '역사교과서 국정화' 문제는 은유하자면 내연의 관계일 것이다. 교과서의 국정화를 통해서 국가는 대중의 저항적 기억을 완전히 박멸하고 거기에 국가와 자본의 기억을 압도적으로 주입할 것이다. 그렇게 형성된 국민적 기억에 세뇌된 후세대들의 가슴 속에서 "저 하늘에는 반짝이는 별, 내 가슴에는 도덕률"이라는 식의 칸트적 사고 따위는 존재하지 않을 것이다. 국가와 자본은 교육을 통해 지배와 동원의 전일적 질서를 구축하고자 할 것이며, 그럴 때 그것의 가장 체계적인 저항지대일 인문학적 지식인들의 존재는 당연히 제도적으로 박멸되어야 한다고 '그들'은 믿고 있을 확률이 높다.

그러나 강단인문학의 제도적 파괴는 풍선효과를 초래할 수밖에 없다. 강단에서 배제된 인문학적 지식인뿐만 아니라, 현재에도 지속적으로 배출되고 있는 학문후속세대들이 지적 실천의 거점인 대학 바깥으로 나가게 될 때 어떤 현상이 일어날까. 당연히 그들은 제도적 시스템 외부의 방외인(方外人)적 정체성을 갖게 될 것이고, 생존을 위해서든 지적 탐구를 위해서든 대중들과 직접적인 접촉면을 통해 지적 활동과 생활을 유지할 수밖에 없게 될 것이다. 독재정권 시대의 지식인들이 각종의 대안인문학 실천을 기획하는 방법을 통해 결속·연대하고 야학이랄지 독서회를 통해 민중들과 연대하여 거대한 민주적 저항세력을 형성했던 것을 생각해 보면, 단순히 강단인문학을 파괴하는 것만으로 지배권력의 패권을 유지하는 것은 어려워질 것이다.

강단으로의 진입이 폐쇄되면 당연히 인문학적 지식인들은 대중적 지식인의 자리에서 대중들과 합류할 수밖에 없다. 앞에서 우리가 확인해 온 인문학의 모델들, 즉 대안인문학, 희망의 인문학, 대중인문학, 지식협동조합 등의 다채로운 형태의 인문학적 실험들의 이상할 정도로 활성화된 데에는 지난 10년간 강단인문학의 축소와 배제의 결과에 따른 반동형성이라고 보아도 과언이 아니다. 그 각각의 목표와 형태는 다를지라도 일단 비판적 지식인들이 대중들과 자유로운 접점을 형성하게 되면, 그것은 잠재적인 형태의 저항적 에너지로 비화될 수 있다.

내 판단에 이 정부 들어 문화부가 설계한 인문정신문화진흥법의 맥락과 함의를 살펴보는 것은 그래서 중요하다. 이 '인문정신문화진흥'이라는 법안에서 가장 핵심적인 것은 '정신문화진흥'이라는 표현에 있고, '인문'이라는 명사는 일종의 액세서리라고 나는 생각한다. 이 법안 혹은 그에 따른 정책에서 강조되고 있는 것은 표면적으로는 거액의 정부예산을 투자하여 시민들의 인문학에의 문화적 접근권 또는 향수권을 증대시킨다는 계획이지만, 실제로 초래될 결과는 인문학의 전면적인 관제화와 제도관리가 가능해진다는 점에 있다.

문화부가 직접 대중들의 인문학과의 만남을 촉진할 예산을 지원하고 과제를 선정하게 될 때, 가장 명백하게 나타나는 결과는 강단 밖에서 비판적 인문주의를 실천하려고 했던 거의 모든 기관의 자율성 상실이다. 지금까지 대안인문학을 실천했던 대부분의 기관들은 자체의 기획으로 자체강좌와 연구를 진행했고, 여러 공적·사적 기관과의 협력 아래서 인문강좌를 진행해 왔다. 요컨대 좀 상투적인 표현을 쓰자면, 갑과 을의 관계에서 '갑'으로서의 주체성과 정체성을 훼손하지 않는 조건 속에서 대중들과 만

나왔던 것이다.

그런데 중앙정부가 인문학과 관련된 사회적 수요를 중앙집중적으로 관리하고 예산을 분배하는 한편, 강좌의 성격을 앞에서 우리가 대중적 교양주의라 명명했던 안전한 카타르시스 장치로 만들게 된다면, 이 강단에서 소외된 인문학적 지식인들은 말 그대로 프레카리아트(precariat)의 처지로 전락할 수밖에 없게 될 뿐만 아니라, 이들의 비판적 거점 역시 사실상 인문학 강사 송출업체 식으로 변질될 가능성이 크다. 이것은 강단인문학과 대안인문학의 토대를 동시에 파괴하게 되는 결과를 초래하는데, 바로 이 점이 모순적으로 보이는 현정부의 인문학정책이 이면에서 일관되게 추구하는 목표로 보인다.

강단인문학의 파괴에 따른 풍선효과를 저항의 편재화라는 경로로 흐르지 않게 하면서, 동시에 대중들을 향해서는 인문학을 쾌적한 '카타르시스 장치'로 기능하게 만드는 정치적 책략. 이것이 현재 진행되고 있는 대중인문학 융성이라는 현상에 숨겨져 있는 본질이다.

4. 인문학주의를 넘어서

앞에서 나는 인문학이라는 표현이 여러 형태의 개념이 착종된 채로 쓰여 많은 오해를 초래하고 있다고 지적했다. 인문학과 관련된 담론을 제출할 때에는 일차적으로 이러한 말의 오용을 회피해야 한다. 하지만 그래도 근본적인 문제는 남는다.

나는 이를 '인문학주의'의 신화화라고 말하고 싶다. 강단인문학이고 대중인문학이고를 떠나서, 오늘의 인간다운 삶을 근본적으로 파괴하고 말살하는 현실의 압도적인 경향성을 생각해 보면, '인문학주의'로만 그 극복의 전망을 제시할 수는 없는 상황이다. 반대로 나는 오늘의 시점은 인문학주의를 넘어서는 다른 관점의 제시가 필요하다고 생각한다. 그것은 무엇인가? 21세기 정치경제학의 재구성이다.

오늘의 한국적 현실을 지배하고 있는 정치권력과 시장권력에 효과적으로 대응하기 위해서는, 지식인과 대중들이 정치학과 경제학의 속류적 이데올로기를 해체하고 대안적 미래전망을 설계할 수 있는 역량과 힘이 필요하다. '인문학주의'는 이러한 요구를 유심론적으로 승화시키거나 루쉰의 '정신승리법'과 유사한 의지주의나 근거 없는 낙관주의로 환원시키는 태도를 곧잘 취한다.

오늘의 한국적 독재, 넓게 보면 미국 중심의 헤게모니 체제의 비극적 상황을 극복하기 위해서는 민주주의의 개념과 제도의 근본적인 재구성과 설계, 자본주의 또는 신자유주의적 시장 개념의 해체와 대안체제에 대한 설계 등의 작업이 필수적이다. 민주주의와 시장체제의 이데올로기적 일방화와 공고화가 오늘날 인간적 삶의 파괴의 근본적인 동인이라고 한다면, 이에 대해 사유하고 탐색하고 대안을 기획하는 일이야말로 긴급하게 요구되는 사회적·지적 요청인 것이다.

'인문학주의'의 유심론적 경향을 극복하기 위해서는 21세기의 새로운 정치경제학에 대한 유물론적 사유를 빠르고 넓게 촉진하는 작업이 필요하다. 어쩌면 오늘날 그 뜻도 모르고 피케티의 『21세기 자본』을 서점에서 구입하는 사람들이나, 페이스북 공간에서 신경질적으로 정치권을 규탄하는 대중들이 갇혀 있는 이데올로기의 감옥의 대개는 정치경제학의 자기화된 인식과 실천의 부재에서 오는 것으로 볼 수 있다.

이것은 인문학적 실천을 포기하자는 말이 아니다. 종래의 실천지향적인 인문학적 탐구를 정치경제학과 같은 유물론적 사유와 연결시켜, 우리가 놓여 있는 현실을 분석하고 실천적으로 변화시킬 수 있는 담론과 현실적 연합의 공간을 확장시킬 필요성이 있다는 것이다. 이를 위해서는 일단 '인문학주의'라는, 그 맥락과 함의를 간파할 수 있는 허구적 담론을 괄호 쳐야 한다. 오늘날 대중인문학의 융성은 현실의 망각을 통한 자기긍정의 위안장치로 퇴행하는 징후를 명백히 보여준다. 그렇지 않다고 부정한다고, 이런 현실의 본질이 가려지지는 않는다. 오늘의 인문학자들이 해야 될 일은 그런 점에서, 승화를 통한 고통의 제거가 아니라 탈승화의 태도로 고통의 조건을 예리하게 직시하는 데 있다.

그것은 어떻게 가능한가. 제도 안에서의 수세적, 방어적 저항도 중요하지만, 비제도적 실천의 이론적·물질적·제도적 토대를 만드는 것이 중요하다. 동시에 오늘의 세계사적 현실을 지구적 범주에서 치밀하게 독해하고, 지역적 범주에서 대안적 연결망을 구축한 후, 인문학자와 대중들이 '자유로운 개인들의 연합'이라는 오래된 희망의 증거임을 역설하는 것이 필요하다. 인문학이라는 개념 속에 깃들어 있는 본의는 본의대로 간직하면서도, 그것의 낭만적 이상화 경향은 탈구축하고, 동시에 세계사적 변혁의 과제 자체를 탐구와 실천의 의제로 삼아, 21세기 지(知)의 비환원주의적 통섭과 대안 세계의 설계에 대해 고민해야 된다.

인문학자는 누구이며, 인문학이란 무엇인가. 이 질문에 대한 답은 이런 지적 고투의 터널을 통과함으로써 직면하게 될 운명이다.

문학평론가, 경희대 후마니타스칼리지 교수

시와 혁명

김수영과 김남주, 혁명을 꿈꾼 시인들

오창은

1. 혁명은 유토피아 이미지로 싹튼다

혁명은 도식적인 이론에 기대지 않는다. 혁명은 마음 속에서 타오르는 열망의 이미지가 불꽃을 만들고, 부정적인 현실에 내몰린 생명들이 삶의 의지를 불사를 때 일어난다. 실현되지 않은 혁명은 상상적 이미지이다.

지나간 혁명은 항상 비루하다. 혁명은 항상 도래하지 않은 미지의 상태로 남아 있다. 이미 성취된 혁명은 역사 속에 기록된 과거일 뿐이다.[1] 그렇기에 '도래하지 않은 혁명'은 '상상'으로 만들어낸 유토피아적 영감에 기댄다. 문학은 현실 너머를 상상하기에 혁명의 리듬을 사랑한다. 특히, 시는 이미지의 창조와 깊은 연관이 있는 혁명을 노래한 경우가 많다. 독일의

---

[1] 수전 벅-모스는 다음과 같이 '혁명과 역사'에 대해 언급한 바 있다. "정치적 혁명을 정당화시키는 것은 역사다. 적어도 헤겔과 맑스 이후에는 그렇다. 역사에 대한 담론을 이리저리 꿰어 맞추는 것은 현재를 폭력적으로 파괴시킨 것에 연속적인 의미를 부여한다. 사람들은 현재의 상황이 보잘 것 없는 것임을 상상해야 한다"(수전 벅-모스, 『꿈의 세계와 파국』, 윤일성 · 김주영 옮김, 경성대학교 출판부, 2008, 66).

하이네와 브레히트, 프랑스의 아라공, 러시아의 마야코프스키, 칠레의 네루다는 세계문학사에서도 기억하는 열정적 언어를 만들어 낸 시인들이다. 일제 강점기 한국문학사에서는 한용운, 임화, 이육사가 민족의 참담한 현실 속에서도 민족해방의 미래를 시로 이미지화 했다. 그렇다고 시가 꿈꾸는 혁명은 과거의 문학적 성취로부터만 배우는 것은 아니다. 시의 혁명은 항상 예외적이다. 시의 혁명은 모델 없는 창조와 같다. 이렇듯, 시야말로 혁명의 이미지를 내장하고 있는 예술이다. 시는 함축적이고, 은유적이며, 예언적이다. 좋은 시에는 그 언어가 속한 공동체의 열망이 기입된다. 시 자체가 혁명적인 것이 아니다. 공동체의 열망이 시를 혁명적이게 한다.

우리 시대, 시는 혁명을 버렸다. 집요한 언어적 유희가 시를 지배하고 있다. 사소한 것들의 정치성이라는 측면에서는 시는 의미가 있지만, 구조적 문제에 대한 무능한 상상력이라는 측면에서는 시는 책임을 방기하고 있다. 우리 시대의 시인들은 내면으로 침잠하며 인간의 내적 세계를 규명하려고 언어를 반복적으로 사용한다. 나의 존재가 투명한데, 어떻게 다른 사람과 연대할 수 있는가는 최근 시인들의 항변이다.[2] 내부로 침잠하는 시는 자기혁명으로서 의미가 있지만, 외부로 열려있지 않으면 자폐적이기 쉽다. 미적인 것의 힘은 나 밖의 타자를 상상할 때 증폭된다. 새로운 미감이 아니라 현실의 변화를 가로지르는 미감이야말로 힘이 있다. 강내희는 이와 관련해 '문학의 창조성'을 강조했다. 그는 "문학이 이데올로기적 힘을 성격을 갖게 된 것은 그것이 창조성을 가지고 있기 때문"이라고 보았다.

2_ 권혁웅이 제기한 '미래파'가 한 사례일 수 있다. 권혁웅은 '주체의 체험이나 무의식', '주체의 내면'을 중시한다. 그러면서 권혁웅은 미학과 세계관이 바뀌었다고 주장했다. "다시 말하지만, 새로운 세대가 생산하는 시들은 결코 요령부득의 장광설이거나 경박한 유희의 산물이 아니다. 그들에게서도 시는 여전히 생생한 체험의 소산이며, 감각적 현실의 표명이며, 진지한 고민의 토로다. 세대가 바뀌면 그 세대에 통용되던 미학과 세계관이 바뀐다"(권혁웅, 「미래파」, 『미래파』, 문학과지성사, 2005, 171).

더불어 "문학의 창조성은 문학을 지금의 제도, 근대적 문학제도에 안주시키지 않고, 거기서 벗어나게 하는 힘을 가지고 있다"는 점도 강조했다.[3] 시도 마찬가지로 혁명을 노래해서가 아니라, 주체의 한계를 넘어서면서 혁명적 힘을 가질 때 힘이 있다. 현실의 부정성이 심화될수록, 혁명의 가능성은 높아진다. 불가능한 것을 꿈꾸는 것이 바로 혁명이고, 시는 항상 불가능한 것에 대해 몽상했다. 일제 강점기에 이육사가 해방 전에 이육사가 「절정」에서 "겨울은 강철로 된 무지갠가보다"라고 했던 것이나, 윤동주가 「서시」에서 "하늘을 우러러 한점 부끄럼이 없기를"이라고 했던 것도 불가능성의 시적 표현이다. 그럼에도 일제 강점기의 엄혹한 현실에 대한 유토피아적 열망이 담겨 있기에 그 울림은 크다.

해방 이후 한국문학사에서 혁명을 노래한 대표 시인으로 김수영, 신동엽, 김지하, 김남주, 박노해가 거론된다. 그 중 첫 손가락에 꼽히는 시인이 김수영이다. 김수영은 시민민주주의를 열망하며 '혁명과 자유'를 꿈꾼 시인이었다. 신동엽은 동학혁명을 역사적으로 환기한 혁명적 민족시인이었고, 김지하는 억압적 체제 아래 민주주의 혁명을 노래한 시인이었다. 박노해는 노동자의 계급해방의 최전선에서 시를 썼다. 그리고, 김남주가 있다. 김남주는 민족해방과 민중해방을 위해 시를 무기로 휘두른 돋보이는 혁명시인이었다. 모두가 한국문학사에 두드러진 기념비적 존재들이다.

이들 중 김수영과 김남주를 주목하게 된다. 김수영은 1960년대 4.19혁명의 시인이었다. 김남주는 1980년대 5.18광주 민중항쟁의 시인이었다. 김수영이 도시의 언어로 지식인의 위치에서 세상에 개입했다면, 김남주는 민중의 언어로 농민과 노동자의 위치에서 시를 썼다. 이 두 시인을 통해 혁명의 이미지가 시로 그려지는 방식을 더듬어 보려 한다. 그 온기가 우리 시대

3_ 강내희, 『문학의 힘, 문학의 가치』, 문화과학사, 2003, 66.

한국문학을 되돌아보게 하고, 시를 쓰고 읽는 사람들의 가슴을 덥혀주기를
희망해 본다.

2. "혁명을 하자, 그러나 빠찡꼬 하듯이 하자"

서울내기 김수영은 해방 이전까지 조선, 일본, 만주를 넘나드는 이주민
의 삶을 살았다. 그의 이주의 이력에는 한국 근현대사의 풍경이 새겨져
있다. 1921년 식민지 조선에서 태어난 김수영에게 일본은 제국이었고, 조
선은 식민지였다. 그는 선린상고를 졸업할 때까지는 서울에서 살았다.
1942년에 일본 동경으로 건너가 '미즈시나 하루키 연극연구소'에서 연출을
공부하며 연극인으로서의 삶을 꿈꿨다. 하지만, 민중의 삶을 위기에 빠뜨
리는 제국주의 전쟁으로부터의 안전지대는 없었다. 태평양전쟁 발발로 조
선인들이 강제징집을 당하자 이를 피해 서울로 돌아왔다. 김수영은 1944년
에는 가족들이 먼저 가 있던 만주 길림성으로 떠나 혹독한 시기를 피했다.
해방 이후 가족과 함께 서울로 돌아와서는 연희전문 영문과에 편입했다가
그만두고 <신시론> 동인에 참여하는 등 문학활동을 했다.

혁명적 내면은 시대와의 결렬한 충돌 속에서 형성된다. 해방기와 한국
전쟁기의 결렬한 체험이 김수영의 운명의 좌표를 바꿔놓았다. 해방기에
월북한 임화와 김병욱 등과 함께 하며 식민지 현실의 참담함을 경험했다.
그는 '자유에 대한 열망'을 안고 있으면서도 남북 분단을 예민하게 인식하
는 시를 썼다. 일상적 삶의 피로를 넘어, 그는 시에서 자유를 열망했다.
체제가 억압하는 시적 표현의 자유로 나아가야 한다는, 그러면서도 체제의
억압에 포박되어 있는 현실적 조건을 무시할 수 없다는 상황의 딜레마가
그의 시의 에너지였다. 현실적 조건의 억압 상황은 한국전쟁의 경험과 남
북 분단의 현실에서 구체성을 띤 형태로 나타난다. 1950년 한국전쟁 당시

김수영은 문화공작대로 북한 의용군에 강제동원 되었다. 그 후 거제도 포로수용소에 수감되어 미군 야전병원의 통역관 역할을 했다. 1951년에는 미 군의관들을 따라 부산 거제리 수용소에서 1953년 석방될 때까지 갇혀 지냈다. 거제도 포로수용소 시절과 부산 포로수용소 시절은 그의 삶에서 공포와 직면했던 위기의 순간이었다. 그 시절의 풍경을 그는 「어느날 고궁을 나오면서」에 그려 놓았다.

「어느날 고궁을 나오면서」는 많은 독자들이 공감하는 시이기도 하다. 이 시는 김수영 개인의 경험이 촘촘하게 기입되어 있지만, 그 구체성 때문에 오히려 보편적 공통감각을 불러일으킨다. 시의 디테일이 갖는 의미를 다시 환기하게 한다는 측면에서 좋은 시편으로 꼽히기도 한다.

왜 나는 조그마한 일에만 분개하는가
저 왕궁 대신에 왕궁의 음탕 대신에
50원짜리 갈비가 기름덩어리만 나왔다고 분개하고
옹졸하게 분개하고 설렁탕집 돼지 같은 주인년한테 욕을 하고
옹졸하게 욕을 하고

한번 정정당당하게
붙잡혀간 소설가를 위해서
언론의 자유를 요구하고 월남파병에 반대하는
자유를 이행하지 못하고
20원을 받으러 세 번씩 네 번씩
찾아오는 야경꾼들만 증오하고 있는가

옹졸한 나의 전통은 유구하고 이제 내 앞에 정서(情緒)로
가로놓여 있다

이를테면 이런 일이 있었다

부산에 포로수용소의 제14야전병원에 있을 때

정보원이 너스들과 스펀지를 만들고 거즈를

개키고 있는 나를 보고 포로경찰이 되지 않는다고

남자가 뭐 이런 일을 하고 있느냐고 놀린 일이 있었다

너스들 옆에서

김수영, 「어느 날 고궁을 나오면서」 부분[4]

이 시는 '거즈를 개키고 있는' 구체적 장면과 함께 남성으로서의 자존심이 무너지는 상황을 대비시킨다. 전쟁 중 포로수용소에 수용된 한 인간의 무력감이 절절한 공포와 함께 환기되어 있다. 김수영은 "왜 나는 조그마한 일에만 분개하는가"라는 자기 질책과 자기 연민의 목소리를 이 시에서 강하게 담아내고 있다. 그러면서 실제 행동의 왜소함을 성찰하며, 시적 행동의 적극성을 표출한다. 자기비판의 극점을 보여줌으로써 오히려 "언론 자유"와 "월남파병 반대", 그리고 "자유를 이행"할 것을 강하게 촉구한다. 김수영은 현실과 시의 간극을 통해 억압적 현실을 구체적으로 드러냈다. 시의 디테일은 미시적인데도, 오히려 더 많은 상상력을 확장적으로 자극한다. 그렇기에 이 시의 마지막 구절인 "모래야 나는 얼마큼 작으냐 / 바람아 먼지야 풀아 나는 얼마큼 작으냐 / 정말 얼마큼 작으냐…"가 깊은 울림을 남긴다. 이 시의 궁극은 행동하지 못하는 부끄러움에 있다. 그러면서도 선동적이지 않게 자기 성찰의 언어를 토해낸다. 주체의 내부를 향해 있으면서도, 타자를 향한 사회적 열림을 깊이 되새기고 있다. 구조적 문제를 다루지 못하고 미시적인 문제로 대체하여 분노를 해소하면, 혁명은 불가능하다. 행동의 에너지를 사소한 것에 소모하지 말아야 하지만, 그 에너지의

4_ 김수영, 「어느 날 고궁을 나오면서」, 『김수영 전집 1 – 시』, 민음사, 2007, 313-14.

근원에 대한 성찰 또한 포기해서는 안 된다. 이 시는 '자연과 생명'이라는 거대한 가치를 환기하면서도, 사회적 억압체제를 외면하는 것에 대한 부끄러움의 감각이 살아 있다.

1959년에 발표한 「사령(死靈)」도 주목할 만한 시다. 이 시는 4.19혁명 직전에 쓰여진 시로서, 4.19혁명 이후 김수영의 변화를 가늠하게 한다. 김수영은 이 시를 통해 '마음에 들지 않는' 욕된 삶을 감내하면서도, '영혼이 살아있음'을 확인하려는 의지를 표현했다.

　　…활자(活字)는 반짝거리면서 하늘 아래에서
　　간간이
　　자유를 말하는데
　　나의 영(靈)은 죽어 있는 것이 아니냐

　　벗이여
　　그대의 말을 고개 숙이고 듣는 것이
　　그대는 마음에 들지 않겠지
　　마음에 들지 않아라

　　모두 다 마음에 들지 않아라
　　이 황혼도 저 돌벽 아래 잡초도
　　담장의 푸른 페인트빛도
　　저 고요함도 이 고요함도

　　그대의 정의도 우리들의 섬세도

　　이 욕된 교외에서는

어제도 오늘도 내일도 마음에 들지 않아라

그대는 반짝거리면서 하늘 아래에서
간간이
자유를 말하는데

우스워라 나의 영(靈)은 죽어 있는 것이 아니냐 (1959)

—김수영의 「사령(死靈)」 전문5

　김수영은 '나는 온전히 살아 있는 것인가' 하고 자책한다. 육신은 살아서 '그대의 말을 고개 숙이고 듣'고, '마음에 들지 않는 감정'을 느낀다. 항상 당당히 '자유를 말하'지 못하고, '간간이 자유를 말하는 자유의 속박 상태가 우스울 뿐이다. 이 시는 '벗인 그대'와 대화하는 형식을 취하고 있다. 하지만, 다른 해석도 가능하다. '간간이 자유'를 말하는 주체가 첫 연에서는 '활자(活字)'이고, 마지막 연에서는 '그대'이다. 이 시는 '나의 영'과 '벗'과 '그대'와 '시적 화자'가 동일하다. 처음에는 '그대는 마음에 들지 않겠지'라고 했는데, 나중에는 시적 화자가 '모두 다 마음에 들지 않아'라고 말한다. 이 변화에 주목하면, '활자'가 '벗'으로 전이되고, '벗'과 동격인 '그대'가 '마음에 들지 않으면서 동시에 시적 화자가 '어제도 오늘도 내일도 마음에 들지 않아'하는 것과 같다. 「사령(死靈)」은 자아를 분열시킴으로써 '간간이 자유를 말하는데'에 대해, 아니 1950년대적 상황에 대해 강하게 성찰하고 있는 시이다. 이 분열증적 기법은 '죽은 영(靈)'의 역설을 잘 보여주기에 각별하다.

　「사령(死靈)」의 주저하는 태도는 4.19혁명을 겪으면서 급격하게 변한다.

5_ 같은 책, 158-59.

김수영은 북에 있는 동료시인 김병욱에게 보내는 공개편지에 "4.19 때에 나는 하늘과 땅 사이에서 <통일>을 느꼈소"라고 썼다. 그는 "이 <느꼈다>는 것은 정말 느껴본 일이 없는 사람이면 그 위대성을 모를 것이오"라고도 했다. 혁명의 감격은 "쿠바에는 <카스트로>가 한 사람 있지만 이남에는 2,000명에 가까운 더 젊은 강력한 <카스트로>가 있"다는 자부심으로 이어졌다.6 김수영이 그의 시와 산문에서 자주 언급하는 김병욱은 와세다대학 불어불문학과를 졸업하고, 해방 이후 모더니즘 시운동을 한 시인이다. 김병욱은 월북 문인으로 김수영 시와 산문에 자주 등장한다. 김수영은 김병욱에게 "형은 누구보다도 시를 잘 알고 있는" 사람이었고, 더 나아가 "시를 안다는 것은 전부를 아는 것"과 같은 것이었다. 김수영에게 김병욱은 '강한' 존재였다. 그런데 4.19혁명을 겪고 나서 김수영은 김병욱에게 당당히 "이남은 <4월>을 계기로 해서 다시 태어났고 그는 아직까지도 작열(灼熱)하고 있소"라고 말한다. 더 나아가 "이북은 이 작열을 느껴야 하오 <작열>의 사실만을 알아가지고는 부족하오 반드시 이 <작열>을 느껴야 하오. 그렇지 않고서는 통일은 안 되오"라고 강조했다. 이러한 진술이야말로 4.19혁명이 김수영에게 미친 강렬한 영향을 '작열(灼熱)하는 언어'로 표현한 것이다. 김수영은 4.19혁명을 계기로 월북한 김병욱에 대한 부채의식에서 벗어난 것이고, 더 나아가 혁명의 경험이야말로 '시를 아는 것'이자 '시의 가능성'을 확대하는 것이라는 신념을 갖게 되었다.

4.19혁명에 대한 환희는 그의 시 「우선 그놈의 사진을 떼어서 밑씻개로 하자」에서도 격정적이고 선동적인 언어로 표출되어 있다. 혁명이 절정에 도달했던 1960년 4월 26일 이른 아침에 쓴 이 시는 "아침저녁으로 우러러 보던 그 사진은 / 사실은 억압과 폭정의 방패였느니 / 썩은 놈의 사진이었느니 / 아아 살인자의 사진이었느니 / (중략) / 아아 그놈의 사진을 떼어

6_ 김수영, 「저 하늘 열릴 때—김병욱(金秉旭) 형에게」, 『김수영 전집 2 – 산문』, 민음사, 2006, 163-65.

없애야 한다"고 혁명의 시대가 도래했음을 이야기했다.7 이 시는 '1960년 4월 26일 이른 아침'에 창작되었다. 4월 26일은 이승만 대통령의 하야 선언이 있었던 날이었다. 1960년 4월 25일에 교수들의 성명서 발표와 시위가 있었고, 공식적으로 '대통령 하야'를 요청하는 목소리가 높았다. 이승만이 하야 선언하던 날 발표한 이 시는 직설적이다. 주목할 부분은 '그놈의 사진'이라고 지칭된 야유와 비난보다, 그 이후에 김수영이 강조하고 있는 '민주주의'와 '자유'이다. 이 시에서 김수영은 관권보다는 민권을 강조하고 "민주주의는 이제 상식이 되었다"고 외쳤다. 그 민주주의의 중심에 "영숙아 기환아 천석아 준이야 만용아 / 프레지던트 김 미스 리 / 정군이 박군 정식"이라고 외친다. 모두가 평등한 시민의 일원으로서 민주주의를 구가하고, 경찰서와 파출소에 주눅들지 않은 상태에서 "민중의 벗인 파출소"를 열망한다. 그렇기에 권위주의적 관권에 반대하는 민주주의에 대한 희망이 이 시에 깊이 새겨져 있다. 현장에서 발화하는 혁명의 시는 이렇듯 격정적이고 전복적이며, 때로는 선동적이다. 그러면서도 혁명은 '민주주의'와 '자유'에 대한 자신의 신념을 다시 한 번 확인하는 효과를 불러온다. 이 시가 갖는 의미도 현장성과 전복성, 그리고 자신의 가치에 대한 확인이 직접적으로 드러나는 데서 보여진다.

한국문학에서 혁명에 대한 절창은 「푸른 하늘을」이다. 「우선 그놈의 사진을 떼어서 밑씻개로 하자」가 혁명의 현장에서 격정적으로 쓰여진 시라면, 「푸른 하늘을」은 차분한 어조로 혁명에 대한 성찰적인 태도를 드러낸다. 김수영은 「푸른 하늘을」이 4.19혁명이 있은 지 두달여 즈음인 1960년 6월 15일에 창작했다고 밝히고 있다.

푸른 하늘을 제압하는
노고지리가 자유로웠다고

7_ 김수영, 「우선 그놈의 사진을 떼어서 밑씻개로 하자」, 『김수영 전집 1 – 시』, 180-82.

부러워하던

어느 시인의 말은 수정되어야 한다

자유를 위해서

비상하여 본 일이 있는

사람이면 알지

노고지리가 무엇을 보고

노래하였는가를

어째서 자유에는

피의 냄새가 섞여 있는가를

혁명은

왜 고독한 것인가를

혁명은

왜 고독해야 하는 것인가를

<1960.6.15.>

—김수영의 「푸른 하늘을」 전문[8]

　「푸른 하늘을」에는 비상을 꿈꾸다가, 직접 자유의 날개를 갖게 된 자의 당당함이 스며있다. 이 시는 혁명을 경험해본 자를 '비상하는 노고리지'와 빗댐으로써 활력이 넘친다. 해방 이후 한국현대사에서 권력에 저항하여 승리를 거둬본 경험은 드물다. 그 맨 앞자리에서 4.19혁명이 있고, 최근에는 1987년 6월 항쟁이 있을 뿐이다. 피를 흘리지 않고 획득한 '자유'는 귀하지 않다. 고독을 감내하지 않는 혁명도 절실하지 않다. 귀하고 절실한 혁명

8_ 김수영, 「푸른 하늘을」, 『김수영 전집 1 - 시』, 190.

은 자부심을 불러일으킨다. 김수영은 4.19혁명 이후에 더 큰 자유를 향해 나아간다. 2008년에 발굴된 「김일성만세」는 1960년 10월 6일에 창작되었다. 하지만 그 어떤 매체에도 실릴 수 없었다. 「김일성만세」는 "'金日成萬歲 / 韓國의 言論自由의 出發은 이것을 / 인정하는 데 있는데 // 이것만 인정하면 되는데 // 이것을 인정하지 않는 것이 韓國 / 政治의 自由라고 張勉이란 / 官吏가 우겨대니 // 나는 잠이 깰 수밖에"라고 했다.9 김수영은 '김일성만세'라는 금기를 건드림으로써 '언론의 자유'가 제한되어 있는 현실을 분명한 모습으로 드러냈다.10 김수영에게 자유는 '검열'과의 싸움이었고, 금기와 불온을 넘어서는 것이었다. 시를 통해 한국사회의 가장 큰 금기를 건드린 것은 '혁명이 열어 놓은 가능성'에 대한 시적 향유였다고 할 수 있다. 하지만, 여전히 금기에 대한 도전은 억압받고 제어당하고 있기도 했다.

김수영은 「김일성 만세」에 머물지 않고, '양키'를 향한 발언으로까지 침투해 들어갔다. 그는 「들어라 양키들아」라는 산문에서 "혁명을 하자. 그러나 빠찡꼬를 하듯이 하자. 혹은 슈사인 보이가 구두닦이 일을 하듯이 하자"라고 외쳤다.11 이 산문 또한 '반미적 내용' 때문에 발표하지 못하고 사장되었다. 김수영은 4.19혁명을 일상의 혁명으로까지 밀고 가려고 했다. 그야말로 4.19혁명을 온 몸으로 껴안은 시인인 셈이다. 5.16군사쿠데타 이후 그의 시는 '자유'가 아니라, '자유가 닫힌 현실'로 인해 긴장한다. 그 긴장이 또

9_ 김수영, 「'金日成萬歲」, 『창작과비평』 140호, 2008년 여름, 119.
10_ 김수영의 「'金日成萬歲」를 발굴해 소개한 김명인은 다음과 같이 이야기한다. "「'金日成萬歲」는 제목 자체부터 산문과 시의 경계를 넘나드는 시라고 할 수 있다. 아마도 '김일성만세'라는 다섯 음절은 1948년 정부수립 이후 지금까지 한국 대한민국 최장, 최대의 금기어일 것이다. 북한의 김일성 주석이 타계한 지 벌써 13년이 되어서 이제는 그 빛(?)이 많이 바랬고 오늘날은 그 누구고 이 말을 '못'하는 게 아니라 '안'하게끔 되었지만, 그전까지 이 말은 '임금님 귀는 당나귀 귀'라는 말보다 더 끔찍한 금기어였다. 이 말은 하나의 관용어지만 동시에 그 강한 금기성으로 말미암아 상당한 시적 울림을 갖는 말이다"(김명인, 「제 모습 되살려야 할 김수영의 문학세계—김수영 미발표 유고 해제」, 위의 책, 168).
11_ 김수영, 「들어라 양키들아」, 『김수영 전집 2 – 산문』, 166.

다른 성취작인 「거대한 뿌리」 「어느날 고궁을 나오면서」 「사랑의 변주곡」 「풀」을 잉태하는 토양이 되었다.

　김수영의 마지막 작품인 「풀」은 반복적이고 단순한 시적 흐름이 특징적이다. 이 시는 '풀이 눕는다'와 '바람보다 먼저 일어난다'가 대비되어 풍부한 해석을 가능하게 한다. '바람과 풀'에 대입되는 은유적 지시물을 무엇으로 설정하는가에 따라 시의 운용 폭이 넓어지기 때문이다. 『녹색평론』 김종철 발행인은 김수영의 「풀」이 중국 북조민가(北朝民歌)인 「칙륵가(勅勒歌)」로부터 영향을 받았다고 보았다. 「칙륵가」의 마지막 구절은 "바람에 풀이 누우면 소와 양이 보이네(風吹草低見牛羊)"이다. 이 시작품은 중국 초등학교 어문교과서에도 수록될 만큼 널리 알려진 작품이기에, 김수영도 접했을 가능성이 높다. 북방의 민가(民歌)가 환기시키는 초원의 이미지가 김수영의 「풀」에 기입되어 있을 수 있다. '풀'의 이미지가 환기하는 강한 생명의 의지가 대초원의 자유와 연결되는 듯도 하다. 자유는 항상 한계 너머를 향해 휘몰아친다.

　김수영은 "모든 전위문학은 불온하다"고 했다. 그의 시는 혁명을 경험해 본 자의 불온성을 담고 있고, 혁명 이후의 민주주의를 치열하게 열망한 자의 급진성을 품고 있다. 김수영은 혁명적 무질서를 옹호하며, '질서는 위대한 예술이다'라는 구호야말로 "정치권력의 시정구호(施政口號)일 뿐이라고 질타했다.[12] 김수영의 시는 1960년대 검열에 대한 치열한 투쟁이었으며, 더불어 혁명적 무질서 속에서 시적 자유를 획득하기 위한 미학적 실천의 결실이었다. 그는 4.19혁명을 통해 "시를 안다는 것은 전부를 아는 것"이라고 외칠 수 있게 되었다. 김수영은 문학을 통해 혁명을 하면서도, 결국 혁명적 자유를 열망한 시인으로 기록될 것이다.

12_ 같은 책, 221-23.

3. 해방된 민중이고, 통일된 조국의 별이고 싶다

한반도의 땅끝 해남에서 김남주는 태어났다. 서울내기 김수영과 달리 김남주는 농민의 자식, 머슴의 아들이었다. 해방둥이인 김남주의 문학에는 '농민의 언어, 흙의 감각'이 흐른다. 그의 아버지는 "이름 석자도 쓸 줄 모르는 무식쟁이"였고, "밭 한뙈기 없는 남의 집 머슴"이었다. 김남주의 아버지는 "지푸라기 하나 헛반 데 쓰지 못하게 했"으며, "어쩌다 내가 그릇에 밥태기 한톨 남기면 죽일 듯 눈알을 부라렸다"고 한다.13 그러면서도 호남의 명문 광주제일고에 입학한 아들이 '금판사(검판사)'가 되기를 원했다.

김남주는 제도교육에 적응 못하는 반골이었고, 제도교육을 거부한 아웃사이더였다. 광주제일고등학교를 자퇴하고 대입 검정고시를 거쳐 24세의 늦깎이로 전남대 영문과에 입학했다. 그리고는 1학년때부터 독서와 데모에 몰두했다. 1973년에는 박석무·이강 등과 함께 유신 반대 투쟁을 하다, 국가보안법·반공법 위반 혐의로 구속되었다. 이른바 『함성』지 사건으로 인해 그는 징역 2년에 집행유예 3년을 선고받고 8개월 동안 수감생활을 하기도 했다. 그리고 전남대에서 제적당했다. 그가 한국 문단에 얼굴을 내민 시기는 1974년이었다. 복역 후 고향 해남에 내려가 창작한 「진혼가」와 「잿더미」 등을 1974년 『창작과비평』 여름호에 게재했다.

「잿더미」는 김남주 시 언어의 기원을 확인할 수 있도록 해 주는 작품이다. 이 시는 '꽃'과 '피'를 대비시키며 강렬한 '불꽃' 이미지를 환기한다. 영혼의 꽃과 육신의 피가 어우려져 "꽃이여 피여 / 피여 꽃이여 / 꽃 속에 피가 흐른다 / 핏속에 꽃이 보인다 / 꽃 속에 육신이 보인다 / 핏속에 영혼이 흐른다 / 꽃이다 피다 / 피다 꽃이다 / 그것이다!"라고 마무리했다.14 피와

13_ 김남주, 「아버지」, 염무웅·임홍배 엮음, 『김남주 시전집』, 창비, 2014, 59.
14_ 김남주, 「잿더미」, 같은 책, 26.

꽃의 이미지는 「망월동에 와서」에서는 육체, 생명, 피로 변주되고, 「불꽃」에서는 '반미의 불꽃' '해방의 불꽃' '봉기의 불꽃'이 되기도 한다. 「피여 꽃이여 이름이여」에서는 "내란의 무기 위에 새겨진 / 피의 이름", "시가전의 바리케이드에서 피어나는 / 꽃의 이름"으로 등장한다.[15] 그 절정은 「나의 칼 나의 피」이다. 이 시에서는 "토지" 위에 심은 "평등의 나무"를 지키기 위해 시인이 놓아 둔 "나의 칼 나의 피"가 나온다.[16] 이 지점에 이르면서 시인의 피와 꽃은 무기가 되어 있다. '피와 꽃'은 강렬한 생명의 언어처럼 보이지만, 그 심연에는 죽음의식이 자리 잡고 있다. 그 죽음과 대면한 몸부림이 김남주의 시의 뿌리이다. 김남주는 "죽기 전에 걸어야 할 길"(「전향을 생각하며」)[17]을 가늠하며, "싸움을 낳는 죽음보다 아름다운 죽음은 없"(「싸움」)[18]다고 외친다. 그의 시에는 죽음이라는 단절을 피의 흐름으로 연결하고자 하는 의지가 스며있다.

김남주가 「나의 칼 나의 피」에서 이야기한 '시인의 무기'는 '감옥'에서 단련되었다. 그는 감옥생활을 두 번 했다. 첫 번째는 앞에서 언급한 1973년 <함성>지 사건으로 8개월간 수감생활을 한 것을 말한다. 그때의 경험이 녹아 있는 시가 「진혼가」이다. 이 시에서 김남주는 감옥에서 죽고, 감옥에서 다시 살아난 자신의 비참한 형상을 그렸다. 김남주는 도입부에서 "총구가 내 머리숲을 헤치는 순간 / 나의 신념은 혀가 되었다 / 허공에서 허공에서 헐떡거렸다 / 똥개가 되라면 기꺼이 똥개가 되어 / 당신의 똥구멍이라도 싹싹 핥아주겠노라 / 혓바닥을 내밀었다"라는 충격적 장면을 제시했다. 그는 감옥에서 비참의 나락에 빠졌고, 그리고는 "싸움이 철의 무기로 달구어질 때까지" 스스로를 단련했다.[19]

15_ 김남주, 「피여 꽃이여 이름이여」, 같은 책, 245.
16_ 김남주, 「나의 칼 나의 피」, 같은 책, 255-56.
17_ 김남주, 「전향을 생각하며—내 제일의 벗 鋼에게」, 136.
18_ 김남주, 「싸움」, 730.
19_ 김남주, 「진혼가」, 29-31.

두 번째 감옥 생활은 9년 3개월에 이르는 장구한 세월 동안 지속되었다. 그는 1978년 '남조선민족해방전선 준비위원회'에 가입하여 활동하다 1979년 10월 9일 체포되었다. '남민전' 사건은 유신체제 말기에 발생한 최대의 공안사건으로, 유신반대 투쟁을 하던 84명이 검거되어 대부분 중형을 선고받았다. 김남주도 15년형을 선고 받고 1988년 말까지 9년 3개월 동안 감옥생활을 했다. 김남주는 5백여 편의 시 중 대부분을 '감옥에서 창작'했다. 그는 해방 이후 한국문학사에서 가장 오랫동안 감옥에서 지낸 문인 중 한사람이다. 그가 시를 창작해 발표하는 방식도 비밀작전을 연상시킬 정도였다. 김남주는 감옥 안에서 쓴 시를 암송했다가 가족 면회 때 구술로 알려주었다. 출감하는 학생들에게 구술로 전해주기도 했다. 때로는 담뱃갑 은박지에 못으로 쓴 시가 밖으로 흘러나오기도 했다. 그렇게 해서 김남주는 수감 중인 상태에서 『나의 칼 나의 피』(1987)와 『조국은 하나다』(1988)를 출간할 수 있었다.

감옥은 그의 창작공간이자, 투쟁의 현장이었고, 세상과 소통하는 귀중한 숨구멍이었다. 그 스스로도 「정치범들」이라는 시에서 "그들에게 있어서 감옥은 감옥이 아니다"라며, 오히려 "세상에서 가장 완벽한 독서실이고 정신의 연병장"이라고 했다.[20] 김남주는 감옥에서 남한의 현실을 전면적으로 부정하며, 오직 혁명을 통해서만 세상을 바꿀 수 있다고 보았다. 그는 「개털들」이라는 시에서 '경복고 서울대 동창생들'의 면회 이후 출옥한 오선생, '케네디상인가 인권상인가'를 받고 자유의 몸이 된 김근태, 일본에서 떠들썩하게 내놓으라고 해서 나간 '재일교포'의 모습을 보여주었다. 그리고는 "남은 것은 개털들뿐이다 / 나라 안에 이렇다 할 빽도 없고 / 나라 밖에 저렇다 할 배경도 없는 / 개털들만 남았다 감옥에"라고 했다. 감옥에서 "겨울에는 새벽같이 일어나 얼음을 깨고" 냉수마찰을 하며 몸을 단련하

20_ 김남주, 「정치범들」, 190.

기도 했다(「건강 만세 1」).[21] 죽음을 예비하는 감옥에서 '새로운 삶을 위한 혁명'을 꿈꾸던 시인의 언어는 '자신이 믿는 진실'에 투철하다. 그 언어는 신념의 언어이고, 이데올로기의 언어이며, 도구의 언어이다. 강내희는 "문화를 문예로 보지 않고 '삶의 방식'으로 볼 경우, 문화적 실천은 문예창작에 국한되지 않고 문화의 장에서 발생하는 아니 문화의 장이 보이는 다양한 변화들을 문제로서 인식할 수 있는 길이 열릴 수 있다"고 했다.[22] 김남주는 1980년대라는 현실의 엄혹함을 닫힌 감옥에서 피를 흘리며 인식했다. 그가 세계관의 확장을 경험하면서도, 시를 통한 문예적 실천을 가능한 것으로 보았다. 이는 혁명을 위한 시와 동시에 시의 혁명을 감각적으로 깨닫고 있었기 때문으로 보인다. 삶과 시를 일치시킬 수 있는 사례는 드물지 않다. 하지만, 삶과 시가 더불어 어울리면서 문학적 힘을 발산하는 경우는 희귀하다. 김남주의 시가 그 사례라고 할 수 있다.

　　김남주가 가는 길은 굳건하고, 일관적이며, 숙명적이다. 「길2」라는 시를 보자.

　　길은 내 앞에 있다
　　나는 알고 있다 이 길의 시작과 끝을
　　그 역사를 나는 알고 있다

　　이 길 어디메쯤 가면
　　낮과 밤을 모르는 지하의 고문실이 있고
　　창과 방패로 무장한 검은 병정들이 있다
　　이 길 어디메쯤 가면
　　바위산 골짜기에 총칼의 숲이 있고

21_ 김남주, 「건강만세 1」, 172.
22_ 강내희, 『문화론의 문제설정』, 문화과학사, 1999, 53.

천길만길 벼랑에 피의 꽃잎이 있고

총칼의 숲과 피의 꽃잎 사이에

"여기가 너의 장소 너의 시간이다 여기서 네 할 일을 하라"

행동의 결단을 요구하는 역사의 목소리가 있다

그래 가자 아니 가고 내가 누구에게 이 길을 가라고 하랴

가고 또 가면 혼자 가는 길도 함께 가는 길이 되느니

가자 이 길을 다시는 제 아니 가고 길만 멀다 하지 말자

가자 이 길을 다시는 제 아니 가고 길만 험타 하지 말자

—김남주의 「길2」 전문[23]

　김남주에게 길은 이미 주어져 있다. 시작과 끝도 분명한 길이고, 피할 수도 없는 길이다. 그 길을 걸어야만 존재의 이유, 즉 "여기가 너의 장소 너의 시간이다 여기서 네 할 일을 하라"에 직면할 수 있다. 너무도 험한 길이기에 '내가 먼저 나서서 걸어야' 하고, '가고 또 가'면서 동료들을 만들어야 하는 길이다. 그 길은 선구자의 길이고, 혁명가의 길이다. 결코 신념 없이는 갈 수 없는 길이다. 김남주의 길은 시대가 만든 길이다. 김남주의 시는 1970년대와 1980년대라는 군부독재의 폭압을 역사적 관점에서 환기하며 읽어야 한다. 그렇지 않으면, 김남주 시의 선명성이 오히려 '상상력의 확장성'을 억압하게 된다.

　이 점을 고려할 때, 김남주 시세계에서 '농민적 감수성을 지닌 민중주의'와 '반미의 입장이 선명한 민족주의'를 시대감각과 더불어 도출해 낼 수 있다. 그의 시에는 지배와 피지배에 대한 선명한 계급의식이 드러난다. 이

23_ 김남주, 「길 2」, 248.

념적 선명성은 실제 세계에 대한 정교한 인식을 괄호 치게 한다. 그렇기에 「종과 주인」 같은 시에서 "낫 놓고 ㄱ자도 모른다고 / 주인이 종을 깔보자 / 종이 주인의 목을 베어버리더라 / 바로 그 낫으로"라는 섬뜩한 시가 나올 수 있다.[24] 반제국주의 세계인식도 마찬가지이다. 그는 「각주」라는 시에서 "그러나 헤겔도 맑스도 / 다음과 같이 각주를 붙이는 것을 잊어버렸다 // 식민지 사회에서는 / 단 한사람도 자유롭지 못하다고"라고 했다.[25] 식민지 체제 아래서는 오로지 반제국주의 투쟁만이 지고지순의 선(善)일 수 있다. 계급의식과 민족의식은 항상 최종적 지표일 수는 없다. 이러한 이념적 좌표는 세계를 명료하게 보여줄 수는 있지만, 세계의 너무나 넓은 그늘들을 만들고 난 다음에 얻을 수 있는 명료성일 뿐이다.

김남주가 감옥에서 출감한 때는 1988년 12월 21일이었다. 87년 6월 항쟁 이후의 '순간적 자유의 환희'가 머물던 시기였고, 소연방의 해체와 동구 사회주의권의 몰락이 기다리고 있던 시기였다. 10여 년만의 출옥 이후 김남주가 대면한 시대는 냉전체제의 붕괴로 인해 '사상의 환멸'이 지배하던 때였다. 그는 감옥 안에서 혁명적으로 자유로웠고, 감옥 바깥에서는 오히려 '적은 자유'밖에 누리지 못했다. 그렇지만 그의 시가 안고 있는 '민중주의'적 열망과 '민족해방'의 염원이 현실에서 무의미한 것이 되었다고는 할 수 없다. 이것들은 여전히 한국사회의 주요 모순으로 민중의 삶을 옥죄고 있는 굴레이기도 하다. 김남주는 1994년 2월 13일에 췌장암으로 인해 생을 마감했다. 청춘을 감옥에서 보냈던 김남주가 감옥 밖에서 가족과 함께 보낸 시기는 기껏 6년 남짓이었다.

스피노자는 "세계를 연결해주는 수많은 연결 가지들을 더 많이 파악함으로써 우리는 '완전함'에 다가간다"고 했다.[26] 우리는 완전한 존재이고자

24_ 김남주, 「종과 주인」, 268.
25_ 김남주, 「각주」, 269.
26_ 데이비드 로텐버그, 『생각하는 것이 왜 고통스러운가요?』, 박준식 옮김, 낮은산, 2011, 26.

하는 유혹에 빠질 수 있다. 그래서 계급주의와 민족주의 같은 이념적 선명성이 국면적으로 세계를 완전하게 해석해 줄 수 있다는 사실에 매혹당하곤 한다. 하지만, 불완전성을 인식하는 것이 오히려 더 중요하다. 인간으로서 모든 개인은 전 지구적 생태환경과 연계되어 있기에 약한 존재이고, 인간 개인 간에도 서로 의존해야만 생명을 지속할 수 있다는 측면에서도 약한 존재이다. 내가 약한 존재이기에 타인의 도움을 필요로 하다는 사실에서 상호부조의 원리가 탄생한다. 그런 의미에서 앞으로의 혁명 이미지는 '완전한 문제 해결'이 아니라, '서로의 문제 해결'을 지향하는 방향으로 이끌릴 가능성이 크다. 거기에 민주주의의 중요한 원리인 '자치와 자율'이 자리하고 있는 듯하다.

4. 나를 포함한 언어로 세계를 포착한다

김수영과 김남주는 서로 만난 적이 없다. 김수영은 해방을 만주 길림성에서 맞았다. 김남주는 해방이 되던 해에 태어났다. 둘은 근 한 세대의 차이가 난다. 몇 가지 공통점도 있다. 김수영은 연희전문 영문과에서 수학한 적이 있고, 김남주도 전남대 영문과에서 공부했다. 둘 다 번역 작업을 했다. 파블로 네루다의 문학 번역이 두 시인의 공통항에 놓여 있다. 또,『들어라 양키들아』도 주목하게 된다. 시차를 두고 라이트 밀즈의 책을 두 시인이 읽고 미국에 대한 인식을 새롭게 하는 데 큰 영향을 받았다. '혁명'에 대한 열망과 분단현실에 대한 시적 형상화는 두 시인의 공통분모이다. 김수영은 60년대 대표시인이고, 김남주는 1980년대를 대표하는 시인이다. 이들은 한국문학사에서는 귀한 존재들이고, 한국현대사가 기억해야 할 혁명 시인들이다.

한 시인은 한 시인의 존재를 알기도 전에 세상을 떠났고, 또 다른 시인은 이미 죽은 시인의 시들을 읽으며 시의 길에 접어들었다. 김남주가 김수영의 시를 처음 읽은 시기는 1968년이었다고 한다. 늦깎이 신입생으로 전남대 영문과에 입학한 김남주는 고교 동기 동창의 소개로 당시 대학원생이었던 박석무를 만났다. 박석무는 김수영의 시들을 읽어주며 '4.19가 남겨준 우리 문학의 유산'이라고 했다고 한다. 그 유산이 김남주를 시인의 길로 접어들게 했다. 김남주는 김수영의 「그 방을 생각하며」, 「푸른 하늘을」, 「사령(死靈)」, 「거대한 뿌리」를 읽고서 시에 매혹되었다. 나중에 김남주는 분명한 의도를 갖고 김수영의 시세계를 비판했다. 그 시가 「바람에 지는 풀잎으로 오월을 노래하지 말아라」이다.

바람에 지는 풀잎으로 오월을 노래하지 말아라
오월은 바람처럼 그렇게 서정적으로 오지도 않았고
오월은 풀잎처럼 그렇게 서정적으로 눕지도 않았다

(중략)

노래하지 말아라 오월을 바람에 지는 풀잎으로
바람은 야수의 발톱에는 어울리지 않는 시의 어법이다
노래하지 말아라 오월을 바람에 일어서는 풀잎으로
풀잎은 학살에 저항하는 피의 전투에는 어울리지 않는 시의 어법이다

피의 학살과 무기의 저항 그 사이에는
서정이 들어설 자리가 없다 자격도 없다
적어도 적어도 광주 1980년 오월의 거리에는!
　　　　　—김남주의 「바람에 지는 풀잎으로 오월을 노래하지 말아라」 부분[27]

김남주의 이 시는 김수영의 「풀」에 내장된 서정성을 '폭압적 상황'에 비추어 비판한다. 승리의 경험을 갖고 있던 4.19혁명에는 바람과 풀의 대비가 어울릴 수 있지만, 광주민중항쟁은 서정을 넘어서는 진행형의 첨예한 긴장이 있다. 이 시에서 '바람'은 '야수의 발톱'으로 대체되고, 풀잎은 '학살에 저항하는 피의 전투'로 자리바꿈한다. '피의 학살'과 '무기의 저항' 속에서 1980년 5월 광주는 더 특별한 위치에 서게 된다.

김남주는 김수영의 시를 오마주하며, 김수영의 서정을 넘어서려 했다. 김수영의 시가 개인의 내면에서 발화되는 사회성을 획득했다면, 김남주는 공동체 속의 역할을 염두에 둔 채 '선동의 언어'로 발산된다. 김수영이 '나를 포함한 언어'의 자유를 이야기했다면, 김남주는 '언어 공동체에 속한 나의 소명의식'에 보다 더 충실했다. 그렇기에 둘의 '혁명'은 분명한 차이가 있다. 김수영은 지식인의 정체성을 갖고 도시민의 근대적 감각에 예민하게 반응했다. 반면, 김남주는 보다 더 현실의 억압에 직접적으로 저항하며 실천했다. 그는 노동자를 이야기하지만, 농민의 감수성에 밀착해 있다. 그는 민중주의를 이야기하지만, 민족 공동체를 전제로 하고 있는 반식민주의를 갈무리하고 있었다.

김수영과 김남주의 '혁명'이 이렇듯 차이가 난다. 이 둘이 미래세대의 시에서 만날 수 있는 자리를 가늠해 보면 어떨까? 그 자리는 아마도 '자율과 자치의 가능성'이 펼쳐지는 곳일 가능성이 높다. 자율과 자치는 온전히 개인에만 머물지 않고, 개인을 공동체에 귀속시키지도 않아야 이뤄질 수 있다. 자율과 자치를 위해서는 타인에 의존함으로써 자신의 불완전성이 보완될 수 있다는 사실을 아는 것이 중요하다. 서로 의존하면서도 서로를 억압하지 않는 것, 그러한 자율과 자치의 혁명 이미지를 만드는 것은 미래 세대 시인의 역할일 것이다. 새로 등장할 시인은 김수영과 김남

27_ 김남주, 「바람에 지는 풀잎으로 오월을 노래하지 말아라」, 앞의 책, 244-43.

주가 '바람과 풀', '야수의 발톱과 피의 전투'로 대립했던 간극을 메워야 할 것이다. 그 대안의 언어는 새로운 혁명 이미지 생산을 통해 이뤄질 것으로 본다.

문학평론가, 중앙대 교양학부대학 교수

3 부

문화연구와 문화운동의 새로운 설계

포스트사회주의 중국의 비판적 사상의 흐름과 문화연구[*]

임춘성

21세기에도 좌파는 존재하는가? 존재한다면 좌파의 기준은 무엇인가?

지구상에 몇 안 되는 공산당이 집권하고 있는 중국은 신민주주의 혁명을 통해 중화인민공화국을 건립한 이후, "소부르주아적 뿌리를 가진 정치이데올로기적 조류"인 '마오주의(Maoism)'가 "그 본질상 <맑스-레닌주의>와 원리적인 적대 관계에 있다"라는 평가를 받기도 했다. 이에 따르면 "<맑스-레닌주의>는 중화인민공화국의 공적 생활에서 추방되었다."[1] 그럼에도 불구하고 중국 공산당은 '중국적 사회주의' 또는 '중국 특색의 사회주의'를 60년 이상 시행해 왔다. 그러나 개혁개방 이후, 특히 1989년 '톈안먼(天安門) 사건'과 1992년 '남방 순시 연설' 이후의 중국을 과연 사회주의라 할 수 있을지 의문이다.

이와 관련해 원톄쥔(溫鐵軍)의 다음 발언을 주목할 필요가 있다. "중국

---

* 이 글은 <제7회 맑스코뮤날레> '기획세션 4: 포스트사회주의 중국의 사상과 문화 예술'(2015. 5. 16)에서 발표한 글을 토대로 일부 수정·보완했음을 밝혀둔다.
1_ 한국 철학사상연구회 편, 『철학대사전』, 동녘, 1997, 363.

이 세 차례의 토지혁명전쟁과 반세기의 노력을 거쳐 세운 것은 공산주의 국가가 아니었다. 농민이 주력이 되고 경자유전을 목표로 삼아 벌인 혁명 전쟁을 통해 건설한 것은 세계 최대의 소자산계급 국가였다."[2] 태평천국 운동과 신해혁명 그리고 신민주주의 혁명을 거쳐 이룩한 사회가 사회주의 사회가 아니라 쁘띠부르주아 국가였다는 평가가 새로운 것은 아니지만, 원톄쥔이 중국 삼농(三農) 전문가라는 점에서, 그리고 '여기 이곳'의 조사와 연구를 통해 나왔다는 점에서 이 평가는 주목을 요한다. 그와 더불어 '일당전제'의 '당-정 국가'에서 좌파의 존재 여부와 존재 방식은 관심의 초점이다. 우리가 현 중국이 '일당전제'의 '당-정 국가'라는 평가에 동의한다면 당 내에서 좌파는 찾기 어렵게 된 가운데 이른바 '신좌파'의 존재가 우리의 주목을 끈다. 뉴 레프트(new left)라는 명명은 원래 유로코뮤니즘(Eurocommunism)을 가리키는 것으로, 그것은 스탈린주의에 대한 대안으로 제시된 것이었다. 그러나 중국의 신좌파는 유럽의 뉴 레프트와는 기의가 다르다. 그것은 중국 공산당과 대당(對黨) 관계를 가지고 있다고 볼 수 있다. 여기에서는 '신좌파'로 분류되는 간양(甘陽)이 자신들을 맑스-레닌주의식의 '구좌파'와 변별해 '자유 좌파'라 부르기도 했다는 점만 언급하기로 하자.

최근 중국은 검열을 강화하고 있다. 이전 단계 모든 것을 통제하던 방식을 일벌백계식의 간접 통제 방식으로 바꾸면서 그 수법은 더욱 교묘해진 것으로 보인다. 검열은 자연스레 자기검열을 유발하기 마련이고 후자는 전자보다 더 높은 잣대를 들이대게 마련이다. 그러나 통제는 시간의 시련을 견디지 못한다. 요원의 불, 땅속의 불은 어느 시기든 존재하고 조건이 무르익으면 들판을, 지상을 태울 수 있다. 이 글에서는 요원의 불, 땅속의 불을 '비판적 사상'으로 비유하면서 리쩌허우(李澤厚)의 사상사론을 그 시

2_ 원톄쥔, 『백년의 급진—중국의 현대를 성찰하다』, 김진공 옮김, 돌베개, 2013, 37.

원으로 설정했다. 그리고 첸리췬(錢理群)의 마오쩌둥 사상 연구, 왕후이(汪暉)의 사상사론 등으로 이어지는 흐름에 주목했고, 쑨거(孫歌)의 동아시아론과, 비판적 문화연구를 제창하고 수행하고 있는 리퉈(李陀), 다이진화(戴錦華), 왕샤오밍(王曉明) 등을 그 연장선상에서 파악하고자 했다. 물론 이들만이 포스트사회주의 중국의 비판적 지식인은 아니다. 이를테면 원톄쥔(溫鐵軍)의 '백년 급진론' 등도 그 속에 포함시킬 수 있다. 이 글에서는 리쩌허우를 출발점으로 삼고 그와 내용적으로 계승관계가 있는 것으로 '추정'되는 비판적 지식인의 계보를 조감해 보고자 한다.

1. 검열과 비판 그리고 논쟁

포스트사회주의[3] 중국 사회를 바라보는 키워드는 논자에 따라 다양할 수 있다. 그러나 중국의 심층을 바라보는 눈 밝은 이라면 '검열' 문제를 비껴가지 않을 것이다. 필자 자신의 개인 경험만 하더라도, 상하이대학 당대문화연구센터 웹사이트에 올린 글의 한 부분에서『색, 계』의 섹슈얼리티를 논했다가 한동안 검색이 금지되었고, 장뤼(張律) 관련 글[4]을 세 번 거절당했으며,『신세기 한국의 중국 현당대문학 연구』[5]를 편집하는 과정에서 가오싱젠(高行健) 관련 글과 작가의 세계관 지양(止揚)과 관련된 글을 제외시켜 달라는 출판사의 요구를 거절할 수 없었고, 한국에서 발표한 첸리췬 관련 칼럼[6]을 중국어로 번역해 보냈더니 난색을 표명해 결국 발표를

3_ 포스트사회주의에 대한 이론 검토는 다음 글을 참고할 것. 임춘성, 「포스트사회주의 시야로 다시 읽는 '대동'의 유토피아」,『문화/과학』 68호, 2011년 겨울; 「포스트사회주의 중국의 도시화와 도시영화의 정체성」,『중국현대문학』 제64호, 2013.

4_ 林春城, 「少數民族電影的文化橫跨與文化認同: 張律的電影美學」,『2011"亞洲電影新勢力"國際高壇學術研討會』(자료집), 杭州傳媒學院, 2011. 9. 23.

5_ 林春城,『新世紀韓國的中國現當代文學研究』, 復旦大學出版社, 2013.

6_ 「루쉰에서 마오쩌둥까지」,『서남포럼 뉴스레터』, 2013. 7. 25. http://seonamforum.net/

유보하기도 했다.

우리도 군사독재 시절에 겪었지만 '검열'의 해악은 그 자체로 끝나는 것이 아니라 '자기검열'을 유발하고, 후자의 기준은 항상 전자의 기준을 상회하기 마련이라는 점에 있다. 그리고 분명 '검열'에 비판적인 중국 지식인들도 외국 친구의 호의적인 지적을 수용하다가도 어느 순간부터 국가에 자신을 동일시하면서 국정(國情) 운운하며 불필요한 자존심을 드러내곤 한다. 2011-2012년 방문학자로 머물렀던 상하이대학 중국당대문화연구센터의 웹사이트도 내가 방문하기 전 어떤 일로 폐쇄되었다가 귀국할 무렵 간신히 해제되었다. 폐쇄 조치는 해당 기간 웹사이트를 활용하지 못하게 만드는 것에 그치지 않고, 그동안 축적했던 자료를 회복하는 데 대량의 시간과 인력을 낭비하게 만든다. 이는 마치 청조에서 한족 지식인들의 비판의 화살을 다른 곳으로 돌리게 하려고 『사고전서(四庫全書)』를 편찬케 한 일과 유사하다. 『사고전서』는 인류의 문화유산이 되었지만, 웹사이트 자료 회복은 단순한 소모로 그칠 가능성이 크다. 시진핑(習近平) 정권이 들어서면서 더욱 강화된 검열 지침은 2013년 6월 인쇄만 남겨둔 『열풍학술』 제7집을 다시 표류시켜 6개월 후에야 발간되게 만들었다.

21세기 들어 중국 당국의 검열은 이전 직접 통제 방식에서 간접 관리 방식으로 바뀐 듯하다. 그 대표적인 예가 TV드라마의 '제편인(制片人. zhipianren. 이하 즈폔런) 제도'다. 개혁개방 이후 상업적 대중문화가 유행하더니 21세기 들어 중국산 TV드라마가 기세를 떨치고 있다. 1980년대가 '문학의 황금시대'였고 1990년대가 '영화의 시대'였다면 적어도 중국에서의 21세기는 'TV드라마의 시대'라 할 수 있다. 그것은 "자본 동향과 시장 규모, 정부의 대응, 사회심리, 업계 체제, 매체의 작동 등 각 방면의 신속한 변동을 유발해 거대한 덩어리의 스크린을 합성해 오늘 중국의 지배적 문화 및 그 생산 기제의 복잡한 작동을 명료하게 드러내고"[7] 있다. 뤄강(羅崗)은 TV 드라마의 물질적 기초로, 수상기 보급, TV채널 증가, 제작 인원의 다원화 등을 들고 있다. 특히 장시(江西)성 TV채널의 경우, 중앙방송국 십여 개, 몇 십 개의 각지 위성방송, 성(省) 방송극 열 몇 개, 지역 방송국 몇 개에서 열 몇 개, 구(區) 방송국 또한 적어도 한두 개, 이것을 모두 합하면 거의 백 개에 가까운데, 이들은 기본적으로 드라마로 유지되고 있다.[8] 이처럼 수많은 방송국의 프로그램을 일일이 검열할 수 없는 상황에서 등장한 것이 즈펜런(制片人) 제도이다. 이 제도는 시장경제 작동방식이 TV드라마 제작 시스템에 도입된 것으로 1980년대 말 등장했다. 즈펜런은 정부의 입장을 대변하면서 시장과 시청자의 요구를 반영해 TV드라마 제작부터 배급까지 전체 유통과정을 통제한다. 바꿔 말해 이전에는 당국에서 직접 통제하던 TV드라마를 1980년대 말부터는 즈펜런 제도를 도입해 그가 대신 관리하게 만든 것이다. 이를 통해 추론해보면, 이전에는 모든 것을 사전에 확인하고 검열했는데, 톈안먼 사건 이후 일정 정도 자율적인 공간을 열어주되, 선을 넘어서는 행위에 대해서는 일벌백계라는 사후 책임 추궁의 방책을 시행하고 있음을 알 수 있다. 6세대 감독 러우예(婁燁)가 당국에 알리지 않고 <여름 궁전>을 국제영화제에 출품했다가 5년간 자격정지를 받은 것은 대표적 사례다.

그러나 한국에서 군사독재시절 비판적 흐름이 존재했던 것처럼, 중국에도 비판적 경향이 존재하고 있다. 그 가운데 주목할 것은 논쟁이고, 특히 1990년대 중반의 '신좌파와 자유주의' 논쟁은 이 글에서 중점적으로 고찰하는 비판적 지식인과 직접적인 연관이 있다.

가오리커(高力克)는 '자유주의와 신좌파의 논쟁에 관해'라는 부제를 붙

7_ 王曉明, 『橫站: 王曉明選集』, 人間出版社, 2013, 396.
8_ 「21세기 중국의 TV드라마(좌담)」, 임춘성 엮음, 『상하이학파 문화연구: 비판과 개입』, 중국 '문화연구'공부모임 옮김, 문화과학사, 2014, 176쪽과 179쪽의 뤄강 발언 부분 참조.

인 글「전환기 중국을 어떻게 인식할 것인가(如何認識轉型中國)」에서, 1990
년대 시장화 추세로 인해 자유주의와 신좌파 사조가 1980년대 '신계몽 운
동'이라는 범자유화 사조로부터 분화되었다고 진단하고, 1994년『구준(顧
准)문집』과 왕후이의「당대 중국의 사상 상황과 현대성 문제」(한글판)[9]의
출간을 그 표지로 삼는다. 신계몽적 입장을 견지하고 있던 자유파는 서양
의 자유주의로부터 시장화와 민주화의 사상적 자원을 찾아내려 했고 지속
적으로 심도 있게 극좌 이데올로기와 권력구조를 비판하는 한편 중국의
입헌 민주 체제를 위한 정치 체제 개혁을 추진하고 있었다. 그에 반해 신계
몽 진영으로부터 분화되어 나온 신좌파는 서양의 좌익 비판 이론으로부터
영감을 얻어 반(反)자본주의적인 신좌익 비판 전통을 새롭게 건설하려 했
다. 서양 자유주의에 뿌리를 두고 있고 그것을 중국 상황에 적응/왜곡시킨
중국의 자유주의가 복잡한 것만큼 또는 그 이상으로, 이른바 '신좌파' 또한
"각종 좌익 비판 사상의 혼합체로, 그 사상 자원은 맑스주의, 사회주의, 세
계체제이론, 프랑크푸르트학파, 공화주의, 공동체주의, 포스트모더니즘,
포스트식민주의 등 각종 비(非)자유주의적 이론을 포괄하고 있다. 신좌파
는 이론 형태가 복잡한 반(反)자유주의 사상 연맹으로, 그 가치지향과 사상
자원은 각자 다르다. 자유주의에 대한 신좌파의 비판은 중국의 하이에크식
경제적 자유주의와 귀족적 자본주의의 시장 만능주의를 직접 겨냥하고 있
으며 그 주요 주장은 평등과 공정의 문제에 놓여 있다."[10] 자유주의에 하이
에크 중심의 우파와 롤스 중심의 좌파가 있는데, 왕사오광(王紹光), 추이즈
위안(崔之元) 등과 함께 '신좌파'로 불리는 간양은 자신들을 맑스-레닌주의
식의 '구좌파'와 변별해 '자유 좌파'라 부르기도 했다. 그에 따르면, 1990년

9_ 왕후이,「중국 사회주의와 근대성 문제」, 이욱연 옮김,『창작과비평』86호, 1994년 겨울.
10_ 이상 高力克,「第七章 如何認識轉型中國─關於自由主義與新左派的論爭」, 許紀霖・羅崗等,『啓蒙的
自我瓦解: 1990年代以來中國思想文化界重大論爭研究』, 吉林出版集團有限責任公司, 2007, 195, 196;
한국어판: 쉬지린・뤄강 외,『계몽의 자아와해』, 이주노・김명희・김하림・박혜은・이여
빈・이희경・피경훈 옮김, 전남대학교출판부, 2014.

대 중국 자유파 지식인이 '자유 좌파'와 '자유 우파' 또는 '신좌파'와 '신우파' 의 두 진영으로 분화되었다는 것이다.[11] 간양이 말하는 '자유 우파' 또는 '신우파'는 바로 레이거노믹스를 추종하는 '신자유주의파'를 지칭하는 것 이고 '자유 좌파' 또는 '신좌파'는 케인스식 수정주의 입장에 가깝다. 이들 에 비해 왕후이의 비판이론은 월러스틴과 폴라니[12]를 사상적 자원으로 활 용하는 서양 신좌파 전통에 기대고 있다.

1990년대 중국 사상계를 대표하는 논쟁인 '자유주의와 신좌파의 논쟁'에 대한 첸리췬의 평가를 살펴보자. 첸리췬은 중국 사회 성격, 중국식 시장경 제, 마오쩌둥·마오쩌둥 사상·마오쩌둥 시대, 그리고 중국혁명에 대한 서로 다른 역사적 평가, 중국의 미래 발전 노선의 4가지 쟁점으로 나누어 양자의 견해를 대비시킨 바 있다.[13] 첸리췬은 이 논쟁이 모두 1990년대 중 국 사회변동에 대한 반응이며 서로 다른 판단과 이론적 분석이 있고, 서로 다른 대책을 가지고 있고 그 자체로서 깊이 있는 역사적 내용과 현실 의의 를 가지는 것이며 동시에 논쟁을 통해 모종의 공통 인식(즉, 이른바 최대공 약수)에 도달할 수도 있고, 동시에 각자의 의견을 보존할 수도 있었다고 보고 있다. 그러나 그는 문제는 쌍방이 상대방을 주요 위험으로 보았다는 데 있다고 진단한다. 신좌파는 자유주의자가 독점 엘리트의 대변인이라고 여겼고, 자유주의자는 신좌파가 전제체제의 공모자라고 보았다는 것이다.[14] 이렇게 역사는 반복되고 있다. 1990년대를 기준으로 볼 때, 상호 변증법적으 로 접합해야 할 개혁세력 쌍방이 적대적으로 대립하고, 그 사이에 보수 세 력은 유리한 고지를 차지하고 개혁세력의 분쟁을 지켜보고 있었던 것이다.

11_ 같은 글, 197.
12_ 최근 왕후이의 칼 폴라니와 세계체계론의 수용을 고찰한 글이 흥미롭다. 하남석, 「칼 폴라 니와 세계체계론 수용을 통해 본 왕후이의 정치경제학적 사유의 특징」, 『젠더·정치·지역』 (한국 중국현대문학학회 2013년 춘계 학술대회), 2013. 6. 8.
13_ 이상 錢理群, 『毛澤東 시대와 포스트 毛澤東 시대 1949-2009 (하)』, 연광석 옮김, 한울아카데 미, 2012, 384-85 참조.
14_ 같은 책, 385.

2. 리쩌허우의 사상사론

리쩌허우는 아편전쟁으로부터 시작된 중국 근현대사를 개괄하면서, 태평천국운동, 변법유신, 신해혁명을 거쳐 신민주주의 혁명에 이르러서야 '부정의 부정'의 역사 발전 과정을 완성했다고 평가한다.[15] 그가 하나의 과정을 완성했다고 평한 '신민주주의 혁명'은 바로 한 세기를 풍미했던 마오쩌둥(毛澤東)의 '반제반봉건 민족해방민중민주혁명(NLPDR)론'이고, 그것이 '제3세계 혁명론'으로 각광받았음은 모두 아는 사실이다. 마오쩌둥의 '반제반봉건 NLPDR론'은 중국의 근현대적 과제가 서양을 학습(反封建)하는 동시에 서양을 배척(反帝)해야 하는 이중적 투쟁임을 명시했다는 점에서 지금도 역사적·사상적 가치를 지니고 있다. 리쩌허우의 '계몽과 구망(救亡)의 이중 변주'[16]라는 탁월한 개괄은 중국 근현대 과제의 이중성에 대한 마오쩌둥의 인식을 한 걸음 진전시킨 것이라 할 수 있다. 이로 인해 우리는 '반봉건 계몽'과 '반제 구망'이라는 이중 과제를 명확히 이해할 수 있게 되었다. 또한 현실 사회주의권의 붕괴 이후 사회주의가 자본주의 발전의 특수한 형태라는 인식이 확산되면서 신중국 성립 이후 마오쩌둥의 혁명주의 노선을 '반현대성적 현대화 이데올로기'로, 덩샤오핑의 실용주의 노선을 '현대성적 현대화 이데올로기'로 개괄한 왕후이의 논단[17] 또한 리쩌허우의 '계몽과 구망의 이중 변주' 이론에 빚지고 있다 할 수 있다.

최근 중국의 '셴당다이(現當代)' 전공 학자들이 '진다이(近代)'로 거슬러 올라가는 것은 당연한 일이다. '신좌파'의 명망을 한 몸에 아울렀던 왕후이

15_ 리쩌허우, 「후기」, 『중국근대사상사론』, 임춘성 옮김, 한길사, 2005, 753.
16_ 리쩌허우, 「계몽과 구망의 이중변주」, 『중국현대사상사론』, 김형종 옮김, 한길사, 2005.
17_ 汪暉, 「當代中國的思想狀況與現代性問題」, 『文藝爭鳴』, 1998년 제6기. 이 글은 한국에서 먼저 발표된 후(「중국 사회주의와 근대성 문제」, 『창작과비평』 86호), 중국에서 주목을 받아 저자의 대폭적인 수정 보완을 거쳐 중국에서 발표되었다. 수정된 전문은 한국에서 다시 완역 발표되었다. 이희옥 옮김, 「세계화 속의 중국, 자기 변혁의 추구—근대 위기와 근대 비판을 위하여」, 『당대비평』 10-11호, 2000년 봄·여름.

는 2004년에 출간한 4권짜리 『현대 중국사상의 흥기』에서 중국사상을 하나의 연속선으로 파악하면서 첫째 권에서 한당(漢唐), 송명(宋明), 청(淸)을 다루었고, 둘째와 셋째 권에서 이른바 '진다이'를 다루었으며 마지막 권에서 5.4 이후를 다루고 있다.[18] 중국의 셴당다이문학 연구와 문화연구를 대표하고 있는 왕샤오밍은 서양 이론을 가져다 중국의 급격한 변화를 해석하고 출로를 전망할 수 있을 것으로 여겼던 1980년대의 보편적 믿음이 1990년대 들어 사라졌다고 판단[19]한 후, 1949년 이전 중국의 자생적인 진보적 사상자료 발굴에 관심을 기울이면서 '진다이' 쪽으로 연구영역을 확장하고 있다. 이들의 선배 세대인 자오위안(趙園)과 왕푸런(王富仁)도 일찍부터 '진다이'를 거슬러 올라가 전통을 재해석하는 중요성을 강조한 바 있다. 1985년에 제기되어 중국 내외에 상당한 영향을 주었던 '20세기중국문학' 담론이 리쩌허우의 '20세기 중국문예'[20]의 계시[21]를 받았듯이, 리쩌허우의 사상사론은 중국의 비판적 지식인들이 반드시 넘어야 할 높은 산맥이라 할 수 있다.

고희(古稀)를 넘겼으면서도 여전히 왕성한 집필 활동에 몰두하고 있는 리쩌허우를 비판하는 부류는 두 가지로 나뉠 수 있다. 하나는 그가 지나치

18_ 2천 년이 넘는 중국 사상사를 다루면서 '진다이' 80년에 무거운 비중을 두는 방식은 리쩌허우 '사상사론'의 영향을 받은 것으로 볼 수 있다.

19_ 왕샤오밍, 「'포전인옥(抛磚引玉)'」, 임춘성·왕샤오밍 엮음, 『포스트사회주의 중국의 문화연구』, 현실문화연구, 2009 참조.

20_ 리쩌허우, 「20세기 중국문예 일별」, 『중국현대사상사론』.

21_ '20세기중국문학'의 대표 논자인 천쓰허(陳思和)는 그 영향을 이렇게 서술하고 있다. "이 글(「中國新文學研究整體觀」)의 6개 문학 층위에 관한 묘사는 리쩌허우 선생의 『중국근대사상사론』「후기」의 영향을 받은 것…그의 여러 세대 인물에 관한 사로(思路)는 나를 계발하였고 나로 하여금 중국 신문학에 대해 20세기 초부터 신시기까지를 하나의 유기적 총체(整體)로 삼아 고찰하게끔 촉진하였다"(『黑水齋漫筆』, 四川人民出版社, 1997, 111). 또한 「20세기중국문학을 논함」의 주집필자인 첸리췬(錢理群)도 1993년 서울에서 개최된 중국현대문학 국제심포지엄에 참가했을 때 사석에서 『중국근대사상사론』으로부터 받은 계발을 피력한 바 있다. 임춘성, 「'서유럽 모던'과 '동아시아 근현대'에 대한 포스트식민적 고찰」, 『현대중국연구』 제9집 2호, 2008, 356.

게 맑스적이라는 것이고 다른 하나는 그가 비(非)맑스적이라는 것이다. 전자의 이론 기저에는 맑스주의에 대한 회의와 부정이 놓여 있고, 후자의 이론적 근거에는 마오쩌둥-덩샤오핑 사상이 강하게 작용하고 있다. 심지어 신자유주의라는 비판도 있었다. 특히 톈안먼(天安門) 사건 이후 국외 망명으로 인해 중국 내외에서 그의 학문적 성과가 제대로 평가되지 못했다. 그의 사상 체계를 '계몽담론'으로 축소한 것이 대표적인 예다. 그의 사상사론, 특히 근대사상사론을 정독해보면, 고와 금, 중과 서, 그리고 좌와 우가 뒤섞여 혼재되던 시기에 '중국은 어디로 갈 것인가'를 놓고 고민하던 수많은 지식인들의 초상을, 사상에 초점을 맞춰 추적하고 있음을 알 수 있다. 분명한 것은 리쩌허우의 『중국근대사상사론』에서 관철되고 있는 것은 과학적인 맑스주의라는 사실이다. 리쩌허우는 한 인물의 역사적 의의를 그 인물이 처한 역사 시대에서의 역할에 초점을 맞추되, 그 역사 인물이 시대적 과제인 '반봉건 계몽'과 '반제 구망(救亡)'을 얼마만큼 자각적으로 의식하고 그것을 얼마나 충실하게 수행했는지에 초점을 맞추어 분석·평가하고 있다. 그의 논술은 반봉건 계몽에 더 많은 무게를 싣고 있지만 그의 계몽은 역사 발전에 대한 기여 여부를 기준으로 삼고 있다.

리쩌허우는 중국 진다이 진보사상이 한편으로 리얼리즘과 유물론을 다른 한편으로 관념론과 신비론을 동시에 가지고 있었지만, 그 주요한 측면은 진보적이고 변증법적이며 과학적이고 이성적이며 봉건주의 관념론과 투쟁했다는 것이다. 여기에 리쩌허우는 한 가지 지적을 더 보탠다. 진다이 진보사상은 전통을 창조적으로 계승하기보다는 서양에서 참조할 사상 자료를 취했다는 점이다. 물론 리쩌허우가 고대사상의 계승과 발전을 전면 부인하는 것은 아니다. 경지균분(耕地均分), 경세치용(經世致用), 정전제(井田制) 등은 진다이 사상가들도 계승한 개혁 사상이었다. 그러나 리쩌허우가 보기에 그것은 주요한 측면이 아니었다. 19세기 중반 동양과 서양이 충돌하던 시점에 역사의 진보는 서학(西學) 쪽에 있었던 것이다. 그의 '서체

중용(西體中用)'은 '중체서용'에 대한 언어유희가 아니라, 근본적인 전복을 주장한 것이다. 그는 근현대 중국의 역사과정에서 중국의 전통이 가지는 강고한 힘이 외래(外來)를 압도했다고 본다. 그러므로 과제는 전통을 해체하고 재해석하는 것이다. '문화심리구조', '실용이성' 등은 이 과정에서 만들어진 개념이다. 그리고 현대적 대공업과 과학기술을 현대 사회 존재의 '본체'와 '실질'로 인정하여 그것을 근본으로 삼아야 한다고 주장하고 있다. 그것은 전통적인 '중학'이 아니라 근현대의 '서학'인 것이다. 서학 수용에서 중요한 것은 비판적 태도이다. 그것은 무조건적인 수용이 아니다. 우선은 루쉰식의 '가져오기(拿來) 주의'에 입각해 모든 것을 가져와 그것이 중국 현실에 적합한지를 살피는 것이 중요하다. 연후에 그것을 중국 토양에 맞게 본토화(localization)해야 한다. 여기에서 경계할 것이 복고적 태도다. 우리는 서학을 비판하면서 봉건의 품에 안긴 사례를 수없이 봐왔다. 서학을 비판적으로 수용하여 본토화하는 것은 복고와는 다른 것이다. 리쩌허우는 이 점에 착안해 중국 진다이의 사회주의 유토피아 사상이 우선은 서학을 참조했고 그것을 중국에 맞게 개량했다는 사실을 강조한다. 봉건으로의 회귀를 경계하면서 중국의 사회적 조건과 시대적 임무에 맞는 서학의 사상자원을 찾는 일, 이것이 진다이 사회주의 유토피아 사상이 나아간 길이었다. 물론 그 과정은 순탄치 않았다.[22]

3. 첸리췬의 마오쩌둥 연구

내가 처음 첸리췬을 만난 것은 1993년 가을 '한국 중국현대문학학회'가 주최한 '루쉰(魯迅) 국제학술대회'에서였다. 당시 처음 방한한 대륙 학자들

---

[22]_ 이 부분은 임춘성, 「포스트사회주의 시야로 다시 읽는 '대동'의 유토피아」, 79-83쪽을 수정 요약했다.

은 나름 좌파를 자처하던 한국의 소장 학자들과 진지하게 이야기를 주고받았다. 당시 첸리췬이 중국으로 돌아가면서 했던 말은 "마오쩌둥을 다시 읽어야겠다."였다. 그리고 20년이 되는 해 그는 마오쩌둥과 함께 한국에 다시 왔다. 2012년은 중국 분야 출판계에서 '첸리췬의 해'로 기록될 만하다. 3월에 『망각을 거부하라: 1957년학 연구 기록』이, 4월에 『내 정신의 자서전』이, 9월에는 『毛澤東 시대와 포스트 毛澤東 시대 1949-2009 (상하)』가 각각 출간되었다. 1939년생인 그는 42세에 석사학위를 받은 늦깎이 학자로, 문혁 시기를 포함한 18년간의 하방과 유랑의 경험을 통해 중국 사회에 대한 비판적이고 실천적인 관점을 형성했다. 그는 20세기 중국 지식인의 정신사라는 맥락에서 루쉰, 저우쭤런(周作人), 차오위(曹禺) 등의 작가를 연구했다. 베이징대학 중문학부에서 퇴직한 이후 중고등학교 문학교육에 열성을 쏟는 한편 국가 권력에 의해 억압되었던 1950년대 우파와 1960년대 문혁의 복원에 주력하고 있다. 특히 민간의 이단사상 발굴에 초점을 맞추고 있다. 루쉰 전문가에서 마오쩌둥 전문가로 변신한 그에게서 우리는 사상을 중시하는 중국 인문학자들의 전통을 읽을 수 있다. 그는 작가 루쉰을 연구할 때도 '선구자의 정신을 찾아서'라는 주제로 루쉰의 산문시집 『들풀』을 집중적으로 연구했고, 혁명가/정치가 마오쩌둥을 연구할 때도 20세기 중국 대륙에 커다란 영향을 준 마오쩌둥 사상과 마오쩌둥 문화에 초점을 맞추었던 것이다.

첸리췬은 마오쩌둥 사상과 마오쩌둥 문화를 20세기 중국의 특징으로 꼽는다. 그가 볼 때 마오쩌둥은 다음과 같은 기본 특징을 가지고 있다. 첫째, 맑스주의자로서 세계를 해석하는 사상가에 그치지 않고, 동시에 세계를 개조하는 행동가이다. 사상이 추구하는 것은 철저와 비타협, 하지만 실천은 타협을 해야 한다. 사상이 추구하는 것은 초월적인 것, 하지만 실천은 현실을 중시한다. 그러므로 "사상의 실현은 곧 사상 자신과 사상가의 훼멸(毁滅)이다." 둘째, 시인. 이론 형태의 낭만주의가 실천 층위의 전제주의로 전환했다. 셋째, 국가의 최고 통치자. 넷째, 권위주의적 국가의 지도자. 다섯째, 마오쩌둥은 사상을 개조하고자 한다. 마오쩌둥은 스스로를 호걸이자 성인으로 자리매김하고자 했다. 여섯째, 그가 통치하고 개조하고자 한 대상이 세계에서 가장 인구가 많은 나라인 중국이라는 점이며, 그 영향이 크고 깊어 가벼이 볼 수 없다. 마오쩌둥 사상은 반세기 동안 지구 인구의 3분의 1을 차지하는 중국인의 생존방식, 기본 사상, 행위 방식을 지배했다. 마오쩌둥은 아주 목적의식적으로 그 자신의 사상을 이용하여 중국과 세계의 현실, 그리고 중국인의 영혼세계를 개조하고자 했고, 또한 그의 사유 모델에 따라 중앙에서 지방의 기층에 이르는 사회생활의 조직구조를 만들고자 했다. 이는 사상적 존재일 뿐만 아니라, 더욱이 물질적이고 조직적인 존재이다.[23]

챈리췬에 따르면 마오쩌둥 사상은 "근본적으로 대륙 중국인의 사유 방식, 정감 방식, 행위 방식, 언어 방식을 전면적으로 바꾸었으며, 나아가 민족정신, 성격, 기질에도 아주 깊은 각인을 남겼습니다." "이리하여 하나의 시대적 문화 및 정신을 형성했고, 우리는 사실 그대로 이를 '毛澤東 문화'라고 부를 수 있을 뿐입니다. 다시 말해, 중국 전통의 유·도·묵·법 등 외에 중국 대륙은 마오 문화를 하나 더 가지고 있는 것입니다. …마오 문화는 확실히 중국 전통문화 밖의 하나의 새로운 문화입니다. 이러한 마오 문화는 오랫동안 조직적이고 계획적이며 지도적인 주입을 통해 중국 대륙에서 이미 민족 집단의 무의식, 곧 새로운 국민성을 형성했습니다."[24] 그러므로 챈리췬은 자신을 "마오 시대가 만들어냈고 마오 문화가 혈육과 영혼 속에 스며들어, 아무리 발버둥치고 자성하고 비판해도 여전히 구제불능인 이상주의자, 낭만주의자, 유토피아주의자"인 동시에 "마오 시대의 목적의

23_ 이상 錢理群, 『毛澤東 시대와 포스트 毛澤東 시대 1949-2009 (상)』, 연광석 옮김, 한울아카데미, 2012, 23-26에서 발췌 인용.
24_ 같은 책, 26.

식적인 모반자"25라고 자평한다. 이와 같이 그는 마오쩌둥 문화를 "저주하면서도 축복하고, 결별하면서도 그리움을 두며, 복수하면서도 사랑하는"26 그런 양가적인 관계를 가지고 있다. 그러나 중요한 것은 "어떻게 마오로부터 빠져나올 것인가?"이다. 이는 첸리췬 개인만의 문제는 아니다. 마오쩌둥 사상은 이미 마오쩌둥 개인의 것이 아니고 마오쩌둥 문화는 전통 중국 밖에 존재하는, 그것과 확연히 구별되는 새로운 문화로, 이는 중국 대륙의 새로운 국민성을 형성케 했기 때문이다. 1980년대 중국의 지식계는 그 과제를 인식하지 못했고 그렇기 때문에 그것을 해결하지 못했다. (한국의) 비판적 지식인들은 첸리췬의 이런 평가를 현실로 받아들일 필요가 있다.

첸리췬의 연구에서 또 하나 중요한 성과는 마오쩌둥 체제의 문제다. 그가 볼 때 "공화국의 역사에서 1957년의 반우파운동이 히나의 관건이며, 그것이 건립한 '1957년 체제'와 그 후의 대약진, 인민공사운동, 4청, 그리고 문혁의 출현이 밀접한 관계를 맺고 있다." 첸리췬이 볼 때 공화국 건설 후 9년째 되는 1957년의 반우파운동 이후 수립된 '57년체제'가 마오쩌둥 체제의 근간을 이루며 그것은 개혁개방 이후에도 지속되었다. 그는 마오쩌둥과 덩샤오핑을 연속체로 본다. 특히 부국강병과 개인 독재라는 측면에서 그러하다. 그러므로 덩샤오핑 체제를 지칭하는 '6.4체제'는 "1989년의 '6.4대학살'"이라는 "역사적 전환점" 이후 형성되었는데, "'6.4' 이후에 진일보하게 강화되고 발전한 일당전제체제가 마오 시대의 '1957년 체제'의 연속임과 동시에 새로운 덩 시대의 특징을 가지며, 이러한 '6.4체제'는 '6.4' 이후의 중국 사회구조의 거대한 변동과 밀접하게 연계"되어 있다는 것이다. "'6.4 대학살이 중국 정치에 가져온 직접적 영향은 정치체제 개혁의 전면적 후퇴, 민간저항 역량에 대한 전면적 타격, 그리고 당 권력의 전면적 확장 등"27이다.

25_ 같은 책, 21.
26_ 같은 책, 22.

"현재 중국의 집정자들과 모반자들이 어떤 관념에 있어서 사유방식, 행위방식, 정감방식, 언어방식 상 마오와 매우 놀라운 유사성을 가지고 있다는 것이고, 우리는 심지어 일부 이의분자, 모반 지도자에게서 '작은 마오'를 발견하기도" 한다는 점에서 마오쩌둥 사상문화의 영향력은 편재(遍在)하고 있다. "그 안에는 긍정적 요소들도 있지만, 부정적인 것이 다수를 차지"하는데, 그것은 "마오가 지난 세기 연속적으로 추진했던 '후계자 양성', '수정주의 반대 및 예방, 화평연변 반대' 교육, 그리고 그 후의 홍위병운동, 지식청년 상산하향운동의 깊은 영향은 절대 가볍게 볼 수 없"[28]기 때문이다. 이렇게 본 마오쩌둥 문화는 공산당의 집단적 지혜의 산물인 동시에, 지식인이 동참해 대중과 관계를 맺으며 형성된 것이기도 하다. 첸리췬은 특히 '마오쩌둥 사상과 민간이단사상의 관계'에 초점을 맞추고 있다. 장시간에 걸친 연구를 통해 그는 "민간이단은 기본적으로 마오에 의해 각성"되었고 "최후에 이러한 민간사상가는 모두 그의 반대자"[29]가 되었다는 사실을 깨닫게 된다.

첸리췬이 관심을 가져온 민간이단사상은 크게 학원운동과 민간사상으로 나눌 수 있다. 전자에는 1956-1958년 중국 학원에서의 사회주의 민주운동, 1960년대 초반 중국 학원의 지하 신사조, 1998년 전후의 베이징대학 개교 100주년 민간 기념 등이 있고, 후자로는 문혁 후기의 민간 사조, 1989년 천안문 민주운동, 1998년 '베이징의 봄', 21세기의 권리방어운동과 온라인 감독 그리고 비정부조직 등 3대 민간운동의 흥기 등을 들 수 있다.

이처럼 첸리췬은 민간이단사상에 초점을 맞춰 기존의 당 일변도의 역사해석에 균열을 내고, 마오쩌둥 체제와는 다른 것으로 인식되었던 덩샤오핑 체제를 마오쩌둥 체제의 축소된 연속체로 파악함으로써 공화국 60여년 역사의 흐름을 일목요연하게 보여주었다.

27_ 錢理群, 『毛澤東 시대와 포스트 毛澤東 시대 1949-2009 (하)』, 365.
28_ 같은 책, 27.
29_ 같은 책, 29.

4. 문제적인 왕후이를 문제화하기

왕후이는 현재 서양에 가장 많이 소개된 중국학자이다. 문학연구로 시작해 철학과 사상 그리고 사회과학을 넘나들고, 중국에 국한되지 않고 아시아를 사유하며 소수자에도 관심을 기울여 티베트와 오키나와에도 관심을 기울이고 있는 인문사회과학자다. 그의 탁월함은 '키워드를 통한 아젠다의 제시'에서 두드러진다. 루쉰을 연구할 때도 '절망에 반항', '역사적 중간물' 등으로 루쉰의 정신과 그 역할을 요약했고, 그 이후에도 '반현대성적 현대화 이데올로기'와 '현대성적 현대화 이데올로기'라는 용어로 마오쩌둥의 '중국적 사회주의'/혁명적 사회주의와 덩샤오핑의 '중국 특색의 사회주의'/개혁개방 사회주의를 변별했으며, '탈정치화된 정치화'는 단기 20세기의 혁명 실험이 실패—중국의 경우 1989년 톈안먼 사건—로 끝난 이후 탈혁명화 상황을 요약한 것이고, '트랜스시스템 사회'는 포스트사회주의 시대에 민족주의와 국민국가를 초월하는 동시에 신자유주의적 글로벌리즘에 제한을 가하는 방안으로 제시한 것이다. 이처럼 그는 키워드를 통해 중국 지식계의 아젠다를 제시하곤 했다. 그는 1994년 한국에서 먼저 발표한 글 「중국 사회주의와 근대성 문제」를 통해 자유파와 신좌파 간 논쟁의 불을 지피고 신좌파의 명망을 한 몸에 얻었지만, 정작 자신은 신좌파라는 명명보다는 비판적 지식인을 자처한다. 그는 이른바 '신좌파' 중에서는 서유럽의 '뉴 레프트'에 가까워 보이지만, '세련된 중화주의자'라는 혐의에서도 자유롭지 못하다.

1996년부터 시작한 『두수(讀書)』 주편 경력은 그의 진보성을 드러내는 동시에 체제와의 타협이라는 측면도 드러낸다. 아울러 『두수』와 리카싱(李嘉誠)의 커넥션도 눈여겨 볼 지점이다. 싼롄(三聯)서점 홍콩지사 전 대표였던 모 인사는 몇 년 전부터 리카싱의 지원을 받아 리카싱의 부인과 함께 <중국문화논단>을 만들었다. 그 인사는 퇴직한 후에도 싼롄서점에 막강한 영향력을 발휘했던 출판인이다. 리카싱의 해외자본과 중선부 산하의 쌴롄 그리고 거기서 발행하는『두수』의 커넥션이 어제오늘의 일은 아닌 것이다. 왕후이 등이 주관한『두수』의 역할을 폄하할 필요는 없지만 다소 과대평가된 것도 사실이다. 말하자면 신화화된 측면이 없지 않은 것이다. 이는 당국과 유연하게 '협상과 타협'을 하고 있는 이른바 '6세대' 독립영화 제작자들[30]이 누리는 혜택과 유사하다. 그러므로 왕후이가『두수』주편을 그만둔 것을 중국 당국의 탄압이라 여기고 그에 대해 항의해야 한다고 했 던 일부 국내 학자들의 반응은 난센스였다 하겠다. 왜냐하면 애초 주편 임명도 당국에 의해 이뤄졌기 때문이다. 그리고 2010년 표절 사건이 있었 다. 이후 2012년에는 밀실정치와 신자유주의의 권토중래라는 각도에서 충 칭사건을 재평가하는 글[31]을 다시 한국에서 먼저 발표함으로써 충칭사건 을 국제적 이슈로 만들었다.

국내에서도 왕후이는 주목의 대상으로, 그와 관련된 글이 꾸준히 발표 되고 있다. 이 가운데 왕후이에 대해 호의를 가지고 바라보던 논자가 「중 국굴기의 경험과 도전」[32]에 대한 토론문[33]에서 "너무 빨리 반환점을 돌았 다", '중국 경험의 이례성'을 주장했다고 비판한 바 있다. 그러나 왕후이의 제자들과 옹호자들은 그가 변한 것이 없다고 말한다. 다시 말해 그는 좌우

30_ "천안문 사건 이후 새로운 도시영화, 특히 독립영화 제작자들은 선배 세대와는 달리 권력 기구와 상업 조류 그리고 국제 예술영화 시장과 '양가적이고 공생적인 관계를 가지고 있다. 이들은 더 이상 국가 제도 및 자본과 일방적으로 각을 세우거나 무력하게 그 속으로 들어가 지 않는 유연함을 가지고 있다. 이들은 도시 리얼리즘과 다큐멘터리 기법 그리고 디지털 비디오, '비-전문적 배우' 및 '전문적인 비-배우'의 활용 등을 통해 유토피아를 추구했던 천안문 사건의 폐허 위에서 새로운 현실과 기층 인민들을 카메라에 담고자 한다"(임춘성, 「포스트사회주의 중국의 도시화와 도시영화의 정체성」, 『중국현대문학』 제64호, 2013, 78-79).
31_ 왕후이, 「충칭 사건—밀실정치와 신자유주의의 권토중래」, 성근제 옮김, 『역사비평』 99호, 2012년 여름.
32_ 왕후이, 「중국굴기의 경험과 도전」, 『황해문화』 71호, 2011년 여름.
33_ 백승욱, 「중국 지식인은 '중국굴기'를 어떻게 말하는가—왕후이의 「중국굴기의 경험과 도 전」에 부쳐」, 『황해문화』 72호, 2011년 가을.

의 잣대로 나눌 수 없는 사상가라는 것이다. 왕후이는 문제적이다. 그러므로 왕후이를 제대로 문제화하는 것이 필요하다. 왕후이를 제대로 문제화하기 위해서는 그의 주저인 『현대 중국 사상의 흥기(現代中國思想的興起)』(총 4권, 1683)를 어떻게 볼 것인가가 중요하다. 마침 국내에서 번역중이라 하니 기대해봄 직하다. 아울러 왕후이가 기대고 있는 폴라니의 세계체계론 등에 대한 논의도 필요하다. 물론 그의 이론적 입론이 폴라니의 케인스주의적 관점과 아리기의 스미스주의적 관점에 근거하고 있다는 점은 그를 '신좌파'로 분류했던 것 자체가 '신화적'이었음을 말해주고 있다.

5. 쑨거의 동아시아담론

'비판적 동아시아담론'이란 인문학/문화 범주에서 동아시아 지역(region) 각 국가 사이의 소통을 중시하는 담론을 가리킨다. 중국발 동아시아담론으로, 일본과 중국의 근현대 사상사의 심층을 가로지르는 쑨거(孫歌)의 논의가 있고, 일본의 최근 논의로 고모리 요이치(小森陽一)와 마루카와 데쓰시(丸川哲史)의 자기 비판적 담론이 있다. 한편 한국발 동아시아론의 진원지에는 '창작과비평' 진영의 최원식(崔元植)과 백영서(白永瑞)의 논의가 있다.[34] 그러나 이들 간의 소통은 그다지 활발한 편은 아니다. 중국과 일본의 자료들은 종종 한국에 소개되고 있지만, 그 역방향, 즉 한국 자료가 중국 또는 일본에 소개되는 경우는 매우 드물다.[35] 이 절에서 집중 조명하는 쑨거의 경우 그 주요 자료가 대부분 한국에 소개되어 있지만, 한국 동아시아

34_ 이밖에도 『중국현대문학』과 『문화/과학』에 게재된 글, 성공회대 동아시아연구소의 성과, 그리고 일본과 중국의 논의들이 있다.

35_ 崔元植, 『東アジア文學空間の創造』, 靑柳優子 譯, 東京: 岩波書店, 2008; 白永瑞, 『思想東亞: 韓半島視覺的歷史與實踐』, 臺北: 臺灣社會硏究雜誌社, 2009. 그 외에 林春城·王光東編, 『新世紀韓國的中國現當代文學硏究』, 復旦大學出版社, 2013에도 동아시아 관련 글이 게재되어 있다.

담론의 대표 논자인 최원식의 경우 중국어권에는 거의 소개되어 있지 않다. 게다가 두 사람의 글에는 상호 참조가 거의 없지만, 불모이합(不謀而合)으로 공감대에 도달하고 있는 부분이 있다. 여기에서는 최원식을 참조체계로 삼아 쑨거의 동아시아담론을 고찰하고자 한다.

동아시아담론의 가장 커다란 장애로는, 역사인식의 차이와 연계된 것이자 그 근원이라 할 수 있는 내셔널리즘(nationalism)과 '패도적 대국주의'를 들 수 있다. 앤더슨(Benedict Anderson)의 '상상의 공동체' 이후 내셔널리즘이 많은 비판을 받았고 최근에는 탈민족주의에 대한 비판도 무성하다. 내셔널리즘과 민주주의의 균형이라는 관점[36]이 필요하고, 네이션(nation)은 상상의 공동체가 아니라 '공동체의 상상'[37]이라는 지적도 새겨들을 필요가 있다. 다케우치 요시미(竹內好) 또한 아시아를 내셔널리즘을 사유하는 중요한 시각[38]으로 삼았다.

쑨거는 동아시아의 진정한 상황이란, 복잡한 패권관계가 '내부'와 '외부'가 상호작용하는 과정을 통해서 아시아 내부의 패권관계와 동양에 대한 서유럽(특히 미국)의 패권관계가 서로 긴밀하게 얽어매는 상황[39]이라 지적한 바 있다. 쑨거는 또한 기존의 동아시아 시각에는 냉전의 형성과 해체가 동아시아에 가져다준 국제적 변동이라는 역사적 시야가 빠져 있다고 본다. 그 대표적인 예가 북한 핵문제에 대한 태도이다. 그가 볼 때 동아시아담론의 하나로 간주되어야 할 북한의 핵문제가 단지 일회적인 국제정치문제로 다루어질 뿐, 동아시아라는 틀과 연계되어 인식되고 있지 않다는 것이다.[40] 그러므로 그녀는 한중일 공히 '냉전구조 속의 동아시아 시각'을 가질 것을

36_ 최원식, 『제국 이후의 동아시아』, 창비, 2009, 34.
37_ 마누엘 카스텔, 『정체성 권력』, 정병순 옮김, 한울아카데미, 2008, 54.
38_ 쑨꺼, 『아시아라는 사유공간』, 류준필·김월회·최정옥 옮김, 창비, 2003, 85.
39_ 같은 책, 16.
40_ 쑨꺼, 「동아시아 시각의 인식론적 의의」, 김월회 옮김, 『아세아연구』 제52권 1호, 2009, 42.

주장한다. 냉전구조가 사실상 해체된 상황에서조차 냉전 이데올로기는 여전히 상대적으로 독립된 채로 불변의 형태를 유지하고 있으며 갈수록 단순화되고 경직되고 있다는 이유 때문이다.

일본의 탈아입구(脫亞入歐)는 이미 모두가 잘 아는 사실이지만, 해방 이후의 한국과 개혁개방 이후의 중국도 급속한 탈아 경향을 보이고 있다. 탈아는 이전에 서유럽에 경도되었지만 2차 대전 이후에는 미국화(americanization)로 집중되고 있다. 한국사회에서 미국화란 "20세기 초반 미국의 다양한 제도와 가치가 새로운 자본주의 질서 재편성과 (정보) 커뮤니케이션 혁명을 토대로 세계 각 지역에 다양한 방식으로 펼쳐지고, 그 결과 수용 지역에서 자발적이거나 강요에 의해 그러한 것을 베끼고 따라잡는 현상과 과정"[41]으로 정의할 수 있는데, 한국은 어떤 점에서는 미국보다 더 미국적인 모습을 보여주고 있다.

중국의 탈아 경향에 대해 쑨거는 이렇게 평한다. "실제로 최근의 가장 비판적인 지식인들은 서구는 시야에 두고 있지만, 아시아 특히 가까운 동아시아는 진정한 의미에서 시야에 담고 있지 않다."[42] 개혁개방 이후 현대화의 길을 선택한 중국도 미국화의 길에 본격적으로 접어들었다. 일본이 과거부터 탈아입구했다면 중국은 지금 탈아입구(脫亞入'球')하고 있다. 한중일 3국에서 미국은 '부재하는 현존'으로 깊숙하게 내재화 되어 있다.

한중 양국의 미국화 경향으로 인해 양국의 상호 관심은 한미, 중미 관계에 비해 상대적으로 박약하다. 또 한 가지 지적할 것은 날로 증가하는 경제교류에 반해 현재 한중 문화교류는 심각한 불균형 상태를 노정하고 있다. 한류 현상으로 인해 한국→중국의 흐름이 주된 것처럼 보이지만 그것은 대중문화에 국한된 일시적 현상일 뿐이다. 한류 이외의 분야, 교육과 번역

41_ 김덕호·원용진 엮음, 『아메리카나이제이션—해방 이후 한국에서의 미국화』, 푸른역사, 2008, 17.

42_ 쑨거, 『다케우치 요시미라는 물음』, 윤여일 옮김, 그린비, 2007, 18.

그리고 관련 서적의 출판 수량에서 중국→한국의 흐름이 압도적이다.[43]

동아시아인들의 '우리 의식(we-ness)' 조직은 '동아시아인의 동아시아'를 발견하고 상상하는 일이기도 하다. 이를 위한 여러 가지 방법 가운데 공유 가능한 사상자원의 발굴이 필요하다. 이 지점에서 쑨거의 언급은 의미심장하다. "한 시대 앞서 다케우치 요시미는 중국과 루쉰을 가장 풍성한 사상의 자원으로 바꿔놓았다. 나는 역의 방향에서 다케우치 요시미를 아시아의 사상자원으로 삼고 싶다."[44] 일본의 다케우치 요시미가 루쉰을 발굴해 일본에 소개하고 중국의 쑨거가 다케우치 요시미를 중국에서 재해석함으로써 중국과 일본의 지식계는 한결 공감대가 형성되고 소통이 되고 있는 느낌이다. 여기에서 중요한 것은 각국에 산재한 수많은 사상자원들이 국민국가의 경계를 가로질러 동아시아의 양국 이상의 지역에서 공유될 수 있어야 한다는 점이다. 안중근의 동양평화론, 한용운의 우주적 혁명론 등도 동아시아인의 훌륭한 사상자원이 될 수 있을 것이다. 그러나 이들이 한국인들에게만 전유되어서는 곤란하다. 중국과 일본의 비판적 지식인들과 공감대를 형성하지 못할 때 그것은 자국중심주의의 증거가 될 뿐이다.

'부정의 부정'을 지향하는 문화횡단(transculturation). 이는 자문화와 타문화의 횡단을 통해 새로운 주체를 형성할 수 있다는 전망을 전제하는데, 그 경로는 우선 타문화에 심층 진입한 체험을 통해 자문화를 되먹이는 과정을 필요로 한다. 쑨거는 일본을 가져다 중국을 고찰하는데, 이는 그녀가 스스로 영향을 자인하는 다케우치 요시미의 방법이었다. 다케우치 요시미는 아시아—주로 중국—를 가져다 종전 후의 일본을 고찰했다. 다케우치 요시미를 본떠 쑨거에게 일본 공부는 량치차오(梁啓超) 등의 '길 찾기'—"'일본'에서 길을 취하여 '중국'으로 되돌아오리라"—라는 기나긴 여로와

43_ 임춘성, 「한중 문화의 소통과 횡단에 관한 일 고찰—중국의 한국문학 번역·출판의 예」, 『외국문학』 33호, 2009.

44_ 쑨거, 『다케우치 요시미라는 물음』, 22.

유사했다. 그리고 그렇게 한 번은 '가고' 한 번은 '돌아오는' 과정에서, 의심할 나위 없이 확고했던 '중국'과 '일본'에 대한 감수(感受) 방식이 변하기 시작했다.[45] 그녀는 근현대 일본사상사를 고찰하면서 만난 "다케우치 요시미를 따라 일본의 근대로 들어갈 수 있었으며, 그로부터 루쉰에 들어갈 수 있는 새로운 시각이 계발되어 다시 중국의 근대로 들어갈 수 있었다."[46] '부정의 부정'을 연상케 하는 이 여정은 동아시아에 관심을 가지는 지식인들이 반드시 거쳐야 할 여정인 것이다. 쑨거는 우연한 계기들에 의해 이 과정을 충실하게 거쳤고 이 과정을 통해 그녀는 '(동)아시아의 원리성'과 '역사 진입'에 관심을 가질 수 있었다. 단순하게 몸만 가고 오는 것이 아니라 부정의 부정 과정을 통해 자국 이외의 문화 가치를 습득하고 그것을 자국화(domestication)시키는 과정이 요구된다. 이와 비슷한 맥락에서 최원식은 '동아시아인의 공감각'을 제창했다. 그는 "충돌에 잠재된 친교에 대한 갈증과 신민족주의의 균열을 자상히 독해하면서도 우리 안에 억압된 아시아를 일깨움으로써, 한국인이면서, 일본인이면서, 중국인이면서도 동시에 **동아시아인이라는 공감각(共感覺)**을 어떻게 계발하는가, 이것이 문제다."[47] (강조-원문)라고 서술한다.

주변의 관점은 우리에게 철저한 통찰력을 제공한다. 쑨거는 오키나와를 통해 일본의 징후를 관찰하고 그것을 일본 국내 문제로 국한시킬 것이 아니라 중일 관계 나아가 동아시아의 문제로 볼 것을 경고하고 있다. 오키나와 전투에서의 집단자결을 '옥쇄'로 몰고 가는 황민화 기술을 반대하는 오키나와인들은 "일본 내부에서 항쟁하여 싸운다기보다는 일본의 전쟁 책임을 추궁하는 동아시아 권역(region)의 유기적인 한 부분이 되었다."[48]

45_ 쑨거, 『아시아라는 사유공간』, 35.
46_ 같은 책, 51.
47_ 최원식, 앞의 책, 43.
48_ 쑨거, 「일본을 관찰하는 시각」, 『문화/과학』 56호, 2008년 겨울, 431; 원문: 쑨거, 「觀察日本的視覺」, 『臺灣社會研究季刊』 第69期, 2008.

동아시아의 지정학은 유난히 복잡하므로 복잡한 지정학적 현실에 대한 인식이 필수적이다. 하나이면서 둘이고 둘이면서 하나인 한반도(또는 조선반도)의 한국과 조선,[49] 동아시아에 위치하면서도 부재하는 일본,[50] 그와 반대로 동아시아에 부재하면서도 현존하는 미국과 러시아, 그리고 동아시아에 속하면서도 그 경계를 넘어서는 중국.[51] 쑨거는 "중국이 동아시아·남아시아·서아시아 및 매우 드물게 언급되는 단위이기는 하지만 '북아시아'와 모두 접하고 있다 보니 동아시아라는 틀에 몰입하기 어렵다"[52]고 진단하고 있고, 최원식도 "중국은 동아시아의 범위를 넘어서면서도 동아시아의 일원이기도 한 양면성을 가졌다"[53]고 본다. 이렇게 복잡한 지정학적 요인은 동아시아를 하나의 단위로 범주화하기 어렵게 만든다. 지정학적 실체에 얽매여서는 안 되지만 그것을 무시할 수도 없다. 이를테면 최근의 북한[54] 핵문제와

49_ 여기서 '조선'이란 호칭은 이른바 '북한'을 가리킨다. 북한은 남한과 대비되는 호칭이고 조선은 한국과 대비되는 호칭이다.

50_ 쑨거가 근현대 일본사상사를 고찰한 내용 가운데 동아시아론과 관련된 핵심어는 '탈아와 흥아의 이중변주'라 할 수 있다. 후쿠자와 유키지(福澤諭吉)와 오카쿠라 덴신(岡倉天心)의 아시아관을 대표하는 탈아와 흥아는 그 당시의 내재적 긴장상태에 대한 두 가지 대응방식으로 은연중에 후대의 일본 지식인들의 사고방향을 규정했다. 그러나 이들의 아시아관은 커다란 맹점을 가지고 있었다. 그 출발점에서부터 아시아문제는 기본적으로 하나의 기호로 설정되어 실제로 존재하는 지역과 분리될 수 있는 가능성이 있었다. 그와 동시에 아시아와 상대되는 자리의 서양 또한 모호하면서도 추상적인 배경으로 방치되어 버렸고 그때부터 아시아문제에 대한 논의가 극도로 추상화되고 이데올로기화되었다. 쑨거, 『아시아라는 사유공간』, 81-82.

51_ "중국 대륙의 입장에서는 동쪽의 한국, 일본과 함께 '동북아시아', 남쪽의 태국, 미얀마, 말레이시아, 싱가포르, 인도네시아 등 동남아시아국가연합(ASEAN)에 속한 국가들과 함께 '동남아시아', 북쪽의 우즈베키스탄, 타지키스탄 등과 함께 '중앙아시아', 서쪽의 인도·네팔 등과 함께 '남아시아'라는 권역을 구성할 수 있기 때문에 어느 한 권역에 얽매이고 싶지 않을 것이다"(홍석준·임춘성, 『동아시아 문화와 문화적 정체성』, 한울아카데미, 2009, 5).

52_ 쑨거, 「동아시아 시각의 인식론적 의의」, 13-14.

53_ 최원식, 앞의 책, 50.

54_ 일본의 원로학자 사카모토 요시까즈는, 동아시아를 보는 관점으로 휴머니즘(humanism)과 센서빌리티(sensibility)를 제시하면서 "북한(朝鮮) 문제를 중심에 두고 도대체 이를 어떻게 해결함으로써 21세기의 동아시아를 만들 것인가라는 과제"를 제시하고 있다(사카모토 요시까즈, 「왜 지금 동아시아인의 정체성인가?」, 『동아시아의 재발견』, 서남포럼자료집, 2009. 9. 18, 35). 참고로 사카모토의 이 글은 『창작과비평』 146호, 2009년 겨울에 「21세기

이를 해결하기 위해 구성된 6자회담은 동아시아의 현실을 전형적으로 보여주고 있다.

6. 베이징의 문화연구

중국의 문화연구는 홍콩과 타이완에 비해 10년 이상 늦게 1990년대 중엽 산발적으로 수용되기 시작했고 21세기 들어 베이징과 상하이 지역의 대학을 중심으로 관련 강좌가 개설되고 관련 서적이 번역되면서 '문화연구 붐'이 형성되었다.[55] 베이징의 비판적 문화연구는 다이진화와 리퉈, 상하이의 그것은 왕샤오밍이 대표한다. 중국에 수용된 문화연구는 미국식 문화연구와 비판적 문화연구 두 가지 흐름이 있는데, 전자가 중국의 미래를 미국적 모델로 설정하고 미국식 문화연구를 중국 사회 분석의 잣대로 삼았다면, 후자는 중국 현실을 비관적으로 바라보면서 버밍햄학파의 '비판적 사회연구'를 계승해 중국 현실을 비판적으로 분석하고자 했다. 이 글에서 관심을 가지는 '비판적 문화연구'는 앞에서 고찰한 리쩌허우, 첸리췬, 왕후이 등의 사상 흐름과 맥을 같이 하면서 21세기 들어 비판적이고 개입적인 상하이 문화연구 그룹을 형성하게 된다.

리퉈는 1999년 <대중문화비평총서>를 주편함으로써 '비판적 문화연구'의 길을 열었다. 그는 총서 서문에서, 대중문화의 흥기를, 두 번의 세계대전, 사회주의와 자본주의의 대치, 구식민주의 체계의 와해와 신식민주의의 형성, 우주공간 개척, 인터넷시대의 도래 등에 못지않은 '20세기의 대사건'이라 명명하고 있다.[56] 그럼에도 불구하고 중국에서는 지식인의 엘리트화와

에 '동아시아 공동체'가 갖는 의미」라는 제목으로 번역 게재되었다.

55_ 王曉明,「文化硏究的三道難題: 以上海大學文化硏究系爲例」,『上海大學學報(社會科學版)』, 2010年第1期;『近視與遠望』, 復旦大學出版社, 2012, 264에서 재인용.

56_ 李陀,「序」, 戴錦華,『隱形書寫: 九十年代中國文化硏究』, 江蘇人民出版社, 1999, 1.

지식의 경전화로 인해 대중문화를 경시하는 풍조가 만연되어 있음을 지적했다. 그는 아울러 서양이론 학습의 중요성을 강조한다. 대중문화를 연구하는 문화연구(cultural studies)는 서양에서 발원했고 상당한 축적이 있기 때문에 그것을 배우고 모방하는 것은 불가피하지만, 진지한 분석과 비판을 거쳐 '중국 상황에 맞는 문화연구 이론과 방법을 건립'[57]할 것을 촉구하고 있다.

'대중문화비평총서'는 모두 10권으로 구성되어 있다. 진융(金庸)의 무협소설 연구,[58] '숨겨진 글쓰기'와 '문화영웅 글쓰기'라는 키워드로 1990년대와 세기말의 문화연구,[59] 1990년대 새로운 계층의 등장을 통해 나타난 새로운 이데올로기 분석,[60] 상하이에서 부활한 노스탤지어 풍조에 편승한 상하이 올드 바에 대한 현지조사를 통한 소비와 상상의 분석,[61] 전자 매체를 통한 글쓰기 방식의 변화,[62] 현대 생활방식으로서의 레저,[63] 중국의 청년문화,[64] 중국 당대 문학 생산기제의 시장화 전환이라는 주제의식으로 문학장 연구,[65] 최근 중국 일상생활의 소비주의 분석[66] 등 그 연구 주제들이 이전과는 확연히 다른 면모를 드러내고 있다. 리튀의 대중문화 연구 창도(唱導)와 <대중문화비평총서> 주편은 중국의 비판적 문화연구의 초석을 다진 작업이라 할 수 있기에 이들 연구 성과와 후속 작업을 추적해 연구를 진행할 필요가 있다. 이는 별도의 과제다.

베이징대학 중문학부에 재직하면서 1995년 비교문학과 비교문화연구소에 '문화연구 워크숍'을 조직해 '문화연구'를 수행해온 다이진화가 자주

57_ 같은 책, 8.
58_ 宋偉杰, 『從娛樂行爲到烏托邦衝動: 金庸小說再解讀』, 江蘇人民出版社, 1999.
59_ 戴錦華, 『隱形書寫: 九十年代中國文化研究』, 江蘇人民出版社, 1999; 戴錦華主編, 『書寫文化英雄: 世紀之交的文化研究』, 江蘇人民出版社, 2000.
60_ 王曉明主編, 『在新意識形態的籠罩之下: 90年代的文化和文化分析』, 江蘇人民出版社, 2000.
61_ 包亞明外, 『上海酒吧: 空間, 消費與想像』, 江蘇人民出版社, 2001.
62_ 南帆, 『雙重視域』, 江蘇人民出版社, 2001.
63_ 胡大平, 『崇古的曖昧: 作爲現代生活方式的休閑』, 江蘇人民出版社, 2002.
64_ 陳映芳, 『在角色與非角色之間: 中國的青年文化』, 江蘇人民出版社, 2002.
65_ 邵燕君, 『傾斜的文學場: 當代文學生産機制的市場化轉型』, 江蘇人民出版社, 2003.
66_ 陳昕, 『救贖與消費』, 江蘇人民出版社, 2003.

쓰는 표현 중의 하나는 '탈주하다 그물에 걸림'이다. 시시포스를 연상시키는 이 말은 '곤경으로부터 탈출했지만 더 큰 그물에 걸린 격'인 중국의 사회·문화적 콘텍스트를 비유하고 있다. 1980년대의 '큰 그물'이 문학으로부터 탈출했지만 문혁의 '문화심리구조'를 벗어나지 못한 국가권력이라면, 1990년대의 '큰 그물'은 지구적 자본에 포섭된 시장이다. 포스트사회주의 중국은 포스트식민 문화의 현장이기도 한데, '안개 속 풍경'과 '거울의 성'은 그 상징이다. 그녀의 대표작 『무중풍경』[67]은 3부 17장으로 구성되어 있는데, 각 장은 독립된 글이면서 상호 연계를 가지고 있다. 이 책을 읽노라면 '줌업(zoom-up)'하는 카메라가 느껴진다. 1978년 이후 중국의 사회문화적 배경이 '안개 속 풍경'처럼 그려지다가, 중국영화라는 파노라마에서 5세대로 좁혀지고 다시 장이머우(張藝謀)와 천카이거(陳凱歌)에 초점을 맞추다가 마지막에는 화면 가득 장이머우로 채워지는 느낌이 그것이다. 여성해방은 사회주의 중국의 커다란 성과의 하나로 일컬어지지만, 다이진화는 당다이(當代) 중국 영화 속의 여성을 다루는 부분에서, 1949년부터 1979년까지 여성해방 담론의 핵심을 무성화(無性化)로 파악한다. 중국 혁명은 여성이라는 특수성에 기초하여 양성평등을 이뤄낸 것이 아니라 여성성을 버림으로써, 다시 말해 여성을 남성화함으로써 남성과 동등하게 사회적·담론적 권력을 향유케 했다는 것이다. 이 시기에 중국에는 여성은 없고 남성만 존재했던 셈이다. 이는 또 다른 방식의 억압이었다.

다이진화는 '문화영웅'이라는 키워드를 통해 1990년대 중국의 문화 현상을 고찰했다.[68] 저우싱츠(周星馳)의 영화에 대한 대중들의 열광에서 출발한 '우리터우(無厘頭)' 현상은 1990년대 새로운 중국 문화의 구성에 있어서 하

67_ 戴錦華, 『霧中風景: 中國電影文化 1978-1998』, 北京大學出版社, 2006(2版); 다이진화, 『무중풍경—중국영화문화 1978-1998』, 이현복·성옥례 옮김, 산지니, 2007.

68_ 戴錦華, 「緖論」, 戴錦華主編, 『書寫文化英雄: 世紀之交的文化硏究』, 江蘇人民出版社, 2000. 이 글은 『21세기 중국의 문화지도—포스트사회주의 중국의 문화연구』에 「문화영웅 서사와 문화연구」라는 표제로 번역·게재되었다.

나의 징후적인 사건이었다. 대중문화의 발전과 인터넷문화의 유행으로 형성된 '우리터우' 문화는 기존의 권위와 가치를 부정하면서 일반 대중들을 새로운 문화 주체로 등장하게 하였다. 이 과정에서 문화 담론 권력을 소유하고 있던 지식계는 심각한 분열과 갈등을 띠게 되었다. 1990년대 초기 '인문정신 토론'으로 대표되는 일련의 논쟁들은 지식인의 역할과 정체성을 새롭게 고민하는 과정이었는데, 이때 민간, 체제, 미디어는 매우 중요한 요소로서 기능하였다. '민간'은 관방이나 체제에 대립적인 개념으로서 기존의 체제 지식인과는 다른 새로운 사회 집단을 형성하였다. 이러한 체제 바깥의 공간인 민간의 형성과 문화산업의 급속한 발전은 소위 중국의 새로운 '문화영웅'들을 생산하였다. 사실상 대중매체와 문화산업의 합작 혹은 공모를 통해 형성된 '문화 영웅' 서사는 과거의 혁명 영웅 서사를 대체하면서 문화시장에서 대중적 우상의 형태로 소비되었다. 다이진화는 1990년대 중국의 '문화 영웅' 서사를 단순히 중국의 특정성으로 인해 형성된 단편적인 현상으로 이해하기보다는 지구화 시대를 맞이하고 있는 중국의 새로운 문화 구성에서 발생한 하나의 징후적인 현상으로 사고할 것을 제안하고 있다. 이 외에도 다이진화의 연구 성과는 국내에 그녀의 저서 중 4권이 번역[69]되었을 정도로 풍성하다. 그녀의 문화연구는 영화연구와 여성연구에 집중되어 있다. 이를 통해 중국의 비판적 문화연구는 보다 풍부한 내용을 가지게 되었다.

7. 왕샤오밍의 문화연구

상하이 지역의 비판적 문화연구는 '상하이 문화연구 그룹'이 주도하고

69_ 『무중풍경—중국영화문화 1978-1998』 외에, 『성별중국—중국 영화와 젠더 수사학』, 배연희 옮김, 도서출판 여이연, 2009; 『거울 속에 있는 듯: 다이진화가 말하는 중국 문화연구의 현주소—여성·영화·문학』, 김순진, 주재희, 박정원, 임대근 옮김, 그린비, 2009; 『숨겨진 서사—1990년대 중국대중문화 읽기』, 차미경·오경희·신동순 옮김, 숙명여자대학교출판부, 2006.

있다. 이에 대해서는 선행연구[70]를 참고하고 여기에서는 주도자 왕샤오밍에 초점을 맞춰 살피도록 하겠다.

중국의 혁명전통을 문화연구와 결합시키려는 시도는 왕샤오밍 문화연구의 독특한 특색이다. 신민주주의혁명의 결실로 세워진 중화인민공화국의 전기 30년은 폐쇄적인 시공간이었다. 이에 대한 반작용으로 1980년대는 서양 이론을 끌어와 중국의 험난한 사회 변천을 해석하려 했지만, 1980년대 말 1990년대 초 그에 대한 새로운 성찰이 이뤄진다. 왕샤오밍은 '외래의 비판적 수용'이라는 차원에서 문화연구를 방법론으로 삼아 중국의 새로운 사회 현실을 해석하고 중국적 특색을 가진 문화연구를 수립하고자 한다. 혁명전통을 창조적으로 계승하려는 것이다. 이 작업은 우선 1949년 이전의 좌익 사상 자료의 발굴로부터 시작하고 있다. 대학원 강의를 통해 관련 자료를 꼼꼼하게 검토한 후 그 결과물을 『중국현대사상문선』[71]으로 출간했다.

『중국현대사상문선』은 '삼천년간 없었던 변국(變局)', '시세(時勢)', '구세(救世)', '심력(心力)', '중국', '체용(體用)', '정체(政體)', '신민(新民)', '개체', '대동(大同)', '혁명' (1)(2), '사회주의', '혁명철학', '농국(農國)', '사회과학'과 '사회성질', '문화 본위', '국제주의'와 '세계혁명', '영혼의 깊이', '신중국' 등 20장으로 나누어 120편의 문장을 1,062쪽의 편폭에 수록하고, 편마다 해제(題記)를 달았다. 수록된 글의 필자만 해도 궁쯔전(龔自珍)·웨이위안(魏源)·왕타오(王韜)부터 시작해 캉유웨이(康有爲)·탄쓰퉁(譚嗣同)·량치차오(梁啓超)를 거쳐, 쑨중산(孫中山)과 장타이옌(章太炎), 류스페이(柳師培)·리다자오(李大釗)·옌푸(嚴復)·차이어(蔡鍔)·옌시산(閻錫山)·천두슈(陳獨秀)·루쉰(魯迅)·홍슈취안(洪秀全)·왕궈웨이(王國維)·취추바이(瞿秋白)·랴

70_ 임춘성, 「중국의 비판적·개입적 문화연구: 상하이 문화연구 그룹을 중심으로」, 『문화연구』 2권1호, 2013.
71_ 王曉明·周展安編, 『中國現代思想文選』(I·II), 上海書店出版社, 2013.

오중카이(廖仲愷)・장제스(蔣介石)・다이지타오(戴季陶)・마오쩌둥(毛澤東)・펑유란(馮友蘭)・슝스리(熊十力), 량수밍(梁漱溟)・페이샤오퉁(費孝通) 등이 망라되어 있다.

왕샤오밍은 총론 격인 「서(序)」[72]에서 '현대 초기 사상'에 대한 세밀한 검토를 통해 '중국이 어디로 갈 것인가'에 대한 계시를 찾고자 한다. 그는 '현대 초기' 혁명사상의 특징으로, 늘 피억압자와 약자 편에 서고, 정신과 문화의 관점에서 변혁을 구상하며, 새로운 중국과 세계의 창조를 제일 동력으로 삼고, 부단하게 실패를 기점으로 삼으며, 고도로 자각적인 실천 및 전략 의식을 가지고 있음을 들었다. 수많은 중국 학자들이 빠지곤 하는 중국중심주의의 함정을 경계한다면, 중국의 비판적 혁명의 사상자원을 가져와 우리의 사상자원으로 삼을 수 있고, 나아가 동아시아의 공유 자원으로 삼을 수 있을 것이다. 왕샤오밍의 이후 작업은 20편의 논문을 쓰는 것으로 추정할 수 있다. 20개의 핵심어 가운데 '개체/개인'과 '제국'에 관한 글[73]은 이미 완료했으니 이후 작업을 기대해볼 만하다.

그가 제시한 '현대'와 시기 구분은 문제적이다. 그는 기존의 '삼분법(近代-現代-當代)'을 타파하고 '현대'라는 개념으로 1880년대부터 최근까지를 아우르고 있다. '현대'는 왕샤오밍이 독특하게 사용하고 있는 용어로, 이전 단계의 삼분법 시기를 모두 포괄하면서도 그것과 꼭 일치하지는 않는다. 그 기점을 1880년대로 잡은 것은 캉유웨이(康有爲) 등이 주도한 변법자강운동을 중시한 것으로 보이고, '20세기', '현당대' 등을 마다하고 '현대'라는 개념을 제시한 것은 아마도 국제교류의 영향일 것이다. 왕샤오밍은 '현대'를 1880-1890년대에서 1940-50년대에 이르는 약 60년간의 시기, 1940-50

72_ 이 글은 『상하이학과 문화연구: 비판과 개입』에 「문화연구 관점에서 바라본 중국 현대 초기 사상과 혁명」이라는 표제로 번역 수록되었다.

73_ 王曉明, 『橫站 王曉明選集』에 실린 다음 글들을 참고하라. 「'대동'을 향해—중국 현대 초기의 '개체/개인'론(通向大同—中國現代早期的個體/個人論)」; 「현대 초기 중국 사상 중 '제국' 의식(現代早期中國思想中'帝國'意識)」.

년대에서 1980년대까지 약 40년간, 그리고 1990년대에서 오늘까지 약 20여 년의 세 단계로 나누고 있다. 바꿔 말하면 사회주의 30년에 1980년대의 과도기 10년을 더한 40년을 2단계로 삼고 그 이전 60년을 1단계로, 그 이후 20년을 3단계로 설정한 것이다. 왕샤오밍은 시기구분을 비판적으로 보자면, 변법유신 이전의 어느 시점을 근현대의 기점으로 보고 있는데, 『중국 현대사상문선』에서 다루고 있는 범위가 아편전쟁 전후에 활동한 궁쯔전까지도 넘나드는 것으로 보면, 그의 시기구분은 유연하거나 모호하다. 필자는 오래 전부터 여러 글에서 '중국 근현대'라는 개념을 제시했다. 이는 아편전쟁 전후 어느 시점에 시작해 지금까지의 시기를 하나의 유기적 총체로 보자는 것이고, 이전 단계의 삼분법 또는 사분법의 단절적 사고를 극복하고자 '중국 근현대 장기지속'이라는 용어를 쓰기도 했다. 그럼에도 세부적인 단계 구분은 필요하다. 왕샤오밍은 자신이 구분한 '현대'에 대해 그 기준과 근거를 명확하게 제시할 필요가 있다고 보인다.

타이베이에서 출간된 왕샤오밍 선집의 서문 말미에서 뤼정후이(呂正惠)는 '비껴서기'(橫站)를 잘 하려면 적어도 두세 개의 지주(支柱)를 가져야 한다[74]고 지적했다. 내가 보기에 현재 왕샤오밍은 최소한 세 가지 지주를 가지고 있는 것으로 보인다.

첫 번째는 바로 '상하이학파' 또는 상하이 문화연구 그룹이라는 진지(陣地) 차원의 지주다. 이들은 주로 화둥사범대학 중문학부 출신이 중심을 이루는 2세대 그룹—뤄강(羅崗), 니원젠(倪文尖), 마오젠(毛尖), 레이치리(雷啓立. 이상 화둥사대), 쉐이(薛毅. 상하이사대), 니웨이(倪偉), 뤼신위(呂新雨. 이상 푸단대), 장롄훙(張煉紅. 상하이 사회과학원), 둥리민(董麗敏), 궈춘린(郭春林), 쑨샤오중(孫曉忠. 이상 상하이대) 등—과 이들의 제자 그룹이랄 수 있는 3세대 그룹—뤄샤오밍(羅小茗), 주산제(朱善杰), 가오밍(高明), 저우잔

74_ 呂正惠, 「橫站, 但還是有支點」, 王曉明, 『橫站: 王曉明選集』, 14.

안(周展安), 주위(朱雨. 이상 상하이대), 주캉(朱康. 화둥사대), 차오환장(喬煥江. 하얼빈사대), 장숴궈(張碩果), 주제(朱杰. 이상 하이난대), 장융펑(張永峰. 취저우대) 등—으로 구성되어 있다. 물론 3세대 그룹 가운데에도 왕샤오밍의 제자가 있다.[75] 그리고 현재 대학원 재학생들은 4세대 그룹이라 할 수 있다.

두 번째는 중국 좌익사상이라는 자료 차원의 지주다. 1880년대 말부터 중화인민공화국 건국 이전까지의 약 60년간은, 아편전쟁을 통해 겪은 서양의 충격에서 어느 정도 벗어난 후 새로운 길을 모색하던 시기였다. 이 시기는 "효력을 상실하여 무용지물이 되다시피 한 전통 사상을 대체할 새로운 사상체계의 수립을 모색하던 시기였다."[76] 앞서 본 대로 리쩌허우는 이 가운데 사회주의 유토피아 진보사상에 초점을 맞춘다. 그것은 우선 서학을 참조했고 그것을 중국에 맞게 개량했다. 봉건으로의 회귀를 경계하면서 중국의 사회적 조건과 시대적 임무에 맞는 서학의 사상자원을 찾는 일, 이것이 진다이 사회주의 유토피아 사상이 나아간 길이었다. 왕샤오밍의 '현대 초기'는 1880년대 말부터 1949년 건국 이전까지의 60년을 가리키는데, 이는 '진다이 80년' 가운데 변법유신 이전의 50년을 과도기로 설정하고 그 나머지 30년과, 이전의 '셴다이(現代)' 30년을 더한 것으로 볼 수 있다. 왕샤오밍의 좌익사상 자료는 바로 리쩌허우가 사회주의 유토피아 사상이라 명명한 맥락과 맞물린다.

세 번째는 문화연구라는 이론적 지주다. 왕샤오밍을 중심으로 한 상하이 문화연구 그룹은 미국식 문화연구를 거부하면서 영국의 버밍햄학파의 비판적/실천적 문화연구를 지향하고 있다. 이들의 표현을 따르면 이 문화연구의 성격은 비판적 분석과 촉진적 개입의 접합이다. 그리고 '중토성(中土性)' 즉 중국적 특성을 지향하고 있다. 중국의 혁명전통을 창조적으로 계

75_ 임춘성, 「중국의 비판적/개입적 문화연구—상하이 문화연구 그룹을 중심으로」, 13-14 참조.
76_ 임춘성, 「포스트사회주의 시야로 다시 읽는 '대동'의 유토피아」, 79.

승해, 비판적으로 수용한 문화연구와 접합시키겠다는 것이다. 그가 말하는 '중토성'은 '중화성', '중국성'과는 다르다. "'중토성'은 주로 '지구'와 '중국'을 일체로 보고, '지구' 속의 '중국' 영향과 '중국' 내의 '지구'적 요소를 동시에 체험하고 살필 수 있는 시야와 이해력을 가리킨다."[77] 이런 맥락에서 보면 이는 글로벌(global)과 로컬(local)의 합성어인 글로컬(glocal)에 가깝다. 그리고 연구와 교학을 결합시키고 있다는 점에서 미래지향적이다. 왕샤오밍과 상하이 문화연구 그룹이 설정하고 있는 문화는 광범위하고 다양하다. 상하이지역 문화부터 당대의 새로운 지배이데올로기와 사회주의 문화를 아우르고 있다. 특히 당대의 새로운 지배문화의 생산기제 및 그 작동방식을 밝히는 작업은 이들의 주요 주제라 할 수 있다.

8. '지식인 지형도' 찰기(札記)

현대 중국의 지식인 지형도에 관한 흥미로운 책의 저자 조경란은 "21세기 중국 지식 지형에 대한 나름의 인문학적 비판과 평가 그리고 전망"[78]을 담으려는 야심찬 도전을 시도하고 있다. 조경란의 시도는 일종의 사조유파론에 해당한다. 우선 주요 사조를 대륙 신유가, 자유주의, 신좌파로 나눈 후, 좀 더 세밀하게 신좌파, 자유주의파(자유주의 좌파 포함), 문화보수주의파, 사회 민주주의파(또는 민주사회주의파), 구좌파(포퓰리즘파), 대중 민족주의파, 신민주주의론파의 7개 유파로 나눠, 대표 인물, 출현 시기, 마오쩌둥 시대와 문혁 시대 등 14개 항목으로 나눠 분류하고 있다.[79]

조경란의 지식 지형도는 한국의 '비판적 중국학자'들에게 커다란 윤곽

77_ 王曉明,『近視與遠望』, 277쪽 주 34 참조.
78_ 조경란,『현대 중국 지식인 지도』, 글항아리, 2013. 12.
79_ 같은 책, 70-73쪽의 도표 '중국 지식 유파별 주의·주장 일람표' 참조.

을 제시해준 장점이 있지만, 세부에서는 쟁론의 여지가 있다. 국내에서 서평이 이어지는 것은 그만큼 관심이 있다는 반증일 터이고, 서평에서 비판하고 있는 쟁점은 지속적인 논의가 필요하다는 반증일 것이다. 이를테면 "중국 신좌파들이 국가주의로 경도되어 보수화했다는 평가는 아직 유보적으로 판단해봐야 할 문제는 아닌가. …기존의 이데올로기 중심의 지식인 분류가…전형적인 틀로 정형화하고 있는 것은 아닌가"[80]라는 의견은 함께 고민해 보아야 할 문제제기로 보인다. 아울러 자유주의파의 스펙트럼이 너무 넓은 것도 문제다. 이를테면 조경란의 지식 지형도에서 범 '자유주의파'로 분류된 친후이(秦暉)를 뤼신위가 '신자유주의파'로 규정한 대목에 주목할 필요가 있다. 자유주의 좌파와 우파는 구분할 필요가 있다. 레토릭이 가미된 것이지만, 간양은 자유주의 좌파라 자칭하기도 했는데, 일리 있는 자평이다.

사조유파론은 나름 의미가 있는 방법론이지만, 신과 구, 좌와 우, 중국과 외국의 대립 갈등 나아가 혼재된 양상으로 인해 경계를 확정하기 어려운 면이 있고 '지금 여기'의 시대적 과제와 맞물리게 되면 더욱 복잡한 양상을 노정하기 마련이다. 따라서 논자에 따라 분류 기준이 다를 수 있고 특히 특정 인물을 어느 유파에 배치하느냐의 문제는 의론이 분분할 수밖에 없다. 필자도 1917년부터 1949년까지의 중국문학사의 발전 윤곽을 고찰하면서 세 가지 문화사조—맑스주의, 자유주의, 보수주의—로 나누고, 각 문화사조가 리얼리즘, 로맨티시즘, 모더니즘의 예술방향과 결합하는 양상에 따라 16개의 유파로 나눈 바 있다.[81] 군이 양자를 비교해 보면, 필자가 문화사조를 가로축으로, 예술방향을 세로축으로 설정하고, 문화사조와 예술방향의 결합 여하에 따라 다양한 유파가 형성[82]되었다고 본 반면, 조경란은 3대

80_ 하남석, 「중국의 고민을 어떻게 이해할 것인가」, 『황해문화』 82호, 2014년 봄.
81_ 임춘성, 『소설로 보는 현대중국』, 종로서적, 1995, 277-81 참조.
82_ 같은 책, 281쪽의 표 <문화사조와 예술방향>을 일부 수정. 이 표는 거의 20년 전에 작성한 것으로 더 다듬을 필요가 있지만, 사조 유파를 다루는 하나의 사례로 제시한다.

유파를 중심으로 하되 4개의 중소 사조를 추가해 그 특징을 항목별로 기술하고 있음을 알 수 있다. 조경란이 주요 유파로 설정한 대륙의 신유가, 자유주의, 신좌파는 필자의 보수주의, 자유주의, 맑스주의와 대응하는 것으로 볼 수 있다. 다만 필자는 그것을 문화사조로 본 반면, 조경란은 바로 유파로 분류하고 있는 점이 차이다. 커다란 흐름이 있고(사조) 그 흐름이 '여기 지금'의 시대적 과제와 맞물려 유파가 형성된다는 점을 감안한다면, 조경란의 지식지형도는 보완할 필요가 있어 보인다.

조경란의 지형도에는, 이 글에서 고찰한 지식인들 가운데 첸리췬과 왕후이가 각각 자유주의파와 신좌파로 배치[83]되었을 뿐, 리퉈, 다이진화, 왕샤오밍 등은 찾아볼 수가 없다. 사실 조경란의 지식 지형도는 공간과 전공면에서 편향을 가지고 있다. 주로 베이징 중심의 지식인을 대상으로 삼되,

예술방향 \ 문화사조		맑스주의 문화사조	자유주의 문화사조	보수주의 문화사조	문학방법/기법
리얼리즘	1917-1927		인생파, 향토사실파		비판적 리얼리즘
	1927-1937	좌익, 동북실향작가군, 타이완향토소설			혁명적 리얼리즘
		사천향토작가군소설			비판적 리얼리즘
	1937-1947	동북실향작가군소설			혁명적 리얼리즘
		칠월파소설			비판적 리얼리즘
		해방구소설			사회주의 리얼리즘
로맨티시즘	1917-1927		서정낭만파소설		개방적 신로맨티시즘
		초기프로소설			혁명적 로맨틱
	1927-1937			구파통속소설	소극적 로맨티시즘
	1937-1949	(郭末若의 역사극)			혁명적 로맨티시즘
		화남작가군소설			
모더니즘	1917-1927				
	1927-1937		경파소설		詩化小說
			상하이현대파소설		유미주의+프로이트주의
	1937-1949				

83_ 이 배치 기준도 모호하다. 좌우는 원래 상대적 개념인 만큼, 조경란의 기준은 왕후이와 첸리췬의 사이에 있는 셈이다.

그 시아에는 문학/문화연구 베이스의 지식인이 대거 누락되어 있다. 첸리 천과 왕후이는 문학 전공자이면서도 워낙 잘 알려져 있지만, 이 글에서 다룬 리퉈, 다이진화, 왕샤오밍은 빠져 있다. 뿐만 아니라 이른바 문화연구 상하이학파(또는 그룹)에도 주목할 필요가 있다. 앞에서 살펴본 왕샤오밍 외에도, 최초로 '저층(底層)'이란 개념을 제출하고[84] 중국 사회주의 문학과 문화를 '혁명 중국'이라는 관점에서 새롭게 고찰[85]한 차이샹(蔡翔), 1989년 이후 톈안먼 사건의 폐허 위에서 새롭게 등장한 신(新)다큐멘터리 운동을 의제화하고[86] 최근에는 저층으로 들어가 그들과 대등한 지위에서 작업을 하는 독립다큐멘터리 감독들에 대한 글[87]을 발표하고, 삼농(三農) 문제를 놓고 친후이(秦暉)를 비판[88]한 뤼신위(呂新雨), 사회주의 노동자 신촌시기 인간의 존엄이 존중되었던 생활세계를 복원시키고[89] 인민주체, 인민주권, 인민지상이라는 관점에서 중국 혁명의 길과 현대의 길을 탐토[90]하고 있는 뤄강(羅崗) 등에 대해서는 진지한 재고가 요구된다. 지식인의 자기 성찰과 실천을 검증할 수 있는 '지식의 공공성'[91]이라는 기준으로 중국의 비판적 지식인을 고찰한 조경란의 대의에 동의하면서도 그 구체적 성과로 제출된 지식 지형도는 수정 보완할 필요가 있다는 것이 필자의 판단이다.

그리고 정작 중요한 것은 '좌파'의 기준을 무엇에 두느냐는 문제다. 그

84_ 蔡翔, 「底層」, 薛毅編, 『鄕土中國與文化硏究』, 上海書店出版社, 2008. 이 글은 원래 1995년에 썼고, 고등학교 교과서 『語文讀本』에 수록되어 있다.

85_ 蔡翔, 『革命/敍述: 中國社會主義文學-文化想像(1949-1966)』, 北京大學出版社, 2010.

86_ 呂新雨, 『紀錄中國: 當代中國新紀錄運動』, 三聯書店, 2003; 『書寫與遮蔽: 影像·傳媒與文化論集』, 廣西師範大學出版社, 2008.

87_ 呂新雨, 「"底層"的政治·倫理與美學—2011南京獨立紀錄片論壇上的發言與補充」, 『紀錄片專題』, 2012年 第5期; 한국어 번역: 「'하층(底層)'의 정치, 윤리, 그리고 미학—2011 난징 독립다큐멘터리 포럼의 발언 및 보충」(천진 옮김), 『문화/과학』 77호, 2014년 봄.

88_ 呂新雨, 『鄕村與革命—中國新自由主義批判三書』, 華東師範大學出版社, 2013.

89_ 뤄강, 「상하이 노동자신촌: 사회주의와 존엄이 있는 '생활세계—『상하이국자』의 샤오우의 질문에 답함」, 김민정 옮김, 『문화/과학』 71호, 2012.

90_ 羅崗, 『人民至上: 從"人民當家作主"到"社會共同富裕"』, 上海人民出版社, 2012.

91_ 조경란, 앞의 책, 208.

기준은 평가자마다 다를 수밖에 없다. 특히 사회주의 혁명을 경험한 중국에서, 그리고 그 혁명을 주도한 중국 공산당의 혁명 대의부터 그 대의의 초지(初志)를 지금도 일관(一貫)하고 있는가에 대한 평가[92]에 따라 중국의 좌파를 규명하기란 쉽지 않은 일이므로 이 글이 감당할 몫이 아니다. 다만 이 글에서 '비판적'이라 표현한 좌파의 기준은 누가 뭐래도 소수자의 입장에 서는 것이라는 사실만 언급하기로 하자. 첸리췬의 민간이단 사상, 왕후이와 쑨거의 소수자에 대한 관심, 그리고 1990년대까지는 신좌파의 명단에 오르지 못했지만, 문화연구로의 전환을 통해 새롭게 소수자의 입장에 접근하고 있는 왕샤오밍과 상하이학파의 비판적/개입적 문화연구는 분명 비판적이고 유기적인 좌파 지식인의 실천과 긴밀한 연계를 가지고 있다.

근 1백년의 공백과 진영 모순을 건너뛴 채 1992년 새롭게 시작된 한중 관계는 다사다난한 과제를 안고 있다. 수교 당시 한국은 1980년대 민주화 운동의 성과를 '1987년 체제'로 수렴한 상황이었고, 중국 또한 1978년 개혁개방 이후 사상해방운동의 흐름이 1989년 천안문 사건을 거쳐 이른바 '6.4 체제'로 귀결된 직후였다. (반)식민지의 경험을 가지고 있던 두 국가가 2차 대전 종전에 의해 해방을 맞이한 후 각각 한국적 자본주의와 중국적 사회주의 길을 걸어오다가 1980년대 민주화와 사상해방의 과정을 거쳐 각각 신자유주의의 한국 버전인 '1987년 체제'와 중국 버전인 '6.4 체제'로 진입한 것은 역사의 아이러니가 아닐 수 없다. 중국 개혁개방이 곧 40년을 바라보고 있고 한중수교 23주년이 지난 시점에서 되돌아보면 중국의 변화는 천지개벽에 비유할 만하다. 그 변화에 대해 '대국 굴기(崛起)'라는 중국 관방 레토릭은 중국 안팎으로 설득력을 확보했고, 글로벌 차이나의 부상을 바라보면서 그것을 '슈퍼차이나'로 전유(專有)하는 한국 언론매체의 인식

92_ 앞에서 언급한 원톄쥔 등의 평가 외에도 다음의 평가를 참고할 만하다. 중국공산당은 그보다 '훨씬 큰 역사적 운동인 '중국혁명 전통의 산물 중 하나였고 '적어도 지금은 1940년대의 국민당과 마찬가지로 혁명전통의 배반자가 되었다. 「왕샤오밍-임춘성 인터뷰」, 朱杰・김소영 녹취 번역, 『오늘의 문예비평』 87호, 2012, 104.

변화는 가히 상전벽해의 수준이라 할 만하다.

　한국적 자본주의와 중국적 사회주의가 신자유주의의 하위 체제로 편입된 시점에서 각국의 경험은 상대방에게 중요한 '포전인옥(抛磚引玉)'의 역할을 할 수 있을 것이다. 한국과 중국의 미숙한 경험을 내놓음으로써 상대방의 귀중한 의견을 받을 수 있다는 말이다. 그러기 위해 먼저 상대방의 경험을 이해하려는 노력이 선행되어야 함은 물론이다. 1987년 체제 수립 이후 민주와 반민주의 경계가 모호해지고 동지(同志)의 의미가 퇴색되고 진보와 좌파의 역할이 나날이 축소되어 온 한국의 비판적 지식인들에게 중국의 비판적 사상의 흐름은 분명 새롭게 진지를 구축하는 데 소중한 벽돌로 삼을 만한 자료일 것이다. 그리고 그것을 옥으로 바꾸어 우리에게 소중한 사상자원으로 만들고 나아가 중국의 비판적 지식인들에게 돌려줄 수 있다면 금상첨화일 것이다.

목포대 교수, 『문화/과학』 편집자문위원

역사유물론과 문화연구 (1)

—'시대구분'이라는 방법

서동진

> 유물론의 약점은 지배 상황의 반성되지 않은 약점이다.
> —Th. 아도르노[1]

글을 시작하기에 앞서 이 글을 쓰게 된 매우 사적인 빌미를 고백하는
것도 좋지 않을까 싶다. 그것은 강내희 선생님(아마 선생님 역시 경칭을
붙이는 것을 못마땅해 할 것이기에 아래에서는 경칭을 줄인다)에 대한
나의 개인적인 추억이다. 그를 처음 만난 것이 언제였는지 기억은 묘연하
다. 창간되자마자 활약이 대단하던『문화/과학』을 둘러싼 어떤 자리에서
였을 것이라 짐작가기는 하지만, 그 기억은 그리 확연하지 않다. 그렇지
만 그와 나의 첫 만남의 기억이 그가 편집한『포스트모더니즘론』이란
책이었던 것만큼은 분명하지 싶다. 당시 나는 대학을 졸업하고 얼마 후
어느 학술운동단체의 연구원으로 활동을 시작한 지 얼마 되지 않았을
즈음이었다. 대학원도 진학하지 않은 주제에 나는 그 연구소의 문을 두드

1_ 테오도르 아도르노,『부정변증법』, 홍승용 옮김, 한길사, 1999, 288.

렸고 덥석 멤버가 되어 그곳을 한참 들락거리던 즈음이었다. 내가 그곳에서 공부를 시작한 지 얼마 되지 않아 이른바 조직사건으로 당시 대학원생 신분이던 선배들이 줄줄이 구속되고 그 연구소는 얼마 후 사실상 문을 닫는 처지가 되었다. 이렇다 할 공부는커녕 외려 갑자기 학문과 사상의 자유를 위한 시위와 투쟁에 동분서주하다 나의 그곳에서의 생활은 싱겁게 끝나버렸다.

마침 동구권이 붕괴되고 중국의 천안문 사태가 강제로 진압되었을 즈음이었다. 대적해야 할 상대는 '신식민국가독점자본주의'도 군사독재도 아니라 포스트모더니즘인 듯이 보였던 시대이기도 하였다. 어제의 진리였던 것이 오늘에는 환멸과 조롱의 대상이 되어버리는 속절없는 시절이었다. 동요와 훼절이라기보다는 자각과 환상으로부터의 탈출로 간주되던 맑스주의로부터의 도피의 시대에, 나도 역시 흔들리고 있었다. 그럴 때 강내희가 직접 번역에 참여하고 편집한 『포스트모더니즘』이란 책을 읽는 것은 각별한 체험이었다. 나는 그 때 처음으로 맑스주의 문학이론가로만 알고 있던 프레드릭 제임슨의 글을 꼼꼼히 읽게 되었다. 그리고 딱히 뚜렷한 연유도 없이 강내희와 제임슨 사이에 어떤 인연 같은 것을 상정하게 되었다. 당시 강내희가 쓴 「롯데월드론」 같은 글에서 제임슨의 그림자를 보거나 아니면 제임슨의 글을 읽으며 꾀죄죄하면서도 번드르한 1990년대 남한 소비자본주의의 문화적 풍경을 비판적으로 분석하는 강내희를 떠올리지 않을 수 없기도 했었기 때문이다.

그리고 20여 년에 가까운 세월이 흘렀다. 포스트모더니즘을 들먹이는 이는 아무도 없다. 그것은 아마 가장 빠른 속도로 사어(死語)가 된 개념 가운데 하나로 기억될 것이다. 그럼에도 포스트모던하다고 간주되던 문화적 형세를 분석하던 이들이 모두 헛소리를 한 것은 아니다. 포스트모더니즘이라는 새로운 '시대'를 흥분 속에서 기념하고 예찬하던 이들 속에서 그것이 자본주의의 역사적 시대와 관련된 것임을 집요하게 추적한 이들은 여전히 건재하고 또 이론적으로나 정치적으로나 유효하다. 정년퇴임을 앞두고 그는 교수로서의 그의 공식적 이력을 마감하기 한 해 전에 『신자유주의 금융화와 문화정치경제』란 저서를 내놓았다. 그의 책 출간을 기념한 토론에서 나는 자못 시비를 걸기도 했지만 나는 그 저작이 맑스주의 문화연구의 값진 성과라는 것에 아무런 이의가 없다. 그리고 나는 그 저작을 관통하는 예민한 맑스주의자로서의 정신이 바로 '시대'와 '시대구분'이라는 것을 확신한다. '금융화'는 자본주의의 경제적 현실의 변화와 그 구조를 가리키는 이름이다. 그것에서는 어디에도 문화의 흔적을 발견할 수 없다. 그것은 전적으로 경제 이야기처럼 들린다. 그렇지만 그것은 하나의 역할을 한다. 그것은 우리가 문화적 지형을 분석하기 위해 반드시 거쳐야 할 관문을 가리킨다. 자본주의란 바로 문화와 경제의 구조적 차이와 동일성을 조정하는 체계란 인식론적 전제이다. 그렇지만 그것은 언제나 스스로를 끊임없이 혁신하고 조정함으로써 자신의 모순을 감당한다. 바로 그것이 자본주의에서의 역사적 시간이고 역사적 시대란 그러한 내적 모순을 가까스로 조정하면서 안정화된 특정한 시간적 타성의 구조이다.

강내희는 항시 이를 잊지 않고 있었고, 그는 그 저작에서 바로 그러한 전제에서 비롯된 훌륭한 문화비평을 선보인다. 그는 문화를 간편히 시대의 초상으로 간주하는 안일한 문화비평에 투항하지 않고 모순을 순치하거나 그에 저항하려는 시도를 읽어내는 일이 문화비평임을 일깨워준다. 나는 아래의 글에서 '시대구분'이라는 방법을 역사유물론적인 문화연구에서 중요한 방법 가운데 하나임을 제안한다. 이 글에서 나는 제임슨의 생각에 큰 빚을 진다. 그렇지만 그 빚은 바로 그로부터 빚을 지도록 주선한 강내희에게 진 빚이기도 하다. 유치하고 어설픈 글이지만 이 짧은 글을 그에게 헌정한다.

***

문화연구/맑스주의 또는 문화연구/역사유물론

어지간한 문화연구 입문서치고 맑스주의자의 이론적 성과를 주요한 이론적, 정치적 원천으로 기념하지 않는 글이 없다 해도 지나치지 않을 것이다.[1] 그람시, 알튀세르, 르페브르, 윌리엄스 등은 열외로 놓는다 해도 본격 문화연구의 창시자로 추앙받는 스튜어트 홀(Stuart Hall)이나 딕 헵디지(Dick Hebdige) 역시 모두 맑스주의자로서의 이력과 떼어놓기란 불가능한 일이다. 그러므로 문화연구의 기원적인 출발점을 맑스주의에 귀속시키는 것은, 제법 그럴 듯한 가설이 될 수도 있다. 문화연구에서 항용 거론되고 참조되는 방법과 범주, 인식론적 접근 역시 맑스주의의 유산과 흔적을 발견하기란 어렵지 않은 일이다. 계급(계급투쟁), 이데올로기, 헤게모니, 재생산, 상부구조, 물신주의, 상품화 같은 개념을 마주할 때 우리는 맑스주의를 떠올리지 않을 수 없다. 물론 지성사나 이념사가 아니라 경험적인 학제의 한 종류로서 물질적 제도와 실천 등을 포괄하는 문화연구를 계보학적으로 분석한다면 제법 다른 결론에 이르게 될 것이지만 말이다.

그런데 이 때 문화연구는 방법 혹은 접근이라는 면에서, 인류학이나 민속지, 문화주의, 정신분석학, 기호학, 포스트구조주의, 페미니즘 등과 어깨를 나란히 하는 여러 가지 가운데 하나로 맑스주의를 환원한다. 인류학적 문화연구가 있고 커뮤니케이션 문화연구가 있는 것처럼 맑스주의 문화연구란 것도 있는 셈이다. 다시 말해 문화연구는 자율적인 학술적 담론으로

---

[1] 국내에 번역된 주요한 문화연구 입문서들 역시 예외 없이 이러한 접근을 취한다. 이를테면 앤드류 밀너, 존 스토리와 존 피스크의 대표적 입문서들이 이에 해당된다. 반면 그래엄 터너 같은 경우엔 영국과 호주의 문화연구의 역사를 회고하며 문화연구의 이론적 궤적이 이데올로기 개념의 수정 및 재가공 그리고 그로부터 점차 멀어지는 과정으로 서술될 수 있다고 가정한다. 앤드류 밀너, 『우리시대 문화이론』, 이승렬 옮김, 한뜻, 1996; 존 스토리 편, 『문화연구란 무엇인가』, 백선기 옮김, 커뮤니케이션북스, 2000; 존 스토리, 『대중문화와 문화이론』, 박만준 옮김, 경문사, 2012; 스튜어트 홀, 『문화, 이데올로기, 정체성』, 임영호 옮김, 컬처룩, 2015; 그래엄 터너, 『문화 연구 입문』, 김연종 옮김, 한나래, 1995.

서 자신의 동일성을 해치지 않은 채 다양한 분석 방법을 전유할 수 있다. 그 분석 방법 가운데 하나로서 맑스주의가 있다. 그렇다면 문화연구와 맑스주의의 관계는 외적인 것이 된다. 그리고 문화연구는 내생적으로 맑스주의적이었다는 식의 가정은 지지받기 어려운 것으로 되어버린다. 문화연구는 자신이 전유하거나 참조할 수 있는 분석 방법 가운데 하나로서 맑스주의에 조촐히 자리를 마련해 준다. 이런 조작 과정을 거칠 때 맑스주의는 다양한 학술적 담론 가운데 하나로 종별화된다. 마치 뷔페에서 음식을 골라먹듯이 우리는 문화연구를 위해 골라 쓸 수 있는 다양한 이론적 선택지 가운데 하나로 맑스주의를 간주할 수 있다. 그런 점에서 우리는 문화연구가 자신의 접근방식 가운데 하나로 맑스주의를 호명하면서 동시에 맑스주의의 정체성을 규정하는 시늉을 하기도 한다는 점을 확인하게 된다.

그러나 이런 형태의 몸짓은 문화연구에 특별한 것은 아니다. 이는 현대 "사회"과학 안에서 지속적으로 반복되어 온 것이기도 하다. 그 가운데 가장 대표적인 것은 사회학에서의 맑스주의의 전유일 것이다. 사회학의 교과서는 뒤르켐, 베버와 맑스를 사회학의 이론적인 창립자 가운데 하나로 규정함으로써, 맑스주의의 이질성(heterogeneity)을 중립화하는 데 결정적으로 기여하였다.[2] 앞서 말했듯 문화연구를 이론적 지식으로 환원하지 않고 이를 재생산하는 데 관련된 학술적, 제도적, 매체적 실천을 고려하게 될 때, 그리고 문화연구가 흥기하는 동안의 역사, 정치적 정황을 살펴볼 때, 우리

2_ 이를테면 사회학 입문서들의 고전이라 할 한편 고전 정치경제학에 대한 대립적인 반응 형태로서 맑스주의와 사회학을 대질시키며 정치경제학 비판으로서의 맑스주의와 정치경제학의 대체물로서의 '사회과학'이라는 대당(opposition)을 주장하는 투르비언의 주장을 참조할 수도 있다. 그의 추론을 따를 때 맑스주의적 사회학이라는 가정은 난센스 그 자체가 된다. 그의 생각을 따르자면 사회학은 맑스주의의 타자일 뿐이다. 그러므로 맑스주의적 사회학이란 가정은 원을 네모로 만들겠다는 발상과 다르지 않다. 요란 투르비언, 『사회학과 사적유물론』, 윤수종 옮김, 푸른산, 1989. 한편 서구의 정치적 이념, 자유-보수-사회주의의 길항 속에서 사회과학의 역사적 형성을 살펴보는 월러스틴의 글 역시 참조하라. I. 월러스틴, 『사회과학으로부터의 탈피』, 성백용 옮김, 창작과비평사, 1994.

는 다른 결론으로 나아가는 길이 나 있음을 짐작해 볼 수도 있을 것이다. 미국과 서유럽 국가들의 대학에서 학술적인 분과학문으로서 문화연구가 정착하기까지의 과정이나 정체성의 정치를 비롯한 다문화주의의 흥기라는 정치적 형세의 변화와의 관련을 생각하여 볼 때, 문화연구라는 이론적 기획과 맑스주의의 관계는 외려 생각보다 멀리 떨어진 것처럼 보일 수밖에 없게 된다.[3] 이를테면 문화연구라는 학제와 이론적 기획의 출현을 감안하려는 순간, 우리는 문화연구 "속의" 맑스주의를 문화연구에 "관한" 맑스주의로 전환시켜 볼 수 있다. 이럴 때 희화화를 무릅쓰고 말하자면 우리는 문화연구라는 문화적 상부구조는 어떻게 출현하게 되었는가를 묻지 않을 수 없게 된다. 문화연구는 문화적 실천의 한 사례로서 문화연구를 추적하는 탐정이 되는 역할을 떠맡아야 하지 않을까. 이런 생각들을 떠올리다 보면 결국 우리는 문화연구와 맑스주의가 은밀한 동족 관계일 수도 있다는 생각을 부정할 수밖에 없게 된다.

그런데 문화연구와 맑스주의 사이의 관계를 문화연구와 역사유물론의 관계로 재서술하면 어떨까. 아마 사정은 제법 달리 보이지 않을 수 없을 것이다. 역사유물론을 맑스주의의 동의어로 볼 수 있다면, "문화연구/맑스주의"라는 짝과 "문화연구/역사유물론"이라는 짝은 다르지 않은 것이다. 그러나 문화연구와 역사유물론이라는 짝짓기는 어딘지 어색하고 거북한 기분을 불러일으킨다. 그것은 마치 서로 어울릴 수 없는 항들을 맞붙여 놓은 듯한 기분을 자아낸다. 맑스주의는 괜찮지만 역사유물론과 문화연구라고 대응시키면 무언가 아귀가 맞지 않는 듯한 느낌이 드는 것은 무슨

3_ 이는 프레드릭 제임슨이 초기의 문화연구를 결산하면서 도입하는 접근 방식이기도 하다. 그는 비판이론의 헤겔-맑스주의적 접근을 원용하면서 문화연구를 자율화할 것이 아니라 그것이 채용하고 있는 언어와 방법, 수사 자체를 비평할 것을 주문한다. 그리하여 문화연구라는 "욕망"을 읽기 위해 문화연구에 대한 문화연구를 주문하고 이른바 문화적 현상이자 실천으로서 문화연구라는 담론적 실천의 징후를 해석하고자 한다. F. Jameson, "On 'Cultural Studies'", *Social Text*, No. 34 (1993).

이유에서일까. 수다한 이론적 선택지 가운데 하나이거나 학술적인 이론의 종류(種類) 가운데 하나로 간주된 맑스주의와 달리, 역사유물론은 문화연구에 대하여 처음부터 곤혹스러운 물음을 제기하기 때문일 것이다. 문화연구 역시 자신의 이론적 대상이라 할 문화의 자기동일성에 관해 항상 질문을 던져왔다. 그리고 무엇을 문화로 분별할 수 있는지에 관한 보다 큰 물음에 대해서도 부지런히 따져왔다.

그렇지만 그것은 언제나 문화란 것이 자율적인 실재(entity)임을 전제한다. 그리하여 문화연구는 문화와 다른 사회적 관계 및 실천과의 관계를 은밀히 괄호 속에 묶어둔다. 설사 그것들 사이의 거리를 고려할지라도 그것은 '구조적 차이'가 아니라 자율적인 대상들 사이의 추상적인 차이를 가리킬 뿐이다.[4] 그도 아니면 문화-외적인 실천들과 심급들은 단순히 '배경'으로서 간주될 뿐이다. 그리하여 문화는 정치, 경제, 문화 등과 같은 사회의 위상학적 배치 위에서 자율적인 하나의 자리를 배정받는다. 거칠게 말하면 그것은 실체화된다. 비록 그것을 실체화하는 것을 경계하며 문화에 관한 정의를 변경하고 확장하려 해도 그것은 언제나 문화라는 영역의 자기동일성을 유지하고 보수하려는 몸짓이라 해도 좋을 것이다. 반면 역사유물론은 바로 그 문화의 자율성과 타율성을 규정하는 조건을 캐묻는 물음 자체라고 할 수 있다. 악명 높은 상부구조의 상대적 자율성을 비롯하여 헤게모니, 이데올로기, 담론, 신화 등의 개념은 모두 바로 이러한 문화의 동일성/비동일성, 문화적인 것의 규정/피규정과 관련한 문제를 해결하고자 한 시도라고 할 수 있다. 뒤에서도 다시 간략히 살펴보겠지만 알튀세르의 인과성(특히 구조인과성[structural causality]) 개념 역시 이러한 점에서 역사유물론을 개조함으로써 문화의 자율성과 타율성을 규정하고자 했던 시도로 다시 읽을 수도 있을 것이다.

4_ F. 제임슨, 『정치적 무의식: 사회적으로 상징적인 행위로서의 서사』, 이경덕·서강목 옮김, 민음사, 2015, 49.

나는 이 글에서 역사유물론과 문화연구의 관계를 문화의 자율성/타율성이라는 쟁점을 통해 접근하고자 한다. 그리고 문화의 이러한 '이율배반'적인 특성을 적절히 파악하는 효과적인 방법으로서 시대구분을 제안하고자 한다. 역사유물론이란 물질적 사회관계가 경제적, 정치적, 법률적, 문화적 실천을 규정하는가를 분석하고자 하는 이론적 기획, 혹은 줄여 말해 자본주의 생산양식이 어떻게 무한히 다양한 사회적 실천을 규정하고 분절하는가에 관한 접근이라고 정의할 수 있을 것이다. 그렇다면 어떤 문화적 대상, 실천, 의식(무의식)이 생산양식에 의해 규정된다고 한다면 역사유물론은 그러한 규정(determination)에 관한 이론이라고 말해도 좋을 것이다. 그렇지만 이러한 규정(이는 사람들에 따라 다른 방식으로 정의될 것이다. 이를테면 아도르노라면 이를 '매개[mediation]'라 부를 것이며,[5] 알튀세르라면 이를 '구조인과성'이라고 정의하고, 제임슨이라면 약호전환[transcoding]을 제시할 것이다)을 직접적으로 제시하는 것은 불가능한 일이다. 우리에게 주어진 대상의 역사적인 성격을 고려한다면 더욱 그러하다. 그렇지만 여기에서 말하는 역사적인 성격이라는 것이 모든 것은 유위변전(有爲變轉)한다거나 모든 것은 과정 속에 있다는 식의 공허한 주장은 아닐 것이다. 그것의 역사적 성격은 시간적 연대기 속에 있는 것이 아니라 즉 통시적인 연속 위에만 놓여있는 것이 아니라 동시에 공시적인 혹은 구조적인 규정과 연관되어 있기 때문이다. 우리는 이런 규정의 이중성을 사고할 수 있는 효과적인 개념으로서 시기(period)와 시대구분(periodization)을 제안하고자 한다. 이는 역사유물론과 문화연구의 관계를 에워싼 주요한 쟁점들을 반성하고 그를 사고하기 위한 연속 작업 가운데 첫 번째 시도가 될 것이다.[6]

5_ 테오도르 아도르노, 『부정변증법』.
6_ 추후로 나는 역사유물론과 문화연구의 관계를 탐색하기 위한 주제로서 시간성, 모순, 재현, 역사 등을 선택하고 이를 분석하는 작업을 진행할 예정이다.

시대구분과 규정 (1): 발리바르의 사례

맑스주의 문화연구자이자 문학비평가인 프레드릭 제임슨의 글에 익숙한 독자들이라면 그의 글 곳곳에서 출몰하는 강박적이라 할 만한 시대구분에 제법 익숙할 것이다. 아마 오늘날 굳이 맑스주의자는 물론이려니와 그와 다른 문화연구의 흐름 속에서도 문화분석 자체의 방법으로서 시대구분을 고수하는 이들은 거의 찾아보기 어렵다.[7] 그런 점에서 제임슨만큼 시대구분을 집요하게 강조하는 이는 달리 없을 것이다. 이를테면 그의 이름을 널리 알린 역저인 『포스트모더니즘, 후기자본주의의 문화적 논리』를 떠올려 보아도 좋을 것이다.[8] 이 책은 시대구분 자체를 명시적으로 강조한다. 그는 리얼리즘과 모더니즘에 뒤이어 포스트모더니즘을 후기자본주의(late capitalism)라는 자본주의의 역사적 단계 혹은 시기에 대응하는 문화적 논리로 정의한다. 기업가적 혹은 자유방임 자본주의와 제국주의 단계의 자본주의에 각각 리얼리즘과 모더니즘이 대응한다면 후기자본주의에는 포스트모더니즘이 대응한다는 식이다. 물론 자본주의의 역사적 단계와 그에 기반한 문화적 상부구조라는 서술 혹은 표상의 도식은 맑스주의적 글쓰기에서

7_ 반면 저널리즘적인 문화비평이나 사회비평에서는 사태가 적잖이 달라진다. 정보통신기술의 폭발적인 발전과 더불어 이른바 디지털시대니 사이버시대, 웹2.0시대니 하는 다양한 기술적 단계를 배경으로 숱한 문화적 동일성의 변화를 예기하고 분석한다. 혹은 저성장, 불완전고용의 시대 등의 사회학적 시대구분을 배경으로 한 세대론의 분석 등도 역시 끊임없이 등장했다 사라진다. 이러한 이론적 분석에서 시대구분의 과소와 대조적인 시대구분의 과잉은 물론 징후적인 것이라 할 수 있다. 일단 여기에서는 후자의 과잉된 시대구분과 비평적 글쓰기가 실은 시대구분이라기보다는 단지 자폐적인 '현재'의 분석에 머물러 있음을 지적해 두기로 한다. 한편 현재주의란 이름으로 역사성이 제거된 현재의 시간성이 창궐하는 세계로서 오늘날의 시간성의 문화를 분석하고 있는 다음의 글 역시 참조하라. 더글러스 러시코프, 『현재의 충격: 모든 것이 지금 일어나고 있다』, 박종성·장석훈 옮김, 청림출판, 2014.

8_ 아울러 이에 대한 보충이자 금융화된 자본주의의 변모 이후 후기자본주의에서의 문화에 대한 분석일 다음의 글을 추가할 수 있다. 글의 제목인 "단독성(singularity)의 미학"이 알려주듯이 이 글은 금융화, 역사적 시간성의 소멸, 그리고 이에 대응하는 미적 형태와 스타일의 변화의 총체적 연관을 해명하며, 후기자본주의 '단계'에서의 문화적 동일성을 추적한다. F. Jameson, "The Aesthetics of Singularity," *New Left Review* 92 (March-April 2015), 101-32.

매우 익숙한 것이다. 그리고 이는 경제주의라는 인상을 불러일으키기에 세련되고 명민한 맑스주의자라면 가급적 이러한 서술을 기피한다. 그런 점에서 시대구분이라는 서술 방식을 고집하는 제임슨의 몸짓은 어딘지 기이할 수밖에 없다.

제임슨의 맑스주의적 비평의 핵심적인 이론적 도구에 해당되는 것들, 예컨대 서사(narrative)로서의 문화와 그에 대한 해석(interpretation)으로서의 비평, 맑스주의적 해석의 '지배 약호(master code)'로서의 (자본주의) 생산양식, 약호전환, 인지적 지도그리기(cognitive mapping), 유토피아 등은 자주 거론되고 주의가 기울여지는 편이다.[9] 그렇지만 정작 그의 모든 저술을 관류하는 '시대구분'에 대해서는 그에 해당할 만큼의 관심을 크게 기울이지 않는다. 적어도 제임슨 자신이 시대구분을 하나의 개념이자 방법적인 도구로서 명시적으로 고립시켜 서술하는 경우는 거의 없는 것처럼 보인다.[10] 「1960년대를 시대구분하기」와 같은 글에서 그는 문화비평적 접근으로서 시대구분의 의의를 우회적으로 강조하고,[11] 「단독성의 미학」이나 「현존하는 맑스주의」[12] 같은 글에서도 역시 시대구분을 통한 문화연구가 갖는 의의를

9_ 이러한 이론적 방법을 정식화하고 전개하는 주요한 작업으로 다음 글들을 참조할 수 있을 것이다. F. Jameson, "Metacommentary," *PMLA*, Vol. 86, No. 1 (1971), 9-18; 『맑스주의와 형식』, 여홍상·김영희 옮김, 창비, 2014; 『정치적 무의식: 사회적으로 상징적인 행위로서의 서사』; *Valences of Dialectic* (London & New York: Verso, 2009).

10_ 단 예외가 있다면 시대구분을 모더니즘의 분석을 위해 필수적인 원리(maxim) 가운데 첫 번째 원리로 정의하고 이를 주해하는 글이다. F. Jameson, *A singular modernity: essay on the ontology of the present* (London & New York: Verso, 2002). 우리는 이 글에서 시대구분이 어떻게 문화의 자율성과 타율성을 규정할 수 있도록 하는 접근일 수 있는지를 주장한다. 이런 점에서 공시태와 통시태, 생산양식에 의한 규정, 역사적 인과성 등을 시대구분을 통해 접근하고자하는 『정치적 무의식』에서의 제임슨의 분석 역시 유의할 가치가 크다. F. 제임슨, 「해석에 관하여」, 『정치적 무의식』, 17-128.

11_ F. Jameson, "Periodizing 60s," in *Ideologies of Theory* (London & NY: Verso, 2009). 하지만, 외려 이 글은 다른 식으로 읽혀져 왔다고 볼 수 있다. 이 글은 1960년대 미국 문화를 분석하기 위해 시대구분이라는 방법이 왜 중요한지, 그리고 훗날 그의 글에서 정식화되듯이 후기자본주의로의 이행기로서 그 시대의 문화를 분석할 때만 총체적인 변증법적인 비평이 가능함을 알리는 글이라 할 수 있다. 그렇지만 이 글은 1960년대라는 역사적인 시대에 펼쳐진 문화 현상을 기술적으로 묘사하는 글로 소비된 것처럼 보인다.

완곡하게 제시한다. 그런 점에서 시대구분은 제임슨이 그의 주요 저서에서 강조하는 맑스주의적 문화연구의 방법에 견주어 특별히 의식적으로 강조 되거나 부연된 적은 없지만, 지속적으로 그의 분석 방법의 핵심 부분을 이루었다 해도 과언이 아니다.

그렇다면 시대구분이 역사유물론적 문화연구의 핵심 원리로 간주될 수 있다면 이는 어떤 이유에서이며 그것은 어떤 점에서 역사유물론적인 분석 의 요소를 함축하고 있을까. 이에 대해서는 처음부터 제임슨의 주장을 상 대하기보다는 시대구분을 역사유물론의 원리로서 사색한 매우 드문 시도 가운데 하나인 에티엔 발리바르의 주장을 살펴보는 게 좋을 듯싶다. 발리 바르는『자본을 읽는다』에서 역사유물론이 거부하고 비판해야 하는 결정 적인 접근으로서 '역사주의'를 집요하게 비판한 바 있다.13 이는 알튀세르 에 의한 "이론적 인간주의" 비판의 역사유물론 버전이라고 해도 좋을 것이 다. 이는 단적으로 진화론적이면서도 목적론적인 역사철학적 사유를 대신 해 모순에 의해 관통되는 구조화된 전체, 다시 알튀세르의 비유를 빌자면 '부재하는 원인(absent cause)'에 의해 과잉(과소)결정된 복합적 전체로서의 생산양식이라는 관점을 옹호하는 것이었다.14 그렇지만 이러한 역사주의15

12_ F. Jameson, "Acutally Existing Marxism," in *Valences of Dialectic*, 367-409.

13_ L. Althusser & E. Balibar, "Reading Capital," in *Reading Capital*, tr. Ben Brewster (London and New York: Verso, 2009).

14_ 부재하는 원인에 대해서는 앞의 책과 다음의 발리바르의 글을 참조하라. E. Balibar, "The Infinite Contradiction," *Yale French Studies*, No. 88 (1995); "Structural Causality, Overdetermination, and Antagonism," in A. Callari & D. F. Ruccio, eds., *Postmodern Materialism and the Future of Marxist Theory* (Hanover, NH: Wesleyan University Press, 1995). 과잉결정/과소결정 개념 에 대해서는 다음의 글을 참조하라. L. 알튀세르, 「아미엥에서의 주장」, 『아미엥에서의 주 장』, 김동수 옮김, 솔, 1991, 152-56.

15_ 이러한 역사주의적 관점과 역사유물론 사이의 거리는 알튀세르 학파만의 고유한 이론적 관심사는 아닐 것이다. 이러한 접근 가운데 가장 알려진 W. 벤야민 역시 역사유물론과 역사주의의 차이를 벌려놓으며 역사유물론이라는 변증법적 비판을 위한 사유를 가다듬고 자 진력했기 때문이다. 발터 벤야민, 「역사의 개념에 대하여」, 『역사의 개념에 대하여/폭력 비판을 위하여/초현실주의 외』, 최성만 옮김, 길, 2008.

비판에 대한 반비판을 접하며 발리바르는 자신의 입장을 비판적으로 수정하는 분석을 제시한다. 그것이 『역사유물론 연구』에 수록한 논문인 「역사변증법에 대하여」이다.[16] 그리고 여기에서 그는 시대구분이란 쟁점을 다룬다.[17]

그런데 이 때의 시대구분이란 앞서 언급했던 자본주의의 역사적 발전단계라든가 구조화된 전체의 역사적인 생성과 소멸의 시기로서의 시대구분과는 다른 것이다. 발리바르가 말하는 시대구분이란, 그 스스로의 표현을 빌자면 '혁명적 시기'와 '비혁명적 시기'(비이행기) 사이의 구분에 해당된다.[18] 그렇지만 이는 자본주의의 역사적 발전단계로서의 시대구분과 전연 다른 주장처럼 보이지만 실은 그로부터 그리 멀리 떨어져 있지 않다. 자본주의의 역사적 발전단계 역시 이행과 비이행의 변증법을 함축하기 때문이다. 다시 말해 자본주의의 내적 모순을 해결하기 위한 가능성을 담지한 혁명적 시기로서의 잠재성을 가지고 있지만, 이를 억압하고 다른 방식을 통해 생산양식의 (재)생산을 도모함으로써, 각 단계의 생산양식의 모순을 잠정적으로 해결하는 것 역시 이행이라고 볼 수 있기 때문이다. 그러므로 동일한 생산양식 내부에서 다른 단계로의 이행은 다른 생산양식으로의 이행의 좌절이자 생산양식 자체의 내적 모순의 조정과 새로운 배치라고 말할 수 있다. 달리 말해 자본주의 생산양식의 발전단계는 그 내부에 이행과 비이행의 변증법을 감추고 있다고 말해도 좋을 것이다.

결국 발리바르는 생산양식 '내부에서의' 이행과 다른 생산양식으로의 이행이라는 두 가지 이행을 분간하지 않고 후자만을 이행으로 간주함으로써 자본주의의 역사적 시대구분을 제한하는 잘못을 저질렀음을 자인했던

16_ 에티엔 발리바르, 「역사변증법에 대하여」, 『역사유물론 연구』, 이해민 옮김, 푸른산, 1989.
17_ "역사의 시대구분, 따라서 혁명적 이행에 대한 일체의 이데올로기적인(부르조아적) 문제설정과 확실하게 결별하기 위한, '생산양식' 개념의 올바른 정의와 그에 필요한 방법"(같은 글, 199-200).
18_ 같은 글, 230-31.

셈이다. 자본주의 생산양식의 소멸과 다른 생산양식으로의 이행에서 오직 이행을 발견하는 것은, 그가 그토록 강조하는 계급투쟁을 분석에서 멀리 떨어뜨려 놓거나 아니면 제거한다. 계급투쟁은 자본주의 생산양식을 위협하지만 또한 그를 통해 새로운 방식으로 재생산되도록 강제한다. 그러므로 자본주의 생산양식은 계급투쟁의 외부에 있는 것이 아니다. 계급투쟁은 생산양식의 내재성 자체를 가리킨다. 그 때문에 생산양식 "위에서" 계급 간의 사회관계가 전개되는 것이 아니다. 거꾸로 계급적 사회관계의 총체인 사회구성체를 통해 생산양식은 자신을 현실화한다. 그렇지만 발리바르의 초기의 글에서 생산양식 '내부'에서의 이행 그리고 자본주의 이후의 다른 생산양식으로의 이행을 설명함에 있어 계급투쟁은 차이의 원리로서가 아니라 동일성의 원리로서 간주된다. 그렇다면 그가 그토록 강조했던 계급투쟁 및 그것의 효과는 분석의 도구로서의 의의를 잃은 채 추상적인 규범이 되어버리고 만다. 그리하여 발리바르는 자신이 앞선 분석에서 사회구성체를 생산양식의 표현 혹은 실현으로 간주함으로써 생산관계의 우위라는 자신의 관점을 온전히 관철할 수 없었음을 자기비판한다. 생산관계(들)은 어떻게 만들어지고 재생산되는가를 분석하기 위해, 이를테면 자본의 사회적 형태, 임노동의 재생산 형태, 국가 형태 등을 비롯한 다양한 생산관계의 요소들이 어떻게 만들어지고 변형되는가를 분석하고자 한다면 그리고 무엇보다 문화적 상부구조를 분석하기 위해 계급투쟁의 분석이 필수적이다. 그렇지만 불행히도 그는 이를 상대화하였던 셈이다.

발리바르 스스로 실토하듯 역사주의적 편향으로 기운 막대를 반대 방향으로 구부리는 과정에서, 그의 표현을 빌자면 "상대주의적" 편향, 즉 구조주의적 편향을 범하게 되었던 셈이다. 그는 비이행의 시기에서 오직 생산양식의 자기동일성을 유지하는 관성을 확인하는 데 급급했던 것이다. 이행의 가능성을 억압함으로써 비이행으로 전환한다는 그의 접근은 스스로 실토하듯이 "변화와 반복"이라는 사변적 표상으로부터 그리 벗어나지 못한다. 따라서 자본주의는 자본주의 이후의 생산양식으로 이행하지 않는 한 언제나 동일한 것으로 머무는 셈이다. 이는 결국 자신이 비판하고 넘어서고자 했던 시대구분의 관점, "역사에 대한 부르주아 이데올로기"에 갇히도록 이끌어버리고 만다.[19] 그렇지만 이제 발리바르는 이러한 시대구분이 잘못이었음을 인정한다. 그리고 "내가 '이행'에 강한 의미에서의 (그 구체적 형태의 **필연적** 현실성이란 면에서는 **예측 불가능**한) '역사'라는 성격을 인정할 필요가 있었다고 하더라도, 그것은 '비이행'에는 (강한 의미에서의) 역사의 형태를 거부하고 바라든 바라지 않든 역사를 경제주의적 도식에 환원시킨다는 조건에서 그렇게 했던 것"이라고 자기비판한다. 이는 역사를 (다른 생산양식으로의) 이행의 시기에만 한정함으로써 "시대구분의 통상적 실천의 기초가 되는 이데올로기 자체의 포로"가 되었음을 자인하는 것이다. 그가 말하는 이데올로기는 바로 모든 비이행의 시기에는 구조적 동일성이 있다는 인식이다.

그렇다면 이러한 자기비판은 시대구분이란 쟁점에 대하여 무슨 이야기를 들려주는 것일까. 발리바르는 이행기에만 역사를 부여하고 다른 시기 즉 비이행의 시기를 비역사적인 것으로 간주함으로써 생산양식과 사회구성체의 관계에 대해 혼란스런 이해를 야기했음을 뉘우친다. 알튀세르를 따라 역사의 본질의 자기표현과 실현의 과정으로서의 '표현적 인과성'이란 개념을 집요하게 부정하고자 하였음에도 불구하고 그는 어느 정도 그러한 관점에 자신이 경사되고 말았음을 말하는 것일지도 모른다. 발리바르는 생산양식이라는 개념을 시작도 끝도 모르는 영원한 자연필연성, 자기동일성의 반복이라는 관점에 따라 구성된 역사에 관한 표상으로 간주했던 셈이다. 그리고 사회구성체를 이렇게 생산양식이라는 관점 속에서만 이해하려 애씀으로써 사회구성체를 생산양식의 접합이라는 관점으로 환원하고 결

19_ 같은 글, 229.

국 사회구성체 개념을 생산양식이란 개념을 통해 온전히 설명될 수 있는 즉 생산양식이 자신을 구체화하는 형태로 환원하는 것이다. 그러나 자기비판을 통해 생산양식과 사회구성체란 개념을, 발리바르는 구별하고 양자의 관계를 새롭게 정위한다. 이때 사회구성체라는 개념은 알튀세르가 집요하게 강조한 '재생산'이라는 개념이 말해주듯이 생산양식을 현실적으로 실존하게 하는 사회적 관계들의 총체라고 할 수 있다. 따라서 생산양식이 본질이고 사회구성체는 그것의 현상(형태)인 것이 아니다. 외려 우리는 이러한 우열관계를 거꾸로 뒤집을 수도 있다. 생산양식의 동일성은 오직 사회구성체를 통한, 즉 다양한 심급 혹은 수준에서의 실천들이 접합되는 효과로서만 생산될 수 있다. 이럴 경우 재생산은 생산(양식)의 조건이 되는 셈이다. 그리고 사회구성체란 개념은 언제나 시대구분을 통해서만 확정될 수 있다. 결국 그의 사유로부터 우리는 놀랍게도 사회구성체에 의한 생산양식의 현실적 규정을 인식하기 위해 시대구분이라는 것이 불가피한 것임을 암시받게 된다. 시대구분은 사회구성체와 생산양식 사이의 관계를 조준하도록 돕는다.

시대구분과 규정 (2): 제임슨의 사례

발리바르가 이행기와 비이행기라는 이분법적 시대구분을 자기비판하려 했을 때, 우리는 이를 그러한 구분을 무효화하자는 것으로 읽어서는 안 될 것이다. 오히려 그것은 자본주의 사회구성체 내에서 생산양식의 재생산을 규정하는 사회구성체의 다양한 심급들 사이의 구조화된 총체를 분석함으로써 시대구분을 보다 구체화하자는 제안으로 읽어야 옳을 것이다. 물론 여기에서 관건은 계급(투쟁)을 유물론적 역사 인식을 위해 필수적인 개념으로 자리매김하는 것이다. 역사유물론에 있어 계급이란 사회 내부에 있는 다양한 부분들을 가리키는 이름이 아니다. 그런 것이라면 이는 사회학적인 계급 개념에 가까운 것이다. 통상적인 사회학에서 계급이란 소득, 지위, 공통의 의식 등을 통해 '외적으로' 분류된 범주에 해당된다. 그렇지만 역사유물론은 계급을 계급투쟁의 효과로서 파악한다. 그리고 계급으로서 각 계급이 자신을 주체화한다는 것은 자신의 정체성을 의식함을 통해서가 아니라 자본주의 생산양식의 내적 모순을 조정하기 위한 시도의 효과로서 역사적으로 다양한 계급의 주체성이 정체화된다는 것이다.[20] 그러므로 우리는 시대구분에 대한 발리바르의 접근에서 동시에 문화를 둘러싼 두 개의 통념으로부터 벗어날 수 있는 단서를 얻게 된다.

이는 먼저 문화의 타율성에 대한 흔한 가정, 문화는 경제를 반영한다는 반영이론에 대한 거부, 다음으로는 주체인 계급의 의식과 감성의 표현으로서의 문화라는 가정에 대한 부정이다. 전자의 한계, 즉 경제에 의한 문화의 결정이라는 오류를 피하기 위해 베버, 짐멜 혹은 일정 부분 루카치나 벤야민 등으로 이어지는 이들의 시도, 즉 경제와 문화의 상동성(homology), 자본주의의 경제적 합리성과 문화의 자기동일성을 가정한다고 해서, 그 문제를 해결할 수 있는 것은 아니다. 그것은 경제에 의한 '규정'이라는 기계적 유물론을 극복하는 시늉을 취하지만 문화와 경제의 분화/탈분화와 같은 역사적 과정을 설명하지 않은 채 남겨놓는다는 점에서 전혀 문제를 해결한 것으로 여길 수 없기 때문이다.[21] 그러므로 우리는 문화와 경제의 관계를

20_ 예를 들어 프레카리아트, 코그니타리아트, 호모 사케르(homo sacer), 몫 없는 자, 내재적 예외의 주체 등의 다양한 정치철학적인 주체 형상(figure)은 자본주의의 현 단계에서 계급투쟁의 효과를 지시하는 개념들이라고 여길 수 있다. 사회국가 혹은 복지국가의 쇠퇴와 조직된 노동자운동의 패배는 자본의 제한 없는 지배를 가능케 하였고, 노동자계급을 새로운 형태로 현실화한다. 이러한 노동자계급의 새로운 존재방식과 주체화의 방식은 계급의 자기정체성의 변화가 아니라 계급투쟁의 효과이다. 즉 계급투쟁의 효과는 새로운 형태로 계급을 생산하는 것이다.

21_ 물(상)화(reification)라는 주제가 바로 이를 보여주는 대표적인 예에 해당될 것이다. 물화란 테마는 자본주의의 도구적 합리성의 증대와 문화 및 예술에서의 미적 합리성(특히 모더니즘 예술에서의 다양한 특징, 예컨대 시각적 지각과 언어적 실천 자체의 대상화 등) 사이의

양자의 자족적이면서 자율적인 심급(instance) 혹은 수준들(levels) 사이의 규정 관계가 아니라 외려 경제와 문화가 각 시대에 자기동일성을 형성하게끔 하는 사회적 실천 자체를 탐색하여야 한다. 그럴 경우에만 우리는 정치가 외려 경제를 규정하거나 문화와 경제가 탈분화되어 문화가 경제를 규정하는 것처럼 보이는 특수한 역사적 시대의 차이를 인식할 수 있게 된다. 그리고 이는 결국 우리를 시대구분이란 개념으로 이끈다. 자본주의의 역사적 시기는 바로 그러한 사회적 실천의 총체가 형성되고 반복되는 그 과정과 논리 자체를 가리키기 때문이다. 제임슨이 시도한 포스트모더니즘에 대한 분석은 후기자본주의라는 경제는 어떻게 문화에 반영되는가를 묻는 것이 아니라 문화와 경제의 관계가 어떻게 재구성되는가에 대한 탐구 자체라 할 수 있다. 후기자본주의 문화적 현실에 대한 기술적(記述的) 분석은 흔해 빠졌고, 포스트모더니즘 문화란 이름을 단 일련의 분석은 모두 그런 것을 시도한다. 그렇지만 제임슨에게서 예외인 것은 바로 문화와 경제의 관계가 어떻게 차별화되는가를 이해하는 것이다. 그는 자본주의의 역사적 시대구분을 통해 그러한 시대적 전환이 어떻게 미적, 문화적 형태의 변화를 초래하고 특정한 주제와 범주, 장르, 감성의 유행을 형성하는지를 분석하려 시도한다.

일치를 강조한다. 베버주의적 사회학의 후예들이었던 루카치와 짐멜에게서 나타나는 물화란 주제와 맑스가 『자본』의 I권과 III권에서 제시한 물신주의 분석 사이에는 큰 차이가 있다. 물화란 접근은 경제와 문화 사이의 동형성(isomorphism)이라는 유물론과는 거리가 먼, 여전히 신칸트주의적 주객평행론적 접근에 갇혀있다. 그러나 맑스가 말한 물신주의는 극히 요약하여 말하자면 적대의 억압에 근거한 필연적 가상의 지배, 착취적인 사회관계를 부정하고 경제의 자연적 필연성(이것이 고전파 정치경제학과 신고전파 경제학이 말하는 경제 법칙이다)이라는 허구, 그러나 가짜라거나 착각이라는 뜻에서의 자의적인 주관적 허구가 아니라 자본주의적 사회관계가 지속되기 위해서는 반드시 필요하다는 뜻에서 객관적인 가상이다. 이러한 차이에 대한 가장 주목할 만한 분석은 다음의 글을 참조할 수 있다. E. 발리바르, 『마르크스의 철학, 마르크스의 정치』, 윤소영 옮김, 문화과학사, 1995. 그리고 곧 번역될 하인리히의 글과 그에 대한 필자의 해제 역시 참조하라. M. Heinrich, *An Introduction to the Three Volumes of Karl Marx's Capital*, tr. Alexander Locascio (New York: Monthly Reivew Press, 2012).

한편 후자의 쟁점, 즉 계급의 자기의식이나 공통의 감성으로서의 문화라는 가정, 즉 자본주의에서 모든 문화는 계급적 문화라는 가정에 관한 한, 우리는 쉽게 문제를 해결할 수 있는 상태에 있는 것처럼 보인다. 계급의식이라는 신화적 개념을 거부하는 것은 언어학적 전회 혹은 담론적 전환 이후 거의 상식처럼 되었기 때문이다. 그러나 그런 식으로 주체의 개념을 제거할 수 있다고 믿는 것은 허황되다. 주체의 주어진 의식의 표현으로서의 문화라는 인간학적 가정은 거부될 수 있지만 담론이나 코드가 의식을 대체하는 것이 곧 주체를 제거하는 것은 아니기 때문이다. 모든 공식문화를 부르주아 지배계급의 의식과 태도, 감성을 표현하는 지배문화로 간주하고 노동자계급과 농민, 혹은 하위주체나 소수자의 문화를 대립문화, 저항문화로 간주하는 도식은, 물론 더 이상 유지되기 어려운 신화적 가정이다. 그렇지만 그렇다고 해서 주체가 사라지는 것은 아닐 것이다. 바로 생산양식의 내적 모순을 해결하고 조정하는 과정에 참여하는 사회적 실천의 효과는 새로운 주체를 형성한다. 오늘날 우리가 목격하는 문화연구의 위기 역시 여기에서 비롯된 것일지도 모른다. 초기 영국 버밍엄 학파의 문화연구가 특권화 하였던 반문화나 하위문화는 계급의 범주로 환원할 수 없는 다양한 주체(위치)가 생산하는 문화적 약호, 실천, 양식 등을 분석하고자 하였다. 이는 곧 여성이나 성소수자, 디아스포라 등의 주체-문화에 대한 관심으로 확장되었다.

그런데 아직도 이러한 문화-주체의 동일성을 가정하고 문화연구를 지속한다는 것은, 문화연구의 학술 연구의 타성이란 보잘것없는 알리바이를 통해서만 용인될 수 있을 것이다. 이미 앞에서 정치철학적 연구에서 다양한 주체성의 형상에 대한 사변적 탐색을 언급했던 것처럼, 오늘날 우리는 계급적 주체로 환원할 수 없는 이질적이면서 자율적인 주체위치와 문화적 투쟁, 저항을 분석할 수 있던 행복한 시대가 아니다. 외려 우리가 오늘날 목격하는 것은 차라리 "애타게 주체를 찾아서"라고 말해도 좋을, 주체가 없는 것처럼 보이는 세계에서 주체의 윤곽을 찾는 것일지도 모르는 것처럼 보인다. 이러한 주체의 부재를 메우는 것은 SNS를 비롯한 다양한 정보통신매체를 통해 일시적으로 관찰되었다가 사라지는 수많은 세대의 형상, 하위문화적 종족들의 형상들일 뿐인 듯하다. 그리고 이는 그 자체 깊이 탐색해 보아야 할 징후이다. 그렇지만 이를 주체가 아니라고 말할 수는 없을 것이다. 그렇지만 이는 다양한 심리적, 문화적 정체성을 일시적으로 보유한 일시적으로 떠올랐다 곧 사라지고 마는 주체이다. 그러한 심리적, 정동적 주체에 대한 관심이 오늘날 문화연구의 주된 추세 가운데 하나라는 것은 매우 의미심장한 일이 아닐 수 없다.[22] 그런 점에서 시대구분은 문화연구와 주체성 분석의 관계를 헤아려볼 수 있도록 하는 자극이 되어줄 수 있다.

"문화비평가는 문화에 결여된 문화를 갖추고 있다는 식의 그릇된 주장을 피하기 어렵다. 그의 허영은 문화의 허영에 도움을 준다. 즉 고발하는 제스처를 취할 때조차 그는 문화의 이념을 고립된 상태로, 의문시하지 않고, 독단적으로 고수하는 것이다. 그는 공격을 미뤄놓는다. 절망과 엄청난 괴로움이 존재하는 곳에서 단지 정신적인 것, 인류의 의식상태, 규범의 쇠퇴 따위만이 보이게 되는 것이다. 문화비평은 그와 같은 것을 고집함으로써, 말로 표현할 수 없는 어떤 것을 비록 무력하게나마 추구하는 대신 잊어버리고 싶어하며, 이로써 그 말로 표현할 수 없는 것은 인간과 무관해져버린다."[23]

22_ 아마 정동이나 감정연구를 통해 대표되는 현재의 문화연구의 대표적인 경향이 이에 해당될 것이다. M. Gregg & G. J. Seigworth, eds., *The affect theory reader* (Durham, NC: Duke University Press, 2010); S. Ahmed, *The cultural politics of emotion* (New York: Routledge, 2004); 에바 일루즈, 『감정 자본주의』, 김정아 옮김, 돌베개, 2010. 혹은 유사한 국내에서의 연구로는 다음의 글을 참조하라. 김찬호, 『모멸감: 굴욕과 존엄의 감정사회학』, 문학과지성사, 2014; 한병철, 『피로사회』, 문학과지성사, 2012; 한병철, 『심리정치: 신자유주의의 통치술』, 문학과지성사, 2015; 최기숙 외, 『감성사회: 감성은 어떻게 문화 동력이 되었나』, 글항아리, 2014.

23_ Th. 아도르노, 「문화비평과 사회」, 『프리즘』, 홍승용 옮김, 2004, 8.

"다양한 '역사이론'으로 위장한 채 자신을 전시하는 통시적 모형들이 창궐하는 것이 바로 현대의 특성이다. 우리는 다만 토인비나 슈펭글러의 체계, 에곤 프리델이나 로이스 멈포드의 문화사, 지크프리드 기디온이나 앙드레 말로의 장대한 예술적 종합, 그리고 좀더 최근에는 매클루언이나 미셸 푸꼬의 참신한 사상사적 작업들, 사회의 관료체제화에 대한 베버의 통찰이나 데이비드 리스먼의 유명한 '내향성/외향성'과 같은 일견 전문화된 사회학적 명제들, 이보 윈터스나 윈덤 루이스가 보여주는 도덕적 · 예술적 붕괴에 대한 묵시록적 통찰 등을 생각해보면, 우리의 지적 생활 일반이 가능한 한 가장 매끈한 '역사이론'의 모형을 설계, 완성해 팔아먹으려는 끊임없는 시도로 얼마나 점철되어 왔는지 가늠해 볼 수 있다. 브르똥은 "모두들 쥐꼬만 '통찰' 하나 가지고 해먹으려든다"고 비웃었다. 이는 소설을 염두에 두고, 또한 가끔 극소(極小)의 심리학적 '통찰'만으로 또 다른 소설'세계'를 상술하는 것이 정당화되기도 한다는 점을 염두에 두고 한 말이었다. 그러나 '역사이론'의 번창은 그보다도 더 근원적인 문화적 질병의 징후인 것 같다. 이것은 무엇보다도 우선 현재보다 앞서가려는 시도이며, 또한 현재 자체까지도 완결된 역사적 순간으로(어떤 새로운 감수성의 탄생으로, 처음에는 입문자들에게만 보이는 어떤 최종적이며 결정적인 문화적 변환의 표시로, 혹은 단순히 새로운 유행의 바람결에 날리는 첫 지푸라기나 새로운 불경기의 첫지표가 아니라면 종말론적 재앙의 첫 표시로) 간주할 수 있을 정도로 역사 배후에까지 사고해 들어가려는 시도이다. 또한 이것은 자기가 처한 역사책 자체 속에서 영원의 상(相) 아래서 궁극적으로 인준되기도 전에 그것을 명명하고 분류해보려는 시도이다. 이런 사고방식은 시간에 대한 뿌리 깊은 공포와 변화에 대한 두려움에서 유래하며, 삶의 역사성을 더욱 강렬하게 실존적으로 인식하는 것을 환영하고 향유하는, 역사로서의 현재에 대해 맑스주의가 갖는 감성과는 판이하게 다른 지적 작용이다."[24]

방금 인용한 글은 아마 오늘날 우리가 흔하게 목격할 수 있는 문화비평의 사례들에 대한 논평으로서 매우 적절할 것이다. 여기에서 아도르노가 '문화비평(*Kulturkritik*)' 그리고 제임슨이 '역사이론'이라고 지칭하는 문화분석은 오늘날 우리가 직면하는 숱한 문화분석에 대해서도 거의 동일하게 적용해 볼 수 있을 것이다. 이미 여러 곳에서 비판적으로 검토되었다시피 오늘날 우리가 살아가는 세계가 무엇인지를 제시하고 분석하기 위한 시도들은 "○○사회"와 같은 이름을 달고 꾸준히 출간되었다. 이는 숫제 하나의 문화현상인 것처럼 간주될 지경이 되었다 해도 과언이 아니다.[25] 그렇지만 이는 역사로서의 사회에 대한 이해라기보다는 사회를 역사화할 수 없게 될 때 세계에 대한 주관적 표상(대개 감정의 주체나 심리의 주체에 의해 현상되는 세계)이 사회에 대한 표상 그 자체를 대신하게 되는 것으로 말할 수 있을 것이다. 그러므로 제임슨이 "맑스주의란 단지 또 하나의 역사이론이 아니며 반대로 그런 역사이론의 종언 내지 폐기라는 것이다"라고 확언할 때, 우리는 상식과는 어긋난 그의 발언에 기꺼이 동의할 수 있게 된다.[26] 앞의 긴 인용에서 두 저자는 동일하게 문화와 경제의 동일성에 대한 분석이 어려움에 처했을 때, 자신의 역사적 현재를 분위기(Bestimmung), 심리적 정체성(나르시시즘의 문화, 속물근성의 문화, 타자지향의 문화 등), 감정의 구조 등으로 환원하며 현재로서 역사화하려는 시도를 꾸짖는다. 물론 이는 역사적 주체성의 분석의 한계를 고발하는 주장이기도 하다. 분노, 환멸, 모멸감, 수치심, 불안, 공포 등의 다양한 심리적 자질들을 통해 주체성의 분석을 완료하였다고 말하기는 어렵다. 그런 심리적 상태를 예민하게 탐지하고 제시하는 일은 문화연구의 주요한 과제이다. 그렇지만 이를 단순히 역사적 현재에 대한 분석으로 충분한 것인 것처럼 간주하는 것은 지적인 몽매에 가깝고 또 실천적인 허무주의로 우리를 이끈다.

25_ 정수복 외, 『사회를 말하는 사회』, 북바이북, 2014.
26_ F. 제임슨, 『맑스주의와 형식』, 374.

그렇기 때문에 역사적 현재를 분절하려는 시도, 앞서 말한 대로라면, 시대구분이라는 방법으로 돌아갈 필요가 있다. 그것은 바로 막연한 심리적 지형을 그려 보임으로써 오늘날의 문화적 정황에 대한 분석을 완결한 것처럼 간주하는 추세를 극복할 수 있는 가능성을 제공할 것이다. 시대구분은 말 그대로 연속적인 역사적인 시간을 각각의 단계로 분할하는 "분류의 방법"이 아니다. 자본주의의 역사적 단계를 규정함으로써 이를 시대구분할 때, 이는 자본주의의 발전의 통사(通史), 이를테면 통시적인 연대기의 눈금 위에서 구분된 시기의 단계적 연속은 아닐 것이다. 그러한 시대구분이 다양한 분류와 유형화의 기준(이를테면 자본의 구성 형태를 통해 본 경쟁, 독점, 세계화 등)을 참조하며 각 단계의 경험적 특징을 제시하는 것에 머문다면, 이는 단지 경험적인 기술적 묘사일 뿐이다. 이런 가정은 말 그대로 구분되는 각각의 시기를 발견하는 시늉을 하는 과정에 소급적으로 역사라는 대상의 동일성을 생산한다.

따라서 자본주의라는 동일한 역사적 대상이 존재하고 그 대상의 역사적 차이는 각각 그 동일한 대상의 특성으로 환원하고 만다. 따라서 우리는 자본주의를 규정하는 보편적인 모순을 가정하고 헤겔의 절대정신이나 베버 식의 이념형처럼 복잡다기한 구체적인 대상 속에 자신을 외화하거나 실현하는 근본적인 본질을 가정하고 만다. 역사적인 것을 그와 같은 식으로 이해하고 시대구분을 행할 때, 즉 역사적인 것이라는 객관적인 대상을 가정하고 그것을 특정한 시기에 따라 구분할 때, 그것은 시대구분하는 주체를 제외시킨다는 점에서도 잘못을 범한다고 할 수 있다. 다시 말해 이는 시대구분을 수행하는 주체, 역사적인 시대에 연루된 주체의 위치를 제외함으로써 역사 자체가 마치 투명하게 인식될 수 있는 대상인 것처럼 전제하게 된다. 그런 점에서 시대구분은 은밀하게 이데올로기적인 조작을 저지른다. 그러나 다른 한편 그런 연유로 시대구분은 '이데올로기 비판'이 될 수도 있다.

전자에 해당하는 역사주의적 시대구분이 객관주의적 함정에 빠지고 결국 '기계적 유물론'이란 인식론에 빠져든 채 문화를 단순히 역사적 시대 혹은 경제의 반영인 것처럼 가정한다면,[27] 후자의 역사유물론적 시대구분은 문화라는 대상을 이중화한다. 그것은 주어진 객관적 대상으로서 문화적 실천, 의미, 제도, 양식 등을 인식하고자 애쓰지만 동시에 그것이 주어진 객관적 현실을 전유하고 매개하려는 시도로서 파악함으로써 문화를 대상이자 주체로서, 물질적인 것이면서 동시에 상징적인 것으로서 인식할 수 있도록 한다.[28] 우리는 사회적이고 역사적 현실과 '직접적으로' 접촉할 수 없다. 우리는 언어, 상징을 비롯한 다양한 문화적 매체를 통해 체험하고

27_ 이를테면 모든 문화적 현상을 세세히 분석한 다음에 이를 신자유주의 때문이라고 호도하는 분석들이 이에 해당한다고 볼 수 있다. 신자유주의라는 원인은 이 때 초월적인 배경으로서 간주된다. 그리고 문화와 경제의 상동성(homology)을 가정함으로써 경제에 의한 규정 혹은 경제가 왜 그러한 문화를 생산하게 될 수밖에 없는지, 즉 어떻게 하여 경제는 그러한 역사적으로 독특한 문화를 낳게 되는지 묻는 '매개'를 설명하지 않는다. 신자유주의적 경제는 신자유주의적 문화를 낳는다는 식의 상투적 문화비평은 이른바 급진적 문화비평을 자처하는 거의 모든 분석에서 찾아볼 수 있다. 뒤에서 다시 살펴보겠지만 이른바 혐오, 환멸, 좌절, 우울 등의 심리현상을 문화연구의 대상으로 간주하는 감정(정동) 연구 혹은 심리분석으로서의 신자유주의 문화비평이 흔히 저지르는 실수가 바로 이에 해당한다고 볼 수 있다. 이런 문화연구적 경향의 한계에 대한 비판으로서는 다음의 책을 참조하라. 서동진, 『변증법의 낮잠』, 꾸리에, 2014.

28_ 아마 이는 변증법적 비평이란 이름으로 진행된 헤겔-맑스주의적 문화연구의 요체라고 할 수 있을 것이다. 그리고 이를 요약하는 주장은 처음에 거의 추문에 가까운 반응을 일으킨 제임슨의 다음과 같은 주장일 것이다. "역사는 텍스트가 아니며 지배적이건 그렇지 않건 간에 서사도 아니지만, 부재원인으로서, 텍스트의 형식을 통해서가 아니면 우리에게 접근 불가능하며, 역사와 실재에 대한 접근은 반드시 선행하는 텍스트화, 정치적 무의식 속에서의 서사화를 거치게 된다는 것이다"(F. 제임슨, 『정치적 무의식』, 41). 아도르노의 거의 모든 글에서 엿보이는 이와 같은 접근은 이미 변증법적 비평으로서 역사유물론적 문화연구를 정초하는 『맑스주의와 형식』에서도 강변된 바 있던 주장이다. 그는 이렇게 말한다. "변증법적 사유는 이중적으로 역사적이다. 즉 변증법적 사유가 취급하는 현상부터 역사적 성격을 지닐 뿐만 아니라, 또한 변증법적 사유는 그 현상을 이해하는 데 사용된 개념을 그대로 녹여서 바로 그 개념의 부동성(不動性)을 역사적 현상으로 해석해야 한다"(F. 제임슨, 『맑스주의와 형식』, 390). 물론 이는 또한 이 글에서 강조하고 있는 시대구분의 방법을 함축하고 있는 것이다. 구분된 시기 혹은 시기를 구분하는 이러한 분석의 대상과 분석 주체의 역사성을 동시에 교차하고 양자의 매개와 접합을 판별함으로써 문화연구적인 분석의 대상과 범주, 개념, 표상 등을 확보하게 된다.

인식한다. 문화연구는 물론 철학자처럼 이러한 문화적 매체를 의식, 이성, 사고, 정신 등과 같은 범주로 간주하지는 않는다. 문화연구는 언어적이면서 비언어적인 기호(sign)나 코드, 담론, 의례, 아비투스(habitus) 등의 재현(체계)을 통해 문화를 이해한다.29 그렇지만 그러한 문화적 재현은 자신이 재현하고자 하는 대상을 직접적으로 반영하거나 지시하지 않는다.

이는 구조주의적 사유의 전환 이후 하나의 상식처럼 받아들여지는 주장일 것이다. 그렇지만 문제는 그것이 실재로부터 완전히 자율적인 것은 아니라는 것이다. 하나의 재현으로부터 다른 재현으로의 전환이나 변형은 문화 자체의 내적 논리로부터 찾을 수 없다. 그것은 이미 문화를 다른 영역이나 심급들(instances)과의 연관으로부터 떼어내어 이를 자율화하고 또 실체화하는 것이기 때문이다. 그러므로 문화연구는 문화라는 대상에 이중적으로 접근하지 않을 수 없다. 먼저 문화는 연구되고 분석되어야 할 대상이다. 한편 문화는 또한 재귀적으로 혹은 자기반성적으로 분석의 작인이기도 하다는 점이다. 줄여 말하자면 문화는 문화의 분석의 작인(agent)이기도 하다. 앞서 언급했던 '문화연구에 대한 문화연구'라는 것도 바로 이를 이른다. 문화라는 대상을 분석하고 반성하기 위해 문화연구는 자신의 분석대상인 문화를 가져야 한다. 문화연구는 '문화 자체'라기보다는 분석되어야 할 대상으로서의 문화를 한정하여야 한다. 최근 유행하는 철학적 어법을 빌자면, 우리는 무한한 다양태(multiplicities)로서의 문화로부터 어떤 부분을 잘라내거나 고립시키며 그것을 분석대상으로서의 문화로 제한한다. 그러므로 문화연구는 언제나 자신이 분석하는 대상을 규정하는 순간 그 자체 분석하는 문화로서 자신을 재귀적으로 반성한다.

그렇다면 대상으로서의 문화와 분석으로서의 문화로의 문화의 이중화를 사정(査定)할 수 있는 방식은 무엇일까. 바로 그에 대한 답변으로서 우리

29_ 의식에서 재현으로의 관점의 전환과 이를 매개한 하이데거 이후의 철학적 변화에 대해서는 다음을 참조하라. F. Jameson, *Singular Modernity*, 52-57.

가 생각할 수 있는 것이 '시대구분'이라 할 수 있다. 특정한 역사적 시기 동안 문화는 자신을 자연화한다. 다시 제임슨의 어법을 빌자면 문화는 자신을 일종의 역사적 선험(*a priori*), 즉 정치적 무의식으로서 자리매김한다. 문화를 분석하는 문화, 객체로서의 문화와 주체로서의 문화라는 이중적 문화 가운데 후자의 문화, 즉 주체의 문화는, 자신을 이미 주어진 것으로서 간주하고 선험화, 실체화한다. 그리고 이러한 '선험적-경험적 이중체'(M. 푸코)로서의 문화를 다른 문화로 대체하게 될 때, 우리는 시기의 이행 혹은 시대구분을 행할 수 있게 된다. 따라서 새로운 문화적 시점은 오직 시대구분을 통해서만 드러나며, 시대구분은 바로 그러한 문화적 원근법의 피규정성, 즉 타율적인 규정을 밝힐 수 있게 한다. 그러므로 시대구분을 할 때 문화라는 대상은 어쩔 수 없이 다른 대상들과의 총체적인 연관 속에서 이해될 것을 요구하게 된다. 그 점에서 역사유물론은 언제나 시대구분을 요구한다. 그것은 문화연구에서 대상으로서의 문화와 주체로서의 문화라는 이중화의 변증법을 인식하도록 이끄는 결정적인 계기이기 때문이다.

두제곱된 사고로서의 문화연구

제임슨은 분석 대상으로서의 문화와 분석에 참여하는 문화 사이의 관계를 설명하기 위해 몇 가지 비유적인 수사를 활용한다. 그 가운데 대표적인 것을 꼽자면 '솔기(seam)'[30]나 '유리판(glass pane)' 등일 것이다. 이는 문화라는 대상을 인식할 때 그것이 어떤 인식과 체험의 구조를 통해 매개되는가를 가리키기 위한 유사 개념이라고 말할 수 있을 것이다. 이는 우리가 유리창을 통해 대상을 바라볼 때 우리의 시야를 규정하는 유리창을 인식하지

30_ F. Jameson, "Marxism and historicism," *New Literary History*, Vol. 11, No. 1 (1979), 42.

못하듯이 대상으로서의 문화를 인식하도록 하는 문화에 대한 무지를 가리킨다. 이것은 제임슨의 특장이라 할 수 있는 표현을 빌자면 '두제곱된 사고'라고 할 수 있다. 두제곱된 사고를 제임슨은 이렇게 서술한다. "정신은 이제까지 해온 활동의 바깥에 섬으로써 자기 자신을 문제의 일부로 삼을 수 있게 되고, 종전의 딜레마를 대상의 저항으로만 보는 게 아니라 전략적 방식으로 그것에 대항하여 전개·배치된 주관축의 결과이기도 하다는 면에서, 간단히 말해 주객관계의 작용을 이해하게 된다."[31] 매우 비의적으로 들리는 이러한 서술은 앞서 말한 시대구분의 방법을 설명하면서 제시한 이율배반, 즉 문화는 타율적이면서도 동시에 자율적이라는 이율배반, 문화의 규정됨과 문화의 규정함 간의 모순을 다른 방식으로 서술하는 것이라 볼 수 있다.

인식하고 성찰하는 정신 자체를 영원한 정신의 본성이나 보편적인 인식의 기능으로 간주하지 않고 그러한 정신 자체를 하나의 문제로서 다루는 것이 두제곱된 사고이다. 즉 대상을 인식하기 위해서는 그를 인식하는 정신 자체도 인식되어야 한다는 점에서 그것은 두제곱을 한다.[32] 그리고 이는 문화연구에 더욱 적절한 것이다. 문화연구란 것 역시 문화라는 것을 항상 의식해야 하기 때문이다. 그러므로 문화연구는 자신이 이해하고 분절하고자 하는 대상으로서의 문화를 규정함과 더불어 그러한 문화를 인식하고 체험할 수 있도록 매개하는 문화 자체를 규정하고자 애써야 한다. 그것은 결국 특정한 역사적 시기에 어떤 문화의 지배적인 유형, 다시 제임슨식의 표현을 빌자면 문화 코드가 자리잡게 되었는지를 인식하는 일이다.

문화는 언제나 역사적이다. 그렇지 않다면 문화는 의식이나 심리적 보

31_ F. 제임슨, 『맑스주의와 형식』, 359.

32_ 제임슨은 이를 다음과 같이 압축적으로 요약한다. "변증법적 사유란 사고에 대한 사고, 두제곱된 사고, 즉 대상에 대한 구체적 사고인 동시에 사유행위 자체 속에서 자신의 지적 작동을 의식하는 사고인 만큼, 이런 자의식이 문장 자체 속에 아로새겨질 수밖에 없기 때문이다"(같은 책, 76).

편성, 정신적 원형 같은 것으로 환원되어 버린다. 문화는 끊임없는 변화를 겪지만 특정한 역사적 시기 동안 자신이 대면하고 있는 현실의 모순을 억압하거나 상상적으로 해결하면서 자신의 일관된 형태를 갖추게 된다. 그러므로 문화연구는 문화를 분석하기에 앞서 연구 대상으로서의 문화를 자의적으로 재단할 수 없다. 문화는 언제나 타율적인 것으로 다른 영역 혹은 심급들과의 관계 속에서만 자신의 동일성을 구성할 수 있기 때문이다. 그리고 시대구분은 바로 이러한 문화의 이율배반을 포착하고 분절할 수 있는 결정적인 수단이다. 역사유물론이 문화의 자율성과 타율성을 규정하기 위한 이론 그 자체라고 할 수 있다면, 결국 시대구분은 역사유물론을 통한 문화연구의 결정적인 방법일 것이다.

계원조형예술대학교, 사회학

문화연구의 이론적 전화와 '주체'의 문제

이동연

문화연구의 위기와 그 담론들

이 글은 『문화/과학』 81호에 썼던 필자의 글 「문화연구의 종말과 생성 1—비판이론과 담론의 재구성을 위하여」의 후속 글에 해당한다. 『문화/과학』 특집 원고를 준비하면서 '문화연구의 종말과 생성'이라는 다소 도발적인 주제로 한 번에 글을 쓰려고 했지만, 하다 보니 다루어야 할 것들이 너무 많아 고심 끝에 세 번에 걸쳐 글을 쓰고자 결심했다. 첫 번째 글에서는 스튜어트 홀의 죽음을 계기로 역사적 문화연구의 종언을 선언하고 새로운 비판이론을 생성할 필요성을 제시하고자 했다. 역사적 문화연구의 종언은 역설적으로 문화연구 초기의 비판적 문제의식에 대한 재구성을 필요로 한다. 그래서 그 글은 이론의 생성과 재구성을 위해 역사적 문화연구의 이론적 실천의 중요한 테제라 할 수 있는 '이데올로기 비판'과 '정체성의 정치학' 문제를 다루면서, 정치적 기획으로서 문화연구의 의미를 재해석하고자 했다.[1] 첫 번째 글은 역사적 문화연구의 담론에서 이데올로기 비판이 어떤 함의를 갖고 있었는지를 언급하는 데 대부분을 할애하여 정체성 정치학의 문제설정과 그것의 이론적 전화와 재구성의 문제들은 충분히 다루지 못하였다.

그래서 이 두 번째 글에서는 첫 번째 글에서 미진하게 언급한 '정체성(identity)의 정치학' 문제를 본격적으로 다루고자 한다. 역사적 문화연구 내에서 '정체성의 정치학'이란 토픽은 어떤 의미를 가지고 있었는지, 이 토픽이 문화연구의 위기 국면을 거치면서 현재 '주체성(subjectivity)의 정치학'으로 이행한다고 보고, 그 이론적, 실천적 맥락은 또 어떤 함의를 가지는지를 검토하고자 한다. 또한 '정체성의 정치학'의 인간주의와 본질주의를 극복하기 위해 함께 논의해야 하는 '이데올로기 비판'이란 문제설정이 최근 문화연구의 이론적 동향에서 '정동이론'으로 이행하는 계기와 그 문제점이 무엇인지를 언급하는 것도 함께 고민해야 하는 숙제로 남겨 놓고 있다. 그렇게 따지자면 역사적 문화연구의 중요한 두 개의 이론적 축이라 할 수 있는 '이데올로기 비판'과 '정체성의 정치학'은 현재 문화연구의 이론적 지형에서는 '정동의 정치학'과 '주체성의 정치학'으로 이행했다고 볼 수 있다. 그렇다면 이 이행의 근거는 무엇이고, 이러한 판단이 비판적 문화연구의 이론적 전화에 있어 적절한지를 검토해야 한다. 그리고 이 이행의 담론이 논의되는 객관적 조건은 무엇이며, 그 논의를 통해서 문화연구는 어떤 이론적 실천으로 나아가야 하는지를 말해야 할 것이다.

주지하듯이 문화연구에서 이데올로기 비판과 정체성의 정치학은 교조적 맑스주의의 토대-상부구조의 도식화에 따른 경제결정론과 계급결정론 비판의 관점에서 제기되었다. 이데올로기 비판은 사회적 관계 속에 내재된, 혹은 무의식적으로 구조화된 생산관계의 재생산의 메커니즘을 문화현실과 텍스트 분석을 통해 폭로하고자 했다는 점에서 법적, 제도적, 이데올

1_ 이동연, 「문화연구의 종말과 생성 1—비판이론과 담론의 재구성을 위하여」, 『문화/과학』 81호, 2015년 봄 참고.

로기적 상부구조가 물질적 토대에 미치는 상호작용적 효과를 강조했다. 이데올로기 비판은 생산관계의 재생산이 지배계급의 재생산에 있어 매우 중요하다는 점을 주지하고자 했기 때문에 부르주아 허위의식으로서 이데올로기가 아닌 지배의 재생산 장치로서 구체적인 정치적, 경제적 국면에 개입하는 이데올로기의 효과를 주되게 피력하게 되었다. 문화연구가 알튀세르의 이데올로기론을 이데올로기 비판의 핵심이론으로 참고하려 했던 것도 이런 이유 때문이다.[2] 이데올로기는 부르주아 허위의식으로 단정할 수 없으며, 지배계급이 지배의 생산관계를 구체적으로 재생산하기 위해 작동시키는 것이다. 이데올로기의 작동원리는 호명이다. 호명은 "구체적인 개인을 구체적인 주체로" 전환시킨다. 이데올로기는 호명의 과정을 통해 개인이 사회적 관계 안에서 자신의 위치를 오인하게 만드는 주체 없는 과정이다.[3] '호명'은 무의식적이고 심지어는 보편내재적인 지위를 갖는다. 구체적인 개인을 구체적인 주체로 호명하는 이데올로기는 구체적인 장치를 통해서 작동하는데 초가 영국 문화연구는 대중들이 일상에 소비하는 문화 텍스트의 지배효과를 이러한 호명 장치로 설명하고자 했다. 영화, 드라마, 대중음악, 시각문화 등 문화 텍스트가 재현되는 과정에서 이데올로기는 대중들을 어떻게 호명하는가가 문화연구가 기획하고자 했던 이데올로기 비판의 핵심적인 문제의식이다.

초기 역사적 문화연구가 중시한 '재현의 정치학'은 어떤 점에서 이데올

2_ 대표적으로 스튜어트 홀의 논의를 참고할 수 있다. 홀은 알튀세르가 비판의 표적으로 삼는 것 중의 하나가 허위의식의 개념이라고 말한다. 홀은 허위의식에 대한 알튀세르의 비판은 지식에 대한 경험주의적 관계를 전제로 하는 허위의식이 개인이 현실과 맺는 관계에서 투명성과 자명성을 생산할 때, 지식의 진실을 은폐하는 메커니즘은 부르주아의 허위의식으로만 한정될 수 없는 주체형성 일반의 내재적인 문제를 통해 작동한다고 보고 있다(루이 알튀세르, 「의미작용, 재현, 이데올로기」, 임영호 편역, 『스튜어트 홀의 문화이론』, 한나래, 2005, 73 참고).

3_ 루이 알튀세르, 「이데올로기와 이데올로기 국가장치들」, 『레닌과 철학』, 이진숙 역, 백의, 1997.

로기 비판과 정체성의 정치학을 연결하는 이론적 공간이라 할 수 있다. '재현의 정치학'은 텍스트의 숨겨진 지배효과를 드러내고, 폭로하는 문화연구의 담론적 실천의 중심 주제였다. 그것은 또한 이데올로기 호명 효과에 포섭되지 않는 주체, 텍스트 생산에 있어 능동적 역할을 담당하는 주체를 상상하기도 했다. 예컨대 '미디어 재현'이나 '영화장치론'처럼 영국의 초기 문화연구가 텍스트 재현의 비판을 통해 생산관계의 문화적 재생산의 메커니즘을 폭로하고자 했다면, 1960년대 후반부터 문화연구는 주체의 능동적 재현이라는 정체성의 정치학으로 이행하고자 했다.

이러한 이행의 전환점이 된 이론가가 바로 스튜어트 홀이다. 니콜라스 간햄의 언급을 참고하자면 스튜어트 홀은 문화연구 역사에 있어서 두 가지 주요한 연속적 발전이 존재한다고 본다. 첫째는 이데올로기에 대한 호명인데, 이 호명은 "상징적 재현과 사회적 행위 사이의 난해하지만, 피할 수 없는 문제"[4]였다. 둘째, 지배와 종속 개념은 계급에서 인종과 성을 포함할 만큼 그 폭이 확장되었다. 차이로서의 문화연구는 계급 일반으로 환원될 수 없는 타자의 욕망을 강조한다. 1970년대 문화연구에서 개진된 젠더, 종족, 하위문화 연구는 계급결정론을 넘어 차이의 욕망을 선언한 정체성 정치학의 대표적인 사례[5]였다. 한국에서도 민족문학 이념논쟁[6]과 포스트모

4_ Nicholas Garnham, "Political Economy and the Practice of Cultural Studies," in Marjorie Ferguson & Peter Golding, eds., *Cultural Studies in Question* (London: Sage Publications, 1997), 57.

5_ 1970년대 영국 문화연구에서 정체성의 정치학을 구성하는 주요한 저서들 중의 하나가 스튜어트 홀과 토니 제퍼슨이 함께 쓴 『예식을 통한 저항』(Stuart Hall, Tony Jefferson, *Resistance Through Rituals: Youth Subcultures in Post-War Britain* [London: Harper Collins Academic, 1976])이다. 이 책은 영국 노동자계급 청년하위문화를 에스노그라피 방법론을 통해 집중 조명한 책이지만, 하위문화 주체를 구성하는 계급, 성, 세대, 인종의 중층적 조건들을 함께 탐구했다는 점에서 문화연구의 정체성 정치학의 의미를 가장 잘 간파한 저서로 간주될 수 있다.

6_ 1980년대 민족문학 이념논쟁은 당시의 사회변혁과 사회구성체를 둘러싼 이념논쟁의 연장에 있었다. 백낙청을 비롯해 『창작과비평』을 중심으로 한 민족문학론은 소시민적 민족문학론으로 비판을 받았고, 그 비판의 서로 다른 정치적, 이데올로기적 입장들이 민주주의민중문학론, 민족해방문학론, 노동해방문학론, 현실주의론과 같은 다양한 양태로 분화하였다. 민족문학 이념논쟁은 주로 변혁이론으로서 문학이론(비평) 분파들의 논쟁이었지만, 이후에 포스트모

더니즘 논쟁7 이후 1990년대 중반에 새로운 비판이론으로 문화연구가 등장한 이래, 신세대문화, 청년하위문화, 젠더문화, 퀴어문화 담론8이 문화이론과 분석의 실천 장에서 서로 경합하는 상황을 '정체성의 정치학'이란 말로 압축할 수 있다.

비판이론으로서 문화연구의 가장 기본적인 문제설정이라 할 수 있는 이데올로기 비판과 정체성의 정치학은 최근 문화연구자들로부터 외면을 당하거나 비판을 받고 있다. 그 토픽들은 현재의 자본주의 현실을 비판적으로 분석하기에는 너무 낡은 패러다임이거나, 여전히 텍스트 분석 중심의 재현의 정치학에만 머물렀다는 것이다. 그리하여 최근 비판적 문화연구자들은 문화연구가 좀 더 정치경제학적인 관점을 견지할 것을 요청한다. 이는 신자유주의 체제의 전면화에 따른 문화연구를 바라보는 관점의 변화라고 할 수 있다. 문화연구가 이데올로기 비판과 정체성 정치학의 토픽에만 머무르기에는 현재의 경제적, 정치적 상황이 녹록치가 않다는 문제의식을 드러내는 것이다. 정체성 정치학의 욕망을 주체의 다중적인 역능으로 긍정적으로 분석하고자 했던 1990년대는 문화현실의 좋은 시절, 즉 문화의 '벨 에포크(belle epoch)'라고 한다면, 자본독점과 통치성의 재난 시대를 겪고

더니즘 논쟁으로 이어지고, 한국적 문화연구의 이론적 실천이라 할 수 있는 유물론적 문화론 등장의 비판적 토대를 형성했다.

7_ 이 글에서 포스트모더니즘 논쟁을 장황하게 설명할 수는 없지만, 그것은 민족문학 이념논쟁 이후 탈냉전 시대의 이념적, 정치적 동요의 국면에서 사회적 실재와 변혁의 전망에 대해 회의하는, 혹은 자유주의적 다원주의로 봉합하려는 이론적 경향의 하나라고 볼 수 있다. 한국에서 포스트모더니즘 논쟁은 맑스주의와 구조주의 내부에서 탈계급의 문화정치라는 의제로 진행된 것에서부터, 포스트주의 철학의 도래, 이론의 식민화논쟁, 그리고 문학과 예술의 재현과 진정성 문제에 이르기까지 다양하게 진행되었는데, 이러한 논쟁들은 문화연구의 이론적 논쟁으로 이행하는 데 출발점이 된다.

8_ 1990년대 문화연구에 기반한 문화현실 분석이나 비평들을 담은 저서 중에서 대표적인 것들을 소개하면 다음과 같다. 김진송·엄혁·조봉진 엮음, 『압구정동: 유토피아 디스토피아』 (현실문화연구, 1992); 미메시스 기획, 『신세대: 네 멋대로 해라』(현실문화연구, 1993); 강내희·이성욱 편, 『문화분석의 몇가지 길들』(문화과학사, 1994); 서동진, 『누가 성정치학을 두려워하랴』(문예마당, 1996); 강내희, 『문화론의 문제설정』(문화과학사, 1996); 이동연, 『문화연구의 새로운 토픽들』(문화과학사, 1997) 등이 있다.

있는 지금, 혐오, 분노, 모멸감이란 감정들이 증폭하고 노동과 분배의 극심한 양극화에 시달리는 지금은 문화의 '헬 에포크(hell epoch)'라 부를 만하다. 그래서 문화가 지배이데올로기의 장치이며, 개인들의 자발적인 욕망의 구성체라는 인식을 넘어서 문화의 자본 지배방식과 계급적 불평등의 착취구조의 심화에 대한 인식을 더 강화해야 하며, 생산관계의 재생산의 조건에서 신자유주의 자본의 성격과 그 상황을 조정하는 세계자본주의 체제에 대한 심층적인 분석이 뒤따라야 한다. 이러한 문제의식 없이는 역사적 문화연구의 핵심적인 이론적 실천들은 현재성을 획득할 수 없다는 주장은 매우 일리 있다. 또한 최근 비판적 문화연구자들은 자본주의의 인지적 전환에 주목하면서, 역사적 문화연구가 관심을 기울이지 않았던 인지과학과 네트워크 이론, 포스트휴먼 윤리학과 정동이론을 강화하고자 한다. 문화연구의 이론적 전화를 다루는 이 글은 결론적으로 문화연구의 이론적 실천과 새로운 시대에 대응하는 이론적 전화를 위해 먼저 '주체성의 정치학 문제를 어떻게 해석할 것인가를 주로 언급하고자 한다. 문화연구에서 '정동의 정치학'의 문제는 이 글의 연장선상에서 문화연구의 종말과 생성의 세 번째 글이 될 것이다. 문화연구의 이론적 전화에서 주체성의 정치학 문제를 본격적으로 다루기 위해 먼저 문화연구와 정치경제학의 관계에 대해서 논의하도록 하겠다.

문화연구의 위기와 정치경제학 담론

문화연구의 이론적 전화는 문화연구의 위기를 조건으로 한다. 문화연구의 위기에 대한 많은 지적들은 대체로 다음 몇 가지로 압축된다. 이데올로기 비판과 정체성의 정치학이란 역사적 문화연구의 이론적 유효성이 종말을 고했다는 근본적인 지적에서부터, 문화연구의 주류 담론이 또 다른 텍스트주의와 문화정책 연구로 흘러가면서 비판적 관점이 무뎌졌다는 지적, 그리고 문화연구가 애초부터 간학제적인 지적 실천을 기획했는데, 대학의 제도 안으로 들어가면서 비판이론으로서의 역할이 축소되고 분과학문의 생존을 위한 실용적 도구로 변질되었다는 비판에 이르기까지 다양하다. 문화연구의 방법론이 학문의 상업주의의 이론적 근거로 변질되고, 대중문화의 상품 스토리텔링의 기획력과 상상력에 기여하고 있다는 지적도 일리 있다.

　문화연구의 위기를 진단하는 많은 담론들 중에서 새로운 비판과 실천의 강화를 강력하게 요청하는 지적들은 문화연구의 전화에 있어 중요한 시사점을 던져준다. 문화연구가 급변하는 자본주의 체제의 전지구적 상황에 제대로 대응하지 못하고, 현존하는 신자유주의 지배체제에 적극적으로 저항하지 않는다는 지적 말이다. 이는 한마디로 문화연구의 이론과 실천에서 정치경제학 비판의 관점을 강화하는 것으로 요약할 수 있다. 사실 문화연구와 정치경제학을 완전히 동일화할 수는 없을 것이다. 문화연구의 이론적 실천 역시 정치경제학의 비판으로 시작했다. 문화연구의 동요와 위기에 대한 많은 글들을 종합해 보았을 때, 문화연구의 위기는 비판이론으로서의 진보적 위치의 동요와 문화적 실천의 사회적 관계들에 대한 급진적인 탐구의 실종에서 비롯된 것이 아닌가 싶다. 특히 문화가 사회적 관계 속에서 정치와 경제와 어떤 실천적인 함의를 갖고 있고, 문화의 지배적 조건들이 현재 자본주의 체제 하에서 어떻게 작동하고 있는지, 그 종속의 상황을 극복하기 위해 어떤 문화적 실천이 필요한지에 대한 인지적 지도그리기가 필요한 상황이다. 이는 문화연구와 정치경제학의 관계를 다시 조명하는 과정을 통해서 구체화될 수 있는데, 다음 세 이론가들의 논의가 참고할 만하다.

　먼저 더글라스 캘러는 정치경제학 비판에 대하여 갖는 문화연구의 반감은 경제결정론과 환원주의로 정리될 수 있다고 본다. 정치경제학 비판은 문화의 재현과 문화의 상징체계의 의미들을 모두 경제적 토대의 문제로 환원하려 한다는 것이다.[9] 이러한 경제결정론과 다르게 영국 문화연구는 미디어 문화를 진지하게 다루고 미디어 텍스트들의 의미와 효과의 충분한 범위를 밝혀내는 분석방법과 전략들을 발전시켰다. 그러나 텍스트의 의미 재현과 그것의 지배이데올로기 효과를 폭로하는 데 있어 텍스트의 물질적 생산 조건에 대한 충분한 고려가 필요하다. 캘러가 보기에 문화연구는 문화의 생산관계와 그로 인해 고려해야 할 정치경제학적 관점을 간과하고 대신 문화 수용과 텍스트 분석을 지나치게 강조했다. 이러한 방식은 문화연구의 비판적 시각을 잃어버리게 할 위험을 안고 있다는 것이다 (116). 캘러는 텍스트 청중들을 미디어 문화에 의해 조정 당하는 수동적인 주체로 비판하는 프랑크푸르트학파의 이론가들의 분석도 문제지만, 미디어 수용자들이 언제나 능동적이고 창조적이어서 스스로 문화 텍스트의 소비를 통해서 문화생산에 기여한다는 가정 또한 의문스럽기는 마찬가지라고 말한다.

이에 비해 니콜라스 간햄은 문화연구의 텍스트주의와 소비주의 담론이 한계를 극복하기 위해 정치경제학의 관점이 개입되어야 함을 강조한다. 아래의 인용문을 보자.

"나는 최근 문화연구의 성공이 치른 대가에 대해 논하고자 한다. 즉, 문화연구가 발전시킨 방식은 우리의 상징적 재현 체계 내와 이와 연관된 문화권력 내에서 당대의 발전을 효과적으로 분석해 내거나 혹은 그들에 정치적으로 개입하는 것을 불가능하게는 아니라 하더라도 힘들게 만드는 그런 입장에 문화연구를 위치시켰다는 것이다. 원래의 기획의 전제들을 완성하기 위해 문화연구는 포스트모더니즘의 차이와 쾌락을 향해 무차별하게 돌진해 가면서 태워버렸던 정치

9_ Douglas Kellner, "Overcoming the Divide: Cultural Studies and Political Economy," in *Cultural Studies in Question*. 이하 이 책에서의 인용은 본문에 쪽수를 표시한다.

경제학과의 가교를 놓을 필요가 있다. 나는 그러한 화해가 없이는 오늘날 문화 생산양식의 변화의 특성과 그 효과를 이해하는 데 문화연구가 보여준 가치 있는 기여를 현저하게 무화시킬 것이라고 본다."[10]

니콜라스 간햄은 문화연구의 정치경제학적 관점의 중요성을 초기 문화 연구자들의 이론적 작업을 통해서 확인하고자 한다. 그가 보기에 윌리엄스와 호가트에 의해 제기된 문화연구의 근간을 이루는 추진력은 엘리트적인 지배문화에 대항하는 영국 노동계급이나 대중문화에 대한 재확인이다. 문화연구는 처음부터 광범위한 정치적 투쟁을 이론적 실천의 본령으로 삼았다는 것이다. 의미심장한 정치적 기획으로서의 문화연구는 이러한 계급적 인식과 정치적 투쟁이란 문제틀을 벗어나서는 유지될 수 없다. 니콜라스 간햄은 문화연구가 정체성의 문제, 즉 성, 인종의 문제들을 중시하는 것은 계급의 문제와 대립하는 것이 아니라 지배와 종속의 관계에 놓은 계급의 개념들을 훨씬 폭넓게 확장하는 시도로 보아야 한다고 말한다. 문화연구가 지나치게 문화적 생산보다는 소비를 강조하다보니, 정치경제가 마치 소비의 문화적 관점을 간과하고 생산의 문제에만 집중하는 것으로 잘못 판단한다는 것이 간햄의 판단이다. 그가 보기에 오히려 문화연구와 맑스주의 정치경제학의 적대주의는 정치경제학에 대한 오해에서 비롯된 것이며, 문화연구의 기획은 정치경제학과의 가교를 다시 구축하는 것을 통해서만 성공적으로 수행될 수 있다고 말한다(62). 문화연구와 정치경제학 사이의 관계에 있어 야기되는 가장 큰 문제점은 문화연구가 종속의 형태들과 그에 수반되는 문화적 실천들이 자본주의 생산양식에 토대를 두고 있다는 문화연구 본래의 주장이 갖는 함의들을 깊이 생각하지 않는 데 있다고 본다.

마지막으로 로렌스 그로스버그는 간햄의 주장과는 다르게 문화연구와

10_ Nicholas Garnham, "Political Economy and the Practice of Cultural Studies," in *Cultural Studies in Question*, 56.

정치경제학은 결코 친밀한 적이 없었다고 말한다. 그가 보기에 정치경제학자들이 문화연구에 대해 갖는 비판적 관점은 문화연구가 문화가 생산되는 제도에 대해 무관심하기 때문에 대중문화를 찬양하고, 적대적 역할을 포기한다는 것, 그리고 문화연구가 경제를 무시하기 때문에 동시대 세계의 권력, 지배, 억압의 실제 구조들을 이해할 수 없다는 것, 이 두 가지로 압축된다. 그로스버그는 이러한 정치경제학자들이 문화연구에 대해 갖는 생각과는 다르게 문화연구는 정치경제학을 거부하지는 않지만, 다만 그들이 실천하는 방식으로는 정치경제학을 생각하지는 않는다고 말한다.[11]

그로스버그가 보기에 문화연구자들의 방식은 '차이의 절합'이다. 정치경제학의 실재성, 자본주의 체제의 구체적인 지배권력의 작동방식을 이해하기 위해서는 무엇보다도 인종, 젠더, 계급, 섹슈얼리티와 같은 차이의 심급들이 다른 차이의 심급들과 어떻게 절합되는가를 분석해야 한다. 차이의 절합은 단지 상부구조적인 문제만이 아니다. 그것의 가장 중요한 쟁점은 생산수단을 소유한 자와 임금노동자 사이의 단순한 이항대립을 넘어서는 데 있다(73). 이러한 차이들의 절합이라는 문제, 즉 생산, 소비, 정치, 이데올로기가 서로 절합적으로 구성되어 있는 문제를 거부하기 때문에 문화연구의 중요한 문제들을 고려할 수 없었다고 그로스버그는 말한다. 그는 특히 생산과 소비의 내재적 절합에 대해 강조한다. 생산과 소비는 이항대립적이지 않으며, 소비는 생산 내 소비이며, 생산 역시 소비 내 생산이다. 그는 "만일 생산의 실천이란 개념이 그 자체로 문화적으로 생산된다고 한다면, 생산과 소비의 관계가 니콜라스 간햄이 제안한 것보다 더 복잡하고 덜 안정적이라면, 생산과 소비의 분리에 기반한 문화분석의 모델은 마치 생산을 임금노동으로 환원하는 것과 마찬가지로 그 자체로 매우 문제적이게 될

11_ Lawrence Grossberg, "Cultural Studies vs. Political Economy: Is Anybody Else Bored with this Debate?", *Colloquy* (March 1993), 72. 이후 이 글에서의 인용은 본문에 그 쪽수를 표시한다.

것이다."(74)라고 말한다. 좌파들은 특히 대중들과 일상의 삶에 대해 너무 낡은 일반화, 혹은 너무 높은 수준으로 추상화 하려는 가정에 빠져 있다고 지적한다(75). 결론적으로 그가 보기에 관건이 되는 것은 문화연구와 정치경제학의 관계가 아니라 오히려 경제학의 문제들, 특히 동시대 자본주의가 문화정치의 분석에 절합되는 방식이다(80). 그로스버그는 문화연구의 문제설정을 문화와 경제, 생산과 소비라는 이분법의 문제로 단순화해서는 안 되며, 동시대 문화를 상업화의 논리로만 환원해서도 안 되듯이, 경제를 자본주의 제조업의 기술적·제도적인 맥락으로 환원해서도 안 되고, 시장을 상품화되고 소외된 교환으로만 환원해서도 안 된다고 본다. 흥미로운 것은 이러한 환원주의에 대한 비판은 문화연구와 정치경제학이 궁극적으로는 모순적이지도 않고, 차이가 없다는 것을 말하려는 것이 아니라는 것이다. 문화연구와 정치경제학, 즉 소비와 생산, 문화와 경제라는 차이들의 절합은 문화가 경제이고, 경제가 곧 문화라는 내재적 동질성으로의 회귀에 대한 비판의식을 담고 있다. "문화연구와 정치경제학은 결코 결혼한 적도 없기 때문에 이혼할 필요도 없다"(80)는 그로스버그의 흥미로운 비유는 문화연구와 정치경제학의 차이와 공존이라는 위치를 견지하면서 동지적 관계에 대한 회복을 염두에 둔 것이다.

더글라스 캘너, 니콜라스 간햄, 로렌스 그로스버그는 문화연구와 정치경제학의 관계에 대해 서로 상이한 주장과 해석을 개진한다. 그러나 이들의 논의에서 한 가지 공통된 점이 있다면, 이들 모두가 경제적, 문화적 환원주의에 대해서 비판한다는 점이다. 이는 문화연구와 정치경제학 사이의 '차이와 절합' 즉 문화와 경제, 생산과 소비의 '차이와 절합'으로서의 관계가 갖는 실천적 의미를 재론한 것이라 할 수 있다. 서양의 문화연구자 사이에서 논의된 이러한 관점은 특히 미국 문화연구 진영 내부에서는 문화연구가 지나치게 미디어 연구와 지역연구의 이론적, 비평적 해결사 역할을 자처하면서 본래 자본주의 생산관계와 지배 권력에 대한 비판적 개입을 소홀히 한 것에 대한 반성을 담고 있다. 그런 점에서 최근 한국 문화연구의 위기의 원인을 진단하고, 그 대안을 생각하는 이론적 탐구에서 이른바 '문화경제' 담론이 중요한 위치를 차지하는 것은 자연스러운 일이 아닐 수 없다.

한국 문화연구의 이론적, 제도적, 실천적 위기에 대한 많은 논의 중에서 서동진이 개진한 '문화경제' 담론은 문화연구의 이론적 확장 혹은 문화이론의 경치경제로의 귀환이라는 논쟁적 지점을 낳는다. 서동진은 문화연구와 문화경제의 이론적 기획을 구분하면서 "문화연구의 주도적 경향이 '경제적인 것'을 억압하고 배제한 채, 문화를 이해하려 시도했다면, 최근 문화경제라는 이론적 기획은 문화와 경제의 탈분화, 혹은 융합을 주장한다."[12] 고 말한다. 이 주장은 문화연구가 문화와 경제를 구분하여 자신의 이론적 근거들을 확립하려 했던 시도와 달리 문화연구가 이론적 토픽으로 내세운 재현, 정체성, 권력과 같은 것들이 이미 '문화화된 경제'를 상정하고 있다는 점에서 문화연구의 고유성과 특이성에 대한 의문을 품고 있다. 특히나 문화와 경제가 탈분화하는 신자유주의 체제 하에서 애초 문화연구가 내세웠던 비판적 "개념들은 '경제적 삶(economic life)'을 정체성의 제시와 표현, 표상의 게임, 구별짓기와 같은 것으로 전환시킨, 새로운 '심미적 자본주의'의 효과일지도 모른다"(12).

서동진은 문화연구의 이러한 역사적, 동시대적 딜레마를 말한다 해서 문화연구의 이론적 기획이 설득력이 없다고 생각하지는 않는다. 문화와 경제의 관계에 대한 새로운 문제의식을 통해서 그 설득력을 얻을 수 있다고 보기 때문이다. 서동진은 대안으로 '경제와 함께하는 문화', '비판적 문화경제', '비판적 기호의 경제'와 같은 그동안 통상적으로 문화와 경제를

12_ 서동진, 「심미적인, 너무나 심미적인 자본주의—문화연구의 위기와 그 비판적 전환을 위하여」, 『경제와 사회』 92호, 2011년 겨울, 11. 이후 이 글에서의 인용은 본문에 쪽수로만 표시한다.

절합하려고 했던 방식에서 벗어나 "문화연구를 지탱하는 근본적인 전제로서의 문화/경제의 관계란 물음이 자유주의 효과에 따른 것임을 인식하고 이로부터 벗어나려는 시도가 필요하다"고 제안한다.

서동진은 문화와 경제의 관계를 특정하게 규정하는 확정적인 시도는 자유주의 한계로부터 벗어날 수 없고, 문화와 경제의 관계를 확정지울 수 없는 상황을 아포리아라는 말로 일갈하고 있다. '아포리아'라는 어원이 함의하듯이 문화와 경제의 관계를 하나로 확정을 해서는 안 되는 문화연구의 상황을 모순적으로 표현하든, 복합적, 중층적, 양가적으로 표현하든 어쨌든 서동진은 문화연구의 "아포리아를 해결하려는 시도는 곧 자유주의와의 비판적 대결이 될 것"(13)이라고 말한다. 서동진은 자신의 주장을 객관적으로 설명하기 위해 그간 이 논의에 참여했던 문화연구자들의 주장과 논쟁을 소개하고 있다. 이 자리에서 서동진의 설명을 구체적으로 언급할 필요는 없고, 일부분은 이 글에서 문화연구와 정치경제학의 관계를 설명한 부분과 겹치기도 한다. 다만 간단히 요약하면 다음과 같다. 존 피스크, 니콜라스, 간햄, 로렌스 그로스버그 사이에서 있었던 논의들이 애써 구분하려 했던 '문화연구'인가, 아니면 '문화의 정치경제학'인가 하는 논쟁은 논쟁의 크기에 비해 그다지 효과적이지 않다. 다만 이들의 논쟁으로 인해 "문화와 경제의 관계란 문제가 문화연구란 이론적 기획의 정체성을 구성하는 핵심 질문임을 재차 확인하게 되었다"(21).

문화연구의 아포리아적 상황, 좀 더 구체적으로 말하자면 문화와 경제 사이의 관계, 문화연구와 정치경제학 관계의 아포리아적 상황을 구체적으로 설명해주는 이론가는 서동진이 보기에 짐 맥기언(Jim McGuigan)과 리처드 맥스웰(Richard Maxwell)이다. 짐 맥기언은 존 피스크(John Fiske)와 폴 윌리스(Paul Willis)와 같은 주류 문화연구자들을 '소비주의 문화파퓰리즘'을 생산하는 연구자로 비판하고, 이들의 입장이 신고전경제학파의 주권적 소비자, 혹은 자유시장의 철학과 유사하다고 말한다. 서동진이 보기에 맥기언의 주장은 문화연구와 정치경제학의 문제설정에서 문화연구와 자유주의의 문제설정으로 이동하게 해준 것이다. 한편으로 맥스웰은 문화와 경제의 관계에 대한 문제의식의 초점을 '문화의 정치경제학'이 아닌 '문화정치경제학'의 비판으로 이행할 것을 주장한다. 이 주장 안에는 문화와 경제를 대당 개념으로 보는 것을 비판하고, 문화-정치-경제의 절합과 종합적 비판을 강조한다. 말하자면 맥스웰의 문제의식 역시 문화연구와 자유주의와의 대결, 혹은 후자에 대한 전자의 비판의식의 강화로 집약할 수 있다. 서동진 역시 맥스웰의 작업에 주목하는 이유가 "문화연구의 '숨겨진' 인식론적 전제인 정치경제학을 밝히는 작업은 또한 문화연구와 자유주의의 관련을 물어보는 일이 될 수도 있다는 점"(31)으로 보기 때문인 듯하다. 그는 문화연구가 자유주의, 혹은 신자유주의 비판에 적극적으로 참여해야 함을 다음과 같이 밝히고 있다.

"문화연구 '내의' 정치경제학을 생각한다는 것은 각각의 문화연구 분석이 암묵적으로 참고하고 있는 경제학설을 찾아내는 일은 아닐 것이다. 그런 연유로 우리는 맥스웰의 접근이 계발적이기는 하지만 자유주의와 문화연구의 관련을 이해하는 데에는 쓸모가 없다고 생각하지 않을 수 없다. 그보다 문화연구 안에 어떤 경제적 사고가 담겨 있는가를 찾아내는 일은 문화연구와 자본주의적 사회관계의 지배적 표상이자 또한 이에 따른 정치적 프로그램이기도 한 자유주의의 관계를 식별하는 일로 이어져야만 한다고 생각한다. 그럴 때에 비로소 문화연구가 어떻게 자신의 정치적 효력을 구성하는가를 온전히 정의할 수 있을 것이기 때문이다"(34).

문화연구와 문화경제 담론 사이의 논쟁들로부터 우리가 얻어야 할 교훈이 결국 (신)자유주의 비판이라고 한다면, 사실 실천적인 지형에 대한 고민을 떠나서 문화연구의 위기의 상황을 이론적으로 극복하고자 하는 관점이 매우 선명해질 수 있긴 하지만, 너무 일반론적인 이야기가 아닐까 싶다. 물론 서동진의 주장에는 문화와 경제를 대당화하거나 하나를 다른 하나로 대체하려는 환원론에서 벗어나려는 이론적 고민의 흔적이 엿보인다. 앞서 언급했지만, 아포리아라는 개념이 그 고민을 대변하고 있다. 문화가 자유주의의 구성 원리 중의 하나인 한에서 "자유주의의 외부에서 문화를 분석한다는 것은 일종의 부조리한 일일 수밖에 없다"(36). 문화연구가 자유주의의 한 변종으로 변질되지 않기 위해서 문화의 실천을 자유주의 외부에서 구성해야 하는 문제는 서동진의 주장대로 쉬운 문제는 아닐 것이다. 이러한 문제의식, 예컨대 문화와 경제가 탈분화하고 융합하는 상황에서 문화연구가 문화경제 담론에 단순히 투항할 수 없는 것에 대한 고민이 서동진의 글 곳곳에 배어 있음은 분명하다. 그러나 역사적 문화연구의 이론적, 현장적 실천에 대한 위기를 논의하고 그 대안을 마련하려는 자리에서 문화연구가 자유주의의 비판에 매진해야 한다는 결론[13]은 매우 중요한 문제이지만, 너무 일반적이다. 글의 말미에 가도 문화연구의 자유주의 비판의 기획들이 어떤 것인지에 대해서 구체적으로 언급하고 있지 않다.

또한 그가 이러한 결론을 맺기까지 전제하고 있는 주장들도 동의하기 어려운 면이 많다. 가령 앞서 언급한 대로 문화연구의 중요한 이론적, 담론적 실천들을 심미적 자본주의의 효과라고 가정하는 것이나, 자유주의 외부에는 문화가 부재하다고 주장하며 문화를 사실상 자유주의의 산물로 단정하려고 하는 것도 일방적인 주장일 수 있다. 더욱이 문화와 경제의 관계를 해결할 수 없는 모순의 개념인 아포리아로 상정하면서 문화연구가 이러한

13_ 서동진은 결론 삼아 이렇게 글을 맺는다. "비판적인 문화분석을 위한 이론적인 기획으로서의 '문화연구'가 있을 수 있다면 그것은 자유주의 비판의 기획이어야 할 것이다. '신자유주의'라는 역사적인 국면에서 문화연구는 어떻게 자신의 이론적인 프로그램을 구성할 것인가. 이 물음에 답하기 위해 우리는 문화적인 것과 경제적인 것의 관계라는 아포리아에 다시 직면하지 않을 수 없을 것이다. 그리고 그런 아포리아를 낳는 자유주의와의 대결을 피할 수도 없을 것이다"(37).

아포리아를 낳는 자유주의와 대면하고 이를 비판 극복해야 한다는 주장은 그 전제 자체가 인식론적으로 성립하기 어려운 면이 있다. 애초에 이러한 아포리아는 자유주의 이데올로기로 폐단으로만 규정할 수 없는 문화와 경제, 혹은 수많은 심급들 사이의 구조적 관계들의 다이아그램들을 고민했기 때문이다. 그러한 문제는 자유주의 인식론의 문제만은 아닐 것이다. 만일 자유주의 아포리아에 대한 비판이라면 사실 동시대 자유주의를 대면한 역사적 문화연구의 이론적 담론적 실천의 유산에서 그러한 비판을 충분히 발견할 수 있을 것이다.

서동진의 글에서 동의할 수 없는 또 한 가지 지점은 충분하게 검토하고 재고해야 하는 역사적 문화연구의 이론적 실천을 매우 단정적으로 일별하여 비판하고 있다는 점이다. 예컨대 문화연구의 재현의 정치학이 기획했던 이데올로기 비판이나, 역사적으로 논쟁이 되었고 다양한 이론적 함의들을 생산했던 문화연구 내에서의 젠더, 섹슈얼리티, 세대의 담론들을 심미적 자본주의에 투항한 것으로 단정하는 것은 역사적 문화연구에 대한 냉소적 판단이 강하게 드러날 뿐 아니라, 심미적 자본주의로의 포섭이라는 주장을 정당화하기 위해 역사적 문화연구의 실천의 정당성을 기각할 위험성을 안고 있다. 물론 문화연구에서 재현의 정치학, 이데올로기 비판, 정체성의 정치학의 이론적 실천이 부분적으로 대중주의나 자유주의 경향으로 흐르면서, 비판의 대상이 된 것은 사실이다. 그러나 그러한 한계에도 불구하고 1970년대 영국의 문화연구이건, 1990년대 한국의 문화연구이건, 역사적 문화연구의 이론적 실천 모두가 자유주의적 혐의에 노출되거나 심미적 자본주의에 투항했다고 말하는 것은 별개의 문제이다. 한국 문화연구의 이론적 실천이 본격화되기 시작했을 때, 1990년대에 수없이 쏟아져 나온 문화이론, 문화비평, 문화담론과 그것들이 말하고자 했던 현장들의 역사적 구성체들을 지금 위기의 시대, 신자유주의 시대라는 프리즘을 통해 일종의 부정적 후일담의 형식으로 회고할 때는 조심스러운 태도가 필요하다.

서동진은 최근의 다른 글14에서 비록 문화정체성의 문제가 중요한 토픽이었던 1990년대의 문화연구에 대한 역사적 평가를 내리지는 않았지만, 역사유물론의 '시대구분'이란 관점으로 역사적 문화연구를 바라보는 틀을 제공하고 있다. 주로 에티엔 발리바르와 프레드릭 제임슨의 논의를 언급하면서 그가 생각하는 역사유물론의 관점에서 시대구분은 "말 그대로 연속적인 역사적인 시간을 각각의 단계로 분할하는 '분류의 방법'이 아니다." 그것은 문화의 단순 반영론, 기계적 유물론의 시각으로 흐를 소지가 있으며 역사적으로 구분된 문화의 자기동일성의 반복이 될 뿐이라고 피력한다. 그가 생각하는 역사유물론의 시대구분에 대해서 명확하게 정의하지는 않지만, 문화의 자기동일성에 대한 비판, 역사적 대상으로 문화가 규정되는 것에 대한 비판의 관점으로 시대구분을 제시하고 있는 것은 분명하다. 그는 이를 문화라는 대상을 이중화하는 것이라고 말한다. 역사유물론적 시대구분은 "주어진 객관적 대상으로서 문화적 실천, 의미, 제도, 양식 등을 인식하고자 애쓰지만 동시에 그것이 주어진 객관적 현실을 전유하고 매개하려는 시도로서 파악함으로써 문화를 대상이자 주체로서, 물질적인 것이면서 동시에 상징적인 것으로서 인식할 수 있도록 한다"라는 지적은 이를 뒷받침한다. 시대구분의 역사유물론적 인식을 통해 문화의 대상과 분석을 이중화하고, 자율성과 타율성의 상호작용을 이해하며, 문화의 자기동일성을 부정하는 것이 서동진이 주장하고자 하는 기본 관점이다.

역사유물론의 관점에서 보면 문화의 자기동일성은 단지 동시대적인 문제만이 아니라 역사적 변화와 이행의 문제이기도 하다. 역사유물론적인 관점에서 보면 가령 1990년대 한국 문화연구에서 중심 토픽이었던 정체성의 문제, 즉 계급적, 성적, 성차적, 세대적 심급들은 자기 동일성을 주장할

14_ 서동진, 「역사유물론과 문화연구 (1)—'시대구분'이라는 방법」, 『2015년 한국문화연구학회 정기 겨울학술대회 자료집』 참고. 이 글은 자료집에 포함되지 않고 별도로 제출된 것이어서 본문에서 따로 페이지 표시를 할 수 없음을 밝힌다. 다행히도 이 글은 본 책에 함께 실려 있어 참고할 수 있다.

수 없을 뿐더러, 그것이 시기가 지나 새로운 역사적 조건과 국면으로 이행했을 때에도 마찬가지로 자기 동일성을 주장할 수 없다. 이는 적절한 지적이다. 그러나 역사유물론의 비동시성, 비동일성의 특성과 문화의 자율성과 타율성의 역사적 조건들에 대한 역사유물론적 검토가 갖는 타당성에도 불구하고, 역사적 문화연구를 역사유물론의 관점에서 보는 것과 그것을 역사적으로 평가하는 것은 별개의 문제가 아닌가 싶다. "오늘날 우리는 계급적 주체로 환원할 수 없는 이질적이면서 자율적인 주체 위치와 문화적 투쟁, 저항을 분석할 수 있던 행복한 시대가 아니다. 외려 우리가 오늘날 목격하는 것은 차라리 '애타게 주체를 찾아서'라고 말해도 좋을, 주체가 없는 것처럼 보이는 세계에서 주체의 윤곽을 찾는 것일지도 모르는 것처럼 보인다. 이러한 주체의 부재를 메우는 것은 SNS를 비롯한 다양한 정보통신매체를 통해 일시적으로 관찰되었다가 사라지는 수많은 세대의 형상, 하위문화적 종족들의 형상들일 뿐인 듯하다"라는 지적은 정체성을 바라보는 문화연구의 역사적 조건의 이행과 그 비판적 관점의 전략 수정을 요청한다는 점에서 일리 있는 지적이다.

그러나 시대구분으로서 역사유물론의 시각이 "문화연구와 주체성 분석의 관계를 헤아려볼 수 있도록 하는 자극"일 수는 있지만, 그것이 주체의 해석을 넘어 실천으로 이행하는 과정에서 갖는 특정한 시대의 정체성, 혹은 주체성에 대한 역사적 평가는 시대구분이라는 일종의 패러다임에 의해 재귀적인 것이 되어서는 안 된다. 심지어는 그것이 시대구분이라는 이행의 규범에 의해 회고적, 향수적, 퇴행적 평가가 되어서는 더더욱 곤란하겠다. 역사유물론의 '동시성의 비동시성', '동일성의 비동일성'이라는 문제의식은 문화의 동일성의 비판으로 유효하다. 특히 서동진의 언급대로 문화-주체의 자명성과 규정성의 논리를 극복하는 데 있어 중요한 관점이지만, 그것을 시대구분의 단절로만, 혹은 재귀적 사유의 관점으로만 바라볼 경우 그 또한 정체성 정치학의 역사적 실천의 이행을 외면하는 인식론의 한계를 가질 수 있다. 사실 서동진이 문화연구의 정체성의 정치학에 갖는 역사적 평가에서 자칫 가질 수 있는 특정한 역사적 시기의 특권화, 역사화의 오류들을 반성적으로 사고할 수 있는 지점들은 충분히 있다. 그러나 그러한 비판적 사유는 이미 1990년대 문화연구의 이론적, 비평적 실천에서도 개진되었고, 지금도 문화연구의 이론적 전화와 이행이라는 관점으로 지속되고 있다. 문화의 대상과 주체, 자율성과 타율성의 상호작용이 시대구분으로서만 규정될 수 있다면, 그 시대구분은 인식론적 단절로서만이 아닌 역사적 실천들의 (불균등한) 연속과 이행을 통해서 역사유물론의 문화적 의의를 획득할 수 있다.

문화연구의 역사적 실천에서 제기된 '이데올로기 비판'과 '정체성의 정치학'은 그 자체로 자유주의 이데올로기와의 내재적 싸움이었고, 문화연구가 정치경제학의 자유주의 비판과 다르다는 점을 보여준 것이다. 짐 맥기언이 말한 문화연구 담론 내 자유주의화의 보수적 경향을 극복하는 것은 매우 중요한 지적이다. 그러나 그 극복의 방식은 정치경제학적 담론으로의 전환을 통해서가 아니라 이데올로기 비판과 정체성의 정치학이란 문화연구 본래의 이론적 실천의 재구성을 통해서 해야 하지 않을까 싶다. 문제는 문화경제 담론으로의 전환이나, 자유주의 비판에 대한 재확인이 아니라, 이데올로기 비판과 정체성 정치학의 실천적 토픽을 현실 자본주의 체제를 극복할 수 있도록 얼마나 급진적으로 구성하는가에 있다. 이 문제를 구체적으로 논의하기 위해 문화연구의 이론적 실천의 역사에서 제기되었던 정체성의 정치학 문제를 다시 생각해 보기로 하자.

'정체성의 정치학'을 다시 상상하기

문화연구에서 정체성의 정치학이란 토픽은 맑스주의의 계급결정론을 비판하는 데 있어 세 가지 중요한 쟁점을 형성했다. 첫째, 문화적 정체성의 비본질적 구성 원리를 탐구하는 것으로 정체성은 본질적인 실체가 사전에 주어진 것이 아니라 현실에 개입하는 실천적 과정으로 구성된다는 것이다. "반본질주의적 전략은 정체성, 그리고 사회적 전략을 제고할 수 있게 만든다는 점에서 맑스주의 내부에 특별하고 유익한 반향을 일으킬 것이다"라는 지적[15]은 문화연구의 정체성 이론에서 귀담아 들을 점이 많다. 이 지적은 계급, 종족, 성, 세대 등의 복합적인 중층결정의 국면에 의해서 주체가 실제적, 현실적으로 구성되는 비어 있는 개념이라는 점을 강조한다. 주체의 정체성은 계급의 정체성으로만 환원될 수 없고, 계급의 정체성 역시 계급적 주체를 둘러싼 다양하고 현실적인 사회적 관계 속에서 재구성되어야 하는 것이다.

문화정체성 역시 인류학적, 종족적 본질에 기원하지 않는다. 스튜어트 홀은 「문화정체성과 이산」이란 글에서 문화정체성을 두 가지 상반된 관점으로 설명했다. 첫 번째 관점은 문화정체성을 "하나의 공유된 문화, 즉 일종의 집단적 '하나의 진실한 자아'라는 견지에서 정의"하는 것이다. 이 정의에 따르면 문화정체성은 "공통의 역사적 경험과 공유된 문화적 코드들을 반영"하는 것이 된다. 가령 카리브 해에 살고 있는 다양한 흑인 주체들의 '하나됨'은 이들의 다양한 차이의 기저에 존재하는 "카리브다움과 흑인적 경험의 진실이자 본질이다." 스튜어트 홀은 카리브인과 흑인의 이산이 영화적 재현을 통해 발견하고, 발굴하고, 드러내고, 표현해야 하는 것이 바로 이러한 정체성이라고 말한다. 이른바 흑인 주체의 종족적, 지리적 차이에도 불구하고 흑인 이산민들이 공유하는 '네그리튜드(Negritude)'라는 흑인 민족주의가 공유된 문화로서 문화정체성을 대변한다. 반면에 문화정체성의 경험적 동질성과는 다르게 주체의 정체성을 구성하는 데 있어 역사

15_ 깁슨 그레엄, 『그 따위 자본주의는 벌써 끝났다』, 엄은희·이현재 역, 알트, 2013, 99.

적으로 존재한 다양한 차이들을 드러내는 방식이 있다. 스튜어트 홀은 이러한 정체성을 "카리브인의 독특함을 구성하는 파열들과 불연속들을 인정하지 않고서는 올바로 말할 수 없"는 것으로 의미를 부여하고자 했고, 이를 "'존재(being)'의 문제만이 아니라 '생성(becoming)'의 문제"로서 문화정체성을 정의하고자 했다.16

두 번째, 정체성은 동질성이 아닌 차이를 통해 형성된다는 점이다. 리처드 존슨은 문화연구와 맑스주의 연관성에 있어 주목할 것 중의 하나가 문화적 과정들 내 존재하는 사회적 관계들, 즉 계급관계를 구성하는 성, 종족, 세대의 요소들과 그러한 요소들이 어떻게 사회적 차이와 투쟁의 장으로 전환하는가라고 한다.17 1980년대 영국의 신좌파 이론 진영에서 새로운 비판적 전환을 선언하면서 '주체성을 위한 새로운 시대(New Times for Subjectivity)'를 제기하였는데, 홀은 이러한 새로운 시대라는 프로젝트가 새로운 포스트포디즘이라는 사회적 성격의 변화에 대한 좌파의 대응이었다고 말한다. 새로운 사회는 동질성, 표준화보다는 다양성과 차별화, 파편화로 성격규정 할 수 있다는 것이다. 이러한 주장은 새로운 시대라는 프로젝트는 문화주의나 기계적 환원주의가 총체화하려는 야만주의에 대한 불신이라 할 수 있다. 프란시스 뮬헌에 따르면, 그것은 사회적 변화와 국면들 안에 존재하는 수많은 차이들을 포착하려는 시도이다.18

16_ 스튜어트 홀의 다음의 인용문을 보라. "문화 정체성들은 어떤 곳에서 나타나서 다수의 역사들을 가지고 있다. 그러나 문화적 정체성들은 항시적인 변형을 경험한다. 그것들은 어떤 본질화된 과거에 영원히 고정된 것이 아니라 역사와 문화와 권력의 지속적인 '유희'에 종속된다. 우리가 '식민지적 경험'의 상처 깊은 특정 내용을 올바르게 이해할 수 있는 것은 이 두 번째 입장으로부터이다. 흑인 민중, 흑인의 경험들이 재현의 지배 체제들에 입장을 취하게 되고, 종속되어지는 방식들은 문화 권력과 표준화를 비판적으로 행사한 데서 나온 결과들이다"(Stuart Hall, "Cultural Identity & Diaspora," in Patrick Williams & Laura Chrisman, eds., *Colonial Discourse & Postcolonial Theory: A Reader* (New York: Columbia University Press, 1994), 395.
17_ Richard Johnson, "What is cultural studies anyway?", in Richard Johnson, ed., *What is Cultural Studies?: A Reader* (London: Arnold Publication, 1996), 76.
18_ Francis Mulhern, *Culture/Metaculture* (London and New York: Routledge, 2000), 114.

차이와 모순으로서 정체성의 정치학을 문화연구의 관점에서 가장 잘 설명할 수 있는 것이 역사적 하위문화이다. 역사적 하위문화는 통상적으로 1950년대에서 1970년대 이르는 영국의 청년 하위문화를 지칭한다. 하위문화는 2차 세계대전 이후 황폐해진 영국 사회, 런던 등 대도시에서 시작된 도심재개발정책, 후기산업사회로의 이행에 따른 노동자계급의 불안정한 삶에서 비롯되었다. 노동자계급 부모 세대의 삶이 피폐해지고, 가족이 해체되고, 전통적인 주거 공간들이 파괴되면서 부모 세대와 자녀 세대 사이에 심각한 갈등이 야기되었다. 청교도주의로 훈육 받은 노동자계급 부모들과 종교적, 가부장적 윤리의식에 기초해 가난을 숙명으로 받아들이려는 현실을 거부하고자 했던 자녀 세대 사이에 갈등이 형성되었다. 필 코헨의 지적대로 자녀 세대들에게 가족은 하나의 전쟁터였다.[19] 하위문화는 노동자계급 삶의 붕괴에 따른 계급의식과 부모 세대의 청교도 윤리를 거부하는 세대 의식의 모순과 갈등에서 비롯되었다. 하위문화 연구는 노동계급과 청년문화를 분리하려고 한 것이 아니라 그것의 절합을 중시한다. "하위문화적 이론화의 다양성은 노동계급 하위문화 구성원들의 본질적 가치에 대한 헌신을 예시적으로 보여준 것이다." "모드족, 록커족, 스킨헤드족, 크롬비족들은 모두 부모문화 안에서 파괴된 사회적으로 응집된 요소들을 되찾으려는 시도를 각기 다른 방식으로 재현한다."[20]는 점에서 역사적 하위문화는 계급적 정체성과 세대적 정체성의 절합으로서 차이와 모순을 스타일이란 형태를 통해서 나타내고자 한다. 하위문화 정체성의 차이와 모순은 계급과 세대의 관계 속에서만 드러나는 것은 아니다. 그것은 하위문화와 그 담론의 남성적 정체성에 대한 젠더 비판도 함께 포함하고 있다. 모드, 스킨헤드, 펑크와 같은 하위문화 부족들의 스타일은 대체로 거칠고

19_ Phil Cohen, "Sub-cultural Conflict and Working Class Community," CCCS, *Working Papers in Cultural Studies*, No. 2 (Spring 1972) 참고.

20_ Ibid., 32.

공격적이어서 남성가부장적 성향을 드러낸다. 하위문화 부족들의 스타일과 퍼포먼스, 발언들과 펑크족 남자 밴드멤버들과 그들을 따라다니는 여성 팬덤족(그루피족)과의 관계에 대한 하위문화 담론들은 균형 있는 여성주의적 시각들이 결여되어 있는 경우가 많다. 안젤라 맥로비는 하위문화에서 젠더 시각이야말로, 의미 있고 차이를 생산하는 구성 원칙이라고 주장한다. 그녀는 하위문화의 스타일과 그것을 연구하는 연구자들의 담론이 여성과 소녀들에 대한 억압을 재생산한다는 사실을 외면하고 있음을 문제제기 한다.[21]

세 번째, 문화연구의 정체성의 정치학에 있어 또 한 가지 빼놓을 수 없는 것은 일상적 삶의 실천과 그 실천의 주체들의 문화적 다양성에 관한 것이다. 존 피스크는 일상적 삶의 문화는 "차이들을 체화하고 구성하는 구체적인 실천의 문화"[22]라고 말한다. 일상적 삶에 위치한 서로 다른 주체들의 몸에 체화된 차이의 감각들은 사회규율을 구성하고, 그것을 측정하려는 지배권력에 맞서 개별적인 공간 속에서 새로운 권력을 세우려는 일상적 투쟁이 벌어지는 지점이다. 문화와 일상의 관계에 대한 탐구는 문화연구의 매우 중요한 실천적 토픽 중의 하나이다. 리처드 호가트, E. P. 톰슨, 레이먼드 윌리엄스 등 초기 문화연구의 태동에 기여한 이론가들의 논의에서 공통된 점이 있다면 그것은 문화가 특별한 것이 아니라, 개인들의 일상적 삶의 경험에서 나오는 것이라는 점이다. 영국 노동자계급 형성의 문화사를 기술한 E. P. 톰슨은 노동계급의 문화가 노동자 일상의 구체적인 삶의 실천에서 나온다는 점을 강조했다. "'노동계급의 문화'라는 말의 올바른 의미는 기본적으로 집단적인 개념이며, 또 여기에서 유래하는 제도, 태도, 사고의 관습, 의도 등이다." "공제조합은 어떤 개념으로부터 도출된 것이 아니었다. 공제

21_ Anglea McRobbie and Jenny Garber, "Girls and Subculture," in Stuart Hall, Tony Jefferson, eds., *Resistance Through Rituals: Youth Subcultures in Post-War Britain*, 211.

22_ John Fiske, "Cultural Studies and the Culture of Everyday Life," in Lawrence Grossberg, et al., *Cultural Studies* (New York & London: Routledge 1992), 161.

조합의 개념들과 제도들은 어떤 공통적 경험들에 대한 응답 속에서 생겨난 것이다"라는 지적[23]은 계급의 실제적 형성과정에서 일상으로서의 문화실천이 얼마나 중요한 것인가를 강조한다.

물론 일상의 경험을 중시하는 문화연구의 관점이 소위 '문화주의'라는 혐의를 받으며 구조주의자들로부터 비판을 받아온 것이 사실이다.[24] 개인들의 문화적 일상을 지배하는 구조와 체제를 인식하지 않는 것은 단지 개인의 제한된 경험으로 사회 전체를 판단하는 것이나 다를 바 없다. 다른 한편으로 일상적 삶에 대한 중시가 대중문화의 등장과 그 위력을 과대평가하고 문화 소비와 수용의 쾌락에서 대안을 찾으려 한다는 점에서 탈정치적인 대중주의로 비판받을 수 있다. 소비공간, 라이프스타일, 취향, 드라마, 팬덤 등 대중문화 내 개인들의 문화적 실천들은 일상의 삶을 조직하는 자기 쾌락적인 힘을 찾고자 한다. 특히 수용자 연구에서 이러한 관점은 수많은 대중문화연구 사례에서 낯설지 않다. 정치경제학자들이나 비판적 문화연구자들은 이러한 관점을 탈정치적 대중주의로 간주한다. 짐 맥기언은 문화 대중주의는 일상적인 사람들의 상징적 경험과 실천들이 대문자 문화보다 분석적으로나 정치적으로나 더 중요하다는 지적인 가정이라고 말한다.[25] 예컨대 팬덤과 같은 수용자 연구는 문화자본의 논리를 충분히 인지하지 않은 채, 그 문화자본의 재생산에 기여하고 지배이데올로기에 흡수될 수 있는 위험을 안고 있다는 것이다. 상품형식과 이데올로기 형식으로의 흡수는 개인의 문화적 일상을 자율적인 취향의 논리로 탈정치화한다. 급진적 스타일을 통해 저항하고자 했던 하위문화나, 대량 소비문화의 틀 안에

23_ E. P. 톰슨, 『영국 노동계급의 형성』, 나종일 외 역, 창비, 2000, 578.

24_ 홀은 "전통적인 분석의 대상을 경험의 수준 쪽으로 돌리거나, 혹은 다른 구조와 관계들을 해석하면서 그것들이 어떻게 '체험되는가' 하는 관점에서 내려다 보는" 것을 문화주의라고 한다면, 문화주의의 흐름은 구조주의적 지적 현상이 등장하면서 잠시 중단되었다고 말한다 (스튜어트 홀, 「문화연구의 두 가지 패러다임」, 『스튜어트 홀의 문화이론』, 217).

25_ Jim McGuigan, *Cultural Populism* (London and New York: Routledge, 1992), 4.

380   좌파가 미래를 설계하는 방법

서 형성되는 팬덤문화, 다양한 취향의 공동체문화가 일상문화의 새로운 문화정치를 실천하는지, 아니면 탈정치적 대중주의로 후퇴하는지는 여전히 논쟁적인 함의를 낳고 있다. "문화연구의 대중주의는 그 자체로 정치적이다."라는 지적[26]은 일상으로서의 문화실천의 '저항과 흡수'라는 서로 상반된 함의들을 갖는다.

이러한 한계와 논쟁에도 불구하고 정체성의 정치학에서 능동적인 행위자로서의 개인의 문화적 역량에 주목하는 논의들은 꾸준히 진행되었다. 이러한 논의들은 주로 이데올로기적 호명으로서의 주체가 아닌 욕망과 주권자로서의 능동적 주체에 대한 해석을 강조하며 타자와의 관계 속에 위치한 주체, 다양한 능력을 내재하고 있는 자기결정적인 주체를 탐색하고자 한다. 안젤라 맥로비는 정체성은 유동적이며 타자와의 관계 속에서만 존재한다고 말한다. "정체성은 부르주아 개인들이 아니며, 개성, 독특한 사람도 아니며 정신분석학적 주체도 아니다."[27] 그것은 사회적 정체성, 혹은 사회 집단 혹은 공유한 경험과 역사를 지닌 대중들에 기반한 투쟁적인 자아의식을 함의한다. 사회적 관계 속에서 능동적인 행위자로서의 주체들의 다양한 문화적 실천들은 문화연구의 텍스트주의의 한계를 극복할 수 있으며, 본질주의적 정체성 이론을 내파할 수 있다. 안젤라 맥로비는 문화연구의 일상문화연구의 방법적, 실천적 대안으로 에스노그라피 방법론을 제시한다.

"계급적, 정신분석적, 이데올로기적, 텍스트적 주체로 보지 않고, 자신의 감각을 어떻게 광범위한 문화적 실천으로 기획되고, 표현될 수 있는 능동적 주체로 볼 수 있는가에 대한 일종의 안내자 역할을 함으로써, 정체성은 문화연구를 1990년대로 끌어들일 수 있다. 만일 이것이 사실이라면, 오늘날 문화연구의 문제는, 이번 컨퍼런스에서 발표된 논문들의 전체적인 기조에서 목격되었듯이(아니면

26_ Todd Gitlin, "The Anti-political Populism of Cultural Studies," in *Cultural Studies in Question*, 26.
27_ Angela McRobbie, "Post-Marxism and Cultural Studies: A Post-script," in *Cultural Studies*, 729.

예컨대 영국에서 있었던 "새로운 시대" 논쟁에서 볼 수 있듯이), 에스노그라피적 의미에서 실제로 현존하는 정체성을 확인할 수 있을 만한 참고자료들이 부재하다는 데 있다. 그 누구보다도 나에게 혐의가 많다고 볼 수 있겠지만, 지금까지 논의된 정체성들은 텍스트적 혹은 담론적 정체성들에 불과하다. 그간 문화연구에서 정체성 형성의 장은 일상의 삶 속, 혹은 그를 통한 문화적 실천보다는 문화적 상품 속, 혹은 그것을 통해서만 암묵적으로 남아있다. 내가 마지막으로 간청하고자 하는 것은 문화연구 안에서 정체성의 에스노스라피, 즉 단지 텍스트를 위한 독자 그 이상을 넘어서는 그룹들과 개인들에 대한 상호작용적 연구를 수행하는 것이다."[28]

문화연구의 이론적 전화―주체성의 정치학으로의 전환

지금까지 설명한 정체성의 정치학은 문화연구의 이론적 실천에서 가장 일반적인 논의에 포함된다. 경제결정론이나 계급결정론을 비판하며 사회적 관계에서 문화의 중층결정을 주장하려는 문화연구는 문화정체성의 문제, 특히 그것의 구성적 과정에 주목했다. 문화연구의 많은 실제 연구들은 젠더, 인종, 종족, 세대의 문화정체성에 관한 연구라고 해도 과언이 아니다. 그런 점에서 문화연구의 가장 중요한 특징 중의 하나가 '정체성'의 문제설정이라는 것에 대해서는 이론의 여지가 없다.[29] 사이먼 듀링의 지적대로 1950년대 영국에서 문화연구가 등장할 때부터, '주체성(subjectivity)' 의 문제설정은 중심적인 축이었다. 주체성의 문제설정은 문화연구가 '사회 과학의 실증주의'나 '객관주의'와 단절하고 개인적 삶과의 연관 속에서 문화를 연구했다

28_ Ibid., 730.
29_ Simon During, "introduction," in Simon During, ed., *The Cultural Studies Reader* (London: Routledge, 1999) 참고.

는 것을 의미한다.[30]

그러나 최근 문화연구와 비판이론의 동향은 문화연구의 오래된 토픽인 '정체성의 정치학'을 새로운 관점으로 해체 재구성하려는 이론적 시도를 보이고 있다. 이러한 이론적 시도를 '주체성의 정치학'으로 통칭할 수 있을 것이다. 그렇다면 정체성의 정치학과 주체성의 정치학은 어떤 차이가 있으며, 그 이행의 사회적 조건들을 어떻게 설명할 수 있을까? 일반적으로 정체성은 자아의 감각을 구성하고 표현하는 문화적 과정의 산물로 정의할 수 있다. 정체성은 개인의 존재를 구성하는 다양한 심급들, 예컨대 계급, 성, 성차, 종족, 인종, 세대의 복합적인 구성체이다. 정체성은 개인의 실체를 구성하는 다양한 부분들의 합으로 구성되지만, 정체성이 사회적 관계 속에서 투사될 때는 특정한 정체성의 '차이'로 드러난다. 가령 민족정체성, 계급정체성, 여성정체성은 개인을 구성하는 다양한 요소 중에서 특정한 차이를 드러내는 것을 말한다. 문화정체성은 그러한 개인들의 차이가 역사적으로 구성된 것을 말한다. 역사적으로 구성된 차이는 문화정체성의 모순을 내면화한다. 가령 스킨헤드와 펑크족과 같은 역사적 하위문화의 주체들은 계급, 인종, 성차, 세대의 정체성을 구성하는 데 있어 내재적으로 모순의 관계를 생산한다. 스킨헤드와 펑크족은 계급적으로 동일한 위치에 있지만, 흑인의 정체성을 바라보는 관점은 서로 모순된다. 글램족과 펑크족은 세대적인 동질성을 갖지만, 계급적 정체성은 서로 모순적이다.

정체성은 기원과 뿌리에 있어 동일한 본질과 목적을 가지고 있는 것으로 간주되지만, 문화연구는 정체성을 본질적으로 보지 않고, 역사적으로 구성된 것으로 본다. 스튜어트 홀의 지적대로 정체성은 우리가 생각하는 것만큼 투명하지 않으며 결코 완성되지 않고 과정 중에 있는 재현의 공간 안에서 언제나 구성되는 것이다.[31] 정체성은 언제나 이미 사회적 관계 속

30_ Ibid., 2.
31_ Stuart Hall, "Cultural Identity & Diaspora," 392.

에서, 역사적 국면 속에서 형성된다. 주체성은 바로 역사적 국면 속에서 구성된 정체성, 혹은 사회적 관계 속에서 지각된 정체성의 다른 이름이다. 주체성은 정체성의 사회적 구성체로 존재한다. 주체성은 개인을 권력의 관계로 위치지우는 방식을 의미화한다. 예컨대 개인은 경제적, 법적, 사회적 인습의 힘에 의해 주체화한다. 주체성은 정체성과 대립적이기보다는 그것을 좀 더 사회적 관계 안으로 번역하는 개념이라 할 수 있다. 주체성은 정체성의 언어적, 이데올로기적, 심리적 표상으로 존재하며, 정체성의 사회적 실천을 의미화하는 데 있어 구체적인 지위를 갖는 것을 말한다.

주체성과 주체에 대한 이론은 문화이론에서 가장 중요한 개념이라는 것은 이론의 여지가 없다. 문화연구, 영화미디어연구 및 문학연구는 휴머니즘, 맑스주의, 정신분석학, 포스트구조주의, 페미니즘에서 다양하게 파생된 주체성의 이론들을 놓고 서로 경합을 벌였다. 이러한 주체성에 대한 비판적 연구들은 주체성에 대한 휴머니즘적이고 계몽적인 개념들을 의문시했다.[32] 역사적 문화연구에서 주체성 연구는 18세기 이성의 시대나, 19세기 계몽주의 시대에 정립된 이성적, 합리적 근대 주체를 내파시키는 것을 목표로 하지만, 그 방식은 서로 상반된다. 개인의 신체 안에 내재화된 다양한 심급의 정체성이 사회적 관계로 이행할 때, 주체성은 두 가지 상반된 위치를 갖는다. 하나는 언어 혹은 기호로 표상되거나, 다른 하나는 그것들로 표상되지 않는 고유한 내재적 힘을 갖는다. 전자는 표상으로서의 주체성이라고 한다면, 후자는 역능으로서의 주체성이라고 할 수 있다.

역사적 문화연구에서 주체성의 이론화는 주로 표상으로서의 주체성이 문화텍스트의 재현에서 어떻게 형성되는가에 집중했다. 문화연구는 문화적 재현과정 속에서 권력관계가 어떻게 생산되고 재생산되는가를 분석하고자 했기 때문에, 주체성의 이론화에서 알튀세르의 이데올로기론, 프로이

32_ Chris Weedon, *Identiy and Culture: Narratives of Difference and Belonging* (Maidenhead Berkshire: Open University Press, 2004), 9.

트와 라캉의 정신분석학을 중요한 이론적 준거로 삼았다. 표상으로서의 주체라는 관점에서 두 이론은 공통점을 가지고 있다. 두 이론 모두 개인이 주체로 형성되는 과정에서 언어와 이데올로기로 표상되는 주체의 문제에 관심을 기울였다. 이데올로기는 지배계급의 생산관계의 재생산을 작동시키는 것으로서 이데올로기 국가장치들을 통해 구체적인 개인들을 구체적인 주체로 호명한다. 이데올로기는 사회적 실재와 맺고 있는 상상적 관계이다. 알튀세르가 말하는 '상상적' 관계에서 '상상적'이란 말은 라캉이 말하는 거울단계로서의 상상계를 염두에 둔 것으로 언어, 이미지, 꿈에 의해서 오인된, 혹은 표상된 주체의 공간이다. 즉 라캉적 의미에서 타자의 욕망으로서 주체, 시선과 응시의 분열된 주체[33]는 알튀세르가 언급한 호명된 주체와 같이 언어, 이미지, 꿈이 만든 상상적 공간 안에 존재한다. 주체성에서 주체의 문제는 언어의 영역, 즉 표상의 영역 안에서 벗어날 수 없다. 다음의 인용문을 보자.

"주체성은 주체적 영역을 의미하는데, 그 영역은 모든 지각의 사건들과 기호적 사건들의 영역으로 볼 수 있다. 그 영역에서 개인은 나와 우리로 불리게 된다. 그래서 꿈의 보고서나 음악과 영화에 참여하거나, 문장을 해독하는 것, 이 모든 것들이 모두 주체이다. 이런 사건들은 주체를 구성한다. 라캉과 알튀세르를 따라가다 보면, 문화와 미디어 이론가들은 주체는 단지 '기호학적 위치'에 불과하다는 점을 제시한다. 자아 중심의 주체라는 것도 외부(혹은 타자로, 혹은 사회적 타자를 통해)로부터 비춰진 몸의 이미지에 불과하다. 몸의 이미지는 주체의 영역에 언어적 역할을 부여한다. 주체는 이미 기호의 부분으로 '불려지고', '연결되고', '시작된다.'"[34]

33_ 자크 라캉, 「대상 a로서의 응시에 관하여」, 『자크 라캉의 세미나 11—정신분석학의 네 가지 근본 개념』, 맹정현 역, 새물결, 2008 참고

34_ Philip Bell, "Subjectivity and Identity: Semiotics as Psychological Explanation," *Social Semiotics*, Vol. 12, No. 29 (2002), 203.

문화연구에서 텍스트의 재현의 정치학에 관한 연구들은 대체로 알튀세르의 이데올로기론과 자크 라캉의 욕망이론을 경유하다 들뢰즈로 우회한다. 들뢰즈에게서 주체성은 표상을 거부하는, 즉 유기적 신체와 결핍으로서의 욕망을 거부하는 주체의 역동적인 잠재성과 내재적 생성의 힘을 의미한다는 점에서 언어에 의해 표상되거나 이데올로기에 의해 호명되는 주체 이론과는 대립한다. 들뢰즈의 철학적 사유가 1990년대 말 이후 문화연구의 텍스트 분석에서 알튀세르와 라캉을 대체하는 대안적인 이론으로 각광받은 것은 주지의 사실이다. 특히 2000년대 이후 한국 문화연구에서 새롭게 생성되는 소수자 문화와 인터넷 커뮤니티 공간에서 활동하는 디지털 문화부족, 영화 및 미디어 텍스트에서 재현되는 노마드적인 주체들을 분석하는 데 있어서 들뢰즈의 철학은 많은 이론적 기여를 하였다.

이 글에서는 들뢰즈의 철학이 문화연구에 미친 영향을 언급하는 것이 주된 목적이 아니기 때문에 자세하게 언급하기는 곤란하다. 다만 문화연구에 있어 주체성을 이론화 하는 두 가지 상반된 길에서 표상으로서의 주체가 아닌 역능으로서 주체의 문제설정에 들뢰즈의 철학적 사유들이 중요한 이론적 전환의 계기를 제공한 것은 사실이다. 문화연구의 이론적 역사의 궤적에서 문화의 재생산 구조를 간파한 알튀세르적 계기와, 대항헤게모니를 통한 문화실천의 가능성을 제시한 그람시적 계기가 있다면, 문화적 주체들의 자율성, 잠재성, 생산성을 이론화한 들뢰즈적 계기도 중요한 국면을 형성한다. 그러나 표상에서 역능으로 이행하는 주체성의 이론화를 문화연구의 이론적 전화의 중요한 계기로 간주할 때, 들뢰즈의 이론들은 문화연구에서 아주 핵심적이고 중심적인 것이라고 보기는 어렵다. 오히려 들뢰즈의 이론은 문화현실보다는 미학이나 예술이론에 더 적용하기 적합한 이론이지 않을까 싶다. 문화연구에 있어 역능으로서 주체성의 이론화는 들뢰즈보다는 미셸 푸코가 1970년대 콜레주 드 프랑스 강의에서 개진한 주체이론에서 더 많은 이론적 시사점을 얻을 수 있다.

콜레주 드 프랑스의 강의에서 푸코가 줄기차게 개진한 통치성과 주체의 해석학은 문화연구의 현재 시점에서 매우 중요한 이론적 전화를 위한 많은 사유의 공간을 열어준다. 왜냐하면 이 두 이론은 서로 상호보완적이며 표상으로서의 주체성과 역능으로서의 주체성의 형식적 단절을 기각하고 이두 관점의 봉합과 관계, 배치의 실제적 과정을 볼 수 있게 해주기 때문이다. 표상과 역능으로서 주체성의 이론화는 사실 주체를 바라보는 상반된 시각을 갖지만, 기계적으로 분리될 수 없는 절합된 표면을 갖는다. 표상으로부터 완전히 자유롭거나, 역능의 잠재성을 완전히 배제한 표상화된 주체는 완전히 상상되기 어렵다. 푸코의 통치성은 국가이성에 의한 주체의 통치술, 즉 주체의 안전과 위생과 영토와 인구의 분할을 위한 사회적 관치의 프로그램을 분석하는 장치이다. 그런 점에서 푸코의 통치성 이론은 알튀세르의 이데올로기론에 비해 훨씬 실제적이며 인식론적 수준에서 그치지 않고 역사적 분석을 겸하고 있다. 한편으로 '자기 배려'로 요약할 수 있는 주체의 해석학은 들뢰즈의 욕망이론보다 개인의 정체성을 구성하는 내적 요소에 직접적으로 관여한다.

푸코의 통치성이 문화연구의 주체성에 대한 이론적 전화에 있어 중요한 것은 비록 통치성 이론이 18-9세기 이성의 시대를 중심으로 분석하고 있지만, 그 시기에 발흥한 자유주의 통치성에 대한 비판의식을 강렬하게 담고 있기 때문이다. 푸코는 근대이성의 새로운 통치이성의 관점에서 통치는 복수의 이해관계를 조정하는 어떤 행위라고 말한다. 결국 이해관계란 그것을 통해 통치가 개인, 행위, 언어, 부, 자원, 재산, 권리 등과 같은 모든 사물들에 영향력을 행사할 수 있는 것[35]이다. "통치는 이해관계에만 집중합니다. 새로운 통치는 정치현상, 정확히 말해 정치와 정치의 관건을 구성하는 현상에 관여"(79)한다는 지적은 새로운 통치이성은 자유주의 정치와 경제

---

[35] 미셸 푸코, 『생명관리정치의 탄생』, 오트르망 역, 난장, 2012, 78. 이하 이 책에서의 인용은 본문에 그 쪽수를 표시한다.

의 이해관계에 구체적으로 개입하고 있음을 알려준다.

통치성의 관점에서 자유는 무엇일까? 그것은 "통치자와 피통치자 간의 현행관계, 요컨대 '한층 더 많은' 자유가 요구됨으로 인해 현존하는 자유가 '한층 더 적다'고 측정되는 관계에 지나지 않"(100)는 것이다. 푸코는 통치실천이 요구하는 자유를 보장으로서의 자유가 아닌 소비로서의 자유로 보고 있다. 통치성은 자유를 보장하거나 존중해 주는 기술이 아니라, 자유를 소비하게 해주는 기술이다.

"더 근본적으로 말하면 이 통치실천은 자유를 소비합니다. 자유를 소비한다고 이야기하는 이유는, 이 통치실천이 기능하려면 실제로 몇몇 자유가 있어야 하기 때문입니다. 시장의 자유, 판매자와 구매자의 자유, 소유권 행사의 자유, 논의의 자유, 경우에 따라서는 표현의 자유 등이 실제로 있어야만 그러한 통치실천이 기능할 수 있죠. 따라서 새로운 통치이성에는 자유가 필요하고 새로운 통치술은 자유를 소비합니다"(101).

자유의 소비는 자유의 생산을 전제로 한다. 자유를 소비하기 위해서는 자유의 생산을 조직하고 관리해야 하기 때문이다. 이때 자유의 생산과 소비는 명령의 구호로 존재하지 않는다. 자유의 통치술은 명령으로서의 자유의 정식화가 아니라 개인들이 자유로워질 수 있는 조건들의 관리와 조직화에 관여한다. 자유는 생산되어야 하지만, "그 행동 자체가 제한, 관리, 강제, 협박에 기초한 의무 등의 확립을 함의하고 있다"(102)는 한에서의 생산이다.

푸코의 이러한 자유주의 통치술에 대한 설명들은 지금 신자유주의 국면에 들어와서 좀 더 분명하게 설득력을 가지게 되었다. 특히 문화자본의 독점화, 문화적 코드들의 순환적 시장화, 문화적 재생산에 따른 파생상품들의 압도적 증가, 다양한 정보서비스로 존재하는 감정노동의 형태 등은 푸코가 말한 자유주의 통치술의 극대화된 현실이다. 요컨대 자유주의 통치술의 조건이 될 수 있는 표현의 자유는 개인의 문화권 권리 차원에서 관리되는 것이 아니라 문화자본의 독점화의 논리로 활용된다. 문화콘텐츠 산업의 독점화를 통제하는 것에 저항하는 논리에는 표현의 자유가 포함되어 있다. 통치성은 자유의 유용성을 확장해 주는 것이다.

자유주의 통치성의 원리와 실천의 조건들은 신자유주의 문화정치경제학의 기원을 설명하는 데 유용하다. 그런 점에서 강내희의 신자유주의 금융화와 문화논리에 대한 문화이론적 관점들은 푸코가 강조하고자 했던 자유주의 통치성의 논리와 매우 근접한 문제의식을 공유한다. 강내희가 언급하는 신자유주의 금융화는 단지 금융의 전 사회화 현상을 설명하기 위한 것만이 아니라 그로 인한 사회적 시공간과 주체형성의 변화를 설명하는 이론적 계기를 제공한다. 강내희는 신자유주의 금융화에 따른 시공간의 변화를 '미래할인 관행'이란 말로 압축해서 설명하고 있다. "우리는 시간을 자연적 흐름, 기계적 흐름만으로 경험하지 않고, 훨씬 더 복잡한 가상적 시간을 경험하게 되었다. 현재는 더 이상 과거의 뒤를 잇고 미래에 앞서 있기만 한 것이 아니라 과거를 재해석하고 각색하는 시간, 나아가 미래의 가치를 할인하여 미래를 말소시키는 시간으로 작용한다"는 지적[36]은 자유의 소비와 생산의 관리라는 자유주의 통치성의 원리에 부합한다. 신자유주의 시대에 들어와 사람들이 바빠지고, 일회용 제품들을 일상적으로 소비하고, 자신의 능력들을 입증하기 위해 포트폴리오를 만드는 행위들은 모든 자본축적을 위해 개인이 불필요한 일에 동원되는 사례들이다. 골목의 소멸, "공적 공간을 사적 자본의 영향권 아래 두는"(52) 공공-민간협력(PPP) 사업들, "부채를 자산으로 삼도록 만드는 금융적 축적 전략"들은 '빚진 주체'라는 자의식을 갖게 하며 끊임없이 자신을 계발의 대상으로 만들면서 '인간 주체성의 새로운 형태들'(53)이 등장했다.

36_ 강내희, 『신자유주의 금융화와 문화정치경제학』, 문화과학사, 2014, 51. 이후 이 책에서의 인용은 본문에 그 쪽수를 표시한다.

압축적이지만, 대략 이런 설명이 강내희가 강조하려는 신자유주의 금융화에 따른 문화정치경제학의 상황이다. 이러한 분석은 문화연구의 주체성에 대한 이론화에서 새로운 시도이고, 문화연구와 정치경제학의 통합적인 시각이 가미되어 있다는 점에서 매우 시의적절한 연구를 담고 있다. 특히 이 연구는 문화연구의 문화정치경제학의 분석을 강조하는 밥 제숍(Bob Jessop)과 같은 최근 영국의 비판적 문화연구자들의 논의에 기초하고 있다는 점에서도 텍스트주의에 경도된 역사적 문화연구의 이론적 위기를 극복해 줄 수 있는 한 대안으로 평가할 수 있다. 그러나 신자유주의 금융화에 따른 주체성에 대한 구체적인 분석에 있어서는 최근의 문화정치경제학의 관점도 중요하지만, 오히려 푸코의 자유주의 통치성에 대한 역사적 분석을 이론의 근거로 활용하는 것도 중요하지 않았을까 싶다. 푸코가 말하는 자유주의의 통치성은 자본 축적의 기제와 그 결과로서 주체형성의 변화를 주목하는 연구 방식에서 빠지기 쉬운 경제 도식주의를 벗어나게 해준다. 푸코가 언급하는 자유주의 통치는 자본과 시장의 논리에 의해 강제된 자유의 기술의 발명을 말하고자 한 것이 아니라 오히려 자유주의의 소비와 생산의 자기 관리 장치들이 스스로 개발한 작동방식에 주목한다. 신자유주의 시대의 새로운 주체형성의 변화들은 신자유주의 금융화를 확증시켜 주는 현상적 증거들이 아니라 그것의 실제적 모습인 것이다. 강내희의 저서에서 신자유주의 주체형성의 변화들에 대한 구체적이고 실제적인 분석이 충분하게 개진되지 않은 것도 자유주의 통치술의 구체적인 소비-생산의 관리 장치들의 작동원리들에 대해 충분한 관심을 기울이지 않았기 때문이지 않을까 싶다.

주체성의 정치학에서 정치철학적 주체이론으로

푸코는 자유주의, 혹은 신자유주의 주체성의 원리를 통치성의 관점으로 설명하였고, 이를 생명관리정치(bio-politics), 혹은 생명관리권력(bio-power)

이란 말로 이론화했다. 푸코는 생명관리권력을 "인간이라는 종의 근본적으로 생물학적인 요소를 정치, 정치적 전략, 그리고 권력의 일반 전략 내부로 끌어들이는 메커니즘의 총체"[37]라고 정의했다. 생명관리정치는 그러한 생명관리권력의 정치적 작동술이라 할 수 있다. 근대사회 이래 생명관리권력은 절차에 의해 수행된다. 푸코에 의하면 권력은 '절차의 총체'(18)이다. 생명관리권력은 통치의 절차로서 세 가지 메커니즘에 의존하는데, 그것은 사법메커니즘, 규율메커니즘, 안전메커니즘이다. 사법메커니즘은 처벌을 원칙으로 한 법전체계로 구성된다. 반면 규율메커니즘은 감시와 교정의 방식으로 진행되는 것으로 물론 법이 관리하고 있지만, 처벌이 아닌 훈육을 목적으로 한다. 마지막으로 안전메커니즘은 법적 위반 이전에 개인들에게 사전에 위법의 위험을 알리고 안전을 도모하기 위한 장치들과 제도들을 예상하고 계산하는 것을 말한다. 이 안전 메커니즘에는 위험을 예측하고 관리하고, 안전의 발생에 대한 계산과 측정이 중요하다는 점에서 이를 관리할 수 있는 기술적 조건들의 구축이 중요하다. 푸코는 이를 안전테크놀로지라고 불렀다. 그는 안전이란 "좁은 의미에서의 안전메커니즘에 예전부터 있는 법이나 규율 등의 골조를 덧붙여 기능시키는 방법"(30)이다. 가령 사회 통제메커니즘이나 인간 종의 생물학적 운명에 어떤 변형을 가하는 것을 안전메커니즘이라 할 수 있다. 정치적으로는 노동자 단체교섭을 방해하기 위한 집회와 시위에 대한 사회통제나, 문화적으로는 16세 이하 청소년들에게 밤 12시에서 새벽 6시까지 게임물 이용을 금지시키는 게임 셧다운제 같은 것들, 의학적으로 보면 동물구제역이나 메르스와 같은 면역체계의 붕괴가 발생했을 때, 환자들을 통제하는 보건적인 조치들이 사회적 통제메커니즘이라 할 수 있다. 그러한 보건적 조치들은 사회 통제메커니즘의 매뉴얼에 따라 정치적 조치로 전환한다. 안전은 개인들에게 개별적으로

37_ 미셸 푸코, 『안전, 영토, 인구』, 오트르망 역, 난장, 2011, 17. 이하 이 책에서의 인용은 본문에 그 쪽수를 표시한다.

적용되는 통제술이 아니라 인구학적, 생물학적 통제에 적용된다. "주권은 영토의 경계 내에서 행사되고, 규율은 개인의 신체에 행사되며, 안전은 인구전체에 행사된다"는 지적(31)은 안전메커니즘이 인간이 아닌 인구에 작동하는, 말하자면 집단적 관리를 위한 사회적 통제관리 장치의 통치술이라는 점을 알게 해준다.

그런 점에서 생명관리정치, 혹은 생명관리권력은 거시적이기보다는 미시적이고 제도적이기보다는 윤리적이다. 문화연구의 주체성의 정치학은 푸코의 생명관리정치와 권력의 이론화를 통해서 문화가 정치경제사회에 작동하는 관계들의 방식들을 분석할 수 있을 것이다. 그런데 푸코의 이러한 생명관리 정치와 권력은 주체의 미시적 욕망을 내재화하고 있다는 점에서 양가적이다. 주체의 미시권력은 사법, 규율, 안전메커니즘에 포획되지 않으려는 자기 생성적 쾌락을 가지고 있다. 푸코가 『감시와 처벌』, 『주체의 해석학』에서 궁극적으로 말하고자 했던 것도 주체의 미시적 역능이다. 푸코는 이러한 자기 생성적 주체성의 원리를 '자아의 테크놀로지'와 '자기 배려'라는 말로 설명하고자 했다. 자기 배려는 말 그대로 "자기 자신에 대한 배려이고, 자기 자신을 돌보는 행위이며, 자기 자신에게 몰두하는 행위"[38]이다. 자기 배려(epimeleia heautou)는 자기 인식(gnothi seauton: 너 자신을 알라)과 윤리와 이성의 반작용이라는 관계를 갖는 듯해 보이지만, 실제로는 델포이의 격언인 자기 인식은 자기 배려와 대립하기보다는 그것에 종속된 상태에서 표현된 것이다. 'gnothi seauton'란 말은 원래 자기 인식의 강한 원리로 사용된 것이 아니라 신 앞에서 결코 도를 넘는 행위를 하지 말라는 뜻을 가지고 있다(43). 즉 이 말은 인간의 자의식은 도덕적 이성적 표준이 아니었던 것이다. 자기 인식은 오히려 "자신을 망각하지 말고 돌보며 배려해야 한다"(44)는 의미를 가진다. 그리스, 헬레니즘 로마문화의 전

38_ 미셸 푸코, 『주체의 해석학』, 심세광 역, 동문선, 2007, 41. 이하 이 책에서의 인용은 본문에 그 쪽수를 표시한다.

반에 걸쳐 철학적 특징의 항구적인 원리인 자기 배려는 자기 인식의 기초로서 "인간의 신체 내에 이식되어야 하고, 인간의 실존 내에 박혀야 하는 침이고, 또한 동요, 운동의 원리이고 생애 내내 항구적으로 있어야 하는 배려의 원리"(48-49)이다.

흥미로운 것은 푸코의 언급대로 자기 배려가 고대 유럽문명의 역사를 오랫동안 관통한 문화현상이라는 점이고, 그 자기 배려의 현상들은 매우 다양하고 심지어는 모순적이라는 사실이다. 자기 자신에게 전념해야 한다는 자기 배려의 윤리는 "수많은 상이한 교의 속에서도 똑같이 통용되는 지상명령"[39]이었다. 자기 배려는 기독교 금욕주의의 모태가 되기도 하고, 고대 그리스인과 로마인들에게 쾌락의 활용이 되기도 한다. 자기 배려는 외부로부터 오는 자기 인식의 도덕적 규율의 종속에서 벗어나고자 하는 주체의 윤리적, 쾌락적 행위이며, 오히려 자기 인식을 지배하는 주체의 실천이다. 가령 다양한 성행위의 꿈으로 가득한 그리스 저술가 아르테미도르의 『해몽의 열쇠』에서 성적 꿈의 가치는 비록 꿈속에서의 성행위가 현실에서는 비난받을 수 있는 유형이라 하더라도 꿈꾸는 자의 사회적 역할과 성적 역할의 관계에 따라 긍정적으로 해석할 수 있다.[40] 자기 배려는 자기 자신을 돌보기, 자기 자신으로 되돌아가기, 자기 자신에게 은거하기, 자기 자신에게서 즐거움을 발견하기, 오직 자기 자신 안에서만 쾌락을 추구하기, 자기 자신과 더불어 지내기, 자기 자신과 친구되기, 성체 속에 있는 것처럼 자기 자신 안에 있기, 자신을 치료하기, 자기 자신을 경배하기, 자기 자신을 존중하기 등과 같은 다양한 형태로 주체의 실천을 이끌어 낸다.[41]

39_ 다음의 인용문을 보라. "그것(자기 배려-필자)은 태도나 행동방식의 형태를 취했고, 삶의 방식들에 영향을 미쳤으며, 사람들이 숙고, 발전, 교육시켜야 할 절차들, 행위들, 방식들로 발전되었다. 그리하여 이 계율은 개인 상호간의 관계, 교환, 의사소통, 또 때로는 제도들까지 야기하면서 사회적 행위를 구성하였으며, 마침내는 인식의 일정한 유형과 지식의 형성을 야기시켰다"(미셸 푸코, 『성의 역사 3권—자기에의 배려』, 이혜숙 · 이영목 역, 나남, 1990, 59).
40_ 같은 책, 47.

자기 배려의 실천은 도덕, 윤리, 감각, 쾌락의 선택적 배제가 아닌, 즉 하나의 배려를 위해 다른 하나가 배제되는 것이 아닌 모든 요소들의 공유와 포함을 전제로 한다.

푸코가 『주체의 해석학』에서 예리하게 간파한 질문, 즉 사람들은 왜 자기 배려를 희생시켜 자기 인식에 특권을 부여하는 것일까 라는 질문은 문화연구의 이론적 전화와 주체성의 이론화에 있어 중요한 역설의 권고를 떠올리게 해준다. 자기 배려의 희생과 자기 인식의 특권이란 말은 같은 맥락을 지시하지만, 서로 대립적이면서, 역설적이다. 자기 배려는 '표상'과 '호명'이라는 외부로부터 규정된 주체의 억압으로부터의 해방을 기획한다. 자기 인식은 금욕적이고, 이성적이고, 규율적인 자아의 내면의 원리로 볼 수 있지만, 이것 역시 자기 스스로 선택한 것이라기보다는 외부로부터 주입된 자아의 거울이다. 그런 점에서 자기 배려는 자기 인식의 극복을 통해서만 획득할 수 있다. 물론 자기 배려와 자기 인식의 양가성은 상호 보완적이면서도 대립적인 양상을 갖고 있다. 자기 배려를 쾌락의 원칙으로 자기 인식의 현실의 원칙으로 이항대립화 할 수도 있지만, 그러한 이분법은 자기 배려의 한 면만을 고수하는 오류를 범할 수 있다. 자기 배려는 쾌락의 원칙으로만 한정할 수 없다. 그것은 자아가 꿈꿀 수 있고, 상상할 수 있는 모든 긍정적 힘, 자발적 역능의 총체이다. 쾌락의 원칙으로서만 자기 배려는 속물주의, 물신주의, 배타적 나르시시즘으로 빠질 우려가 있다. 다음과 같은 푸코의 언급은 자기 배려의 권고가 우울하고 퇴행적인 자기 나르시시즘으로 해석되는 것에 대한 경고를 담고 있다.

"자기 자신을 고무하고 경배하며, 자기 자신으로 회귀하고 자기 자신에 봉사하라는 이 모든 권고들은 우리 귀에는 어떻게 들리는 것일까요? 그것은 윤리적

41_ 미셸 푸코, 『주체의 해석학』, 55.

단절의 의지, 허세, 위협, 일종의 도덕적 댄디즘, 초극 불가능한 미학적·개인적인 단계의 단언-도발로 들릴 수 있을 것입니다. 아니면 집단적 모럴(예를 들자면 도시국가의 집단적 모럴)의 붕괴에 직면해 이제 자기 자신만을 돌볼 수밖에 없는 개인의 퇴행에 대한 다소 우울하고 슬픈 표현으로 들릴 수 있을 것입니다."[42]

푸코의 이 언급은 지금 한국사회에서 자기 배려의 극단적으로 우울한 양가적 상태를 이해하는 데 적절한 격언이다. 특히 한국의 문화와 정치의 현실 국면들은 자기 배려의 윤리적, 도덕적 왜곡의 부정적 극단의 가치들을 생산한다. 최근 새롭게 등장하는 문화현상들은 자기 배려의 퇴행적 표상의 욕망들을 표출한다. <냉장고를 부탁해>, <3대 천왕>, <맛있는 녀석들> 등 미디어에서 반복적으로 재현되는 '먹방' 혹은 '쿡방' 프로그램의 음식 물신주의, 아프리카 TV의 1인 중계방송인 MCN(Multi Channel Network) 시스템처럼, 끊임없이 무언가를 응시하게 만드는 미디어 관음증, 모든 감각들을 음성제국주의의 욕망으로 빨아들이는 전자적 노이즈들은 독점화된 문화자본이 개인들에게 자기 자신에게 봉사하라고 명령하며 제공한, 윤리적 단절의 의지, 허세, 위협의 징표들이다. 또한 신자유주의 체제의 전면화와 정치적 극단 보수주의로의 회귀, 국가이성의 붕괴와 통치성의 소멸, 그리고 세월호 재난의 시간을 지연시키고, 재난의 증언과 재현을 공권력의 폭력과 극우 이데올로기의 집결과 야유로 차단하는 정치적 프로그램은 집단적, 국가적 모럴의 붕괴에 직면해 있다. 이런 문화적, 정치적 야만에서 우리는 정서적 퇴행의 감정과 우울증과 히스테리의 심리적 반복을 경험하게 된다. 이런 상황에서 자기 배려의 윤리는 고작 자본의 우아한 먹잇감으로, 정치적 우울증의 반복으로만 귀결되는 것일까? 푸코는 이러한 우울한 상황에서 자기 배려의 격언들이 긍정적인 가치를 가질 수 있다

42_ 같은 책, 55-56.

는 생각을 못 하게 만들 수도 있지만, 분명한 것은 모든 고대의 사유에서 자기 자신을 돌보기는 항상 긍정적인 의미를 가졌다고 말한다. 주체이론의 역사적 실천에 대한 의지와 신뢰, 그리고 그러한 자기 배려의 인식 하에 대안적인 주체성으로의 전화가 필요한 시점이다.

푸코의 이러한 판단을 통해 문화연구는 그 이론적 전화에서 자기 배려를 위한 새로운 주체이론을 재구성해야 하는 중요한 임무를 부여받았다. 자기 배려의 긍정적 가치의 실천은 물론 관념적인 도덕과 윤리 의식의 회복을 요청하는 것은 아니다. 그것은 오히려 자기 배려의 긍정성을 우울하게 만드는 우상들과의 싸움을 통해서 주체의 새로운 윤리학을 만드는 데 기여해야 한다. 문화연구의 새로운 주체성의 정치학을 구성하는 데 있어, 푸코의 주체성 이론은 주체와 권력의 작동방식을 '사회적 관리'와 '자기 배려'라는 이중적인 관점에서 기여했다. 그러나 푸코의 주체성 이론은 문화연구의 주체의 이론화에서 정치적 프로그램으로의 이행을 구체적으로 설명해 주지는 못한다. 그의 주체성 이론은 주체의 주체화에 대한 역사적 해석과 현실적 상상력을 제공해 주는 데 기여하지만, 그것으로 주체의 전화와 이행의 문화적 실천에 대한 프로그램들을 '정치화' 하는 데는 한계가 뒤따른다. 그런 점에서 문화연구에 있어 주체의 이론화는 '주체성의 정치학'에서 '정치철학의 주체이론'으로 이행하여 그 한계를 보완해야 하는 미완의 숙제를 남겨 놓고 있다. 정치철학의 주체이론은 문화연구의 주체성의 문화정치가 갖는 '재현과 해석'의 한계를 극복하는 데 도움을 줄 것이다.

우리는 맑스주의 정치철학에서 귀담아 들을 수 있는 두 개의 주체이론을 탐구하는 것에서 시작할 필요를 가진다. 그것은 자크 랑시에르의 '정치의 미학화'와 알랭 바디우의 '변화의 주체'라는 토픽이다. 이 글에서 이 토픽을 아주 상세하게 다루기에는 지면상 불가능하고 준비도 역부족이다. 다만 '정치의 미학화'와 '변화의 주체'라는 두 토픽들이 문화연구의 주체성의 이론화에 어떤 정치적 함의들을 가지고 있는지를 두 이론가의 글을 인용하는 것으로 글을 마무리 하겠다. 이에 대한 구체적인 언급은 '문화연구의 종말과 생성'을 주제로 한 세 번째 글에서 '정동적 전화'의 문제와 함께 좀 더 구체적으로 다루겠다.

"감성의 분할은 그가 행하는 것에 따라 '다른 곳에' 있을 수 없다. 감성의 분할은 그가 행하는 것에 따라서, 이 활동이 행해지는 시간과 공간에 따라서 누가 공통적인 것에 참여할 수 있는지를 보여준다. 어떠어떠한 '점유'를 가지는 것은 공통적인 것의 능력들 또한 무능력들을 그렇게 규정한다. 그것은 공통의 말 등을 부여받아, 공통의 공간에서 보이는 것 또는 보이지 않는 것을 규정한다. 따라서 정치의 기저에, 벤야민이 말하는 '대중들의 시대'에 고유한 그 '정치의 미학화'와는 아무런 관계가 없는 그런 '미학'이 있다. 이 미학은 어떤 예술 의지에 의해, 인민을 예술작품으로 생각하는 것에 의해 정치를 도착적으로 압류하는 의미로 이해되어서는 안 된다. 유추하자면 우리는 그것을—어쩌면 푸코에 의해 다시 검토된— 칸트적 의미로, 자신에게 느끼게 하는 것을 결정짓는 선험적 형식들의 체계로 이해할 수 있다. 그것은 경험형식으로서의 정치의 장소와 쟁점을 동시에 규정하는 시간들과 공간들, 보이는 것과 보이지 않는 것, 말과 소음의 경계설정이다. 정치는 우리가 보는 것과 그것에 대해 우리가 말할 수 있는 것에 관한 것, 우리가 보는 데 있어서의 능력과 말하는 데 있어서의 자질을 가지고 있는지에 관한 것, 공간들의 속성들과 시간의 가능성에 관한 것들이다."[43]

"변화에 대한 물음이 중요한 것은 변화의 특정 구상[절대적 변화]이 오늘날 난관에 봉착했기 때문에 더더욱 의미가 있다. 오늘날 우리는 [지난 세기의] 절대적 변화라는 무시무시한 관념 이후에 우리 자신이 서 있음을 발견한다. 절대적 변화라는 관념은 낡은 세계에 대한 완전한 파괴를 통해 한 세계에서 다른 세계로

43_ 자크 랑시에르, 『감성의 분할』, 도서출판b, 오윤성 역, 2008, 14-15.

이행할 수 있다고 주장했다. 그러나 낡은 세계란 없다. 세계는 낡거나 새롭거나 한 것이 아니다. 세계는 반복이자 반복의 법칙으로서 하나의 구조이다. 그 반복의 법칙을 바꾸기 위해서, 우리는 반복 내부에서 그 반복의 극한, 그 한계 지점까지 가야 한다. 이 지점이 우리가 새로운 가능성을 제기 할 수 있는 지점이다."[44]

한국예술종합학교 교수

44_ 알랭 바디우, 『변화의 주체』, 박영기 역, 논밭출판사, 2015, 76.

예술행동을 둘러싼 사회적 실천과 연대

이원재

예술행동 또는 행동주의 예술

"상품미학이 상품의 매력을 만들어냄으로써 사람들의 가치, 인식, 행동 방식을 바꾸고 그들을 자본주의적 라이프스타일에 통합시키는 중요한 기제라면, 오늘 이 미학이 지배적 위상을 누리고 있다는 것은 현 단계에서 자본주의가 재생산되는 데 미학이 중요한 기능을 하고 있다는 말일 것이다."

―강내희

예술행동 또는 행동주의 예술이 최근 한국의 사회운동 현장 곳곳에서 다양하게 확산되며 주목받고 있다. 민주화 운동의 역사 속에서 예술운동의 중요한 가치이자 원리로서 다양한 현장예술, 노동자문화의 궤적을 만들어 왔던 행동주의 미학이 예술행동으로 거듭나고 있는 것이다. 평택 미군기지 반대운동과 용산참사를 계기로 진행된 현장예술, 한미FTA 저지 운동과 미국산 쇠고기 수입 반대 촛불시위에서 표출된 다양한 문화예술행동, 사회적 예술기획으로서의 희망버스 운동, 예술과 노동의 새로운 연대를 실천하고 있는 콜트·콜텍 기타노동자 투쟁 등 지금 우리 시대의 사회운동에서 예술행동은 중요한 위치와 역할을 부여받고 있다.

예술행동은 예술의 영역에서 행동주의 철학과 가치 그리고 시대적 경향성을 적극적으로 실천한다. 일반적인 예술운동이 예술의 자율성을 획득하고, 예술의 관점에서 사회적 관계성을 구축하는 실천의 장이었다면, 예술행동은 예술 자체의 내재적 자율성이나 심미적 영역만이 아니라 예술의 사회적 개입, 문화정치적 맥락화 등을 통한 자기실천을 추구한다. 따라서 지금 사회운동 현장 곳곳에서 전개되고 있는 다양한 예술행동은 기존 예술운동의 한계에 대한 비판적 문제의식과 새로운 대안 모색이라는 과제를 내재하고 있다.

예술행동은 예술의 내부에 머물고 있는(제도화된 형식으로서의 예술로 모든 것을 수렴하는) 제한된 의미의 '관계의 미학'이나 '사회적 예술'의 수사를 가로질러 예술 외부에 존재하고 있는 정치, 경제, 문화와의 새로운 관계 맺기를 통해 예술의 사회적 가치와 현재성을 질문한다.

먼저 예술행동은 민주화 운동과 함께했던 민중미학 이후 단절되었던 새로운 '사회미학'의 필요성 속에서 제기되었다.

민주화 운동과 민중미학 시대 이후 예술운동은 과거의 성과와 한계를 통해 새로운 상상력을 증폭하기보다는 오히려 장르적인 고착화, 분절화 등을 반복했다고 보인다. 반면 1990년대 이후 대중의 일상은 과학기술, 미디어, 문화산업, 대중문화 등의 확장 속에서 문화적 콘텐츠와 기호로 가득 차 있으며, 가중되는 노동강도 속에서도 여가문화, 취미생활 등 재생산 영역의 소비가 일상의 중요한 영역으로 자리 잡았다. 더욱이 자본과 국가는 신자유주의의 위기, 자본주의의 전환기에서 예술을 신성장동력, 미래지향적 고부가가치산업, 예술 창의성에 기반한 도시개발, 새로운 일자리 창출 (예술뉴딜) 등으로 호출하고 있다.

이런 맥락에서 기존의 선입관과 한계를 넘어 예술의 사회적 실천을 확대하고, 사회운동의 문화적 재구성을 실현하기 위해서는 현대 자본주의의 상품미학과 소비미학을 넘어서야 하는데, 이는 사회미학의 관점에서 예술에 새롭게 접근할 때 비로소 가능할 것으로 보인다. "사회미학은 '미학의 사회화'와 '사회의 미학화'를 동시에 모색해야 하며, 개인의 감수성과 작품(텍스트)에 고립되는 개인주의 미학이 아닌 관계성의 미학을 지향한다."[1] 이에 기반한다면 예술행동은 어느새 인간의 감성까지도 손쉽게 거래할 수 있게 만들어 준 현대 자본주의의 상품미학과 소비미학에 맞서 비판적이고 대안적인 사회미학을 구성해 가는 구체적인 전략이자 실천으로 볼 수 있는 가능성을 가진다.

또한 예술행동은 진보적이고 대안적인 예술작업, 예술운동에서조차 내면화되어 있는 근대적이고 배타적인 작가주의, 물질화된 모더니즘 미학의 한계 등에 대한 급진적이고 실천적인 해체작업이기도 하다.

행동주의 미학의 관점에서 보면 예술행동은 단순히 예술을 통해 사회적 문제에 개입하는 것만을 의미하지는 않는다. 예술행동은 본질적으로 예술(가)의 재개념화를 비롯하여 예술의 사회적 역할과 관계성에 대한 새롭고 도발적인 질문이며, 예술의 사회적 존재기반을 재구성하기 위한 예술(가) 스스로의 자기실천 과정이다. 예술행동의 출발점은 사회적 존재로서 예술가의 자기점검, 자기실천에서 나온 대사회적인 자의식의 표출인데, 이 때 예술행동은 예술의 공간과 삶의 현장을 이원화하지 않는 통합적 관점, 삶의 태도 등을 전제로 진행된다. 이런 맥락에서 예술행동은

1_ 강내희, 「의림의 시적 정의, 또는 사회미학과 코뮌주의」, 『문화/과학』 53호, 2008년 봄, 34. 이 글은 본 책과 함께 발간된 『인문학으로 사회변혁을 말하다—강내희 선집』(문화과학사, 2016)에 재수록되어 있다.

"사회적 정의 내에 포함되는 개인의 자율성 확보, 무비판적으로 수용되고 있는 생활방식들의 정치화, 현존하는 정치, 경제적 구조의 재생산과 내면화의 고리를 끊을 수 있는 정신과 욕망의 문화적 재구성, 공공영역(국가나 경제, 정치의 제도적 영역)과 사적 영역(친밀성의 영역)의 상호배타적 이분법에 기초한 규범적 구분의 해체('사적인 것이 가장 공적인 것이다') 등의 시도가 지닌 의미를 경제적 억압 이외에도 정치적, 문화적, 심리적으로 작용하는 수많은 억압과 규제들을 자각하는 데서 발견하여야 한다."[2]

여기에 더하여 예술행동은 감수성, 일상성, 현장성, 관계성, 자율성 등의 가치와 원칙을 통해 사회운동과 예술운동을 재구성하고, 대중운동의 일반화된 위기에 대응한다. 예술행동을 계기로 발생하는 예술 안팎의 사회적 성찰과 자각은 사회운동의 다양한 이상과 가치들을 더욱 친밀하고 개방적이며 일상적으로 확장한다. 이는 예술행동이 최근 사회운동의 중요한 과정이자 방법으로 주목받고 있는 이유이기도 하다. 예술행동은 기존 사회운동이 반복하고 있는 조직과 시스템, 이성적 목적지향성과 계몽주의, 정치이데올로기와 일상의 분리, 위계화된 조직화와 대의적 실천, 진지함과 엄숙주의 등을 전복한다. 그리고 그 빈자리에 사회적 개인과 집단성, 감수성과 교감, 일상적 관심과 취향, 자율성과 자기실천, 놀이와 즐거움 등을 연결시킨다. 예술행동 과정에서 발견되는 감수성, 일상성, 현장성, 관계성, 자율성 등은 더 이상 사회운동의 도구이거나 기술적인 차원의 이벤트가 아니며, 사회운동의 자기실천을 위한 가장 중요한 구성적 가치이자 원리이다.

지난 시절 '현장예술'이 전문화, 제도화된 시스템에 기반하여 진행되는 경험주의적 예술들과 스스로를 단절시키며 예술의 사회적 실천을 모색하였듯이, 예술행동은 이제 물질화된 근대적 예술구조로부터 자발적으로 벗

2_ 임정희, 「문화적 기획으로서의 예술행동주의를 다시 생각한다」, 문화연대, <문화운동이여 정치를 전복하자>, 2007, 29.

어나 사회적 사건을 예술로 현장화하고, 현장화된 예술을 다시 사회적 사건과 공간으로 연결, 확장한다. 예술을 둘러싼 사회적 소통(유통)의 중심에 물질화, 상품화된 예술작품이 아니라 참여, 과정을 중요시하는 행위나 태도 그 자체를 위치시킴으로써 예술에 대한 자본주의의 가치체계를 위협하거나 재전유한다. 자본주의가 예술을 둘러싼 모든 가치를 교환가치 중심의 상품으로 물질화 했고, 그 맹목적이고 강요된 물질화 과정에서 예술의 다양한 가치와 사회적 역할들이 유배를 떠나야 했다면, 예술행동은 예술의 본질적이고 사회적인 가치와 관계를 다시 현실로 초대한다. 예술행동의 감수성, 일상성, 현장성, 관계성, 자율성 등의 원리 속에서 사회적 진실, 분노, 두려움, 슬픔, 소통, 희망 등이 우리의 삶과 공간에 다시 소환되며 회자되고 교감을 시도한다.

결국 예술행동은 텍스트와 물질화를 통해 고정된 의미로 포획되지 않는 태도와 실천으로서의 예술이다. 그것은 궁극적으로 "실천의 결과를 예술적인 유산으로 남기려 하기보다는 그 결과를 토대로 하는 또 다른 예술실천의 디딤돌"이 되는 과정이며, 그런 점에서 "가장 예술적인 방법으로 맹렬하고 첨예하게 사회에 개입하고 참여하는 진정한 전위" 예술이다.[3] 지금 예술행동은 능동적인 사회미학을 생성하며 일상의 미학, 현장의 미학, 참여의 미학, 관계의 미학, 자율의 미학 등을 기반으로 아방가르드를 비롯한 근대 미학과 예술운동의 한계에 도전하고 있다.

예술행동, 궤적

최근 한국사회에서는 다양한 예술행동이 전개되고 있다. 때로는 사회운

3_ 김준기, 「행동으로서의 예술」, 문화연대, <정치 예술과 미디어 행동주의의 鬪合>, 2009, 8.

동의 중심에서 지배 권력에 저항하는 불복종 운동으로, 때로는 일상의 영역에서 생태문화적인 대안을 모색하는 자기실천으로, 예술행동은 동시대 사회운동의 지향성과 문화를 내재한 채 새로운 예술운동의 흐름을 형성하고 있다. 예술행동이 사회운동의 새로운 돌파구이자 더 많은 민주주의를 위한 직접 행동 방식으로 부상하면서 다양한 사회적 의제, 주체, 형식 등이 예술행동과 연대하고 있다.

이와 같은 현재의 예술행동 흐름을 형성하는 데 중요한 전환점이 된 사건이 바로 평택 미군기지 이전 반대운동의 대추리 현장예술 활동이다. 대추리 현장예술 활동은 당시 사회적 쟁점이었던 평택 미군기지 이전 문제를 둘러싸고 자행된 지배권력의 폭력에 맞선 사회적 저항이자 비폭력 평화운동이었다. 또한 대추리 현장예술 활동은 대추리 주민들의 불복종 운동과

함께한 공공예술이자 커뮤니티 예술이었으며 평화로운 마을을 만들기 위한 문화기획이자 대지예술이었다.

　대추리 현장예술 활동은 무엇보다도 국가 폭력에 맞서는 직접 행동이 다양한 예술을 통해 표출되었다는 점, 그리고 이 과정에서 매우 다양한 장르와 형식의 예술가 집단이 대추리라는 장소를 거점화하며 공동작업을 실천했다는 점에서 굉장히 놀라운 예술행동이었다. 민중예술, 대중문화, 비주류문화, 실험예술 등 다양한 예술 형식들이 미술, 음악, 영상, 사진, 문학, 연극 등 거의 모든 장르에 걸쳐 통섭적인 예술행동을 구현하였다. 대추리 현장예술 활동을 계기로 이후 사회운동 영역에서 장소 거점형 예술행동이 본격적으로 전개되었고, 사회적 문제에 적극적으로 대응하는 예술행동 커뮤니티이자 작업 공동체들이 형성되기 시작했다.

　　대추리 현장예술 활동이 장소 거점형 예술행동과 예술행동 커뮤니티 형성의 전환점을 제시했다면, 한미FTA 반대 운동과 미국산 쇠고기 수입 반대 촛불시위는 좀 더 일상적이고 자기 참여적인 대중적 예술행동의 폭발을 가져왔다.

대규모 시위, 다중의 폭발적 참여를 통해 전개된 한미FTA 반대 운동과 미국산 쇠고기 수입 반대 촛불시위는 거리예술, 광장문화, 참여형 문화행동 및 미디어행동, 생활창작, 디자인 액티비즘 등을 통해 광범위한 예술행동의 장을 제공하였다. 이 과정에서 사회운동 주체들은 물론 일반 시민들까지도 기존의 경험과는 비교가 되지 않을 정도의 행동주의 미학을 직접 체험하게 되었다. 예술행동은 마음껏 펼쳐진 광장과 거리를 배경으로 스스로의 가능성과 잠재력을 실험하였으며, 이 놀라운 경험은 향후 예술행동의 진화와 사회적 연대에 있어 다양한 가능성을 제시하였다.

　　용산참사 진상규명 운동의 현장예술 활동은 다시 한 번 예술행동의 사회적 역할과 중요성을 확인시켜 주었다. 용산참사 현장예술 활동은 대추리 현장예술 활동의 진화된 버전이자 그 사이 축적된 예술운동의 역량과 가능성을 확인시켜 준 사건이었다. 무엇보다도 용산참사 현장예술 활동은 당시 이명박 정부가 조성한 잔혹하고 폭력적인 국면 속에서 용산참사를 둘러싼 사회운동의 중요한 돌파구 역할을 하였다. 거대한 지배 권력의 직접적인 폭력에 맞서 예술행동은 남일당과 레아 호프를 비롯하여 용산 참사 현장 일대를 예술로 전유하였으며, 나아가 다양한 예술행동을 통해 장소 거점형 예술행동을 전개하였다.

　　이렇게 장소 거점형 예술행동을 중심으로 진행되었다는 점에서 용산참사 현장예술 활동은 대추리 현장예술 활동의 계보를 잇고 있지만, 그 시간의 차이만큼이나 예술행동 주체들은 진화해 있었다. 용산촛불미디어센터 레아를 거점으로 전개된 용산참사 현장예술 활동은 사회운동 측면에서는 좀 더 전략적이었고, 직접 행동의 측면에서는 좀 더 급진적이고 능동적이었다. 그리고 예술작업의 측면에서는 좀 더 진화된 일상, 관계, 상생의 미학을 실천했다. 무엇보다도 용산참사 현장예술 활동은 예술행동이 거대한 현대 자본주의 지배 구조에 맞서 어떻게 틈(저항과 대안의 시공간)을 만들

어 내는지, 그 틈을 어떻게 사건화하고 확장하는지, 그 틈을 둘러싼 사건과 현장을 어떻게 의미화하고 공동의 기억으로 재구성하는지를 잘 보여주었다. 그리고 그 틈 안에서 예술행동의 흐름은 점거예술, 생활창작, 커뮤니티

아트, 기계미학 등으로 자율적인 공진화를 진행하고 있었으며, 예술행동 커뮤니티들은 더욱 유기적이고 일상화된 연대성을 공유하게 되었다.

용산참사 현장예술 활동은 도시 재개발과 철거민 운동을 둘러싼 새로운 행동주의 형식을 제시했으며, 특히 예술행동을 통한 직접 행동의 전범이 되었다. 그리고 이는 또 다른 도시 재개발에 맞선 두리반 투쟁, 명동 재개발 반대투쟁 등의 자율적인 예술행동으로 이어졌다. 이것들 역시 용산참사 현장예술 활동과 무관하지 않다.

2011년 시작되어 한국사회 전체를 뜨겁게 달구었던 희망버스 운동은 오랫동안 축적되었던 예술행동의 힘이 폭발한 사건이었다. 희망버스 운동의 모든 과정에서 예술은 언제나 자신의 역할 그 이상을 실천하였다. 하지만 희망버스 운동이 예술운동과의 접점에서 중요한 사례인 이유는 바로 사회적 문화기획으로서 예술행동이 전개되었다는 사실이다. 우리는 희망버스의 궤적 곳곳에서 대추리 현장예술 활동, 한미FTA 반대 운동과 미국산 쇠고기 수입 반대 촛불시위, 용산참사 현장예술 활동 등의 축적된 예술행동

역량을 손쉽게 발견할 수 있다. 그 중에서도 희망버스 운동은 그 사회적
구성 과정과 사회적 효과 자체가 하나의 통섭적인 문화기획이자 예술행동
이라는 점에서 의미가 크다고 볼 수 있다.

　이 희망버스 운동은 여성노동자, 85호 크레인, 소셜네트워크서비스, 소

셜테이너, 시, 버스, 인터넷, 스마트폰 등을 통해 초국적 자본에 맞섰으며, 공권력을 유린하는 예술행동을 탄생시켰다. 희망버스의 예술행동은 소셜 네트워크서비스를 통한 직접 행동이자 사회적 차원의 미디어아트이며 시 공간을 뛰어넘는 관계의 미학 그 자체였다.

희망버스 운동이 사회적 문화기획으로서 예술행동의 가치를 보여주었다면, 콜트·콜텍 기타노동자 투쟁은 예술과 노동의 연대를 둘러싼 새로운 양상의 사회적 예술행동으로 볼 수 있다. 콜트·콜텍 기타노동자들의 오랜 투쟁은 불법적인 위장 폐업 및 정리해고에 맞서는 비타협적인 노동운동이다. 비록 중소기업 규모의, 단위사업장의 문제이지만 이들은 3000일을 견디며 한국 노동운동의 새로운 역사를 쓰고 있다. 하지만 이들의 투쟁은 이제 노동운동만의 의미에 머물지 않는다. 악기노동자의 투쟁에서 시작된 노동과 예술의 연대는 다양한 문화운동, 예술행동의 궤적을 남기며 우리 시대 새로운 문화운동과 예술작업의 지평을 제시하고 있기 때문이다.

콜트·콜텍 기타노동자들과 문화노동자들의 지난 투쟁들은 단순한 연

대를 넘어 노동과 예술에 대한 새로운 접근을 우리에게 제시한다. 근대 산업화와 자본주의의 형성 과정은 우리에게 노동과 예술의 분리와 단절을, 노동과 예술을 화해할 수 없는 것으로 강요해 왔다. 하지만 현실은 그렇지 않다. 예술에는 수많은 노동의 가치가 내재되어 있으며, 계급과 현실의 문제를 외면한 예술이 존재해야 할 이유는 그리 많지 않다. 아니 비물질노동, 그림자노동, 감정노동, 열정노동 등 현대 자본주의에서 예술을 둘러싼 노동은 더욱 심화되고 있으며, 예술이라는 이름 아래 노골적으로 자행되는 착취는 더 이상 묵인할 수 없는 현실이 된 지 오래다. 노동 역시 마찬가지다. 삶의 가치, 삶을 둘러싼 성찰이 배제된 채 오직 임금을 위한 죽은 노동으로 우리가 얻을 수 있는 것은 거의 없다. 자본의 폭력과 강요를 가로질러 노동과 예술이 만나야 하는 이유다. 기타노동자를 착취해 만든 죽음의 기타로 좋은 음악, 예술을 만들 수 없는 이유이다.

노동의 정당한 가치, 악기노동자의 사회적 권리가 존중될 때 비로소 음악과 제대로 된 삶이 우리 사회에 존재할 것이다. 이제 콜트·콜텍 기타노동자 투쟁은 결코 개별 사업장의 문제가 아니다. 이 문제에는 정리해고의 근거와 원칙, 해외 자본이전과 고용승계, 예술을 둘러싼 다양한 노동 착취, 노동과 음악의 사회적 가치 등이 깊게 자리하고 있다. 콜트·콜텍 기타노동자 투쟁을 둘러싼 예술행동은 악기노동자와 문화노동자, 노동과 음악 등을 둘러싼 사회적 연대와 관계의 미학에 대한 드라마다.

예술행동의 현재성, 세월호 예술행동

세월호 참사를 둘러싼 예술행동(이하 세월호 예술행동)은 지금까지 언급했던 예술행동의 흐름 속에서 예술행동의 현재성과 진행형을 잘 보여준다. 세월호 예술행동은 세월호 참사 자체가 내재하고 있는, 너무나 적나라하게 드러난 현대 자본주의와 한국사회의 극단적인 모순, 무기력에서 출발하였으며 이러한 현실 세계에 대한 슬픔, 기억, 분노, 저항, 대안 등을 사회적으로 표현하고 공유하는 과정이었다.

먼저 세월호 예술행동은 한국사회를 비롯하여 현대 자본주의가 마주하고 있는, 어느새 일상이 되어버린 '위험사회', '재난의 시대', '파국 이후의 삶과 같은 사건들에 대한 저항이다. 현대 자본주의에서 빈번하게 속출하고 있는 대규모 재난은 더 이상 "하늘의 뜻"이 아니라 "자본의 뜻"에 구속되어 있다. 이제 재난은 이상 기후를 비롯한 환경 재난에서부터 시작하여 비행기 추락, 방사능 유출, 대규모 전쟁에 이르기까지 자연과는 무관한 인간의 욕망, 더 적확하게는 더 많은 이윤을 위한 인간이 만들어 온 산업화와 현대 자본주의 문명의 중요한 단면이 되어 버렸다. 그리고 이러한 재난의 시대는 기존의 정치적 관계를 뛰어넘는 보다 근본적인 문제설정을 요구한다. 모든 재난의 구조 속에는 현실의 정치, 경제, 문화적 관계들이 중층적으로 작동하고 있지만, 거대한 재난의 국면에서 인간 개개인이 느끼는 감정은 다른 사회적 사건들과는 질적으로 다르다. 인간은 거대한 재난 앞에서 감각적 충격뿐만이 아니라 절망과 좌절 그리고 무기력을 경험하고 내면화하게 된다. 세월호 참사는 우리 사회가 현실화된 재난 자체임을 가감없이 고스란히 보여준 사건이었다. 그리고 세월호 예술행동은 이러한 재난 시대의 예술을 고스란히 반영한다. 세월호 예술행동은 무기력하고 냉소적인 삶에 대해 래디컬한 질문들을 품고 있거나 제시하고 있다.

세월호 예술행동에서 특기할 점은 재난의 시대에 반복되고 있는 사회적 애도, 애도의 정치에 대한 예술행동의 고민을 촉발시켰다는 것이다. 세월호 참사 이후 '애도의 정치'를 둘러싼 사회적 관심이 높아졌다. "자식을 잃고 부모형제를 잃은 유가족들의 고통과는 비교할 수는 없겠지만, 희생자들 앞에서 부끄러움을 느꼈고, 유가족들 앞에서 '잊지 않겠습니다'라는 맹세를 한 우리 역시 그들과 '함께 살아남기'를 모색하지 않으면 안 되는 사회적 애도의 주체"[4]가 되어 버린 것이다. 세월호 참사라는 거대한 사회적 죽음 앞에서 예술행동 역시 우선적으로 사회적 추모와 애도를 표현하였다. 세월

4_ 정원옥, 「세월호 참사의 충격과 애도의 정치」, 『문화/과학』 79호, 2014년 가을, 66.

호 참사에 대한 사회적 추모와 애도로서의 예술행동은 매우 광범위하다. 세월호 참사를 둘러싼 문제는 정치적 이념에 제한되지 않고, 박근혜 정부를 비롯하여 국가장치의 모순과 무기력함을 반복적으로 노출시켰으며, 그 사회적 여파가 광범위하고 지속적이었기 때문에, 이에 대한 예술행동 역시 광범위하고 보편적으로 전개되었다. 세월호 참사를 둘러싼 사회적 애도, 애도의 정치로서 예술행동은 그 형식과 주체, 장소와 시간의 경계를 넘어 예술가에서 어린이, 팽목항에서 뉴욕, 급진적인 좌파에서 보수적인 시민, 대규모 집회에서 동네 모임에 이르기까지 '일상적으로' 진행되었다는 점에서 강력한 사회실천성을 드러낸다..

또한 세월호 예술행동은 사회적 참사와 고통을 적극적으로 기록하는 행동으로 이어졌다. 세월호 예술행동의 중요한 특징 중 하나는 '기억의 정치', '행동하는 기억'이라는 사회적 행위의 중요성을 우리 사회에 확산시켰다는 점이다. 세월호 참사의 진실이 감추어질 것이라는 우려, 세월호 참사의 진실은 반드시 밝혀져야 한다는 의지, 세월호 참사와 같은 사회적 재난이 반복되지 않게 하기 위해서는 지금의 슬픔과 고통을 제대로 기록해 두어야 한다는 판단, 애도의 정치를 위한 과정으로서 세월호 희생자들을 기억하기 등 많은 사람들은 다양한 이유로 세월호 참사 초기부터 기록의 과정에 참여했고, 그 중요성을 강조했다. 세월호 참사와 동시에 팽목항으로 달려간 사진가들, 다큐멘터리 작가들을 비롯하여 세월호 유가족들의 육성들을 고스란히 담은 르포 작가들, 세월호 희생자들의 삶의 궤적을 기록한 사진작가들의 빈방 프로젝트에 이르기까지 세월호 참사를 둘러싼 기억으로서의 예술행동은 광범위하고 밀도 있게 진행되었다.

그리하여 세월호 예술행동은 세월호 희생자와 유가족은 물론 세월호 참사라는 사회적 사건을 예술적 감수성을 통해 기록해 나가는 거대한 아카이빙 작업으로 연결되었다. 물론 세월호 참사를 둘러싼 아카이빙 작업들은 좁은 의미의 예술 아카이브로 제한되는 것이 아니라 세월호 참사를 둘러싼 기억의 정치이자 행동하는 기억의 사회적 실천으로 이해되어야 한다. 세월호 참사를 전환점으로 기억과 기록을 둘러싼 예술행동은 더욱 다양한 사회적 의미와 실천을 만들어 내기 시작한 것이다.

동시에 세월호 예술행동은 세월호 참사의 진실을 비롯하여 새로운 세계와 대안에 대한 자기실천적인 예술의 장으로 확장되었다. 세월호 참사는 재난이 가진 이중적 성격을 극명하게 보여준다. "재난의 이중성이란 대규모의 위해와 상실을 강제하는 사건이면서, 동시에 기존 사회의 모순을 드러내면서 이를 극복해낼 수 있는 기회라는 점에서 찾을 수 있다." 다시 말해 "재난이라는 사건이 만들어 내는 상실은 우리에게 이 사건이 발생하게 된 원인을 파헤치게 만드는 계기이고, 이 원인이 제대로 파헤쳐진다면 재난은 이후의 위기와 파국을 막는 중요한 역할을 하게 된다."[5] 비록 세월호 참사는 근 2년 가까이 되는 시간이 지난 지금까지 단 하나의 진실도 확인된 바 없지만, 그 시간 동안 세월호 참사를 둘러싼 예술행동은 재난의 이중성이라는 국면 속에서 새로운 분노, 저항, 대안 등을 위한 사회적 실천을 모색해 왔다. 세월호 예술행동은 추모와 기억의 기반 위에서 세월호 참사의 진실 규명이라는 사회적 문제해결과 더 나은 세계(안전한 사회, 더 많은 민주주의 등)를 향한 행동으로 전개되었다. 재난은 이제 단지 '사고'가 아니라 하나의 '정치적 사건'이 될 수 있다는 것을 예술행동은 오랜 경험과 궤적 속에서 내재화하고 있는 것이다.

마지막으로 세월호 예술행동의 흐름들은 세월호 참사라는 거대한 사회적 트라우마에 대한 사회적 치유라는 문제설정과 맞닿아 있다. '치유'라는 말이 유행처럼 번지고 있는 것은 그만큼 위험사회, 재난의 시대, 파국 이후의 삶 등을 상시적으로 논할 만큼 현대 자본주의의 위기가 일상화 되었다는 것을 의미한다. 재난의 시대일수록 치료 문화는 보편화되고 치유는 상

5_ 문강형준, 「재난 시대의 정동: 애도의 가능성과 불가능성」, 『2015년 한국여성문학학회 봄
　　정기 학술대회 자료집』, 2015년 5월, 별지 3.

품이 되며, 이처럼 공급된 '감정 상품'들은 자본주의의 모순을 개인화하고 감성화하는 장치로 작동한다. 감정자본주의, 인지자본주의, 비물질노동의 시대에는 치유는 소멸된 문화적 관계를 재생하는 과정이 아니라 오히려 감정을 둘러싼 새로운 시장을 형성하는 데 기여하고 있다. 예술의 영역에 서조차 예술치유, 힐링문화라는 이름을 쓰는 치유산업은 빠른 속도로 확산되고 있지만 그 양적 팽창은 사회적 문제의 해결 및 실질적인 사회변화와는 지나치게 무관하다. 세월호 참사는 그 특성상 치유를 필요로 한다. 거대하고 직접적인 죽음은 물론 사회적 외상에 대한 광범위한 치유가 이야기될 수밖에 없다. 세월호 예술행동의 많은 부분은 이러한 사회적 치유를 모색한다. 하지만 세월호 예술행동이 모색해야 하는 사회적 치유는 최근 한국사회에서 유행처럼 상품화된 '예술치유'의 레토릭을 넘어 세월호 참사 앞에서 맨 얼굴을 드러낸 한국사회의 거대한 모순들과 위기들에 근본적으로

접근하기 위한 노력이다. 치유는 누군가가 공급할 수 있는 것이 아니라 현실과 마주한 채 스스로 만들어 가야 하는 과정이기도 하기 때문이다.

세월호 예술행동에서 특기할 점은 무엇보다도 그것이 예술 자체에 대한 물음에서부터 시작하여 개인의 안전, 공통체의 현실, 국가의 역할, 다가올 미래 등에 대한 질문들을 시작했다는 점이다. 세월호 예술행동은 사회적 구조와 격리된 타자화된 치유가 아닌 자기실천적인 행동을 통해 사회적 치유를 모색하는 고통스러운, 그러나 획기적으로 새로운 전환점이 되었다.

예술, "행동하라, 연대하라!"

> "폭넓은 관점을 지닌 '열린예술'은 예술을 시각적, 문학적 재현에 국한하지 않고, 일종의
> 행동이나 일하기 방식으로 보는 행동주의적 관점을 포함한다."
> —임정희

예술행동은 "단순히 정치적 변화나 사회적 구조 변화만을 목표로 하지 않는다. 행동을 통해 스스로 변환되는 문화적 실천은 환상, 쾌감, 욕망, 유토피아에서도 작용하면서 의식을 변화시키고, 각자가 계급이나 출신에 구애됨이 없이 자신의 모든 정신적, 신체적, 창조적 능력들을 자유로이 발전시킬 수 있는 토대에서 점진적으로 개인의 해방을 이루려는 과정"으로 이해되어야 한다. 예술행동은 이 과정에서 "권위주의적인 사회화와 '일차원성'을 극복하기 위하여 상징적이고 비관습적이며 경계를 벗어나는 저항을 통해 일상적 삶을 억압하고 있는 모든 형태들을 거부하고, 내재적인 삶의 역동성에 신뢰를 보내면서, 인류 내면 깊숙이 감추어진 공동체적 연대의 경험들을 기억해내는 작업이다."[6]

이렇게 본다면, 예술행동은 사회적 변화와 대안을 제시하는 과정에 있어 예술이 상상할 수 있고, 감당할 수 있는 가능성에 대한 자기실천이라 할 수 있으며, 이 자기실천은 이제 예술(가)의 사회적 정체성, 집단성에 기

6_ 임정희, 앞의 글, 28.

반을 둔 역사적 예술운동의 역량과 실천을 바탕으로 예술의 사회적 가치와 역할을 삶의 공간, 더 많은 민주주의의 영역으로 확장시켜야 한다. 이는 예술(가)의 절박함이 '사회-삶과 분리되지 않은 채 그 창의성과 역할이 일상 속으로 교감하는 과정이어야 하며, 다양한 사회 주체들의 위치에서 살아있는 예술을 통해 사회적 연대를 형성할 수 있어야 함을 강조하는 것이다.

이를 위해 예술행동은 어떻게 해야 하는가? 간략하게 표현하면, 좀 더 급진적으로 상상하고, 구체적으로 실천하며, 적극적으로 연대해야 한다.

먼저 예술행동의 직접적인 주체인 예술가들 스스로부터 자신을 둘러싼 사회적 문제에 좀 더 능동적이고 급진적으로 개입해야 한다. 최근 한국사회 전반에 걸쳐 수많은 예술행동들이 사회적 이슈에 연대하고 있지만, 정작 예술(가)을 둘러싼 자본주의의 구조적 모순은 거의 방치되고 있는 수준이다.

현대 자본주의에서 가장 불안정하며, 노골적인 수탈의 대상이 바로 예술(가)과 예술노동이라는 사실은 논란의 여지가 없다. 절대 다수의 예술가들이 예술 자체로는 생존 자체가 불가능하며, 자본주의의 변화 속에서 더 많은 상품화와 수탈이 예술과 예술노동을 대상으로 확장되고 있다. 하지만 아직도 예술(가)은 자신들의 노동 문제에 있어서는 거리를 두거나 스스로를 배제하고 있으며, 자본주의의 수많은 계급적 문제를 언급하고 있는 예술(가) 자신은 스스로의 계급적 관계성에 대해 언제나 침묵으로 일관하고 있다. 예술행동이 더 많은 민주주의와 사회적 모순에 자기실천적으로 대응하고 연대하기 위해서는 예술(가)을 둘러싼 예술노동의 문제, 예술(가)을 둘러싼 정체성과 계급의 문제 등을 예술행동의 주요한 대상이자 의제로 설정해야 한다. 예술(가)의 사회적 존재기반과 정체성 자체가 예술행동의 주요한 대상이자 의제로 형성된다면, 예술행동은 사회를 향한 문화기획으로서 문화예술의 사회적 정체성과 역할을 재구성하고, 문화예술의 사회적 공공성, 다양성 등을 확장하는 전환점을 마련할 수 있을 것이다.

지금까지 예술행동은 예술(가) 자신에 대한 무관심만이 아니라 문화예술을 둘러싼 사회적 관계성에 대해서도 무관심했다. 수많은 사회적 폭력과 착취에 맞서, 더 많은 민주주의를 위해, 다양한 사회운동의 의제에 대해서 예술행동은 언제나 적극적인 연대와 자기실천을 전개해 왔으나 정작 문화예술을 둘러싼 사회적 문제는 예술행동과의 접점을 찾지 못하는 역설이 반복되었다.

앞서 언급한 바와 같이 예술행동은 사회 문제의 해결을 위한 일차원적인 개입을 목적으로 하는 것이 아니라 개인과 사회를 둘러싼 삶의 재구성과 공진화를 궁극적인 목적으로 한다. 예술행동은 표면적인 사회 갈등의 해결을 위한 도구나 이벤트에 머무는 것이 아니라 사회-삶을 둘러싼 민주주의의 내면화, 더 많은 민주주의의 일상화 등을 지향해야 한다. 그리고 이를 위해서는 우리 사회의 문화권리 및 문화민주주의 확대, 문화권력과 문화자본에 대한 저항, 문화정책과 문화행정에 대한 직접 행동 등이 동반되어야 한다. 예술행동의 확대, 예술행동을 통한 사회혁신 등을 위해서는 그와 밀접하게 맞닿아 있는 문화예술 영역의 사회적 구조에 대한 예술적, 미학적 개입이 필요하다.

더불어 예술행동이 지속되기 위해서는, 아니 좀 더 급진적이고 다각적인 예술행동이 전개되기 위해서는 예술행동, 예술운동의 자기 조직화가 필요하다. 물론 여기서 언급하는 자기 조직화는 물리적인 형식으로서의 단체나 조직을 의미하는 것은 아니다. 이는 사회적 흐름으로, 예술행동의 자기실천 과정으로서 예술(가)의 자기 조직화를 의미하며, 예술행동의 지속가능성과 사회적 확장을 위한 중요한 과제이다.

특히 예술행동은 자율성의 원리 속에서 기존의 장르별 예술가 조직들, 현장과 괴리된 예술가 조직들 등에 대한 문제의식을 내포하고 있다. 더욱이 예술행동은 기존의 정형화되고 형식화된 조직구조로 수용될 수 없으며,

지금까지 언급한 예술행동의 미학과 역할이 능동적으로 발현될 수 있는 예술행동의 자기 조직화 경로가 필요하다. 예술행동의 자기 조직화는 기존 사회운동, 노동운동, 문화예술단체 등의 한계를 넘어 예술의 사회적 가치와 역할 그리고 권리에 대한 새로운 문제설정으로 이해되어야 한다. 이는 예술의 사회적 가치와 스스로의 존재 기반에 대한 적극적인 고민과 실천, 그리고 이를 예술행동을 통해 사회적으로 확장하기 위한 자기 조직화 과정이다. 따라서 예술의 사회적 가치와 사회적 노동의 절합에 주목해야 하며, 예술과 예술의 사회적 연대를 자기실천하는 실험의 장이 되어야 한다. 이는 사회적인 관점(층위)에서 예술의 자유로운 창작환경을 조성하고, 예술인의 사회적 참여와 역할 그리고 연대를 확대하며, 예술인의 삶이 정당하게 존중될 수 있는 사회환경을 조성함으로써 예술가 개개인의 삶(생활환경)의 구조를 대안적으로 구축하기 위한 집단적 실천이다.

마지막으로 예술행동은 일상성의 확장을 통해 더 다양하고, 구체적이며, 지속가능한 사회운동으로 확장되어야 한다. 예술행동은 예술가, 문화예술 전문가만이 아니라 예술적 상상력과 표현을 통해 누구나 사회적 개입을 할 수 있는 일상적 실천으로 접근되어야 하며, 거대한 사회적 이슈와 현장만이 아니라 생활을 둘러싼 사회적 의제와 영역들로 확장되어야 한다.

자본주의의 상품미학과 소비미학의 영향력 속에서 일상은 언제나 비생산적이고 무능력한 영역으로 배제되어 왔다. 사회적 경쟁력(경제적 이윤 창출을 위한 생산력주의)을 우선시하는 사회구조 아래서 일상을 둘러싼 삶의 형태나 노동 그리고 관계 등은 언제나 비생산적이고 무가치한 영역으로 규정되었다. 하지만 일상성에 기반한 예술은 삶의 가치를 재발견하고 지속적이며 일상적인 관계성을 창출해 내는 영역이다. 현대사회에서 일상의 재구성과 활성화는 반생태적, 반평화적, 반문화적인 자본주의의 무한 경쟁체제와 수탈구조를 비판하고 대안을 창출하는 중요한 자기실천 과정이다.

일상(성)에 대한 밀도(내밀함)는 자본주의 구조가 요구하는 경제환원주의, 전문가주의(엘리트주의), 경쟁력주의, 생산력주의, 개발주의 등과는 전혀 다른 계열체를 형성한다. 그리고 이러한 계열체의 가치와 원리는 행동주의, 예술행동 등과 그 궤를 함께한다. 일상성에 기반한 예술행동의 확장은 거시적이고 구조적인 층위에서는 자본주의의 구조적 모순과 폭력에 대한 사회적 성찰과 자율적 대안모색(지속가능하고 자율적인 지역 커뮤니티, 진보적인 생태문화코뮌네트워크 등)의 전환점이 될 것이다. 또한 미시적이고 개인적인 층위에서는 자본주의의 생산력주의가 일상적으로 강요하고 있는 반생태, 반문화적 폭력과 다르게 자율적, 성찰적 예술행동을 바탕으로 삶의 자기 완결성을 증가시킬 수 있는 새로운 계기가 될 수 있다. 일상성에 기반한 예술행동은 사회-삶의 대안을 만드는 가장 기초적인 연대이며, 예술의 공공성을 사회적으로 확장시켜 삶의 질을 높이는 핵심적인 경로이다.

분명 사회운동의 불확실성은 높아졌다. 하지만 우리는 아직 등장하지 않은 새로운 사회운동의 전개를, 다양한 사회운동 주체들의 등장을 설레는 마음으로 기다리고 준비해야 한다. 예술행동은 그 기다림에 호응하는 하나의 경로가 될 것이다.

지금 이 순간 콜트·콜텍 기타노동자 농성장에서 부당한 정리해고에 맞서고 있는 악기노동자와 문화예술인들, 밀양 송전탑 건설을 저지하고 있는 노인들, 강정 바다 앞에서 군대에 맞서고 있는 주민들, 광화문 광장에서 사회적 죽음을 고발하고 있는 세월호 유가족들이 바로 사회적 실천으로 연결되는 새로운 예술행동의 가능성을 온 몸에 품고 있는 대지이자 씨앗임에 틀림없다.

문화연구자, 문화연대 활동가